物流会计

图解案例版

邢铭强◎编著

中国宇航出版社
·北京·

图书在版编目(CIP)数据

物流会计：图解案例版／邢铭强编著．-- 北京：中国宇航出版社，2014．1

ISBN 978－7－5159－0621－8

Ⅰ．①物… Ⅱ．①邢… Ⅲ．①物资企业－会计－岗位培训－教材 Ⅳ．①F253．7

中国版本图书馆 CIP 数据核字(2013)第 318232 号

策划编辑 董 琳　　封面设计 文道思
责任编辑 陈晓敏 董 琳　　责任校对 许 磊

出版发行 中国宇航出版社

社 址 北京市阜成路 8 号　　邮 编 100830
(010) 68768548

网 址 www.caphbook.com

经 销 新华书店

发行部 (010) 68371900　　(010) 88530478 (传真)
(010) 68768541　　(010) 68767294 (传真)

零售店 读者服务部　　北京宇航文苑
(010) 68371105　　(010) 62529336

承 印 三河市君旺印装厂

版 次 2014 年 1 月第 1 版　　2014 年 1 月第 1 次印刷

规 格 787×960　　开 本 1/16

印 张 28.5　　字 数 490 千字

书 号 ISBN 978－7－5159－0621－8

定 价 48.00 元

前　言
PREFACE

随着电子商务的迅猛发展，物流服务已经成为人们生活中不可或缺的一部分，相应地，物流企业的经济业务也日益复杂起来。如今，物流业已演变为一个新型服务行业，它将运输、储存、装卸、搬运、包装、流通加工、配送、信息处理等业务有机结合起来，形成了一个完整的供应链，为用户提供多功能、一体化的综合性服务。

物流企业具有不同于工业企业、传统服务业的经营特点，这决定了其会计处理也有一定的特殊性，主要表现在收入结算、资金周转、计量单位、成本费用构成、计算对象、基本业务核算等方面，因此专门针对物流行业进行详细的会计实务分析非常必要。

由于会计法规和税收政策在不断更新，物流企业的经营业务也日益广泛，这都需要日常会计核算处理适应新的变化。本书在深入研究物流企业发展现状的基础上，根据最新的企业会计准则，合理安排会计实务的结构框架，以日常账务处理为主线，结合实务进行全面剖析，同时精选案例、辅以图表，力求条理清晰、简洁生动地呈现物流企业会计核算的特点和要求。

1. 全面剖析，打造工具型用书

由于是对物流企业一线财务人员提供参考的用书，必须要做到因地制宜、简洁高效地解释和说明问题。正因如此，本书涵盖了物流企业的全部业务，不仅对日常业务的会计账务处理逐一进行分析，而且对运输、包装、仓储、装卸和配送等特殊业务也进行了讲解，同时对年末财务报告编制也做了相应的解释。读者既可以学到系统的财务知识，也可以根据问题快速找到对应的处理方式，这也是工具型用书的特点。

2. 图文并茂，着力识记系统性知识点

本书结合会计学习的特点，尽量做到深入浅出、简明扼要，将重要系统性知识点以图表的形式汇编列出，并注重前后联系，进行对比分析，力求达到融会贯通、事半功倍的效果。

3. 精讲案例，通向实务的快速车道

作者依据多年在物流企业工作的经验，对较难处理的业务事项，精心设计编写了相应的案例，并进行全面、准确、深入地解析，在最大程度上贴近和还原了现实会计操作实务，有利于读者活学活用，举一反三。同时对涉及的诸多会计专业术语也进行了清晰的点拨，使复杂的业务处理变得更加得心应手。

本书内容详实，思路创新，做到了先进理论与实践经验的充分结合，希望能对广大物流企业会计从业人员的实务工作有所裨益。

本书适合物流会计从业人员自学使用，也适合大中专院校、高职高专、中职中专、培训机构的老师和学生使用。本书配有教学用课件，可到中国宇航出版社网站下载，网址：www.caphbook.com。

囿于时间及水平所限，书中错漏在所难免，本书使用过程中若有任何问题，请拨打电话 010－88530006 或发邮件至 549795299@qq.com 交流。最后对参与本书出版的所有朋友们表示感谢，也祝广大读者事业蒸蒸日上！

编　者

2014 年 1 月

目　录
CONTENTS

第三章
057

应收款项

对于一个企业来讲，应收账款一方面能促进销售，扩大销售收入，增强竞争能力；但是另一方面，应收账款的存在会给企业带来资金周转困难、坏账损失等弊端。因此，如何处理和解决好这一既对立又统一的矛盾，便是企业应收账款管理的目标，企业须权衡利弊，根据自身特点，找到合理的应收账款保有量。

第四章
076

存货

企业为了生产或者销售的需要，经常需要储备一定数量的某种资产，如生产需要的原材料、包装物，或者是准备对外销售的产成品，这些统称为存货。

第五章
126

固定资产

固定资产是企业进行经营的基础，固定资产的价值在公司资产总额中一般占比较大，因此，固定资产的管理对于公司来说非常重要。

金融资产

金融资产是指一切代表未来收益或资产合法要求权的凭证，亦称金融工具或证券。随着我国金融市场的日益发展，企业进行金融投资、获取投资收益的机会越来越多。利用金融资产进行投资已经成为一项重要的投资方式，可以做到迅速变现而同时价值上不受损失。

投资性房地产

随着房地产行业的兴起，人们将房子作为投资工具的兴趣越来越大。企业在进行资产管理过程时，目光也越来越集中到房地产行业。为了适应企业发展的需要，为了更好地为企业发展服务，本章将介绍投资性房地产的内容。

无形资产和其他资产

在知识经济时代，知识产权等无形资产越来越受到企业的重视。美国可口可乐公司的老板曾夸下海口，说即使公司在一夜之间被大火吞没，第二天，仍会有众多大银行争着给其贷款。言外之意，大火烧毁的只能是可口可乐公司的厂房、设备等有形资产，而对商标、专利、配方等无形资产，大火是无法烧毁的。可见无形资产的重要。

第九章
214

流动负债

负债是企业借助外部的资源，发展自身事业的行为。在现代商业社会中，无债一身轻的企业未必是好企业，用别人的钱做自己的事才是企业家最应该做的。合理的负债，将加速企业的发展；不合理的负债，将成为企业沉重的包袱。

第十章
242

非流动负债

非流动负债是指流动负债以外的负债，主要包括长期借款、应付债券等，非流动负债可以帮助企业获得发展所必需的长期资金。

第十一章
259

或有事项

金融危机的周期性复发，使得企业更加关注风险，对经济发展中的不确定性越来越持谨慎的态度。企业在日常经营活动中，经常会出现一些潜在的义务，在会计处理时基于谨慎性原则，我们需要对或有事项中的或有资产和或有负债进行不同的处理。

第十六章 375 所得税

企业所得税是我国对企业和经营单位的生产经营所得和其他所得征收的一种税。企业通过税收筹划可以合理避税，有利于企业经济利益的实现。

第十七章 390 会计报表

会计报表是会计部门和会计人员最终的工作成果，它是高度概括的说明企业财务状况、经营成果以及现金流量的文件。会计报表又是企业财务及经营状况的晴雨表，是一个有机的整体，是财务会计报表分析的基础，是纳税评估的重要资料，也是纳税评估的出发点和落脚点。

第十八章 431 债务重组

债务重组，是指在债务人发生财务困难的情况下，债权人按照其与债务人达成的协议或者法院的裁定作出让步的事项。债务重组表面看来是一个零和的游戏，但是笔者认为如果将债务重组利用好的话，它实际上是一个双赢的企业行为。

第一章
会计理论基础

本章导读

随着经济全球化和我国市场经济的迅猛发展，公司如雨后春笋般涌现，我国加入世贸组织后，机遇与挑战并存，对我国企业的成长与发展提出了更高的要求。

为了适应企业快速发展的需要，为了使《企业会计准则》在保留中国特色的基础上能够尽快与国际接轨，我国又新近颁布了新《企业会计准则》。它是一部跨行业、跨所有制的、指导企业进行会计核算的法规，不同的行业在实施新《企业会计准则》过程中，仍然需要按所处行业的特点和惯例进行具体化，而这对于大多数的从业人员来说是有一定难度的，所以本章将在新《企业会计准则》的基础上对物流企业会计进行简要的总结和介绍，希望能对初涉会计行业的从业人员有所帮助。在本章我们重点学习以下内容:

☑ 物流行业包括哪些企业，物流业在业务经营上具有什么特点?

☑ 物流企业会计具有什么特点，它的核算包括哪些内容?

☑ 物流企业会计具有什么样的职能与任务?

☑ 什么是会计假设，物流企业的会计假设包括哪些?

☑ 物流企业会计对会计信息的质量有哪些原则与要求?

☑ 什么是会计要素，物流企业会计包括哪些会计要素?

☑ 我国规范企业会计核算的法规有哪些，各自的内容与任务是什么?

第一节　物流企业会计概述

物流行业是指物品从供应地向接收地的实体流动过程中，根据实际需要，将运输、储存、装卸、搬运、包装、流通加工、配送、信息处理等基本功能有机结合，形成完整的供应链，为用户提供多功能、一体化的综合性服务行业。运输行业是物流业的核心部门，同时仓储、包装、配送等也属于物流业的重要组成部分。

一、物流行业的经营特点

同工业企业相比，物流企业的经营特点有以下几方面，如图1－1所示。

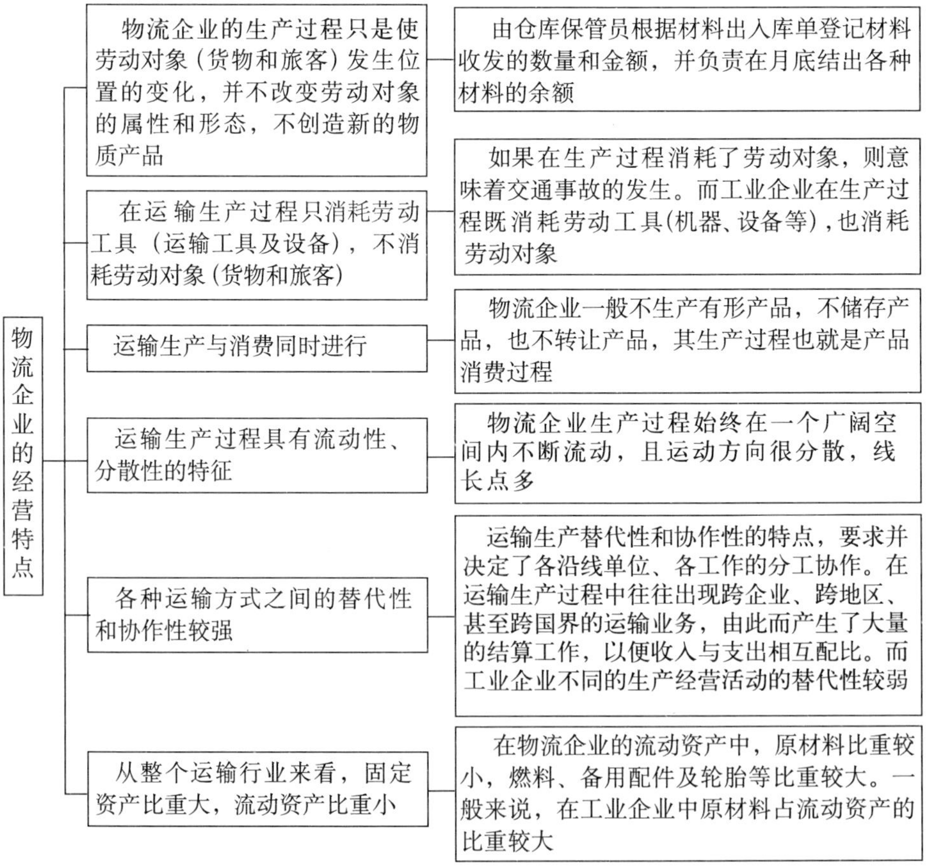

图1－1　物流企业的经营特点

可见，物流企业并不创造新的物质产品。但他属于特殊的物质生产部门，是社会生产过程在流通过程的继续。

二、物流企业会计的概念与特征

依据会计的一般定义，并结合物流企业的一般特点，我们可以给物流企业会计这样的概念，如图 1－2 所示。

物流企业会计概念

物流企业会计是运用于物流企业的一种专业会计。它是以货币为主要计量单位，运用专门的方法，对各类物流企业的经济活动进行全面的、连续的、系统的核算和监督，以促进物流企业加强经营管理、提高经济效益的一种管理活动

物流企业会计通过对经济业务事项的确认、计量、记录和报告程序，提供真实、准确、可靠的会计信息，以帮助企业利益相关方，如政府管理部门、企业投资者、经营管理者及时了解该企业的财务状况、经营成果和现金流量，并据以做出科学合理的经济决策

图 1－2　物流企业会计概念

物流企业会计是一种特殊业务会计，它的适用性局限于那些从事对外提供各种运输服务以获得一定收入的企业。物流企业的特点决定了其会计具有与其他企业会计不同的特点。这些特点主要表现在以下几方面。

（一）收入结算的特殊性

物流企业收入结算的特殊性如图 1－3 所示。

物流企业通过提供各种运输服务而获得营运收入

由于公路、海域、水系、航道的区域性，货物流向要求运输的连续性，从而产生了各种运输方式，如直达运输、江海河联运、水陆联运等

运输货物的种类较多，比较复杂，运量大小不等，运输距离有长途、短途，省内、省外，国内与国外之分

在物流企业的内部，各部门和单位之间因进行相互协作提供服务，也会产生各种内部结算工作，这些物流企业内、外的结算工作量大，发生频繁，涉及环节多，内容也复杂

运输收入通常是一次性由运出地或目的地核收，由此产生在参与运输的各部门、各企业、各地区，以至各个国家之间进行结算与清算的大量工作

图 1－3　物流企业收入结算的特殊性

（二）资金周转的特殊性

运输营运过程是生产过程和销售过程相统一的过程，即运输生产的完成也就是销售的实现。这就决定了运输业务资金周转方式的特殊性。在运输业务的资金周转中，不需要进行产成品存货的账务处理，因为没有产成品资金的周转环节。

（三）计量单位的特殊性

运输生产的结果是劳动对象（所运货物与旅客）空间位置的移动，即位移是运输生产的唯一结果，这就决定了运输生产计量单位的特殊性。运输生产计量单位是货物与旅客的周转量。货物与旅客周转量的计量取决于两个因素：一是数量，即货物的重量和旅客的人次；二是距离，即位移的公里、海里等。因此，运输生产的计量单位为人公里（海里）、吨公里（海里）和换算吨公里（海里）等。

（四）成本费用构成的特殊性

物流企业为了完成运输生产也需发生各项运营支出，形成营运成本。在物流企业营运成本的构成中，没有像工业产品成本那样具有构成产品实体并占相当高比重的原材料和主要材料，而多是与运输工具使用有关的费用，如燃料、修理、折旧等支出。所以，在一定时期内的运输生产成本可视为这一期间的产品销售成本。而根据现行会计制度，这些成本在物流企业的“主营业务成本”科目中核算。

（五）计算对象的特殊性

物流企业的劳动对象，不是对原材料加工制造，而是它所运输的商品。商品在运输后，不是物质形态的变化，而是空间位置的变化。商品经过运输，所追加的交换价值和其他任何商品的交换价值一样，都要有生产过程，也就是运输过程中所消耗的生产要素的价值所决定的。物流企业的材料，基本上是被运输设备在执行职能时所消费，或是在生产过程中起协助作用，或是以维护修理的形式将价值转移到所运输的商品上。因此，成本和利润的计算不是对原材料加工完成的各批产品，而是对货物、船舶、车辆、航线、航次等不同计算对象所形成的特有的计算方法。

（六）基本业务核算的特殊性

工业企业和物流企业都是从国家或银行或向社会集资获得货币资金，购买材料，支付工资和其他费用，供应过程是相同的，在生产过程中，都要消耗各种生产要素。物流企业不同之处在于没有与生产过程相分离的产品销售过程。企业进行运输生产过程，经过核收费用和装卸费等的结算过程（统称为“营运过程”），即可获得更多的货币资金。因而物流企业会计在基本业务中不需要组织产成品和销售的核算。

此外，由于生产地点的流动分散，以及交通运输的特殊生产条件，物流企业的工资结算也有其特殊的要求。物流企业由于生产条件、生产组织、生产过程、生产工具等的不同，因此，铁路运输会计、公路运输会计、航空运输会计及船舶运输会计有一定的差异。

三、物流企业会计的职能

物流企业会计的职能是会计在经济管理过程中所具有的功能，在不同的经济发展水平下，在不同管理水平的企业中，会计职能的发挥有很大的差异。从我国当前会计实践和会计法规的规定来看，主要有会计核算和会计监督两大职能。《会计法》第五条明确规定：“会计机构、会计人员依照本法规定进行会计核算，实行会计监督。”

（一）进行会计核算

会计核算贯穿于物流企业经济活动的全过程，是会计最基本的职能，也称为会计的反映职能。它是指会计以货币为主要计量单位，对特定主体的经济活动进行确认、计量、记录和报告，为有关各方提供会计信息。

会计核算的内容具体表现为生产经营过程中的各种经济业务。需要进行会计核算的经济业务事项如图 1 -4 所示。

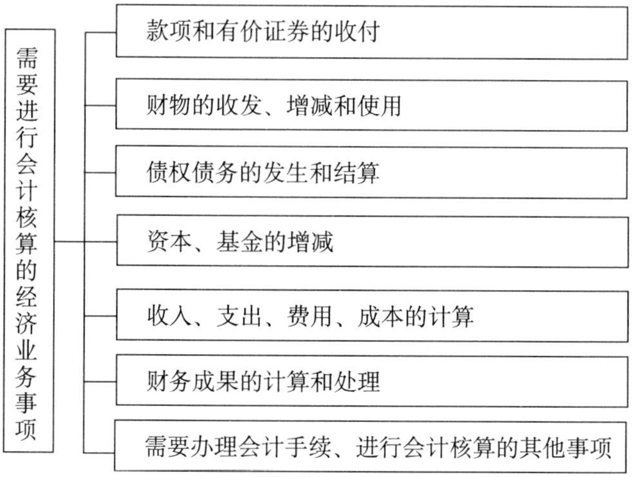

图1－4　需要进行会计核算的经济业务事项

会计核算工作内容如图1－5所示。

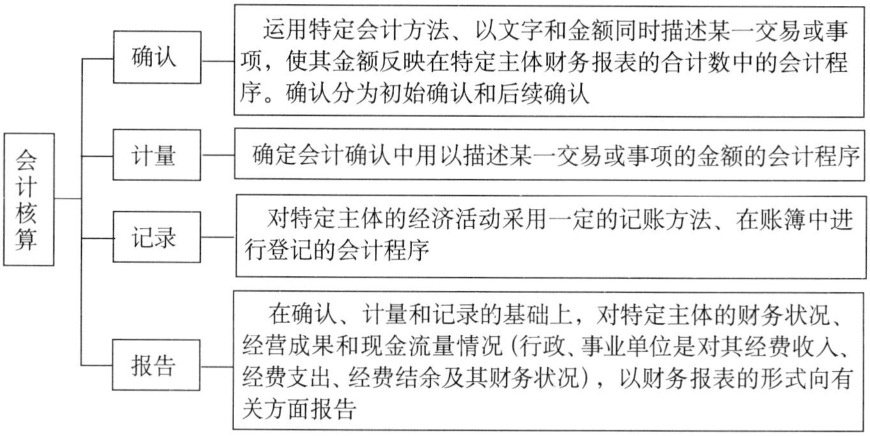

图1－5　会计核算工作内容

（二）实施会计监督

会计监督职能，也称会计控制职能。它是指会计人员在进行会计核算的同时，通过预测、决策、控制、分析、考评等具体方法，对特定会计对象所发生的经济业务的合法性、合理性进行审查。

合法性审查是指保证各项经济业务符合国家法律法规及有关财务会计制度的各项规定；合理性审查是指检查各项财务收支是否符合特定会计主体的财务

收支计划，是否有利于预算目标的实现，是否有违背内部控制制度要求等现象，为提高企业经济效益严格把关。会计监督是会计工作的重要组成部分，贯穿于企业经济活动的全过程。

会计监督的主要内容如图 1－6 所示。

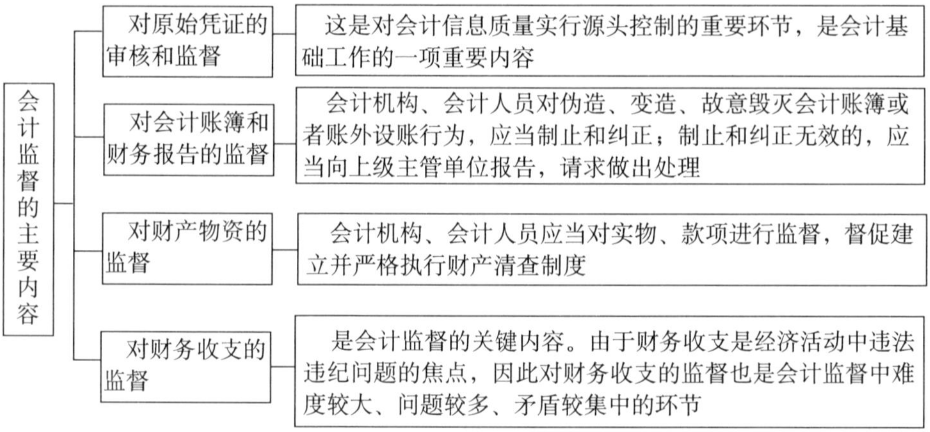

图 1－6　会计监督的主要内容

物流企业会计除具有核算和监督两项基本职能外，还具有预测经济前景、参与经济决策、计划组织以及绩效评价等职能。随着生产力水平的日益提高、社会经济关系的日益复杂和管理理论的不断深化，会计所发挥的作用日益重要，其职能也在不断丰富和发展，会计的职能将随着经济的发展而不断发展变化。

四、物流企业会计核算的主要内容

物流企业的资金运作方式主要表现在以下几个方面：取得或者筹集资金，在生产过程中运营资金，通过产品（商品）销售收回资金，计算经营成果，使部分资金退出企业、部分资金重新进入企业。物流企业会计就是对物流企业资金运动的过程进行会计核算和会计监督。物流企业资金运作过程如图 1－7 所示。

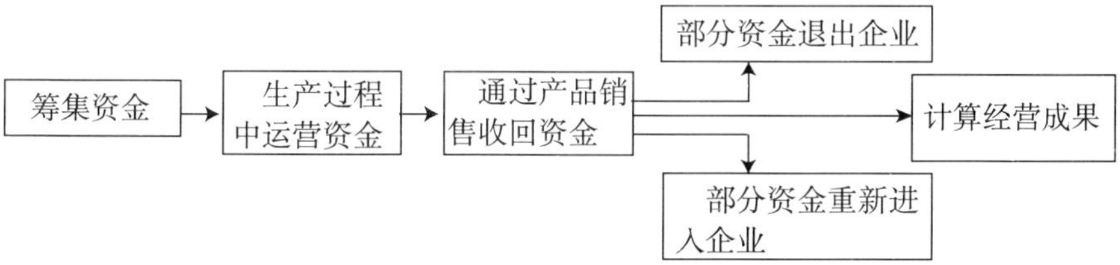

图 1－7　物流企业资金运作过程

(一)资金筹集

资金筹集是企业资金运动的起点。目前，企业的资金来源渠道，主要是企业的所有者和企业的债权人。从企业所有者处筹集的资金，即投资者的资本金，通常称之为实收资本；从企业债权人处筹集的资金，属于企业的负债，如银行借款、应付债券等。物流企业通过投资者的投资取得注册资本金，以保证企业生产经营活动所需的基本运营资金，购建必要的固定资产；通过债权人取得生产经营过程中所必须的补充运营资金，以保证企业正常经营活动的顺利进行。在这个阶段，物流企业会计主要核算投资者投入的货币资金、实物资产(如存货、固定资产、无形资产等)、从债权人借入的资金以及生产经营中临时占用尚未结算的资金等内容。

(二)购进固定资产和原材料

物流企业在营运中首先需要购入固定资产，主要是交通运输工具，另外尽管物流企业不从事直接的商品生产，但在提供物流服务尤其是运输服务的过程中，也需要消耗燃油、轮胎等原材料。在这个阶段，物流企业会计主要核算外购资产的成本，及资产在持有过程中价值的变化。

(三)物流服务的提供

物流企业在开展业务的过程中，主要是利用自身的交通工具、场地、库房等，向客户提供运输、包装、装卸、配送的服务。物流企业提供服务过程的收入和成本的核算如图1－8所示。

物流企业提供服务过程的收入和成本核算

- 核算自身应该取得的收入
  - 物流企业的收入类别较多，采用不同的交通工具，选择不同的时间要求，相应的收入也不同。另外，在收入核算中，包括运输、装卸、包装、仓储等多种服务的项目，在会计核算中，应该因地制宜地对各项收入进行分项或者汇总核算，确保企业的收入能够及时准确地予以确认，避免流失
- 确认提供物流服务过程中所付出的成本
  - 在物流成本的会计核算中，要坚持“收入成本配比原则”，尽量将可以和某一项收入相配比的成本计入相应的某一项业务成本之中
  - 要考虑到“重要性原则”的要求，对于金额较小、很难在多个项目进行分配的成本费用，可在一个过渡性的账户中进行汇总核算，在会计期末再按照一定的标准进行分配，计入相关的成本

图1－8　物流企业提供服务过程的收入和成本核算

（四）财务成果计算与分配

物流企业财务成果计算与分配过程如图 1－9 所示。

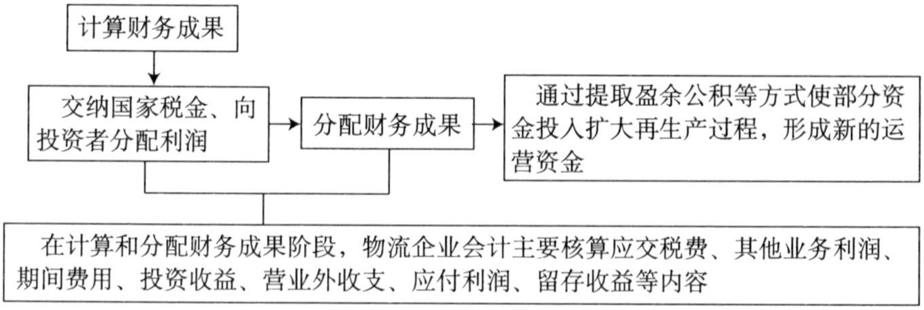

图 1－9　物流企业财务成果计算与分配过程

第二节　会计基本假设

会计基本假设是企业会计确认、计量和报告的前提，是对会计核算所处时间、空间环境等所做的合理设定。会计基本假设包括会计主体、持续经营、会计分期和货币计量。具体含义及规定如表 1－1 所示。

表 1－1　会计基本假设

会计基本假设	含义	关于会计准则的规定
会计主体	企业应当对其本身发生的交易或者事项进行会计确认、计量和报告	《企业会计准则——基本准则》第五条规定："企业应当对其本身发生的交易或者事项进行会计确认、计量和报告。"
持续经营	任何会计主体除非有确切的证据证实其不会再存续下去，否则，便认为它会无限期地延续下去	《企业会计准则——基本准则》第六条明确规定："企业会计确认、计量和报告应当以持续经营为前提。"

（续表）

会计基本假设	含义	关于会计准则的规定
会计分期	将会计主体持续不断的经营过程，划分为若干等间距的时期，即“会计期间”，会计主体按照会计期间组织会计核算，提供会计报告	我国《会计法》规定：“会计年度自公历1月1日起至12月31日止。”《企业会计准则——基本准则》规定：“企业应当划分会计期间，分期结算账目和编制财务会计报告。会计期间分为年度和中期。中期是指短于一个完整的会计年度的报告期间。”
货币计量	会计主体在会计核算过程中应主要采用货币计量单位来记录和报告会计主体的财务状况和经营成果	《会计法》第十二条规定：“会计核算以人民币为记账本位币。业务收支以人民币以外的货币为主的单位，可以选定其中一种货币作为记账本位币，但是编报的财务会计报告应当折算为人民币。” 《企业会计准则——基本准则》第八条规定：“企业会计应当以货币计量。”

一、会计主体

会计主体基本假设的含义如图1－10所示。

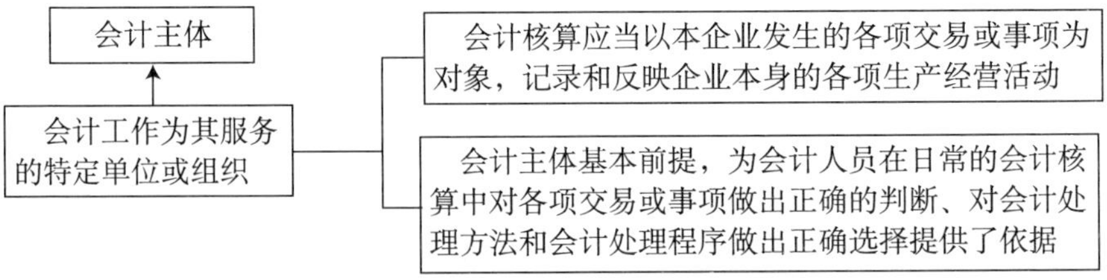

图1－10　会计主体基本假设的含义

会计主体与法律主体概念的区分如图1－11所示。

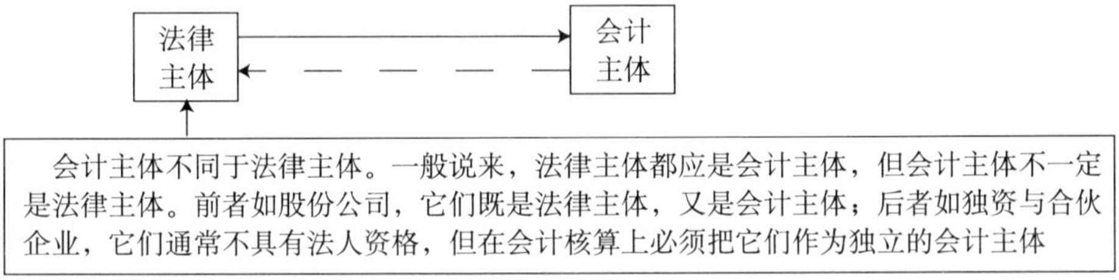

图 1－11　会计主体与法律主体概念的区分

二、持续经营

对持续经营假设的介绍如图 1－12 所示。

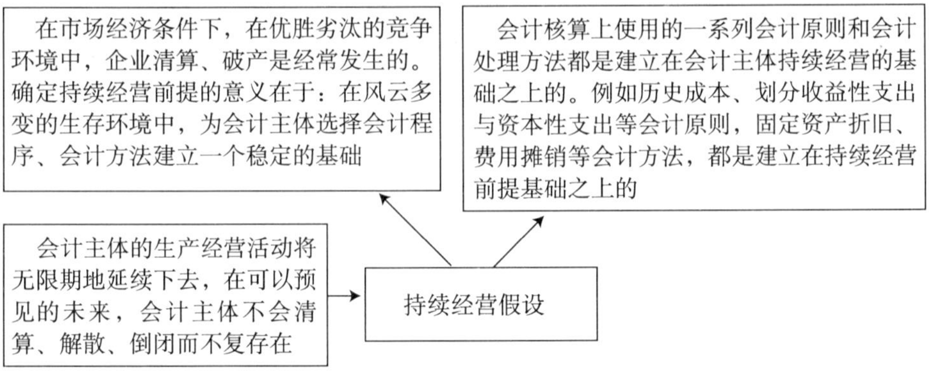

图 1－12　持续经营假设

三、会计分期

对会计分期假设的介绍如图 1－13 所示。

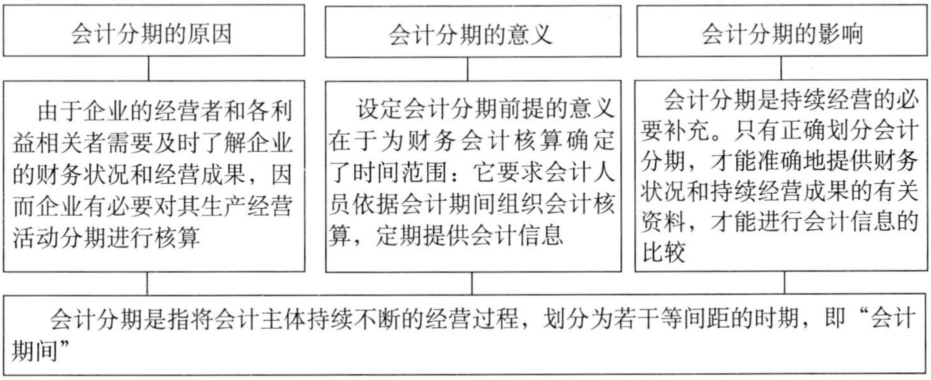

图 1－13　会计分期假设

四、货币计量

对货币计量假设的介绍如图 1 - 14 所示。

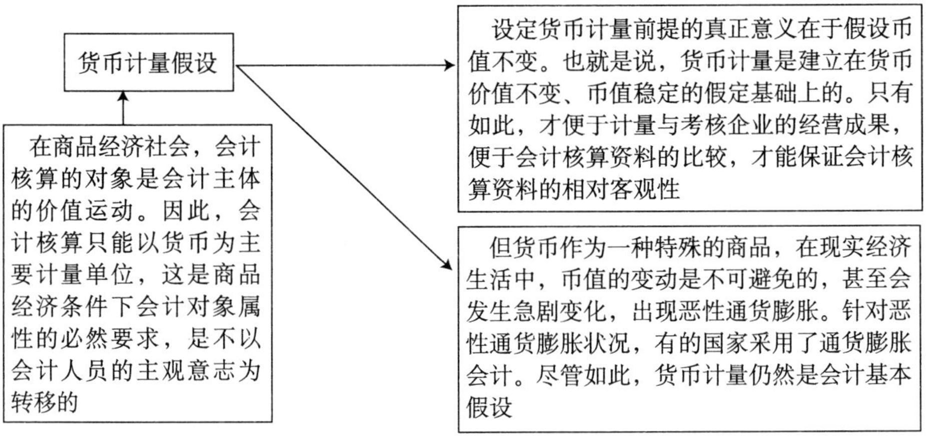

图 1 - 14　货币计量假设

《企业会计准则第 19 号——外币折算》对记账本位币做了专门的规定：记账本位币，是指企业经营所处的主要经济环境中的货币。企业通常应选择人民币作为记账本位币。业务收支以人民币以外的货币为主的企业，可以按照本准则第五条规定选定其中一种货币作为记账本位币。但是，编报的财务报表应当折算为人民币。

第三节　会计信息质量的要求

向企业的利益相关方提供及时可靠的会计信息，是企业会计系统最基本的职能，也是最核心的任务，在本次会计准则的修订中，特别重视对企业会计信息质量的要求，在《企业会计准则——基本准则》第二章中，对企业会计的信息质量做了具体而详细的规定，它包括客观性、相关性、可理解性、可比性、实质重于形式、重要性、谨慎性和及时性等 8 项基本要求。

一、客观性

对客观性含义的介绍如图 1 - 15 所示。

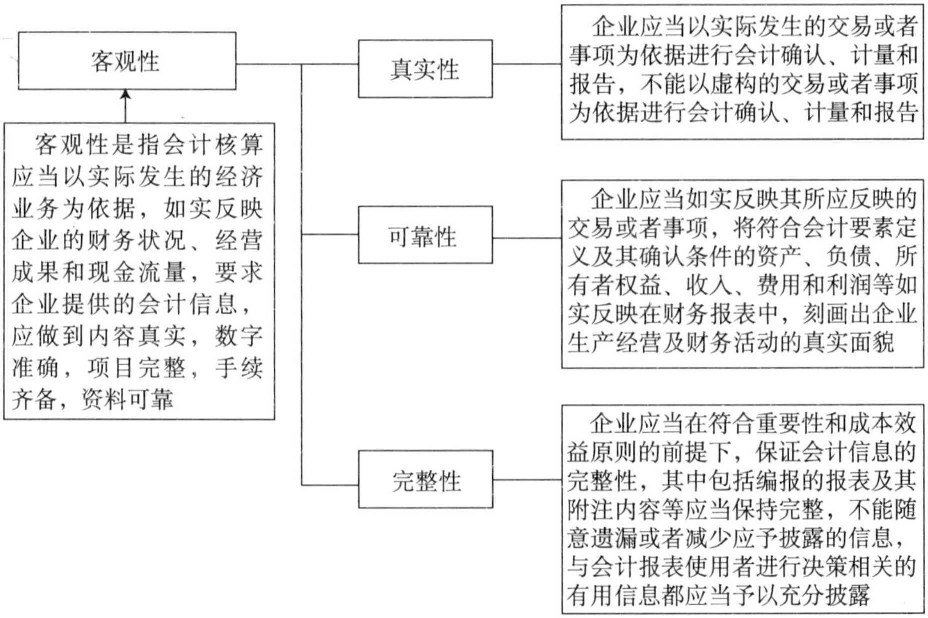

图1－15　会计信息客观性的含义

二、相关性

相关性要求企业提供的会计信息应当与财务报告使用者的经济决策需要相关，有助于财务报告使用者对企业过去、现在或者未来的情况做出评价或者预测。

会计核算的目标是向有关方面提供对决策有用的信息。

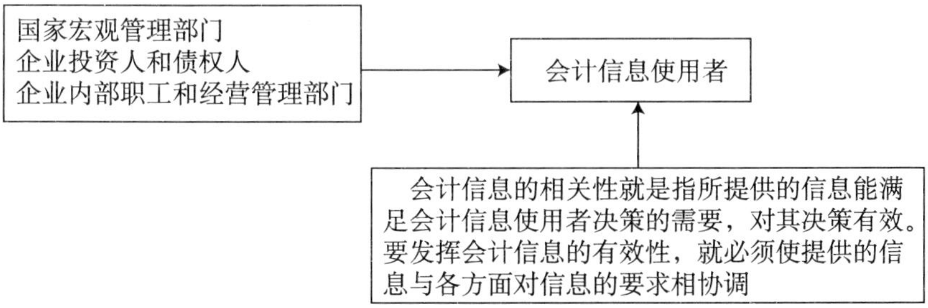

图1－16　会计信息的相关性

三、可理解性

可理解性要求企业提供的会计信息应当清晰明了，便于财务报告使用者理解和使用。企业编制财务会计报告的目标是向财务会计报告使用者提供与企业财务状况、经营成果和现金流量等有关的会计信息，反映企业管理层受托责任履行情况，以有助于财务会计报告使用者做出经济决策。这就要求财务报告所提供的会计信息应当清晰明了，易于理解。只有这样才能提高会计信息的有用性，实现财务报告的目标，满足向使用者提供决策有用信息的要求。

鉴于会计信息是一种专业性较强的信息产品，因此，在强调会计信息的可理解性要求的同时，还应假定使用者具有一定的有关企业生产经营活动和会计核算方面的知识，并且愿意付出努力去研究这些信息。对于某些复杂的信息，例如，交易本身较为复杂或者会计处理较为复杂，但其对使用者的经济决策是相关的，就应当在财务报告中予以披露，企业不能仅仅以该信息会使某些使用者难以理解而将其排除在财务报告所应披露的信息之外。

四、可比性

可比性要求企业提供的会计信息应当具有可比性。具体包括纵向可比性和横向可比性两个方面的要求，如表 1－2 所示。

表 1－2　会计信息可比性的含义及目的

可比性分类	含义	目的
纵向的可比性	同一个企业在不同时期的比较	为了便于企业管理者等财务信息的使用者，了解企业财务状况和经营成果的变化趋势，比较企业在不同时期的财务报告信息，从而全面、客观地评价过去、预测未来
横向的可比性	同一时期，不同企业之间的比较	为了便于企业管理者等财务信息的使用者评价不同企业的财务状况、经营成果的水平及其变动情况，从而有助于使用者做出科学合理的决策，会计信息质量的可比性还要求不同企业发生的相同或者相似的交易或者事项，应当采用规定的会计政策，确保会计信息口径一致、相互可比，即对于相同或者相似的交易或者事项，不同企业应当采用一致的会计政策

五、实质重于形式

实质重于形式要求企业应当按照交易或者事项的经济实质进行会计确认、计量和报告，而不应当仅仅按照它们的法律形式作为会计核算的依据。

在实际工作中，交易或事项的外在法律形式并不能真实反映其实质内容。为了使会计信息真实反映企业财务状况和经营成果，就不能仅仅依据交易或事项的外在表现形式来进行核算，而要反映交易或事项的经济实质。违背这一原则，就可能会出现误导会计信息使用者的情况。我们拿融资租入固定资产来举例，如表 1－3 所示。

表 1－3　融资租入固定资产的法律形式与经济实质

融资租赁方式租入的资产	法律形式	经济实质
视为企业的资产	企业并不拥有租赁物的所有权	由于租赁合同中规定的租赁期都相当长，接近于该资产的使用寿命；租赁期结束时承租企业有优先购买该资产的选择权；在租赁期内承租企业有权支配该资产并从中受益等

六、重要性

重要性的含义及判断如图 1－17 所示。

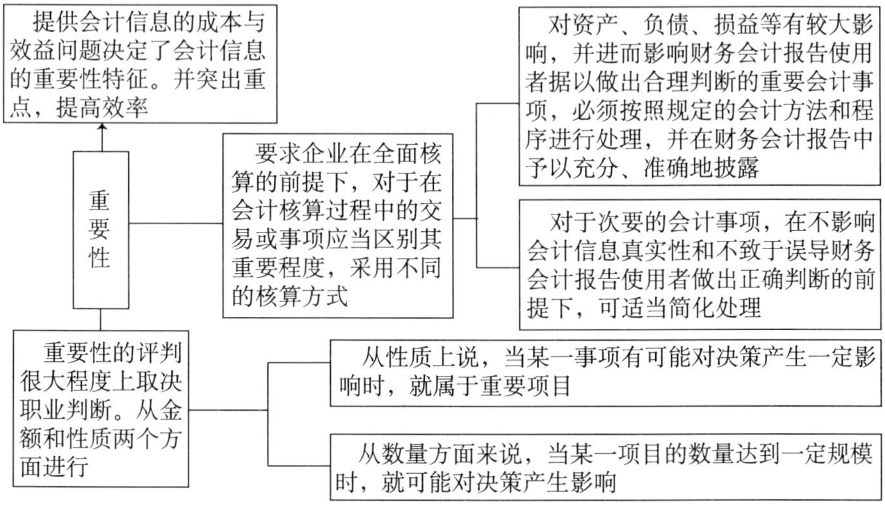

图 1－17　重要性的含义及判断

七、谨慎性

谨慎性原则亦称稳健性原则，或称保守主义。该原则要求企业在进行会计核算时，不得多计资产或收益、少计负债或费用。但是，谨慎性的应用并不允许企业设置秘密准备，如果企业故意低估资产或者收益，或者故意高估负债或者费用，将不符合会计信息的可靠性和相关性要求，损害会计信息质量，扭曲企业实际的财务状况和经营成果，从而对使用者的决策产生误导，这是企业会计准则所不允许的。谨慎性的体现如表1－4所示。

表1－4　谨慎性的体现

项目	内容
会计确认方面	应尽可能合理预计企业可能发生的费用或损失，避免确认可能取得的收入
会计计量方面	不得高估资产和收益，不得低估负债和费用
会计报告方面	应提供尽可能全面的会计信息，特别是报告有可能发生的风险损失

企业是在各种经济风险之中从事经营活动的，坚持谨慎性原则，有利于企业增强抗御风险的能力和竞争能力，有利于债权人的利益。

八、及时性

这是指企业的会计核算应当及时进行，不得提前或延后。会计信息的价值在于帮助使用者做出经济决策，因此具有时效性。即使是可靠、相关的会计信息，如果不及时提供，也就失去了时效性，对于使用者的效用就大大降低，甚至不再具有任何意义。及时性的要求如表1－5所示。

表1－5　及时性的要求

及时性的要求	内容
及时收集会计信息	即在经济交易或者事项发生后，及时收集整理各种原始单据或者凭证
及时处理会计信息	即按照企业会计准则的规定，及时对经济交易或者事项进行确认或者计量，并编制出财务报告
及时传递会计信息	即按照国家规定的有关时限，及时地将编制的财务报告传递给财务报告使用者，便于其及时使用和决策

我国《会计法》规定，企业必须在每年的4月30日之前公布其财务报告，就是要求会计信息具备及时性的体现。

第四节　会计要素及其确认

一、会计要素概念

企业财务会计的对象是企业的资金运动及其所形成的财务关系。为了具体地反映与监控这一内容，需要对会计对象进行分类。会计要素就是对会计对象的基本分类，是会计对象的具体化，是反映会计主体财务状况、经营成果的基本单位。会计要素，是指按照交易或者事项的经济特征所做的基本分类，分为反映企业财务状况的会计要素和反映企业经营成果的会计要素。它既是会计确认和计量的依据，也是确定财务报表结构和内容的基础。

由于会计的最终目的是编制出财务报告来，财务报告的核心内容是财务报表，财务报表就是以会计要素为内容构架的，因此，会计要素又称财务报表要素。会计要素的构成如图1－18所示。

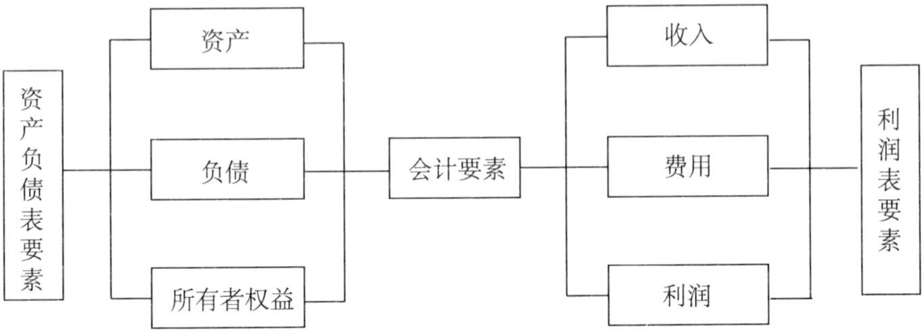

图1－18　会计要素的构成

二、反映企业财务状况的会计要素及其确认

反映企业财务状况的会计要素及其确认如表1－6所示。

表1－6　反映企业财务状况的会计要素及确认

会计要素	概念	特征	确认条件（同时满足）
资产	过去的交易、事项形成并由企业拥有或者控制的资源，该资源预期会给企业带来经济利益	①资产是由企业过去的交易或者事项形成的；②资产应该是企业拥有或者能够控制的资源；③资产可以预期给企业带来一定的经济利益	①在一般情况下，与该资源有关的经济利益可以流入企业；②该项资源的成本或者价值能够比较准确地计量
负债	企业过去的交易或者事项形成的、预期会导致经济利益流出企业的现时义务	①负债是企业承担的现时义务；②负债的清偿预期会导致经济利益流出企业；③负债是由企业过去的交易或者事项形成的	①与该义务有关的经济利益很可能流出企业；②未来流出的经济利益的金额能够可靠地计量
所有者权益	企业资产扣除负债后，由所有者享有的净资产，也叫剩余权益。公司的所有者权益又称为股东权益	企业的投资者对企业净资产的要求权即所有权，也是企业对投资人承担的经济责任；作为所有者权益对象的投资人则有法定参与管理企业或委托他人管理企业的权利，同时也有参与企业利润分配的权利；所有者权益在企业正常经营期间，只要不发生清算、破产、减少注册资本或其他终止经营情况，无需偿还，投资人也不得要求返还投资，且投资人对企业的经营活动承担着比债权人更大的风险	所有者权益的确认主要依赖于其他会计要素，尤其是资产和负债的确认；所有者权益金额的确定也主要取决于资产和负债的计量

三、反映企业经营成果的会计要素及其确认

（一）收入

1. 收入的定义

收入，是指企业在日常活动中形成的、会导致所有者权益增加的、与所有者投入资本无关的经济利益的总流入。

根据收入的定义，收入具有以下几个方面的特征，如图 1－19 所示。

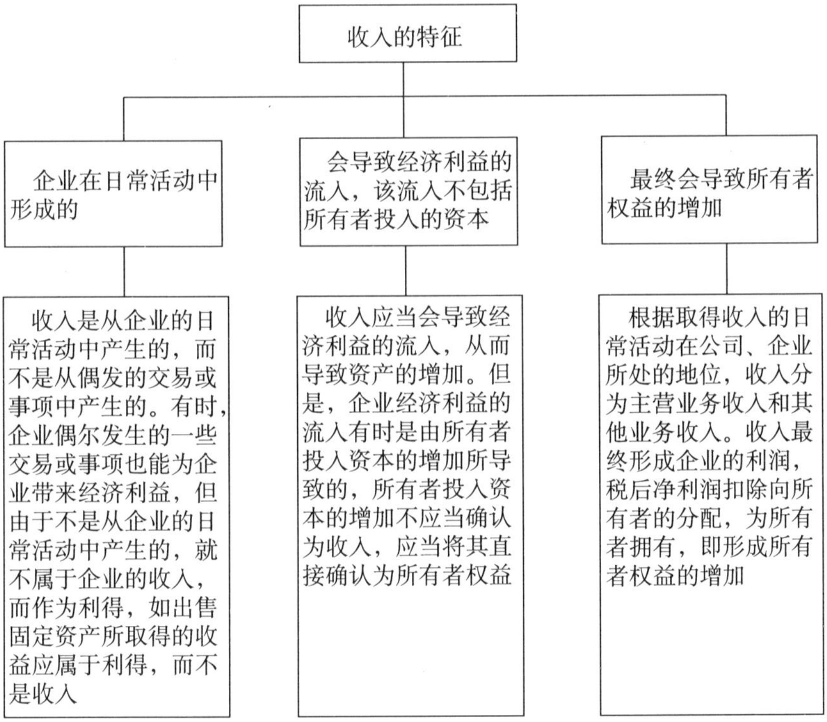

图 1－19　收入的特征

2. 收入的确认条件

收入的确认除了应当符合定义外，还应当满足严格的确认条件。收入只有在经济利益很可能流入，从而导致企业资产增加或者负债减少，且经济利益的流入额能够可靠计量时才能予以确认。因此，收入的确认至少应当同时符合下列条件，如图 1－20 所示。

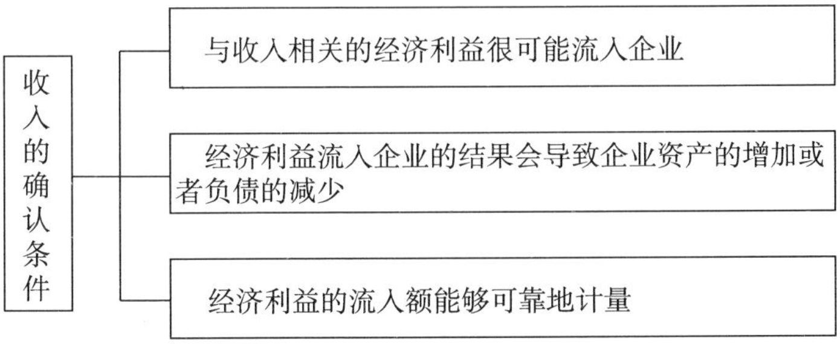

图 1－20　收入的确认条件

（二）费用

1. 费用的定义

费用，是指企业在日常活动中发生的、会导致所有者权益减少的、与向所有者分配利润无关的经济利益的总流出。

根据费用的定义，费用具有以下几个方面的特征，如图 1－21 所示。

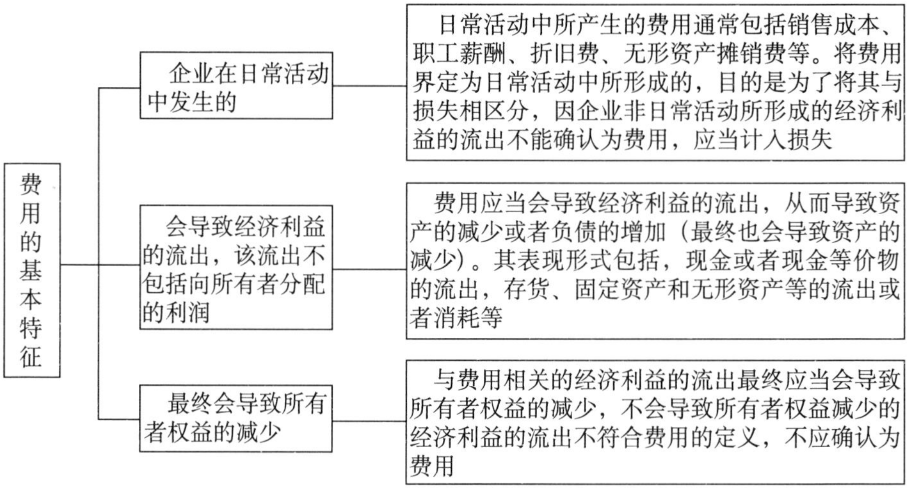

图 1－21　费用的基本特征

2. 费用的确认条件

费用的确认除了应当符合定义外，还应当满足严格的确认条件，即费用只有经济利益很可能流出，从而导致企业资产减少或者负债增加，且经济利益的流出额能够可靠地计量时才能予以确认。因为，费用的确认至少应当符合以下条件：

（1）与费用相关的经济利益很可能流出企业；

（2）经济利益流出企业的结果会导致资产的减少或者负债的增加；

（3）经济利益的流出额能够可靠计量。

费用的确认应当注意以下几点：

（1）企业为生产产品、提供劳务等发生的可归属于产品成本、劳务成本等的费用，应当在确认产品销售收入、劳务收入等时，将已销售产品、已提供劳务的成本等计入当期损益。即这些费用应当与企业实现的相关收入相配比，并在同一会计期间予以确认，计入利润表。

(2)企业发生的支出不产生经济利益的，或者即使能够产生经济利益但不符合或者不再符合资产确认条件的，应当在发生时确认为费用，计入当期损益。

(三)利润

1. 利润的定义

利润是指企业在一定会计期间的经营成果。利润为营业利润、投资净收益和营业外收支净额等三个项目的总额减去所得税费用之后的余额。有些补贴收入也计入利润。

2. 利润的构成

利润的构成如图 1－22 所示。

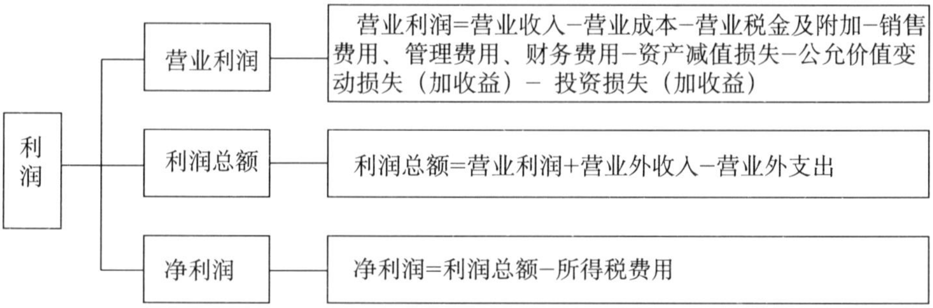

图 1－22　利润的构成

营业利润是企业在销售商品、提供劳务等日常活动中所产生的利润，为主营业务利润和其他业务利润减去有关期间费用后的余额；投资净收益是投资收益与投资损失的差额；营业外收支是与企业的日常经营活动没有直接关系的各项收入和支出。其中，营业外收入项目主要有捐赠收入、固定资产盘盈、处置固定资产净收益、罚款收入等，营业外支出项目主要有固定资产盘亏、处置固定资产净损失等。

利润的确认是从属性的，一旦我们确认了收入及其相应的成本费用之后，也就意味着我们确认了该项经济行为的利润。

第五节　我国企业会计核算法规体系

会计工作应遵循一定的规范，自1992年我国开始建立社会主义市场经济制度以来，我国的会计核算法规也经历了一系列深层次、全方位的改革。尤其是2006年以来，我国在多年摸索、试点的情况下，推出了新的《企业会计准则》体系，使得我国的会计核算标准逐步与国际惯例相接轨。时值今日，我国已经初步形成了以《会计法》为核心，以《企业会计准则》和《企业会计制度》为主体的一个比较完整的会计核算法规体系。

一、我国物流企业会计核算规范的演变

我国物流企业会计核算所依据的核算规范，自1993年以来前后经历过三次大的变革，如图1－23所示。

第一阶段为1993—2001年的行业会计制度阶段，由于不同的物流企业在管理体制、会计核算范围、费用结算办法等各方面存在较大的差异，财政部针对物流企业制定并颁布了四个会计制度，即《运输（交通）企业会计制度》《运输（铁路）企业会计制度》《运输（民航）企业会计制度》和《邮电企业会计制度》

第二阶段为2001—2006年的企业会计制度阶段，按照《会计法》的要求，财政部制定了不分行业的、统一的会计制度《企业会计制度》，由于《企业会计制度》在规定中过于笼统，忽略了各个行业在会计核算中的特点，后来财政部又颁布了一批行业财务管理制度，配合《企业会计制度》进行相关行业企业的会计核算

第三阶段就是从2007年开始的新《企业会计准则》阶段。2007年，财政部颁布了我国新的会计准则体系，并从2007年1月1日开始在上市公司中实行，逐渐推广到其他大型企业，成本我国企业会计核算的基本规范

图1－23　物流企业会计核算规范的变革

本书阐述的主要内容就是物流企业如何按照新《企业会计准则》体系的要求，进行运输、装卸、仓储、配送等业务的会计核算。

二、会计法

《会计法》于1985年由全国人民代表大会常务委员会通过，并于同年5月1日起施行，为适应我国社会主义市场经济发展和深化会计改革的需要，1993年12月和1999年10月人大常委会对其进行了两次修订。

《会计法》是我国会计工作的根本大法，它在我国的会计规范体系中处于最高层次，是其他会计规范制定的基本依据。《会计法》对我国会计工作的主要方面做出规定，涉及到我国会计工作的各个领域，它用法律形式确定了会计工作的地位和作用，对我国会计管理的体制、会计核算和会计监督的对象及内容、会计机构、会计人员的职责和权限以及有关的法律责任做出了明确的规定。这些规定是我国进行会计工作的基本依据。

三、会计制度

会计制度是在会计法和会计准则基础上制定的具体会计方法和程序的总称。我国的会计制度是国家财政部门通过一定的行政程序制定、具有一定强制性的会计规范的总称，其中会计核算制度是重要的组成部分。1993年以来，我国先后颁布并实施了工业企业会计制度等13个行业会计制度以及股份有限公司会计制度和外商投资企业会计制度等会计核算制度，按行业制定是这一会计核算制度体系的最大特点。

1999年颁布的新修订的《会计法》要求企业保证会计资料的真实、完整，并且规定国家实行统一的会计制度。我国财政部为了贯彻落实《会计法》《企业财务会计报告条例》以及其他有关法规的规定，适应社会主义市场经济要求，在继续制定会计准则的同时，对会计核算制度进行了改革，确立了建立国家统一的、打破行业、所有制界限、集财务会计于一体的会计核算制度，包括会计要素的确认、计量、记录和报告全过程的会计核算标准。

根据目前我国的会计制度改革思路，国家统一的企业会计核算制度体系，将分三个层次：第一层次是按照企业性质和规模，分别建立《企业会计制度》《金融企业会计制度》和《小企业会计制度》所应遵循的一般原则。第二层次是在第一层次的基础上，分别建立操作性较强的有关会计科目的设置、具体账务处理及财务会计报告的编制和对外报送办法。第三层次是在上述两个层次的基础上，对于各行业企业专业性较强的会计核算，将陆续以专业会计核算办法的形式发布。为此，作为第一步，财政部制定并在2000年发布了《企业会计制度》，该制度于2001年1月1日起暂在股份有限公司范围内执行，并采取了有计划、有目标地分步骤在各企业中实施。

自2007年新《企业会计准则》在上市公司首先实施之后，原先实行《企业会计制度》的企业将逐渐过渡为适用《企业会计准则》。随着《企业会计准则》适用范围的扩大，《企业会计制度》将失去具有强制性的国家统一的会计制度的地位。

《金融企业会计制度》《小企业会计制度》在内容结构上与《企业会计制度》基本一致，所不同的只是使用范围的不同，《金融企业会计制度》适用于银行、保险、证券类企业，但随着新《企业会计准则》从2007年1月1日起在上市公司、证券类、保险类企业开始实施，《金融企业会计制度》必将逐渐退出历史舞台。

《小企业会计制度》主要适用于不对外筹资的中小企业，从2005年开始实施以来，以其核算简便，易于学习推广等优势深受广大中小企业财务人员的欢迎。可以预料，《小企业会计制度》将长期和新《企业会计准则》并存下去，大企业使用《企业会计准则》，而小企业继续使用《小企业会计制度》。

除了上述专业性会计规范外，影响企业财务会计核算工作的还有其他一些相关法规，如公司法、税收法规、证券法规、金融法规等。

四、会计准则

会计准则亦称会计标准，是制定会计核算制度和组织会计核算的基本规范。会计准则最早出现在上世纪30年代的美国，其后，一些西方资本主义国家也相继制定了本国的会计准则。70年代，一些西方国家的职业会计团体发起成立了国际会计准则委员会，制定并发布国际会计准则。我国会计准则体系建立的介绍如表1－7所示。

表 1－7　我国会计准则体系的建立

准则的不同时期	具体准则	准则包含的层次
我国实施会计准则的探索期	我国的会计准则制定始于 1988 年，于 1992 年 11 月发布了我国第一个会计准则，即《企业会计准则》，并于 1993 年 7 月 1 日开始施行。此后，财政部又陆续颁布了“现金流量表”“资产负债表日后事项”“收入”“债务重组”“中期财务报告”等多项具体会计准则，这些会计准则只是选择性的在部分企业中实施，一直与《企业会计制度》并行使用	—
我国新的会计准则体系的全面建立时期	2006 年 2 月 15 日，财政部发布了包括 1 项基本准则和 38 项具体准则，11 月 7 日发布了《企业会计准则——应用指南》	一是基本准则，在整个准则体系中起统驭作用，主要规范会计目标、会计假设、会计信息质量要求、会计要素的确认、计量和报告原则等； 二是具体准则，包括存货、固定资产、无形资产等 38 项准则，主要规范企业发生的具体交易或者事项的会计处理，为企业处理会计实务问题提供具体而统一的标准； 三是会计准则应用指南，主要包括具体准则解释和会计科目、主要账务处理等，为企业执行会计准则提供操作性规范

从 2007 年 1 月 1 日起，新的《企业会计准则》在上市公司中全面实施，中央国有企业，从 2007 年起逐步适用《企业会计准则》。新的企业会计准则体系有以下三个显著的特点，如表 1－8 所示。

表1-8 新企业会计准则体系的特点

新的企业会计准则体系的显著特点	含义	意义
通用性	新的企业会计准则不分所有制，不分行业，是针对所有企业的会计核算准则	这一特点相对于我国以前实施的分行业的企业会计制度而言，是一大创新，它适应了企业所有制混合化，经营混业化的经济发展新趋势
外向性	随着我国经济的发展，很多企业已实施了走出去的战略，加入了全球经济一体化的大潮，会计作为记录经济活动的语言，语言不通，也就没法打交道、做生意、谈合作	新的企业会计准则在确保适应我国企业需要的同时，引入了国际会计准则的做法与惯例，架起了密切中外经贸合作的会计技术桥梁，有利于进一步优化我国投资环境，有利于促进我国企业更好更多地“走出去”，全面提高我国对外开放水平
前瞻性	改革开放以来，新行业、新企业运作模式层出不穷，为保证企业会计准则具有一定的稳定性，在新企业会计准则中，对金融商品等我国企业尚比较陌生的衍生金融业务也做了比较具体的规定	保证了新的会计准则体系在未来一段时期的稳定性，不至于频繁修订

第二章
货币资金

本章导读

当年以“脑黄金”名噪一时的巨人集团想必大家都有所耳闻，感兴趣的读者都知道巨人集团是因为资金链断裂而导致破产的，用我们的专业术语来说就是货币资金短缺，可见货币资金管理对公司的兴衰成败起着至关重要的作用。

“现金为王“，顾名思义，就是只有现金才是硬道理，而这里讲的“现金”就是我们要讲的“货币资金”。在本章我们重点学习以下内容:

- ☑ 物流企业如何管理库存现金，如何对库存现金的相关业务进行会计核算?
- ☑ 如何开立银行账户?
- ☑ 如何对银行存款进行核算，并按期编制银行存款余额调节表?
- ☑ 其他货币资金包括哪些种类，如何进行会计核算?
- ☑ 物流企业常用的银行结算方式有哪些，如何进行办理?
- ☑ 外币交易包括哪些内容，如何进行账务处理?

第一节　库存现金

库存现金是指通常存放于企业财会部门、由出纳人员经管的货币。库存现金是企业流动性最强的资产，企业应当严格遵守国家有关现金管理制度，正确进行现金收支的核算，监督现金使用的合法性与合理性。

一、我国现行的现金管理制度

现金管理制度主要包括以下内容。

（一）现金的支付范围

根据国务院发布的《现金管理暂行条例》的规定，企业可用现金支付的款项范围如表2－1所示。

表2－1 可用现金支付的款项范围

项目	内容
根据国务院发布的《现金管理暂行条例》的规定，企业可用现金支付的款项范围	职工工资、津贴
	个人劳务报酬
	根据国家规定颁发给个人的科学技术、文化艺术、体育等各种奖金
	各种劳保、福利费用以及国家规定的对个人的其他支出
	向个人收购农副产品和其他物资的款项
	出差人员必需随身携带的差旅费
	结算起点以下的零星支出
	中国人民银行确定需要支付现金的其他支出

注：除上表2－1所述情况可以用现金支付外，其他款项的支付应通过银行转账结算。

（二）现金的限额

现金的限额是指为了保证企业日常零星开支的需要，允许单位留存现金的最高数额。现金限额的规定如表2－2所示。

表 2－2　现金限额的规定

开户银行核定的单位	开户单位的库存现金限额
一般单位	3～5 天日常零星开支的金额
边远地区和交通不便地区	可按多于 5 天但不超过 15 天的日常零星开支的金额

注：核定后的现金限额，开户单位必须严格遵守，超过部分应于当日终了前存入银行。需要增加或减少现金限额的单位，应向开户银行提出申请，由开户银行核定。

（三）现金收支的规定

现金收支的规定如表 2－3 所示。

表 2－3　现金收支的规定

现金收支情况	相关规定
开户单位收入现金	当日送存开户银行，当日送存确有困难的，由开户银行确定送存时间
开户单位支付现金	从本单位库存现金中支付或从开户银行提取，不得“坐支”现金，因特殊情况需要坐支现金的单位，应事先报经有关部门审查批准，并在核定的范围和限额内进行，同时，收支的现金必须入账
开户单位从开户银行提取现金	应如实写明提取现金的用途，由本单位财会部门负责人签字盖章，并经开户银行审查批准后予以支付
因采购地点不确定、交通不便、抢险救灾及其他特殊情况必须使用现金	向开户银行提出书面申请，由本单位财会部门负责人签字盖章，并经开户银行审查批准后予以支付
不符合国家统一的会计制度	“白条顶库”；谎报用途套取现金；用银行账户代其他单位和个人存入或支取现金；用单位收入的现金以个人名义存入储蓄；“公款私存”；设置“小金库”

注：银行对于违反上述规定的单位，将按照违规金额的一定比例予以处罚。

（四）现金盘点的规定

为了及时发现现金收付差错，如实反映库存现金余额，防止贪污挪用等行为的发生，企业建立健全库存现金的定期盘点和不定期盘点相结合的制度对库存现金的管理具有重要的意义。现金盘点的相关内容如图 2－1 所示。

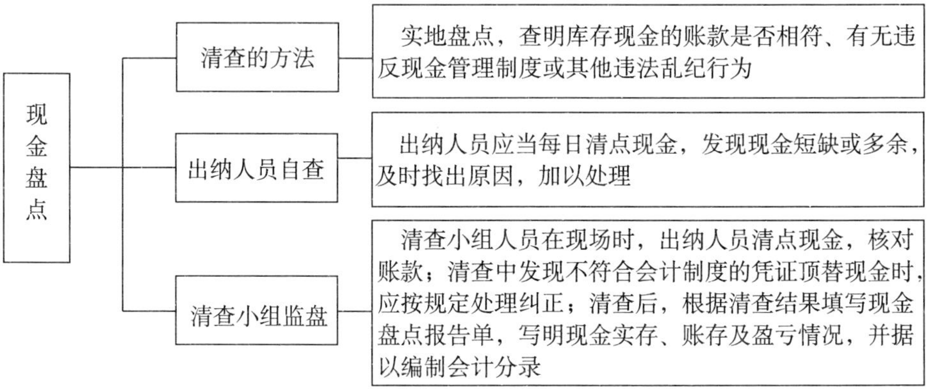

图 2－1　现金盘点的相关内容

二、现金的会计核算

（一）账户与科目的设置

企业应当设置现金总账和现金日记账，分别进行企业库存现金的总分类核算和明细分类核算。现金的会计核算如表 2－4 所示。

表 2－4　现金的会计核算

会计科目	反映的经济业务	借贷方含义
库存现金	总括地反映企业库存现金的收入、支出和结存情况	借方登记现金的增加；贷方登记现金的减少；期末余额在借方，反映企业实际持有的库存现金余额
备用金	企业内部各部门周转使用的备用金	借方登记向各部门支付的备用金；贷方登记各部门报销的备用金

现金日记账由出纳人员根据收付款凭证，按照业务发生顺序逐笔登记。每日终了，应当在现金日记账上计算出当日的现金收入合计额、现金支出合计额和结余额，并将现金日记账的账面结余额与实际库存现金额相核对，保证账款相符；月度终了，现金日记账的余额应当与现金总账的余额核对，做到账账相符。

（二）库存现金业务的核算

1. 库存现金收支业务的核算

库存现金增减的会计核算如表 2－5 所示。

表 2－5　库存现金增减的会计核算

库存现金收支业务	对应的会计分录
库存现金增加	借：库存现金 　　贷：相关科目
库存现金减少	借：相关科目 　　贷：库存现金

2. 库存现金清查业务的核算

如果账款不符，发现的有待查明原因的现金短缺或溢余，应先通过“待处理财产损溢”科目核算。按管理权限报经批准后，分别按以下情况处理，如表 2－6 所示。

表 2－6　现金清查的相关处理

库存现金的清查情况，按管理权限报经批准	“待处理财产损溢”科目的处理
现金短缺	应由责任人赔偿或保险公司赔偿的部分，计入“其他应收款”；属于无法查明的其他原因，计入“管理费用”
现金溢余	应支付给有关人员或单位的，计入“其他应付款”；属于无法查明原因的，计入“营业外收入”

【**例 2－1**】广通物流公司在盘点现金时发现长款 10 元，经核查未能发现其实际原因，经财务主管同意，作为营业外收入处理。应编制如下会计分录，反映清查结果。

发现现金长款时：

借：库存现金　　10

　　贷：待处理财产损溢　　10

查明原因后，处理长款结果：

借：待处理财产损溢　　10

　贷：营业外收入　　10

(三)备用金的会计核算

为了业务办理的方便，除财务部门保存一定的现金之外，其他部门，一些业务人员也需要持有一定量的现金，这就是备用金。

备用金是指企业预付给职工和内部有关单位用作差旅费、零星采购和日常零星开支事后需要报销的款项。为了防止浪费和挪用公款，必须建立备用金的预借、使用和报销制度，并严格加以执行。如果企业备用金业务很少，也可不设立“备用金”科目，通过“其他应收款——备用金”科目进行核算，账务处理方法与上面一致。

1. 备用金的形式

备用金按备用形式，可分为定额备用金和非定额备用金两种。对这两种备用金的介绍如表2－7所示。

表2－7　备用金的两种形式

备用金的形式	含义及特点	相关内容
定额备用金	为了满足企业有关部门日常零星开支需要的备用金。一经核定不得随意增减。 特点：一次领用、定期报销、简化核算、补足定额	领用部门，应设置“备用金登记簿”，逐笔序时登记提取和支出情况，并按时将款项支出的单据送交财会部门报销后，财会部门再给予补足定额
非定额备用金	用款单位根据实际需要向财会部门借款，凭各种支付凭证向财会部门报销时，作为冲减备用金处理，如需再用，重新办理借款手续	适用于预借差旅费等备用金的管理

2. 备用金的账务处理

备用金的账务处理如表2－8所示。

表2－8 备用金的账务处理

情况	会计分录
单独设置“备用金”科目的企业，由企业财务部门单独拨给企业内部各单位周转使用的备用金	借：备用金 　贷：库存现金或银行存款科目
自备用金中支付零星支出，应根据有关的支出凭单，定期编制备用金报销清单，财务部门根据内部各单位提供的备用金报销清单，定期补足备用金	借：管理费用等科目 　贷：备用金或银行存款

【例2－2】广通物流公司职工张强出差采购物品，预支备用金600元，出差返回报销差旅费580元，并交回多余现金20元。

(1)领出备用金时，根据付款凭证，做会计分录如下：

借：其他应收款——备用金(张强)　600

　贷：库存现金　600

(2)报销差旅费时，根据差旅费报销单，做会计分录如下：

借：管理费用　580

　库存现金　20

　贷：其他应收款——备用金(张强)　600

第二节 银行存款

银行存款是指企业存入银行或其他金融机构的各种款项。企业应当根据业务需要，按照规定在其所在地银行开设账户，运用所开设的账户，进行存款、取款以及各种收支转账业务的结算。银行存款的收付应严格执行银行结算制度的规定。

一、银行存款账户的开立

我国银行存款包括人民币存款和外币存款两种。银行存款账户分为基本存款账户、一般存款账户、临时存款账户和专用存款账户。具体分类如表2－9所示。

表2－9　银行存款账户的分类

分类	具体内容
基本存款账户	企业办理日常转账结算和现金收付的账户，工资、奖金等现金的支取只能通过本账户办理
一般存款账户	企业因借款或其他结算需要在基本存款账户开户银行以外的银行营业机构开立的银行结算账户，企业可以通过本账户办理转账结算和现金交存，但不能办理现金的支取
临时存款账户	企业因临时需要并在规定期限内使用而开立的账户，本账户可以办理转账和根据国家现金管理的规定办理现金收付
专用存款账户	企业对其特定用途资金进行专项管理和使用而开立的账户

注：企业可以自主选择银行，银行也可以自愿选择存款人。但一个企业只能选择一家银行的一个营业机构开立一个基本存款账户，不得在多家银行机构同时开立基本存款账户；不得在同一家银行的几个分支机构同时开立一般存款账户。

二、银行存款账户的设置

为了总括反映银行存款的收支和结存情况，企业应设置"银行存款"总账科目。该科目属于资产类科目，借方登记银行存款的增加数，贷方登记银行存款的减少数，借方余额表示企业银行存款的结余数额。有外币业务的企业，应在本科目下分别按人民币和各种外币设置"银行存款日记账"进行明细核算。

企业应当设置银行存款总账和银行存款日记账，对银行存款账户的设置介绍如表2－10所示。

表 2－10　银行存款账户的设置

银行存款的设置	核算内容	相关内容
银行存款总账	进行银行存款的总分类核算	由会计登记掌管
银行存款日记账	企业可按开户银行和其他金融机构、存款种类等设置明细账户，根据收付款凭证，按照业务的发生顺序逐笔登记。每日终了，应结出余额	由出纳逐笔登记，并经常与银行提供的对账单进行核对，以便进行内部控制

三、银行存款收付的核算

单位与银行之间经常发生现金的存入、提取和办理转账结算等收支业务，为了反映和监督银行存款的收付动态，应办理银行存款收付的核算。企业在不同的结算方式下，根据有关的原始凭证编制银行存款的收付款凭证，记入企业的“银行存款”科目。对银行存款收付的相关业务及会计分录的介绍如表 2－11 所示。

表 2－11　银行存款收付的核算

相关业务	会计分录
将款项存入银行或其他金融机构	借记“银行存款”科目，贷记“库存现金”或有关科目
提取或支付在银行或其他金融机构中的存款	借记“库存现金”或有关科目，贷记“银行存款”科目

四、银行存款的对账

为了保证银行存款的安全和核算的正确，企业应按期对账。银行存款对账内容如图 2－2 所示。

银行存款的对账
- 银行存款日记账与银行存款收、付款凭证相互核对，做到账证相符
- 银行存款日记账与银行存款总账相互核对，做到账账相符
- 在账账相符的基础上，银行存款日记账与银行对账单相互核对，做到账单相符

图 2 -2　银行存款对账内容

一般说来，即使截止日期一致，银行存款日记账余额与银行对账单余额是不相等的，除记账错误外，未达账项的影响是主要原因。所谓未达账项，是指银行与企业之间，由于凭证传递上的时间差，一方已登记入账，而另一方尚未入账的收支项目。银行存款的未达账项具体说有四种情况，如图 2 -3 所示。

银行存款的未达账项情况
- 银行已入账但企业未入账的收入
- 银行已入账但企业未入账的支出
- 企业已入账但银行未入账的收入
- 企业已入账但银行未入账的支出

图 2 -3　银行存款未达账项情况

对于未达账项，应编制“银行存款余额调节表”进行调节。调节后，若无记账差错，双方调整后的银行存款余额应该相等；调节后，双方余额如果仍不相符，说明记账有差错，需进一步查对，更正错误记录。调节公式如下：

银行存款日记账余额 + 银行已收单位未收款项 - 银行已付单位未付款项
= 银行对账单余额 + 单位已收银行未收款项 - 单位已付银行未付款项

调节后的银行存款余额，反映了企业可以动用的银行存款实有数额。需要注意的是，银行存款余额调节表是用来核对企业和银行的记账有无错误，不能作为记账的依据。对于未达账项，无须进行账面调整，待结算凭证收到后再进行账务处理。

【例2－3】2013 年 3 月 30 日某单位的银行存款日记账账面余额是 76 205元，银行对账单的余额是 76 560 元。经逐项检查，发现下列未达款项。

第一，单位已收，银行未收款项 2 795 元；

第二，单位已付，银行未付款项 9 250 元；

第三，银行已收，单位未收款项 3 500 元；

第四，银行已付，单位未付款项 9 600 元。

根据上述资料，编制银行存款余额调节表，如表 2－12 所示。

表 2－12　银行存款余额调节表

银行对账单余额	76 560.00	企业银行账余额	76 205.00
加：单位已收银行未收		加：银行已收单位未收	
	2 795.00		3 500.00
减：单位已付银行未付		减：银行已付单位未付	
	9 250.00		9 600.00
调整后存款余额	70 105.00	调整后存款余额	70 105.00

经过调节，双方存款余额均为 70 105 元，证明双方没有记账差错。如果调节后余额仍不等，则记账有差错，应进一步检查。属于单位方面的记账差错应立即更正，属于银行方面的记账差错要通知银行及时更正。

第三节　其他货币资金

其他货币资金是指企业除库存现金、银行存款以外的各种货币资金，主要包括银行汇票存款、银行本票存款、信用卡存款、信用证保证金存款、存出投资款和外埠存款等。

一、科目与账户的设立

其他货币资金科目的设置情况如表 2－13 所示。

表 2－13　其他货币资金科目的设置

“其他货币资金”	相关分录科目
增加	借记“其他货币资金”科目，贷记“银行存款”科目
减少	借记有关科目，贷记“其他货币资金”科目
明细科目	“银行汇票”“银行本票”“信用卡”“信用证保证金”“存出投资款”“外埠存款”

二、其他货币资金的会计核算

其他货币资金的会计核算如表 2－14 所示。

表 2－14　其他货币资金的会计核算

其他货币资金	含义	发生的相关业务	对应的会计分录	其他说明
银行汇票存款	由出票银行签发的、由其在见票时按照实际结算金额无条件支付给收款人或者持票人的票据	取得银行汇票后，据银行签章退回的申请书存根联编制付款凭证	借记“其他货币资金——银行汇票”科目，贷记“银行存款”科目	付款人为银行汇票的出票银行；单位和个人各种款项的结算，均可使用；可用于转账，填明“现金”字样的银行汇票可支取现金
		根据发票账单等有关凭证编制转账凭证	借记“材料采购”或“原材料”“库存商品”“应交税费——应交增值税（进项税额）”等科目，贷记“其他货币资金——银行汇票”科目	
		多余款或因汇票超过付款期限等原因而退回款项	借记“银行存款”科目，贷记“其他货币资金——银行汇票”科目	

（续表）

其他货币资金	含义	发生的相关业务	对应的会计分录	其他说明
银行本票存款	银行签发的、承诺自己在见票时无条件支付确定的金额给收款人或持票人的票据	取得银行签发的银行本票后，应根据银行签章退回的“银行本票申请书”存根联编制付款凭证	借记“其他货币资金——银行本票”科目，贷记“银行存款”科目	单位和个人在同一票据交换区域需要支付的各种款项，均可使用银行本票。银行本票可以用于转账，注明“现金”字样的银行本票可以用于支取现金
		根据发票账单等有关单据编制转账凭证	借记“材料采购”或“原材料”“库存商品”“应交税费——应交增值税（进项税额）”等科目，贷记“其他货币资金——银行本票”科目	
		本票因超过付款期等原因要求退款	借记“银行存款”科目，贷记“其他货币资金——银行本票”科目	
信用卡存款	企业为取得信用卡而存入银行信用卡专户的款项	连同支票和有关资料一并送交发卡银行，根据银行盖章退回的进账单第一联	借记“其他货币资金——信用卡”科目，贷记“银行存款”科目	信用卡按使用对象分为单位卡和个人卡；按信用等级分为金卡和普通卡；按是否向发卡银行交存备用金分为贷记卡和准贷记卡
		用信用卡购物或支付有关费用	借记有关科目，贷记“其他货币资金——信用卡”科目	
		向其账户续存资金	借记“其他货币资金——信用卡”科目，贷记“银行存款”科目	

（续表）

其他货币资金	含义	发生的相关业务	对应的会计分录	其他说明
信用证保证金存款	采用信用证结算方式的企业为开具信用证而存入银行信用证保证金专户的款项	向银行交纳保证金	借记“其他货币资金——信用证保证金”科目，贷记“银行存款”科目	企业向银行申请开立信用证，应按规定向银行提交开证申请书、信用证申请人承诺书和购销合同
		根据开证行交来的信用证通知书及有关单据编制转账凭证	借记“材料采购”或“原材料”“库存商品”“应交税费——应交增值税（进项税额）”等科目，贷记“其他货币资金——信用证保证金”科目	
		未用完的信用证保证金余额转回开户银行	借记“银行存款”科目，贷记“其他货币资金——信用证存款”科目	
存出投资款	企业已存入证券公司但尚未进行投资的资金	向证券公司划出资金	借记“其他货币资金——存出投资款”科目，贷记“银行存款”科目	—
		购买股票、债券等	借记“交易性金融资产”等科目，贷记“其他货币资金——存出投资款”科目	
外埠存款	企业为了到外地进行临时或零星采购，而汇往采购地银行开立采购专户的款项	将款项委托当地银行汇往采购地开立专户	借记“其他货币资金——外埠存款”科目，贷记“银行存款”科目	该账户的存款不计利息、只付不收、付完清户，除了采购人员可从中提取少量现金外，一律采用转账结算
		收到采购人员交来的供货单位发货票、账单等报销凭证	借记“材料采购”或“原材料”“库存商品”“应交税费——应交增值税（进项税额）”等科目，贷记“其他货币资金——外埠存款”科目	
		用外埠存款采购结束将多余资金转回	借记“银行存款”科目，贷记“其他货币资金——外埠存款”科目	

第四节 银行结算

银行支付结算方式是指用一定的形式和条件来实现企业间或企业与其他单位和个人间货币收付的程序和方法。分现金结算和支付结算两种。企业除按规定的范围使用现金结算外，大部分货币收付业务应通过银行办理支付结算。支付结算是指单位、个人在社会经济活动中使用票据、信用卡和汇兑、托收承付、委托收款等结算方式进行货币给付及其资金清算的行为。中国人民银行发布的《支付结算办法》规定的国内人民币的支付结算方式包括八种，另外还有国内信用证结算方式等。下面主要说明企业单位常用的支付结算方式，如表2－15所示。

表2－15 企业常用的支付结算方式

结算方式	含义	分类	会计核算及其管理	相关内容
支票	出票人签发的、委托办理支票存款业务的银行在见票时无条件向收款人或者持票人支付确定金额的票据	现金支票（印有“现金”字样，可用于支取现金）、转账支票（只能用于转账）和普通支票（既可支取现金，又可转账，但左上角划有两条平行线的为划线支票，只能用于转账，不得支取现金）	付款的支票：据支票存根和有关原始凭证编制付款凭证；收款的支票，应填写“进账单”连同支票送交银行，根据银行盖章退回的进账单第一联和有关原始凭证编制收款凭证；正确及时反映银行存款的增减情况；企业应按规定使用支票结算方式，明确支票的有关规定，如支票的提示付款期限为出票日起10天内，超过提示付款期限提示付款的，持票人开户银行不予付款	同城结算中应用很广泛的一种结算方式；支票的出票人应是在银行开立可以使用支票的存款单位和个人；禁止签发空头支票；按规定出具并填写支票；用于转账的支票在有效期限内可在同城票据交换区域内背书转让等

（续表）

结算方式	含义	分类	会计核算及其管理	相关内容
银行本票	银行签发的、承诺自己在见票时无条件向收款人或者持票人支付确定金额的票据	不定额本票和定额本票（面额分别为1 000元、5 000元、10 000元和50 000元）银行本票可用于转账，注明“现金”字样的可用于支取现金，但单位不得申请签发现金银行本票	收到银行本票时，应填写进账单，连同银行本票一并送银行转账收款，根据银行盖章退回的进账单第一联和有关原始凭证编制收款凭证，借记“银行存款”科目，贷记“应收账款”等科目；付款企业申请使用银行本票，应填写“银行本票申请书”存根联编制付款凭证，借记“其他货币资金”科目，贷记“银行存款”科目	银行本票的提示付款期限为出票日起最长不得超过2个月，超过期限的银行不受理。在有效期限内收款人可以将银行本票背书转让给被背书人
银行汇票	出票银行签发的、由其在见票时按照实际结算金额无条件支付给收款人或者持票人的票据	银行汇票可用于转账，填明“现金”字样的可用于支取现金。单位或个人各种款项结算均可使用这种结算方式，但签发现金银行汇票只适用于申请人和付款人均为个人，单位不得使用，具有使用灵活、票随人到、兑现性强等特点	企业取得银行汇票和解讫通知后，应根据“银行汇票申请书”存根联编制付款凭证，借记“其他货币资金”科目，贷记“银行存款”科目。收到付款单位的银行汇票和解讫通知，经审查无误后，在出票金额以内，据实际需要的款项办理结算，并将实际结算金额和多余金额准确、清晰地填入银行汇票和解讫通知的有关栏内，实际结算金额不得超过出票金额；向银行提示付款时，应将银行汇票和解讫通知、进账单一并交开户银行办理结算；据银行盖章退回的进账单第一联编制收款凭证，借记“银行存款”科目，贷记“应收账款”等科目	按规定，银行汇票的出票和付款，全国范围限于中国人民银行和各商业银行参加“全国联行往来”的银行机构办理；银行汇票的提示付款期限为一个月，持票人超过付款期限提示付款的，代理付款人不予受理；代理付款人也不得受理未在本行开立存款账户的持票人为单位直接提交的银行汇票；收款人可以将银行汇票背书转让给被背书人，但银行汇票的背书转让以不超过出票金额的实际金额为准，未填写实际结算金额或实际结算金额超过出票金额的银行汇票不得背书转让；银行汇票的实际结算金额不得更改

（续表）

结算方式	含义	分类	会计核算及其管理	相关内容
商业汇票	出票人签发的、委托付款人在指定日期无条件支付确定的金额给收款人或者持票人的票据	按其承兑人的不同，分为商业承兑汇票（由银行以外的付款人承兑，可由收款人或是付款人签发）和银行承兑汇票（存款人签发银行承兑，出票人应是在银行开立存款账户的法人以及其他组织，与付款人具有真实的委托付款关系，具有支付汇票金额的可靠资金来源）	定日付款或者出票后定期付款的商业汇票，持票人应当在汇票到期日前向付款人提示承兑；见票后定期付款的汇票，持票人应当自出票日起1个月内向付款人提示承兑；汇票未按照规定期限提示承兑的持票人丧失对其前手的追索权；经承兑的商业汇票，其付款期限最长不能超过6个月，定日付款的汇票付款期限自出票日起计算，并在汇票上记载具体的到期日，出票后定期付款的汇票付款期限自出票日起按月计算，并在汇票上记载，见票后定期付款的汇票付款期限自承兑或拒绝承兑日起按月计算并在汇票上记载；持票人应在提示付款期（自汇票到期日起10日）内通过开户银行委托收款，或直接向付款人提示付款；商业承兑汇票的付款人应在汇票到期日通过开户银行付款；银行承兑汇票的出票人（即付款人）应于汇票到期前将票款足额交存其开户银行，承兑银行应在汇票到期日或到期日后的一定期限内见票当日支付票款；符合条件的商业汇票的持票人可持未到期的商业汇票连同贴现凭证向银行申请贴现，贴现期限从其贴现之日起至汇票到期日止，实际贴现金额按票面金额扣除贴现日至汇票到期前1日的利息计算，承兑人在异地的，贴现的期限以及贴现利息的计算应另加3天的划款日期	在银行开立存款账户的法人以及其他组织之间，必须具有真实的交易关系或债权债务关系才能使用商业汇票；出票人不得签发无对价的商业汇票用以骗取银行或者其他票据当事人的资金；商业汇票可以在出票时向付款人提示承兑后使用，也可以在出票后先使用再向付款人提示承兑

（续表）

结算方式	含义	分类	会计核算及其管理	相关内容
托收承付	根据购销合同由收款企业发货后，委托银行向异地付款单位收取款项、由付款单位向银行承付的一种结算方式	—	企业按经济合同发货后，按规定签发托收承付结算凭证，连同发货单、运单、合同副本一并提交银行办理托收，在银行审查无误并予以受理后，做企业销货实现的账务处理。付款单位接到银行转来的结算凭证及附件后，经审查无误，据购销合同中规定的承付货款方式，办理货款的承付；验单付款的承付期为3天，验货付款的承付期为10天；若承认付款，应于承付时据托收承付结算凭证的承付通知和有关发票账单等原始凭证，编制付款凭证；对于既未承付又未拒付的款项，银行视为默认承付，付款单位应于规定的承付期满的次日，编制付款凭证；若付款单位全部或部分拒绝付款，必须填写“拒绝付款理由书”，注明拒绝付款理由，经开户银行审查同意的方可拒付，经开户银行审查理由不符合拒付规定的，开户银行不予受理，并要实行强制扣款。收款企业对于托收款项，应在收到银行的收账通知时，编制收款凭证	使用托收承付结算方式的收款单位和付款单位，必须是国有企业、供销合作社以及经营管理较好并经开户银行审查同意的城乡集体所有制工业企业。办理托收承付结算的款项，必须是商品交易以及因商品交易而产生的劳务供应的款项。代销、寄销、赊销商品的款项，不得办理托收承付结算。据规定，收付双方使用托收承付结算必须签有符合《经济合同法》的购销合同，并在合同上标明使用托收承付结算方式；收付双方办理托收承付结算，必须重合同、守信用；收款单位办理托收，必须具有商品确已发运的证件；托收承付结算的每笔金额起点为10 000元，新华书店系统的托收承付结算每笔的金额可降到1 000元

（续表）

结算方式	含义	分类	会计核算及其管理	相关内容
委托收款	收款人委托银行向付款人收取款项的一种结算方式	—	收款企业委托银行收款时，应签发委托收款凭证，连同有关的债务证明向银行提交，银行审查无误予以受理后，如为销货后委托收款，企业应根据委托托收凭证回单及其他单据，做销货实现的会计处理。付款单位接到银行转来的委托收款凭证和有关附件后，应在接到通知日的次日起3日内付款，并编制付款凭证；如拒绝付款，应在付款期内出具拒绝证明，连同有关债务证明单据送交银行，由银行转交收款人。收款人在收到银行的收账通知时，根据收账通知编制收款凭证	同城异地均可采用，单位或个人凭已经承兑的商业汇票、债券、存单等付款人债务证明办理款项的结算，均可以使用这种结算方式
汇兑	汇款人委托银行将其款项支付给收款人的方式	按凭证传送方法不同分为信汇和电汇两种	汇款单位应在向银行办理汇款后，根据汇款回单编制付款凭证；收款人应在收到银行的收账通知时，据以编制收款凭证	单位和个人的各种款项的结算，如各单位之间的商品交易、劳务供应、资金缴拨、清理旧账等，均可使用这种结算方式

企业采用上述各种结算方式办理结算，必须遵守国家的法律、法规和中国人民银行颁布的《支付结算办法》等的各项规定，遵守结算纪律。严格按照《银行账户管理办法》的规定开立、使用账户，不准出租、出借账户。单位、个人和银行办理支付结算必须遵守下列原则：恪守信用，履约付款；谁的钱进谁的账，由谁支配；银行不垫款。

第五节 外币交易

一、外币、外汇与汇率

(一)外币与外汇的概念

外币与外汇含义及区别的介绍如表 2－16 所示。

表 2－16 外币与外汇含义及区别

概念	含义	相关内容	外汇概念和外币概念的区别
狭义的外币	本国货币以外的其他国家和地区的货币，包括各种纸币和铸币等	外币是记账本位币以外的另一种货币计量单位。 按照我国现行制度的规定，企业一般以人民币作为记账本位币。 如果企业的业务收支以外国货币为主，也可以选用某一种外国货币作为记账本位币。 记账本位币以外的货币均为外币	作为外汇必须是：①以外币表示的资产；②在国外能得到偿付的债权；③可以兑换成其他支付手段的外币资产。不能自由兑换成其他国货币的外币不能称为外汇。但在会计上识别外币的标志是看其是否是记账本位币以外的货币。另外，外汇对企业来说，一般都表示成外币资金的来源，但外币除了表示外汇资金来源外，还可以作为一种计量单位，在企业并无实际发生外币收付业务时，也可能以外币计价和反映
广义的外币	所有以外国货币表示的、能够用于国际结算的支付手段，除了国外的纸币和铸币外，还包括企业所拥有的外国的有价证券、外币支付凭证、其他货币资金		
外汇	以外币表示的用于国际结算的支付手段	根据我国的外汇管理条例规定，外汇的具体内容包括：①外国货币，含纸币和铸币；②外币有价证券，包括政府公债、国库券、公司债券、股票、息票等；③外币支付凭证，包括票据(支票、汇票、期票)、银行存款凭证、邮政储蓄凭证等；④其他外汇资金。 黄金可以用作国际支付和结算的手段，执行世界货币的职能，所以，在许多国家也将其列入外汇范畴	

(二)汇率

1. 汇率的概念和类别

汇率的概念及分类如表 2－17 所示。

表 2－17　汇率的概念及分类

<table>
<tr><th>项目</th><th colspan="2">内容</th></tr>
<tr><td>概念</td><td colspan="2">又称“汇价”，指两种货币之间的比价，也就是一种货币兑换成另一种货币的比率</td></tr>
<tr><td rowspan="3">类别</td><td rowspan="3">从银行买卖外汇的角度可分为买入汇率、卖出汇率和中间汇率</td><td>买入汇率：银行向客户买入外币时所采用的汇率，亦称“买入价”</td></tr>
<tr><td>卖出汇率：银行向客户出售外币时所采用的汇率，即“卖出价”</td></tr>
<tr><td>中间汇率：是指银行买入汇率与卖出汇率的简单算术平均数</td></tr>
<tr><td>现行汇率制度</td><td colspan="2">外币交易应当在初始确认时，采用交易发生日的即期汇率将外币金额折算为记账本位币金额；也可以采用按照系统合理的方法确定的、与交易发生日即期汇率近似的汇率折算</td></tr>
</table>

注：我国外汇汇率由中国人民银行公布市场汇价，即基准汇价(自 1995 年 4 月 1 日起，只公布人民币对美元、日元、港元等三种货币的基准汇价)，各外汇指定银行以此为依据，在中国人民银行规定的浮动范围内自行挂牌对客户买卖外汇。

2. 汇率的标价方法

对汇率的标价方法的介绍如表 2－18 所示。

表 2－18　汇率的标价方法

汇率的标价方法	含义	解释	采用国家
直接标价法	也称应付标价法，是指以一定单位的外国货币(1 个或 100、1 000 个单位)为标准，计算应付出多少单位的本国货币，即汇率是以本国货币表示的单位外国货币的价格	外汇汇率上涨，说明外币币值上涨，表示单位外币所能换取的本币增多，本币币值下降；外汇汇率下降，说明外币币值下跌，表示外国单位货币能换取的本币减少，本币币值上升	目前世界上大多数国家采用，我国也采用此方法

（续表）

汇率的标价方法	含义	解释	采用国家
间接标价法	也称应收标价法或数量标价法，是指以一定单位的本国货币（1个或100、1 000个单位）为标准，计算应收进多少外国货币。即汇率是以外国货币来表示的单位本国货币的价格	若一定数额的本国货币能兑换的外国货币比原来减少，说明外国货币升值；若一定数额的本国货币能兑换的外国货币比原来增多，则说明外国货币的币值下跌，本国货币的币值上升	只有英国和美国等少数国家使用

二、外币交易的会计处理简介

（一）外币业务的记账方法

企业外币业务记账方法的选择，与企业记账本位币的确定有密切关系。外币业务记账方法有两种：一种是外币统账制，一种是外币分账制。企业可根据实际情况选择。对外币记账方法的介绍如图2－4所示。

- 外币记账方法
  - 外币统账制：又称“记账本位币制”，是以记账本位币作为统一记账金额的记账方法。所有外币的收支，都应折算为记账本位币进行反映，外币金额只在账上作为补充资料进行反映。我国企业一般应以人民币作为记账本位币，当企业发生外币业务时，一般按人民币统一设账，统一记录，外币业务的金额均要换算为人民币金额后入账反映，同时要设立不同外币种类的二级辅助账户，反映外币资金和外币债权、债务的增减情况。适用于外币种类较少且外币收支业务不多的企业
  - 外币分账制：又称“原币记账制”或“分别记账制”。企业的记账本位币业务和外币业务均应分别设立账户反映，即有几种币种入账，就应设立几套账户，在发生外币业务时，以原币记账，而不立即折算为记账本位币记账。如果发生两种货币之间的兑换业务，应通过单独设置的“外币兑换”账户作为两种账户之间的桥梁来进行会计处理，分别与原币的对应账户构成借贷关系。到会计期末，再按一定汇率将各种外币账户的余额换算成记账本位币编制财务报表。适用于涉及外币种类较多，而且外币收支较大的企业，如商业银行等

图2－4　外币业务记账方法

(二)外币交易的内容

外币交易，是指以外币计价或者结算的交易。外币交易的内容如表2－19所示。

表2－19 外币交易的内容

外币交易内容	投入外币资本业务，即投资人以外币作为资本投入企业的业务
	买入或者卖出以外币计价的商品或者劳务
	借入或者借出外币资金
	外币兑换业务，即一种货币兑换为另一种货币的业务
	其他涉及外币的业务

三、外币交易的账务处理

(一)外币交易核算的基本程序

外币交易核算的基本程序如图2－5所示。

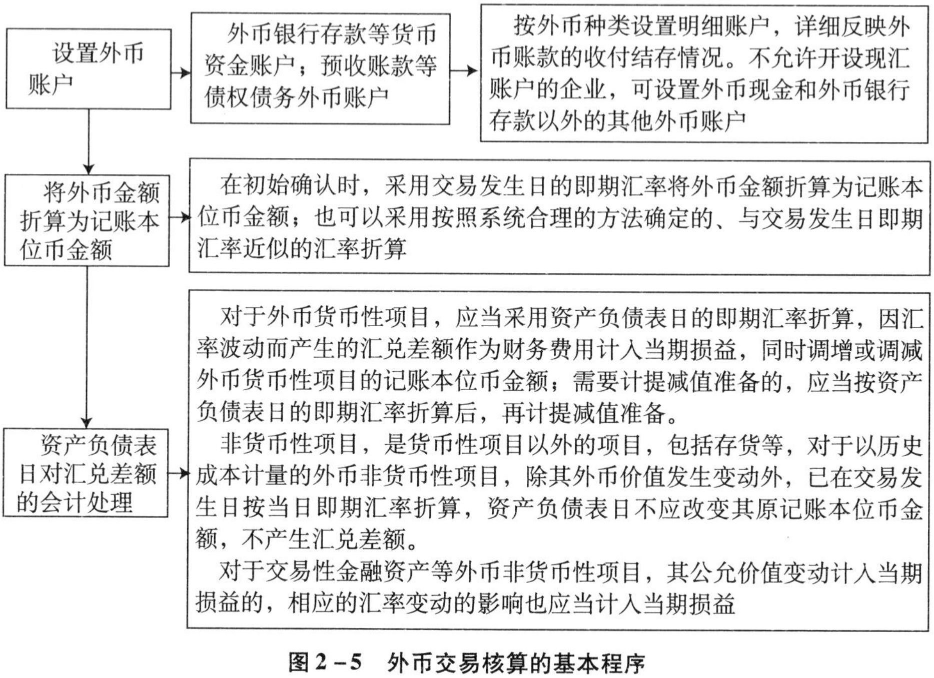

图2－5 外币交易核算的基本程序

即期汇率通常是指当日中国人民银行公布的人民币外汇牌价的中间价。企业发生的外币兑换业务或涉及外币兑换的交易事项，应当以交易实际采用的汇率，即银行买入价或卖出价折算。即期汇率的近似汇率是按照系统合理的方法确定的、与交易发生日即期汇率近似的汇率，通常是指当期平均汇率或加权平均汇率等。通常情况下，企业应当采用即期汇率进行折算。汇率波动不大的，也可以采用按照系统合理的方法确定的、与交易发生日即期汇率近似的汇率折算，但前后各期应当采用相同的方法确定当期的近似汇率。

【例2-4】国内A公司的记账本位币为人民币。2013年6月2日以30 000港元购入B公司H股10 000股作为短期投资，假设当日汇率为1港元=1.2元人民币，款项已付。2013年6月30日，由于市价变动，当月购入的B公司H股变为35 000港元，当日1港元=1元人民币。

2013年6月2日，该公司应对上述交易做以下处理：

借：交易性金融资产(30 000×1.2)　　36 000

　　贷：银行存款(30 000×1.2)　　36 000

由于该项短期股票投资是从境外市场购入，以外币计价，在资产负债表日，不仅应考虑其港币市价的变动，还应一并考虑汇率变动的影响，上述交易性金融资产以资产负债表日的人民币35 000(即35 000×1)入账，与原账面价值36 000元(即30 000×1.2)的差额为1 000元人民币，计入公允价值变动损益。相应的会计分录为：

借：公允价值变动损益　　1 000

　　贷：交易性金融资产　　1 000

1 000元人民币包含A公司所购H股公允价值变动以及人民币与港币之间汇率变动的双重影响。

(二)外币兑换业务

外币兑换业务，包括企业把外币卖给银行，向银行结汇、购汇以及用一种外币向银行兑换成另一种外币等。

1. 接受外币资本投资的账务处理

接受外币资本投资的账务处理如图 2 -6 所示。

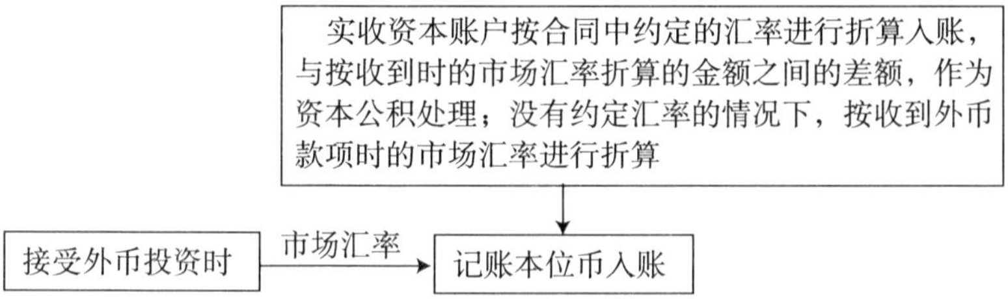

图 2 -6　接受外币资本投资的账务处理

【例 2 -5】 A 股份有限公司收到外方投资 200 000 美元，收到外币款项时的市场汇率为 1 美元 =8.25 元人民币。投资合同规定的汇率为 1 美元 =8.00 元人民币。

本例中，A 股份有限公司对于收到的外币资本投资，一方面应按照收到时的市场汇率折算为人民币登记相应的资产账户，并按照美元的金额登记相应的外币账户，另一方面应按照投资合同中约定汇率折算的人民币作为股本入账；对于两者由于折算汇率不同所产生的折算差额，作为资本公积处理。会计分录如下：

借：银行存款——美元户(200 000 ×8.25)　　1 650 000
　　贷：股本(200 000 ×8.00)　　1 600 000
　　　　资本公积　　50 000

除假设投资合同中没有约定汇率外，其他条件与上例同。会计分录如下：

借：银行存款——美元户(200 000 ×8.25)　　1 650 000
　　贷：股本　　1 650 000

【例 2 -6】 利华股份有限公司与外商签订的投资合同中规定外商分次投入外币资本，在投资合同中没有约定折算汇率。利华股份有限公司第一次收到外商投入资本 300 000 美元，当时的市场汇率为 1 美元 =8.25 元人民币；第二次收到外商投入资本 300 000 美元，当时的市场汇率为 1 美元 =8.30 元人民币。会计分录如下。

(1)第一次收到外币资本时：

借：银行存款——美元户(300 000×8.25)　　2 475 000

　　贷：股本　　2 475 000

(2)第二次收到外币资本时：

借：银行存款——美元户(300 000×8.30)　　2 490 000

　　贷：股本　　2 490 000

2. 企业把外币卖给银行的账务处理

企业把外币卖给银行的账务处理如图 2－7 所示。

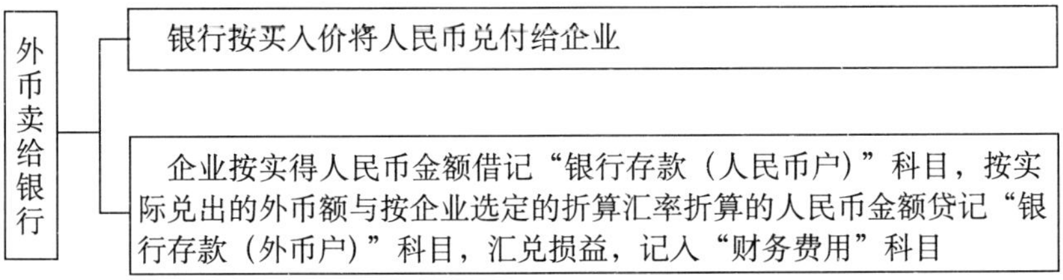

图 2－7　企业出售外币给银行的账务处理

【例 2－7】某企业将 1 000 美元卖给银行，当天美元买入价为 \$1 = ¥7.8，实际收到人民币 7 800 元。企业采用的记账折算汇率为 \$1 = ¥7.9。应进行的会计处理如下：

借：银行存款(人民币户)　　7 800

　　财务费用　　100

　　贷：银行存款(美元户)(1 000×7.9)　　7 900

3. 向银行购汇的账务处理

企业向银行购入外汇时，银行按卖出价向企业收取人民币。企业实际支付的人民币金额与按企业选定的折算汇率折合的人民币之间的差额记入财务费用。

【例 2－8】某企业从银行买入美元 5 000 元，当天银行卖出价为 \$1 ＝¥8.0，企业实付人民币 40 000 元。企业折算汇率为 \$1＝¥8.1。应进行的会计处理如下：

借：银行存款（美元户）（5 000×8.1）	40 500
贷：财务费用	500
银行存款（人民币户）	40 000

4. 借入或借出外币资金业务的账务处理

企业借入外币资金时，按照借入外币时的市场汇率折算为记账本位币入账，同时按照借入外币的金额登记相关的外币账户。"短期借款"科目借贷方差额在期末作为汇兑损益处理。短期借款的利息均记入"财务费用"科目。

【例 2－9】某企业按业务发生当日市场汇率作为记账汇率。4 月 10 日企业从银行借入 50 000 美元，当日市场汇率为 \$1＝¥8.0。应进行的会计处理如下：

借：银行存款（美元户）（50 000×8.0）	400 000
贷：短期借款（美元户）（50 000×8.0）	400 000

若企业于 5 月 10 日归还这笔借款，当日市场汇率为 \$1＝¥7.95。应进行的会计处理如下：

借：短期借款（美元户）（50 000×8.0）	400 000
贷：银行存款（美元户）（50 000×7.95）	397 500
财务费用	2 500

5. 买入或者卖出以外币计价的商品或者劳务的账务处理

企业发生买入或者卖出以外币计价的商品或者劳务时，应按企业选定的折算汇率将外币金额折合为记账本位币入账。期末（月末、季末、年末），对所有外币账户余额按期末市场汇率进行调整，调整后的差额记入"财务费用"科目。

【例 2－10】某企业外币业务核算采用当月月初的市场汇率作为即期汇率近似汇率，并作为当月外币交易业务的折算汇率，并按月计算汇兑损益。假如 2013 年 5 月 1 日的市场汇率为 \$1＝¥8.10，2013 年 4 月 30 日的市场汇率为 \$1＝¥8.1，各外币账户 2013 年 4 月 30 日的期末余额如表 2－20 所示。

表 2-20　各外币账户的期末余额

外币账户	外币余额(美元)	折算汇率	记账本位币金额(人民币元)
银行存款	100 000	8.1	810 000
应收账款——A 企业	10 000	8.1	81 000
应付账款——B 企业	10 000	8.1	81 000
短期借款	15 000	8.1	121 500

该企业 5 月份外币收支业务如下：

(1) 5 日，收回 A 企业货款 8 000 美元。

(2) 8 日，支付 B 企业货款 5 000 美元。

(3) 20 日，归还短期借款 10 000 美元。

(4) 23 日，出售 A 企业产品一批，货款 25 000 美元，货已发出，货款尚未收到。根据上述业务资料，该企业应做如下会计分录(不考虑增值税等相关税金)：

(1)借：银行存款(美元户)(8 000 ×8.1)　　64 800
　　贷：应收账款——A 企业(美元户)(8 000 ×8.1)　　64 800

(2)借：应付账款——B 企业(美元户)(5 000 ×8.1)　　40 500
　　贷：银行存款(美元户)(5 000 ×8.1)　　40 500

(3)借：短期借款(美元户)(10 000 ×8.1)　　81 000
　　贷：银行存款(美元户)(10 000 ×8.1)　　81 000

(4)借：应收账款——A 企业(美元户)(25 000 ×8.1)　　202 500
　　贷：主营业务收入　　202 500

假如 2013 年 5 月 31 日的市场汇率为 \$1 = ¥8.05，则该企业调整各外币账户余额如表 2-21、表 2-22、表 2-23 和表 2-24 所示。

表 2-21　银行存款(美元户)

摘要	美元	汇率	人民币
期初余额(借)	100 000.00	8.10	810 000.00
借方发生额	8 000.00	8.10	64 800.00
贷方发生额	15 000.00	8.10	121 500.00
期末余额	93 000.00	8.10	753 300.00
期末调整	93 000.00	8.05	748 650.00
汇兑损益			4 650.00(贷)

表 2-22 应收账款——A 企业(美元户)

摘要	美元	汇率	人民币
期初余额(借)	10 000.00	8.10	81 000.00
借方发生额	25 000.00	8.10	202 500.00
贷方发生额	8 000.00	8.10	64 800.00
期末余额	27 000.00	8.10	218 700.00
期末调整	27 000.00	8.05	217 350.00
汇兑损益			1 350.00 (贷)

表 2-23 应付账款——B 企业(美元户)

摘要	美元	汇率	人民币
期初余额(贷)	10 000.00	8.10	81 000.00
贷方发生额		8.10	
借方发生额	5 000.00	8.10	40 500.00
期末余额	5 000.00	8.10	40 500.00
期末调整	5 000.00	8.05	40 250.00
汇兑损益			250.00(借)

表 2-24 短期借款(美元户)

摘要	美元	汇率	人民币
期初余额(贷)	15 000.00	8.10	121 500.00
贷方发生额		8.10	
借方发生额	10 000.00	8.10	81 000.00
期末余额	5 000.00	8.10	40 500.00
期末调整	5 000.00	8.05	40 250.00
汇兑损益			250.00(借)

根据对上述各外币账户的调整结果编制如下调整分录：

借：应付账款——B 企业(美元户)	250	
短期借款(美元户)	250	
财务费用	5 500	
贷：银行存款(美元户)		4 650
应收账款——A 企业(美元户)		1 350

第三章
应收款项

本章导读

应收款项是指企业在日常生产经营过程中由于销售商品、提供劳务等原因发生的各项债权，包括应收款项和预付款项。应收款项包括应收票据、应收账款和其他应收款等；预付款项则是指企业按照合同规定预付给对方的款项，如预付账款等。

对于一个企业来讲，一方面应收款项能促进销售，扩大销售收入，增强竞争能力；但是另一方面，应收账款的存在会给企业带来资金周转困难、坏账损失等弊端。因此如何处理和解决好这一既对立又统一的矛盾，便是企业应收款项管理的目标，企业须权衡利弊，根据企业自身特点，找到合理的应收款项保有量。在本章我们重点学习以下内容：

☑ 什么是应收票据，如何对应收票据进行会计核算？

☑ 什么是应收账款，如何对应收账款进行会计核算？

☑ 什么是预付账款，如何对预付账款进行会计核算？

☑ 什么是其他应收款，如何对其他应收账款进行会计核算？

☑ 什么情况下应该计提应收款项减值准备，有哪些计提的方法可供选择？

第一节 应收票据

一、应收票据概述

应收票据是指企业因销售商品、提供劳务等而收到的商业汇票。商业汇票的含义、三方关系人、付款期限及分类介绍如表 3 – 1 所示。

表 3 – 1 商业汇票的含义、三方关系人、付款期限及分类

<table>
<tr><th>项目</th><th colspan="3">内容</th></tr>
<tr><td>含义</td><td colspan="3">出票人签发的、委托付款人在见票时或者在指定日期无条件支付确定的金额给收款人或者持票人的票据</td></tr>
<tr><td rowspan="3">汇票关系中的三个基本当事人</td><td colspan="3">出票人：签发商业汇票、委托付款人进行付款行为的人</td></tr>
<tr><td colspan="3">付款人：商业汇票上载明的、受托承担付款义务的人，在付款人进行承兑后，则成为承兑人</td></tr>
<tr><td colspan="3">收款人：汇票上载明的、有权持有汇票并接受付款的人，而从收款人处依法受让汇票并取得付款的人，则为持票人，通常，汇票上所载收款人也就是第一持票人</td></tr>
<tr><td rowspan="4">付款期限</td><td rowspan="4">最长不得超过 6 个月</td><td colspan="2">定日付款的汇票：自出票日起计算，并在汇票上记载具体到期日</td></tr>
<tr><td colspan="2">出票后定期付款的汇票：自出票日起按月计算，并在汇票上记载</td></tr>
<tr><td colspan="2">见票后定期付款的汇票：自承兑或拒绝承兑日起按月计算，并在汇票上记载</td></tr>
<tr><td colspan="2">商业汇票的提示付款期限，自汇票到期日起 10 日内。符合条件的商业汇票的持票人，可以持未到期的商业汇票连同贴现凭证向银行申请贴现</td></tr>
<tr><td rowspan="2">分类</td><td colspan="2">商业承兑汇票</td><td>由收款人签发、经付款人承兑或由付款人签发并承兑的票据</td></tr>
<tr><td colspan="2">银行承兑汇票</td><td>由收款人或承兑申请人签发，并由承兑申请人向开户银行申请，经银行审查同意承兑的票据</td></tr>
</table>

二、应收票据的核算

应收票据的科目设置如表 3－2 所示。

表 3－2　应收票据的科目设置

科目	设置目的	借贷方含义	备注
应收票据	反映和监督应收票据取得、票款收回等经济业务	借方登记取得的应收票据的面值，贷方登记到期收回票款或到期前向银行贴现的应收票据的票面余额，期末余额在借方，反映企业持有的商业汇票的票面金额	本科目可按照开出、承兑商业汇票的单位进行明细核算，并设置“应收票据备查簿”，逐笔登记商业汇票的种类、号数和出票日、退票情况等资料。商业汇票到期结清票款或退票后，在备查簿中应予注销

(一)取得应收票据的会计核算

根据应收票据取得的原因不同，其会计处理也是有所区别的。企业因销售商品、提供劳务等而收到开出、承兑的商业汇票，按商业汇票的票面金额，借记“应收票据”科目，按确认的营业收入，贷记“主营业务收入”等科目。涉及增值税销项税额的，还应进行相应的处理。

【例 3－1】广通物流公司 2013 年 5 月 1 日为 A 公司运输了一批原材料，货款金额为 100 000 元。当货物运输结束后，A 公司送来一张期限为 3 个月的商业承兑汇票，面值为 100 000 元，抵付原材料运费。则广通物流公司应进行如下的会计处理：

借：应收票据　　100 000

　　贷：主营业务收入　　100 000

(二)转让应收票据的核算

在会计实务中，企业可以将自己持有的商业汇票背书转让。背书是指在票据背面或者粘单上记载有关事项并签章的票据行为。背书转让的，背书人应当承担票据责任。企业将持有的商业汇票背书转让以取得所需物资时，按应计入取得物资成本的金额，借记“材料采购”或“原材料”“库存商品”等科目，按专用发票上注明的可抵扣的增值税额，借记“应交税费——应交增值税（进项税额）”科目，按商业汇票的票面金额，贷记“应收票据”科目，如有差额，借记或贷记“银行存款”等科目。

【例3－2】 广通物流公司于2013年5月10日购买了一批营运车辆用轮胎，由于资金短缺，将5月1日收到的一张期限为3个月，面额为117 000元的商业汇票背书转让，购入的物资货款金额为100 000元，适用增值税税率为17%。应做如下会计处理：

借：原材料——轮胎　　100 000

　　应交税费——应交增值税（进项税额）　　17 000

　　贷：应收票据　　117 000

（三）应收票据贴现的会计核算

票据贴现的含义及必备条件如表3－3所示。

表3－3　票据贴现的含义及必备条件

票据贴现含义	办理贴现必备条件
企业以未到期票据向银行融通资金，银行按票据的应收金额扣除一定期间的利息后的余额付给企业的融资行为	在银行开立存款账户的企业法人以及其他组织
	与出票人或者直接前手之间具有真实的商品交易关系
	提供与其前手之间的增值税发票和商品发运单据复印件

1. 应收票据贴现额的计算

$$贴现息=票据到期值\times贴现率\times贴现期$$

$$贴现额=票据到期值-贴现息$$

公式中，贴现率由银行统一制定。贴现期按银行规定计算，通常是指从贴现日至票据到期日前1日的时期。

票据有带息与不带息之分，其到期值的计算及账务处理也有所不同。不带息票据到期值即票据面值，而带息票据到期值等于票据面值与票据利息之和，其中票据到期利息应按下列公式计算：

票据到期利息 = 应收票据面值 × 票面利率 × 时间

以上公式中，票面利率有年、月、日利率之分。如需换算成月利率或日利率，每月统一按 30 天计算，全年按 360 天计算。三者之间的关系是：

月利率 = 年利率 ÷ 12

日利率 = 月利率 ÷ 30 或年利率 ÷ 360

时间是指从票据生效之日起到票据到期之日止的时间间隔。通常有两种表示方法：

第一种以月表示，即按月计息。计算时一律以次月对日为一个月(如从 3 月 15 日至 4 月 15 日)；月末签发的票据，不论月份大小，以到期月份的月末为到期日(如 1 月 31 日签发票据，期限为一个月的票据于 2 月 28 日或 29 日到期，期限为两个月的票据于 3 月 31 日到期)。计算利息的利率应该换算成月利率。

第二种以日表示，即按日计息。

应收票据贴现期 = 自票据贴现日当月公历天数至票据到期日的实有天数之和 − 票据贴现日期数

2. 应收票据贴现的账务处理

企业持未到期的商业汇票向银行贴现，应按实际收到的金额(即减去贴现息后的净额)，借记“银行存款”等科目，按贴现息部分，借记“财务费用”等科目，按商业汇票的票面金额，贷记“应收票据”科目或“短期借款”科目。

【例 3 − 3】2012 年 9 月 20 日，广通物流公司持所收取的出票日期为 7 月 22 日、期限为 6 个月、面值为 110 000 元的不带息商业承兑汇票一张到银行贴现，假设银行同意对该票据进行贴现，银行年贴现率为 12%。请对以上的经济业务编制会计分录。

(1)该应收票据到期日为 2013 年 1 月 22 日，其贴现日是 2012 年 9 月 20 日至 2013 年 1 月 22 日，其贴现天数为 124 天。

贴现天数 = 11 + 31 + 30 + 31 + 22 − 1 = 124(天)；

贴现息 = 110 000 × 12% × 124 ÷ 360 = 4 546.67(元)；

贴现净额 = 110 000 − 4 546.67 = 105 453.33(元)。

有关会计分录如下：

借：银行存款	105 453.33	
财务费用	4 546.67	
贷：应收票据		110 000.00

(2)如果贴现的商业汇票到期后，承兑人的银行账户不足支付，银行即将已贴现的票据退回申请贴现的企业，同时从贴现企业的账户中将票据款划回，贴现企业应做如下的账务处理。

借：应收账款　110 000

　　贷：银行存款　110 000

(3)如果申请贴现企业的银行存款账户余额不足，银行将应收的款项作为申请贴现企业的逾期贷款处理，贴现企业做如下的账务处理。

借：应收账款　110 000

　　贷：短期借款　110 000

3. 收回到期应收票据的会计核算

商业汇票到期之后，应及时要求对方付款，应按实际收到的金额，借记“银行存款”科目，按商业汇票的票面金额，贷记“应收票据”科目。

【例3－4】2013年4月1日，广通物流公司持有的一张期限为3个月、票面金额为117 000元的商业汇票已到期，该公司将上述应收票据收回，票面金额117 000元存入银行。广通物流公司应进行如下的会计处理：

借：银行存款　117 000

　　贷：应收票据　117 000

第二节　应收账款

一、应收账款概述

应收账款的含义及特征如表3－4所示。

表3－4　应收账款的含义及特征

项目	内容
含义	企业因销售商品、提供劳务等经营活动，应向购货单位或接受劳务单位收取的款项，主要包括企业销售商品或提供劳务等应向有关债务人收取的价款及代购货单位垫付的包装费、运杂费等

（续表）

项目	内容
特征	应收账款是企业因销售商品、产品、提供劳务等经营活动所形成的债权
	应收账款是指流动资产性质的债权
	应收账款是企业应收客户的款项，包括代垫的运杂费，不包括企业付出的各类存出保证金，如投标保证金和租入包装物保证金

二、应收账款的计价

应收账款通常应按实际发生额计价入账。计价时还需要考虑商业折扣和现金折扣等因素。商业折扣及现金折扣的含义及处理方法如表3－5所示。

表3－5　商业折扣及现金折扣的含义及处理方法

应收账款计价考虑因素	含义	处理方法
商业折扣	企业根据市场供需情况，或针对不同的顾客，在商品标价上给予的扣除，是为鼓励客户购买本企业的产品而给予客户的价格优惠	企业应收账款入账金额应按扣除商业折扣以后的实际售价确认，是企业最常用的促销手段
现金折扣	债权人为鼓励债务人在规定的期限内付款，而向债务人提供的债务扣除	现金折扣一般用符号“折扣/付款期限”表示。例如买方在10天内付款可按售价给予2%的折扣，用符号“2/10”表示；在30天内付款，则不给折扣，用符号“n/30”表示。 在存在现金折扣的情况下，应收账款应以未减去现金折扣的金额作为入账价值。实际发生的现金折扣，作为一种理财费用，计入发生当期的损益

三、应收账款的会计核算

为了反映应收账款的增减变动及其结存情况，企业应设置“应收账款”科目，不单独设置“预收账款”科目的企业，预收的账款也在“应收账款”科目核算。“应收账款”科目的借方登记应收账款的增加，贷方登记应收账款的收回及确认的坏账损失。特别需要说明的是，企业代购货单位垫付包装费、运杂费也应计入应收账款，通过“应收账款”科目核算。

期末“应收账款”科目的余额一般在借方，反映企业当时尚未收回的应收账款；如果期末余额在贷方，则反映企业预收的账款。

(1)企业发生的应收账款，在没有商业折扣的情况下，按应收的全部金额入账。

【例3－5】广通物流公司向丽雅服装商店运输了一批服装，运费总额为58 000元，代购货单位垫付杂费2 000元，已办妥银行收款手续。

借：应收账款　　60 000

　　贷：主营业务收入　　58 000

　　　　银行存款　　2 000

收到货款时：

借：银行存款　　60 000

　　贷：应收账款　　60 000

(2)企业发生的应收账款，在有商业折扣的情况下，应按扣除商业折扣后的余额入账。

【例3－6】广通商贸公司销售一批产品，按价目表标明的价格计算，金额为20 000元，由于是成批销售，销货方给购货方10%的商业折扣，金额为2 000元，销货方应收账款的入账金额为18 000元，适用增值税率为17%。销售额和折扣额在同一专用发票上注明。

借：应收账款　　21 060

　　贷：主营业务收入　　18 000

　　　　应交税费——应交增值税(销项税额)　　3 060

收到货款时：

借：银行存款　　21 060

　　贷：应收账款　　21 060

(3)企业发生的应收账款在有现金折扣的情况下，采用总价法入账，发生的现金折扣作为财务费用处理。

【例3-7】广通商贸公司销售产品10 000元，规定的现金折扣条件为“2/10，n/30”，适用的增值税为17%，产品交付并办妥托收手续。

借：应收账款 117 000

贷：主营业务收入 10 000

应交税费——应交增值税(销项税额) 1 700

收到货款时，根据购货企业是否得到现金折扣的情况入账。如果上述货款在10天内收到：

借：银行存款 11 466

财务费用 234

贷：应收账款 11 700

如果超过了现金折扣的最后期限：

借：银行存款 11 700

贷：应收账款 11 700

第三节 预付账款

预付账款是指企业按照合同规定预付的款项。企业应当设置“预付账款”科目，核算预付账款的增减变动及其结存情况。预付款项情况不多的企业，可以不设置“预付账款”科目，而直接通过“应付账款”科目核算。本科目期末借方余额，反映企业预付的款项；期末如为贷方余额，反映企业尚未补付的款项。

一、采购中预付账款的会计核算

企业根据购货合同的规定向供应单位预付款项时，借记“预付账款”科目，贷记“银行存款”科目。企业收到所购物资，按应计入购入物资成本的金额，借记“材料采购”或“原材料”“库存商品”“应交税费——应交增值税(进项税额)”等科目，贷记“预付账款”科目；当预付货款小于采购货物所需支付的款项时，应将不足部分补付，借记“预付账款”科目，贷记“银行存款”科目；当预付货款大于采购货物所需支付的款项时，对收回的多余款项应借记“银行存款”科目，贷记“预付账款”科目。

【例3－8】广通物流公司向A公司采购燃油一批，货款总额为10万元。按照合同约定，该公司需要向A公司预付货款的50%，待收到货物并验收后支付其余的货款。对于以上的业务广通物流公司应做如下会计处理。

(1)预付50%的货款时：

借：预付账款——A公司　　50 000

　　贷：银行存款　　50 000

(2)收到A公司发来的燃油之后，验收无误，增值税专用发票记载的货款为100 000元，增值税额为17 000元。广通公司以银行存款补付所欠款项67 000元。

借：预付账款——A公司　　67 000

　　贷：银行存款　　67 000

借：原材料——燃油　　100 000

　　应交税费——应交增值税(进项税额)　　17 000

　　贷：预付账款——A公司　　117 000

说明：首先对补付的其余货款进行处理，然后对货物入库的业务再进行账务处理，如果是预付账款大于货款总额，则应该在收回多余的预付款时，借记“银行存款”科目，贷记“预付货款”科目。

假设，由于其他原因，A公司只能提供4万元的燃油，退回了多付的货款3 200元，则应进行以下的账务处理：

借：银行存款　　3 200

　　贷：预付账款——A公司　　3 200

借：原材料　　40 000

　　应交税费——应交增值税(进项税额)　　6 800

　　贷：预付账款——A公司　　46 800

二、在建工程中预付账款的核算

企业进行在建工程预付的工程价款，借记“预付账款”科目，贷记“银行存款”等科目。按工程进度结算工程价款，借记“在建工程”科目，贷记“预付账款”“银行存款”等科目。

第四节　其他应收款

一、其他应收款的内容

其他应收款是指企业除应收票据、应收账款、预付账款等以外的其他各种应收及暂付款项。其包括的主要内容如图 3－1 所示。

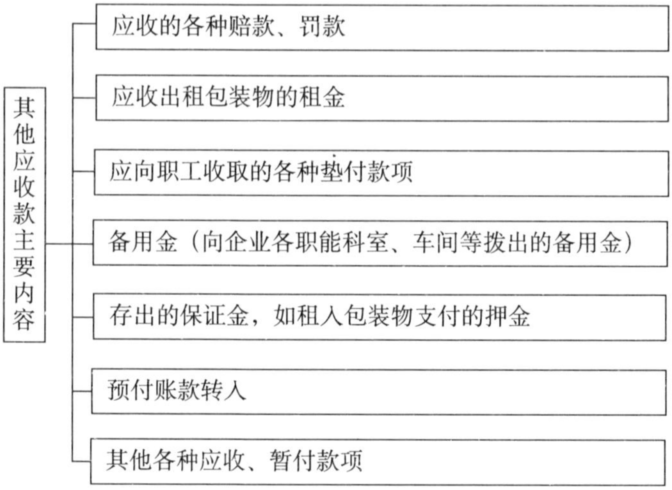

图 3－1　其他应收款主要内容

二、其他应收款的会计核算

为了反映其他应收账款的增减变动及其结存情况，企业应当设置“其他应收款”科目进行核算。“其他应收款”应按款项的类别进行项目分类，按不同的债务人设置明细账。企业应定期或者至少于每年年度终了，对其他应收款进行检查，预计其可能发生的坏账损失，并计提坏账准备。“其他应收款”科目的借方登记其他应收款的增加，贷方登记其他应收款的收回，期末余额一般在借方，反映企业尚未收回的其他应收款项。

(一)一般其他应收款的核算

企业发生其他各种应收款项时，应按应收金额借记“其他应收款”科目，贷记有关科目。收回各种款项时，借记有关科目，贷记“其他应收款”科目。企业拨出用于投资、购买物资的各种款项，不得通过“其他应收款”科目核算。

【例3-9】 广通物流公司的一批库存电子仪器发生毁损，这批库存物资已投保了企业财产险，按保险合同规定，应由保险公司赔偿损失110 000元，经现场勘查之后，保险公司已同意按照约定赔偿，但赔款一周之后才能支付。该公司对以上的业务应进行以下的会计处理：

借：其他应收款——保险公司　　110 000

　　贷：库存商品　　110 000

待收到保险公司的赔款时：

借：银行存款　　110 000

　　贷：其他应收款——保险公司　　110 000

【例3-10】 广通物流公司于2013年2月以现金的形式为员工小李代垫应由其个人负担的培训费300元，打算从其下月工资中扣回。对此业务应进行如下的会计处理。

(1)垫支培训费时：

借：其他应收款——李××　　300

　　贷：库存现金　　300

(2)下月从其工资中扣回培训费时：

借：应付职工薪酬　　300

　　贷：其他应收款——李××　　300

(二)其他应收款——备用金的核算

备用金的概念、管理及核算如表3-6所示。

表 3-6 备用金概念、管理及核算

备用金的概念	备用金的管理	备用金的账务处理
会计事务中，为了使频繁的日常小额零星支出摆脱常规的逐级审批及逐项签发支票的过繁手续，对那些供零星开支、零星采购或小额差旅费用等需用的现金，建立定额备用金制度加以控制	(1)由会计部门核定金额，规定使用范围； (2)必须设立专人经管定额备用金； (3)支付零用现金时，必须由指定的负责人签字同意； (4)经管人员必须妥善保管有关收据、发票及各种报销凭证，并设置备用金登记簿； (5)按规定凭有关凭证向会计部门报销，补足定额	(1)发放备用金时： 借：其他应收款——备用金 贷：库存现金(银行存款) (2)定期报销时： 借：管理费用 贷：库存现金(银行存款) (3)年末收回时，如果备用金尚未用完： 借：库存现金(银行存款) 贷：其他应收款——备用金 如果备用金已经用完，尚有费用没报销时： 借：管理费用 贷：库存现金 其他应收款——备用金

第五节 应收款项减值

企业应当在资产负债表日对应收款项的账面价值进行检查，有客观证据表明该应收款项发生减值的，应当将该应收款项的账面价值减记至预计未来现金流量现值，减记的金额确认减值损失，计提坏账准备。

一、应收款项减值损失的确认

企业确认应收款项减值时，应遵循财务报告的目标和会计核算的基本原则，具体分析各种应收款项的特性、金额的大小、信用期限、债务人的信誉和当时的经营情况等因素。应收款项减值的情形如表 3-7 所示。

表 3－7　应收款项减值的情形

项目	内容
确认为应收款项减值的情形	债务人死亡，以其遗产清偿后仍然无法收回
	债务人破产、以其破产财产清偿后仍然无法收回
	债务人较长时期内未履行其偿债义务，并有足够的证据表明无法收回或收回的可能性极小

企业应当定期或者至少于每年年度终了，分析各项应收款项的可收回性，预计可能产生的应收款项减值损失。对没有把握能够收回的应收款项，计提坏账准备。计提坏账准备的范围如表 3－8 所示。

表 3－8　坏账准备计提范围

项目	内容
坏账准备的计提范围	应收账款、其他应收款
	预付账款如有确凿证据表明其不符合预付账款性质，或者因供货单位破产、撤销等原因已无望再收到所购货物的
	持有的未到期应收票据，如有确凿证据证明不能够收回或收回的可能性不大

应当指出，对已确认为坏账的应收账款，并不意味着企业放弃了追索权，一旦重新收回，应及时入账。

在确定坏账准备的计提比例时，企业应根据以往的经验、债务单位的实际财务状况和现金流量等相关信息予以合理估计。会计准则规定了不能全额计提坏账准备的情形，如表 3－9 所示。

表 3－9　不能全额计提坏账准备的情形

项目	内容
除有确凿证据表明该项应收款项不能够收回或收回的可能性不大外（如债务单位已撤销、破产、资不抵债、现金流量严重不足、发生严重的自然灾害等导致停产而在短时间内无法偿付债务等，以及 3 年以上的应收款项），不能全额提取坏账准备的情况	当年发生的应收款项
	计划对应收款项进行重组
	与关联方发生的应收款项
	其他已逾期，但无确凿证据表明不能收回的应收款项

二、应收款项减值损失的估算

企业进行坏账核算时，首先应按期估计坏账损失。估计坏账损失的方法有余额百分比法、账龄分析法和销货百分比法等。

(一)余额百分比法

余额百分比法，是根据会计期末应收款项的余额和估计的坏账率，估计坏账损失，计提坏账准备的方法。按此计算的数额为下年度应保留的坏账准备金额，因此，实际提取数并不一定等于计算出的应提数，提取时需考虑提取前该账户的余额，但年末提取后该账户余额一定在贷方，即计算出的应保留坏账准备金数。坏账准备借贷方余额的含义如表3－10所示。

表3－10　坏账准备借贷方余额

坏账准备余额所在	意义
借方余额	原先提取的坏账准备金没能足额冲销已发生的坏账，需在提取时补提，实际提取数等于应提取数加上借方余额数
贷方余额	原贷方余额大于应提数，表示原坏账准备金过多，应冲销多余数
	原贷方余额小于应提数，则应补提不足部分

【例3－11】广通物流公司从2011年开始计提坏账准备。2011年末应收账款余额为1 200 000元，该企业坏账准备的提取比例为5‰。则计提的坏账准备为：

坏账准备提取额＝1 200 000×5‰＝6 000(元)。

借：资产减值损失　　6 000

　　贷：坏账准备　　6 000

2012年11月，企业发现有1 600元的应收账款无法收回，按有关规定确认为坏账损失。

借：坏账准备　　1 600

　　贷：应收账款　　1 600

2012年12月31日，该企业应收账款余额为1 440 000元。按本年年末应收账款余额应保持的坏账准备金额(即坏账准备的余额)为：

1 440 000×5‰＝7 200(元)。

年末计提坏账准备前，“坏账准备”科目的贷方余额为：

6 000 - 1 600 = 4 400（元）。

本年度应补提的坏账准备金额为：

7 200 - 4 400 = 2 800（元）。

有关账务处理如下：

借：资产减值损失　　2 800

　　贷：坏账准备　　2 800

2013 年 5 月 20 日，接银行通知，企业上年度已冲销的 1 600 元坏账又收回，款项已存入银行。有关账务处理如下：

借：应收账款　　1 600

　　贷：坏账准备　　1 600

借：银行存款　　1 600

　　贷：应收账款　　1 600

2013 年 12 月 31 日，企业应收账款余额为 1 000 000 元。

本年末坏账准备余额应为：

1 000 000 × 5‰ = 5 000（元）。

至年末，计提坏账准备前的“坏账准备”科目的贷方余额为：

7 200 + 1 600 = 8 800（元）。

本年度应冲销多提的坏账准备金额为：

8 800 - 5 000 = 3 800（元）。

有关账务处理如下：

借：坏账准备　　3 800

　　贷：资产减值损失　　3 800

（二）账龄分析法

账龄分析法，是根据应收款项账龄的长短来估计坏账的方法。账龄指的是顾客所欠账款的时间。采用这种方法，企业利用账龄分析表所提供的信息，确定坏账准备金额。确定的方法按各类账龄分别估计其可能成为坏账的部分。

【例 3 - 12】利通物流公司 2012 年 12 月 31 日应收账款账龄及估计坏账损失如表 3 - 11 所示，该企业 2012 年 12 月 31 日估计的坏账损失为 2 400 元，所以，“坏账准备”科目的账面余额应为 2 400 元。

表 3－11　账龄分析表

金额单位：元

应收账款账龄	应收账款金额	估计损失(%)	估计损失金额
未到期	60 000	0.5	300
过期 1 个月	40 000	1	400
过期 2 个月	30 000	2	600
过期 3 个月	20 000	3	600
过期 3 个月以上	10 000	5	500
合计	160 000		2 400

假设在估计坏账损失前，“坏账准备”科目有贷方余额 1 000 元，则该企业还应计提 1 400 元(2 400 －1 000)。有关账务处理如下：

借：资产减值损失　　1 400

　　贷：坏账准备　　1 400

再假设在估计坏账损失前，“坏账准备”科目有贷方余额 2 600 元，则该企业应冲减 200 元(2 600 －2 400)。有关账务处理如下：

借：坏账准备　　200

　　贷：资产减值损失　　200

(三)销货百分比法

销货百分比法，是以赊销金额的一定百分比作为估计坏账的方法。企业可以根据过去的经验和有关资料，估计坏账损失与赊销金额之间的比率，也可用其他更合理的方法进行估计。

三、应收款项减值的会计核算

坏账准备的科目设置及借贷方意义如表 3－12 所示。

表 3－12　坏账准备的科目设置及借贷方意义

项目	内容
“坏账准备”设置目的	核算应收款项的坏账准备计提、转销等情况
借贷方意义	贷方登记当期计提的坏账准备金额，借方登记实际发生的坏账损失金额和冲减的坏账准备金额，期末余额一般在贷方，反映企业已计提但尚未转销的坏账准备

坏账准备可按以下公式计算：

当期应计提的坏账准备＝当期按应收款项计算应提坏账准备金额（或＋）贷方（或借方）余额－“坏账准备”科目的的坏账准备应提坏账准备金额（或＋）贷方（或借方）余额

计提和结转坏账的会计处理如表3－13所示。

表3－13　计提和结转坏账的会计处理

情形	会计处理
计提坏账准备	借记“资产减值损失——计提的坏账准备”科目，贷记“坏账准备”科目
冲减多计提的坏账准备	借记“坏账准备”科目，贷记“资产减值损失——计提的坏账准备”科目
发生坏账损失	借记“坏账准备”科目，贷记“应收账款”“其他应收款”等科目
已确认并转销的应收款项以后又收回	借记“应收账款”“其他应收款”等科目，贷记“坏账准备”科目；同时，借记“银行存款”科目，贷记“应收账款”“其他应收款”等科目

【例3－13】2011年12月31日，广通物流公司对应收A公司的账款进行减值测试。应收账款余额合计为1 000 000元，广通物流公司根据A公司的资信情况确定按10%计提坏账准备。2011年年末计提坏账准备的会计分录为：

借：资产减值损失——计提的坏账准备　　100 000

　　贷：坏账准备　　100 000

（1）广通物流公司2012年对A公司的应收账款实际发生坏账损失30 000元。确认坏账损失时，应做如下会计处理：

借：坏账准备　　30 000

　　贷：应收账款　　30 000

（2）广通物流公司2012年本应收A公司的账款余额为1 200 000元，经减值测试，广通物流公司决定仍按10%计提坏账准备。

根据广通物流公司坏账核算方法，其“坏账准备”科目应保持的贷方余额为120 000元（1 200 000×10%）；计提坏账准备前，“坏账准备”科目的实际余额为贷方70 000(100 000－30 000)元，因此本年末应计提的坏账准备金额为50 000元(120 000－70 000)。广通物流公司应做如下会计处理：

借：资产减值损失——计提的坏账准备	50 000	
贷：坏账准备		50 000

(3)广通物流公司2013年4月20日收到2012年已转销的坏账20 000元，已存入银行。广通物流公司应做如下会计处理：

借：应收账款	20 000	
贷：坏账准备		20 000
借：银行存款	20 000	
贷：应收账款		20 000

第四章
存货

本章导读

企业为了生产或者销售的需要，经常需要储备一定数量的某种资产，如生产需要的原材料、包装物，或者是准备对外销售的产成品，这些统称为存货。存货是企业中种类最多、流转最为复杂的一类资产。在本章我们重点学习以下内容：

☑ 什么是存货，包括哪些类别？
☑ 如何对存货进行计价，包括哪些方法？
☑ 取得原材料时的会计核算？
☑ 原材料发出时如何进行会计核算？
☑ 在计划成本法下，原材料相关业务如何进行会计核算？
☑ 物流企业的燃油、轮胎如何进行会计核算？
☑ 包装物、低值易耗品如何进行会计核算
☑ 存货的盘存方法包括哪些？
☑ 存货盘盈、盘亏如何进行会计核算？
☑ 存货期末计价如何进行会计核算？

第一节　存货概述

一、存货的概念

存货，是指企业在日常活动中持有以备出售的产成品或商品、处在生产过程中的在产品、在生产过程或提供劳务过程中耗用的材料和物料等，包括各类材料、商品、在产品、半成品、产成品等。即企业在生产经营过程中为销售或耗用而储存的各种资产。

二、存货的特点

同其他的资产相比较，存货具有以下特点，如图4－1所示。

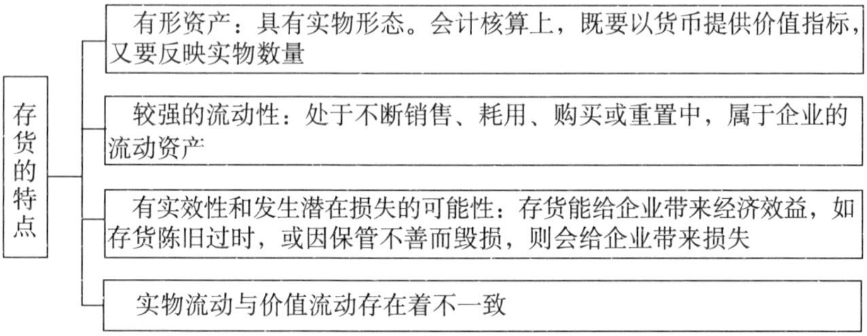

图4－1　存货的特点

三、存货的分类

存货按其经济用途不同可分为以下几个类别，如表4－1所示。

表4－1　存货的分类

存货的类别	具体含义
原材料	企业在生产过程中经加工改变其形态或性质并构成产品主要实体的各种原料及主要材料、辅助材料、燃料、修理用备件(备品备件)、包装材料、外购半成品(外购件)等

（续表）

存货的类别	具体含义
在产品	企业正在制造尚未完工的生产物，包括正在各个生产工序加工的产品和已加工完毕但尚未检验或已检验但尚未办理入库手续的产品
半成品	经过一定生产过程并已检验合格交付半成品仓库保管，但尚未制造完工成为产成品，仍需进一步加工的中间产品
产成品	工业企业已经完成全部生产过程并已验收入库，可以按照合同规定的条件送交订货单位，或者可以作为商品对外销售的产品。企业接受来料加工制造的代制品和为外单位加工修理的代修品，制造和修理完成验收入库后，应视同企业的产成品
商品	商品流通企业外购或委托加工完成验收入库用于销售的各种商品
包装物	为了包装本企业的商品而储备的各种包装容器，如桶、箱、瓶、坛、袋等。其主要作用是盛装、装满产品或商品
委托代销商品	企业委托其他单位代销的商品
低值易耗品	不能作为固定资产核算的各种用具物品，如工具、管理用具、玻璃器皿、劳动保护用品，以及在经营过程中周转使用的容器等

四、存货的会计核算概述

存货也属于资产的一个类别，用于核算存货的科目主要包括："库存商品""原材料"等，一般通过借记表示存货的增加，贷记表示存货的减少。在存货的会计核算中，主要需要解决的关键问题如表 4－2 所示。

表 4－2　存货的会计核算中，需要解决的关键问题

项目	内容
存货的会计核算中，需要解决的关键问题	取得存货时，如何确定存货的价值
	发出存货时，如何确定存货的成本
	会计期末时，如何对存货的成本进行调整

关于存货的会计核算方法，主要可以分为计划成本法和实际成本法。对计划成本法和实际成本法的介绍如表 4－3 所示。

表 4－3　存货会计核算的计划成本法和实际成本法

存货的会计核算方法	含义
计划成本法	存货的收入、发出和结余均按预先制定的计划成本计价，同时另设“成本差异”科目，对计划成本和实际成本的差额进行登记、分摊、并按期结转，期末将发出和结存存货的成本调整为与实际成本一致
实际成本法	存货的收入、发出和结余均按其实际成本确定，适用于规模较小、存货品种简单、采购业务不多的企业。常见的计价方法有先进先出法、加权平均法、移动平均法、个别计价法等

第二节　存货的计价

在对存货业务进行会计核算时，准确地计量存货的取得成本、发出存货的成本，以及会计期末对存货进行重新计价，对于准确地核算企业的经营成果有着重要的意义。

一、取得存货的计价

存货应当按照成本进行初始计量。存货成本包括采购成本、加工成本和其他成本。

(一) 外购的存货

企业通过购买而获得的各种存货，包括原材料、库存商品、低值易耗品等，以这种方式取得的存货的初始成本主要由采购成本构成。存货的采购成本，包括购买价款、相关税费、运输费、装卸费、保险费以及其他可归属于存货采购成本的费用。

商品流通企业在采购商品过程中发生的运输费、装卸费、保险费以及其他可归属于存货采购成本的费用等，应当计入存货的采购成本，也可以先进行归集，期末再根据所购商品的存销情况进行分摊。对于已售商品的进货费用，计入当期损益；对于未售商品的进货费用，计入期末存货成本。企业采购商品的进货费用金额较小的，可以在发生时直接计入当期损益。存货采购成本的构成如表4－4所示。

表4－4　存货采购成本的构成

存货的采购成本	包含的内容
购买价款	企业购入材料或商品的发票账单上列明的价款，但不包括按规定可以抵扣的增值税税额
相关税费	企业购买、自制或委托加工存货所发生的消费税、资源税和不能从增值税销项税额中抵扣的进项税额等
其他可归属于存货采购成本的费用	如在存货采购过程中发生的仓储费、包装费、运输途中的合理损耗、入库前的挑选整理费用等。这些费用能分清负担对象的，应直接计入存货的采购成本；不能分清负担对象的，应选择合理的分配方法，分配计入有关存货的采购成本，分配方法通常包括按所购存货的重量或采购价格的比例进行分配

对于采购过程中发生的物资毁损、短缺等，除合理的损耗应作为存货的"其他可归属于存货采购成本的费用"计入采购成本外，应区别不同情况进行会计处理，如表4－5所示。

表4－5　存货采购中发生毁损等情况的处理

采购中发生物资毁损、短缺情况	会计处理
合理的损耗	作为存货的"其他可归属于存货采购成本的费用"计入采购成本
其他情况	(1)应从供应单位、外部运输机构等收回的物资短缺或其他赔款，冲减物资的采购成本； (2)因遭受意外灾害发生的损失和尚待查明原因的途中损耗，不得增加物资的采购成本，应暂作为"待处理财产损溢"进行核算，在查明原因后再做处理

（二）通过进一步加工而取得的存货

通过进一步加工而取得的存货的成本由采购成本、加工成本以及为使存货达到目前场所和状态所发生的其他成本构成。对进一步加工取得存货的初始成本确认的介绍如表4－6所示。

表4－6　进一步加工取得存货的成本确认

进一步加工取得的存货	初始成本的确认
委托外单位加工的存货	实际耗用的原材料或者半成品、加工费、运输费、装卸费等费用以及按规定应计入成本的税金
自行生产的存货	投入的原材料或半成品、直接人工和按照一定方法分配的制造费用。制造费用，是指企业为生产产品和提供劳务而发生的各项间接费用，包括企业生产部门（如生产车间）管理人员的薪酬、折旧费、修理费、办公费、水电费、机物料消耗、劳动保护费、季节性和修理期间的停工损失等

（三）其他方式取得的存货

（1）投资者投入存货的成本，应当按照投资合同或协议约定的价值确定，但合同或协议约定价值存在内部交易的因素，不符合公允要求的的除外。

（2）通过非货币性资产交换、债务重组和企业合并等取得的存货的成本，应当分别按照“非货币性资产交换”“债务重组”及有关企业会计准则的规定确定。

（四）通过提供劳务取得的存货

通过提供劳务取得的存货，其成本按从事劳务提供人员的直接人工和其他直接费用以及可归属于该存货的间接费用确定。

二、发出存货的计价

日常工作中，企业发出的存货，可以按实际成本核算，也可以按计划成本核算。如采用计划成本核算，会计期末应调整为实际成本。

企业应当根据各类存货的实物流转方式、企业管理的要求、存货的性质等实际情况，合理地确定发出存货成本的计算方法，以及当期发出存货的实际成本。对于性质和用途相同的存货，应当采用相同的成本计算方法确定发出存货的成本。在实际成本核算方式下，企业可以采用的发出存货成本的计价方法包括个别计价法、先进先出法、月末一次加权平均法和移动加权平均法等。在新的《企业会计准则》中，后进先出法不再作为一种发出存货的计价方法。发出存货成本的计价方法的介绍如表4－7所示。

表4－7　发出存货成本的计价方法

发出存货成本的计价方法	含义	适用范围、优缺点及公式
个别计价法	又称个别认定法、具体辨认法、分批实际法。采用这一方法是假设存货的成本流转与实物流转相一致，按照各种存货，逐一辨认各批发出存货和期末存货所属的购进批别或生产批别，分别按其购入或生产时所确定的单位成本作为计算各批发出存货和期末存货成本的方法	适用于一般不能替代使用的存货以及为特定项目专门购入或制造的存货：如珠宝、名画等贵重物品；成本比较合理、准确；实务操作的工作量繁重，困难较大
先进先出法	以先购入的存货先发出这样一种存货实物流转假设为前提，对发出存货进行计价	期末存货成本比较接近现行的市场价值，其优点是使企业不能随意挑选存货计价以调整当期利润，缺点是工作比较繁琐；当物价上涨时，会高估企业当期利润和库存存货价值；反之，会低估企业存货价值和当期利润
月末一次加权平均法	进货时，按存货的实际成本进行分类核算，发出存货时，只记录发货数量，月末时以本月所有进货和本期期初存货的加权平均成本，乘以发货数量作为存货的发出成本	公式1：本期存货的加权平均单位成本＝(期初结存金额＋本期各批进货的实际金额)/(期初结存数量＋本期各批收货数量) 公式2：本期发出存货的成本＝本期发出存货的数量×加权平均单位成本 公式3：期末存货的成本＝期末结存存货的数量×加权平均单位成本

（续表）

发出存货成本的计价方法	含义	适用范围、优缺点及公式
移动加权平均法	在每次收货以后，立即根据库存存货数量和总成本，计算出新的平均单位成本，发货时都以最近一次进货时计算的平均成本作为发出存货的平均成本	公式 1：本次进货后的移动平均单位成本 =（本次进货前库存存货的实际成本 + 本次进货的实际成本）÷（本次进货前库存存货的实际数量 + 本次进货的实际数量） 公式 2：发出存货的成本 = 本次发出存货的数量 × 移动平均单位成本 公式 3：本次发货后库存存货的成本 = 本次发货后结存存货的数量 × 移动平均单位成本

三、存货的期末计价

对存货期末计价方法的介绍如图 4－2 所示。

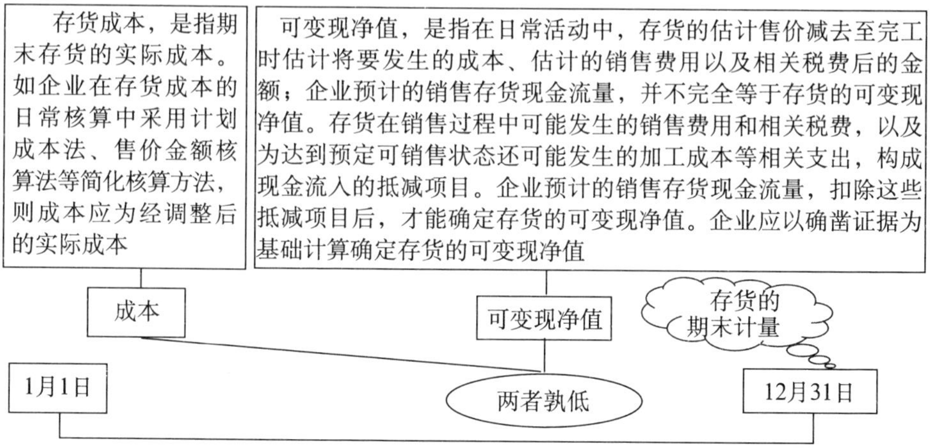

图 4－2　存货的期末计价

第三节　原材料

原材料是指企业在生产过程中经过加工改变其形态或性质并构成产品主要实体的各种原料、主要材料和外购半成品，以及不构成产品实体但有助于产品形成的辅助材料。原材料具体包括原料及主要材料、辅助材料、外购半成品(外购件)、修理用备件(备品备件)、包装材料、燃料等。原材料的日常收发及结存，可以采用实际成本法核算，也可以采用计划成本法核算。

一、采用实际成本法进行原材料核算

实际成本法进行会计核算的介绍如图4－3所示。

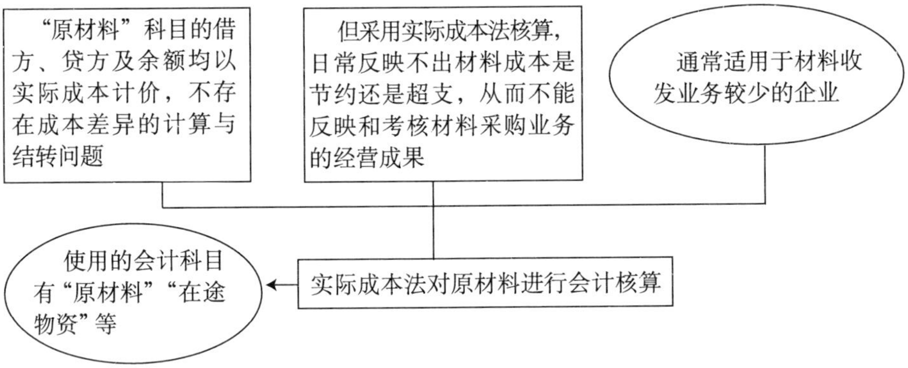

图4－3　实际成本法的会计核算

(一)采用实际成本法进行原材料核算的常用科目

在实务工作中，对于材料收发业务较少的企业，一般采用实际成本法进行材料收发的核算。

实际成本法核算时常用的会计科目及借贷方意义如表4－8所示。

表 4-8　实际成本法核算时常用的会计科目及借贷方意义

会计科目	科目用途	借贷方	期末余额
应付账款	核算企业因购买材料、商品和接受劳务等经营活动应支付的款项	贷方登记企业因购入材料、商品和接受劳务等尚未支付的款项，借方登记偿还的应付账款	期末余额一般在贷方，反映企业尚未支付的应付账款
预付账款	核算企业按照合同规定预付的款项	借方登记预付的款项及补付的款项，贷方登记收到所购物资时根据有关发票账单记入“原材料”等科目的金额及收回多付款项的金额	期末余额在借方，反映企业实际预付的款项；期末余额在贷方，则反映企业尚未预付的款项。预付款项情况不多的企业，可以不设置“预付账款”科目，而将此业务在“应付账款”科目中核算
原材料	核算库存各种材料的收发与结存情况	借方登记入库材料的实际成本，贷方登记发出材料的实际成本	期末余额在借方，反映企业库存材料的实际成本
在途物资	核算企业采用实际成本（进价）进行材料、商品等物资的日常核算、货款已付尚未验收入库的各种物资（即在途物资）的采购成本	借方登记企业购入的在途物资的实际成本，贷方登记验收入库的在途物资的实际成本	期末余额在借方，反映企业在途物资的采购成本

（二）采用实际成本法的账务处理

企业存货日常核算可以按实际成本法核算，也可以按计划成本法核算。存货按实际成本法核算的特点是：从存货收发凭证到明细分类账和总分类账全部按实际成本计价。实际成本法一般适用于规模较小、存货品种简单、采购业务不多的企业。

1. 购入原材料的会计核算

企业外购材料时，由于结算方式和采购地点的不同，材料入库和货款的支付在时间上不一定完全同步，相应地，其账务处理也有所不同。

(1)对于发票账单与材料同时到达的采购业务，企业材料已验收入库，因此应通过“原材料”科目核算，对于增值税专用发票上注明的可抵扣的进项税额，应借记“应交税费——应交增值税(进项税额)”科目。

【例4-1】广通物流公司购入一批燃油，增值税专用发票上记载的货款为500 000元，增值税额85 000元，另外为对方代垫包装费1 000元，全部款项已用电汇方式付讫，材料已验收入库。对此业务应进行如下的账务处理：

借：原材料——燃油　501 000
　　应交税费——应交增值税(进项税额)　85 000
　　贷：银行存款　586 000

(2)对于已经付款或已开出、承兑商业汇票，但材料尚未到达或尚未验收入库的采购业务，应根据发票账单等结算凭证，借记“在途物资”“应交税费——应交增值税(进项税额)”科目，贷记“银行存款”或“应付票据”等科目；待材料到达、验收入库后，再根据收料单，借记“原材料”科目，贷记“在途物资”科目。

【例4-2】广通物流公司于2013年9月20日收到银行转来的委托收款凭证及200吨煤炭的提货单，采购成本共计60 000元，相应的增值税进项税额为10 200元，加税合计70 200元已由银行支付，但材料尚未到达。对此业务应进行如下的账务处理：

借：在途物资　60 000
　　应交税费——应交增值税(进项税额)　10 200
　　贷：银行存款　70 200

9月24日，材料到达并验收入库，则会计分录为：

借：原材料　60 000
　　贷：在途物资　60 000

（3）对于材料已到达并已验收入库，但发票账单等结算凭证未到，货款尚未支付的采购业务，应于月末，按材料的暂估价值，借记“原材料”科目，贷记“应付账款——暂估应付账款”科目。下月初用红字做同样的记账凭证予以冲回，以便下月付款或开出、承兑商业汇票后，按正常程序，借记“原材料”“应交税费——应交增值税（进项税额）”科目，贷记“银行存款”或“应付票据”等科目。

【例4－3】8月5日，东方公司从大华公司购入甲材料一宗，计3 000千克，已入库，尚未收到结算凭证，材料尚未付款，合同价不含税价每千克2元。9月10日，上述结算凭证到达企业，材料含税价1.9元，货款及税款均以银行存款支付。（采用实际成本法）

8月31日，会计处理：

借：原材料——甲材料	6 000	
贷：应付账款——暂估应付款		6 000

9月1日，会计处理：

借：原材料——甲材料	6 000	
贷：应付账款——暂估应付款		6 000

9月10日：

借：原材料——甲材料	4 871.79	
应交税费——应交增值税（进项税额）	828.21	
贷：银行存款		5 700.00

（4）采用预付货款的方式采购材料，应在预付材料价款时，按照实际预付金额，借记“预付账款”科目，贷记“银行存款”科目；已经预付货款的材料验收入库，根据发票账单等所列的价款、税额等，借记“原材料”科目和“应交税费——应交增值税（进项税额）”科目，贷记“预付账款”科目；预付款项不足，补付上项货款，按补付金额，借记“预付账款”科目，贷记“银行存款”科目；退回上项多付的款项，借记“银行存款”科目，贷记“预付账款”科目。

【例4－4】根据广通物流公司与石化公司的购销合同规定，为购买燃油向该石化公司预付100 000元货款的80%，计80 000元，已通过汇兑方式汇出。对此业务应进行如下的账务处理：

借：预付账款——石化公司　　80 000

　　贷：银行存款　　80 000

10天之后，广通物流公司收到该石化公司发运来的燃油，已验收入库。有关发票账单记载，该批货物的货款100 000元，增值税额17 000元，且取得增值税专用发票，对方代垫包装费3 000元，所欠款项以银行存款的形式付讫。

(1)材料入库时：

借：原材料——燃油　　103 000

　　应交税费——应交增值税(进项税额)　　17 000

　　贷：预付账款——石化公司　　120 000

说明：如若是在营改增之前的业务，则物流企业适用营业税，应把进项税额计入原材料的成本。但若是营改增之后的业务，则可抵扣进项税额，做上述处理。

(2)补付货款时：

借：预付账款　　40 000

　　贷：银行存款　　40 000

2. 领用原材料的会计核算

领用原材料的会计核算如图4－4所示。

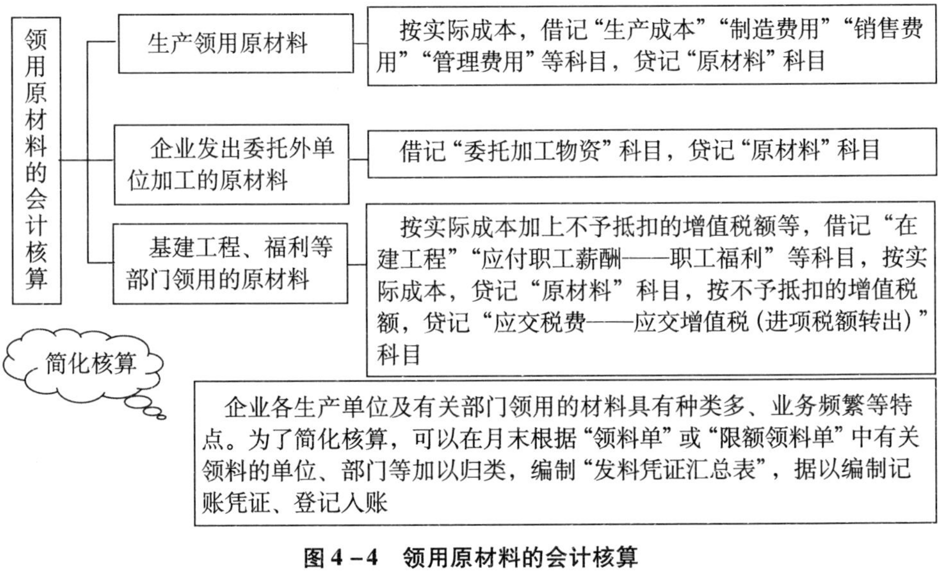

图4－4　领用原材料的会计核算

发出材料实际成本的确定，可以由企业从个别计价法、先进先出法、月末一次加权平均法、移动加权平均法等方法中选择。计价方法一经确定，不得随意变更。如需变更，应在附注中予以说明。

【例4－5】A公司根据“发料凭证汇总表”的记录，1月份基本生产车间领用一种不锈钢材料10 000元，辅助生产车间领用该种不锈钢材料2 000元，车间管理部门领用该材料5 000元，企业行政管理部门领用该材料4 000元，计21 000元。

借：生产成本——基本生产成本	10 000	
——辅助生产成本	2 000	
制造费用	5 000	
管理费用	4 000	
贷：原材料——不锈钢材料		21 000

3. 出售原材料的会计核算

对于出售的原材料，企业应当按已收或应收的价款，借记“银行存款”或“应收账款”等科目，按实现的营业收入，贷记“其他业务收入”等科目，按应交的增值税额，贷记“应交税费——应交增值税（销项税额）”科目；月度终了，按出售原材料的实际成本，借记“其他业务成本”科目，贷记“原材料”科目。

二、采用计划成本法进行原材料核算

原材料按计划成本法核算的介绍如图4－5所示。

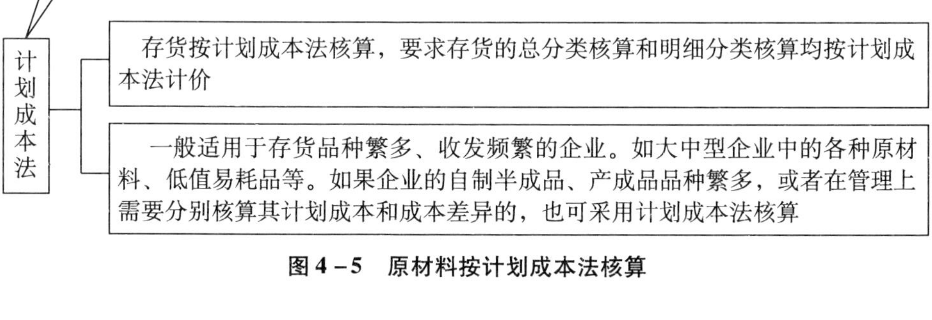

图4－5　原材料按计划成本法核算

(一)采用计划成本法进行原材料核算的常用科目

采用计划成本法进行原材料核算经常使用的会计科目有“原材料”“材料采购”“材料成本差异”等。具体介绍如表4－9所示。

表4－9　计划成本法核算的会计科目

会计科目	科目用途	借贷方	期末余额
原材料	用于核算库存各种材料的收发与结存情况	借方登记入库材料的计划成本，贷方登记发出材料的计划成本	期末余额在借方，反映企业库存材料的计划成本
材料采购	用于核算以计划成本法进行日常核算购入的材料的采购成本	借方登记采购材料的实际成本，贷方登记入库材料的计划成本。借方大于贷方表示超支，从本科目贷方转入“材料成本差异”科目的借方；贷方大于借方表示节约，从本科目借方转入“材料成本差异”科目的贷方	期末为借方余额，反映企业在途材料的采购成本
材料成本差异	反映企业已入库各种材料的实际成本与计划成本的差异	借方登记超支差异及发出材料应负担的节约差异，贷方登记节约差异及发出材料应负担的超支差异	期末如为借方余额，反映企业库存材料的实际成本大于计划成本的差异(即超支差异)；如为贷方余额，反映企业库存材料实际成本小于计划成本的差异(即节约差异)

(二)采用计划成本法的会计核算程序

采用计划成本法的前提是制定每一品种规格存货的计划成本，存货计划成本的组成内容应与其实际成本的构成一致，包括买价、运杂费和有关的税金等。存货的计划成本一般由企业采购部门会同财会等有关部门共同制定，制定的计划成本应尽可能接近实际。采用计划成本法进行日常核算的企业，其基本的核算程序如图4－6所示。

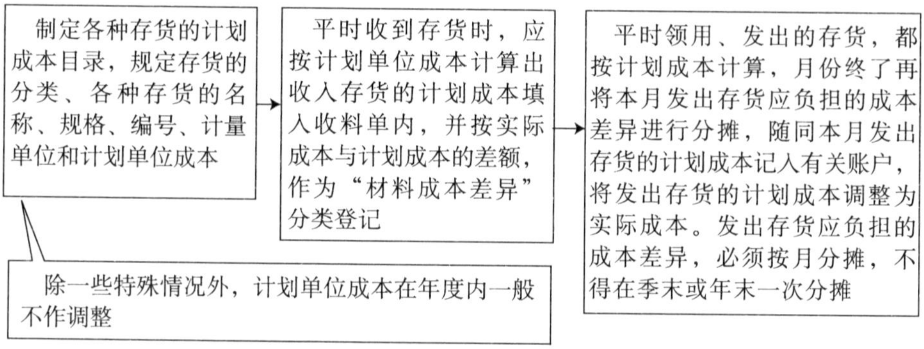

图4-6 计划成本法的会计核算程序

(三)采用计划成本法进行原材料核算的账务处理

1. 计划成本法下取得原材料的核算

在计划成本法下，取得的原材料先要通过“材料采购”科目进行核算，其实际成本与计划成本的差异，通过“材料成本差异”科目进行核算。

【例4-6】2013年4月2日，广通物流公司购入燃油一批，取得的普通发票上注明的价税合计为9 360元，发票等结算凭证已经收到，货款已通过银行转账支付。材料已验收入库。该批材料的计划成本为8 500元。有关会计分录如下。

(1)购入原材料的账务处理：

借：材料采购	9 360	
贷：银行存款		9 360

(2)确认材料成本差异的账务处理：

借：原材料	8 500	
材料成本差异	860	
贷：材料采购		9 360

2. 计划成本法下发出存货的核算

根据《企业会计准则第1号——存货》的规定，企业日常采用计划成本法核算的，发出的材料成本应由计划成本调整为实际成本，通过“材料成本差异”科目进行结转，按照所发出材料的用途，分别记入“生产成本”“制造费用”“销售费用”“管理费用”等科目。

【例4-7】广通物流公司采用计划成本法对原材料进行核算，2013年5月份发出原材料的计划成本如下：运输部门45 000元，管理部门6 800元，维修部门1 000元，合计52 800元。

该公司5月初原材料账户余额为20 000元，本月收入材料计划成本为40 000元。月初材料成本差异账户为贷方余额2 400元，本月入库材料成本差异为贷方余额600元。请对本月的原材料发出业务进行会计处理。

(1)在发出以上的原材料时，首先按照发出原材料的计划成本进行有关成本费用的会计处理。

借：主营业务成本——运输成本	45 000	
管理费用	6 800	
营运间接费用	1 000	
贷：原材料		52 800

(2)本月月底时，计算此种原材料的材料成本差异率，对与此种原材料有关的成本费用科目进行调整。

材料成本差异率=(月初结存材料的成本差异+本月收入材料的成本差异)÷(月初结存材料的计划成本+本月收入材料的计划成本)×100%

则：

5月份材料成本差异率=(-2 400-600)÷(20 000+40 000)×100%=-5%。

本月发出材料成本差异=本月发出材料计划成本×材料成本差异率

因此：5月份发出原材料总的成本差异=52 800×(-5%)=-2 640(元)。

本月发出材料实际成本应调整的金额依次为：

运输部门应调整的金额=45 000×(-5%)=-2 250(元)；

管理费用应调整的金额=6 800×(-5%)=-340(元)；

营运间接费用应调整的金额==1 000×(-5%)=-50(元)。

根据计算结果，编制会计分录如下：

借：材料成本差异	2 640	
贷：主营业务成本——运输成本		2 250
管理费用		340
营运间接费用		50

第四节 物流企业营运燃油的管理与核算

尽管物流企业并不直接生产有形的产品，因此严格地讲并不存在所谓原材料。但物流企业在提供运输服务的过程中，燃油和轮胎属于经常性消耗的物料，其价值的转换模式和工业企业的原材料又非常的近似，因此，物流企业一般都把燃油和轮胎做为原材料处理。

对于以运输业务为主营业务的物流企业而言，燃油是物流企业运输过程中消耗数量最大的一种材料，燃油费用在物资运输费用中也占有很大的比重，而且燃油处于分散管理的状态，很容易出现流失，因此，加强对物流企业营运燃油的管理与核算，对降低营运成本、提高物流企业经济效益具有重要作用。

一、燃油的分类与管理制度

(一)燃油的分类

在物流企业的燃油消耗中，既有营运车辆消耗的，又有管理部门消耗的，如管理部门的车辆消耗，有些单位的制冷、加热、发电等也会消耗一些燃油，按照燃油用途的不同，可分为营运耗用的燃油和非营运耗用的燃油。

物流企业的燃油分类如图 4－7 所示。

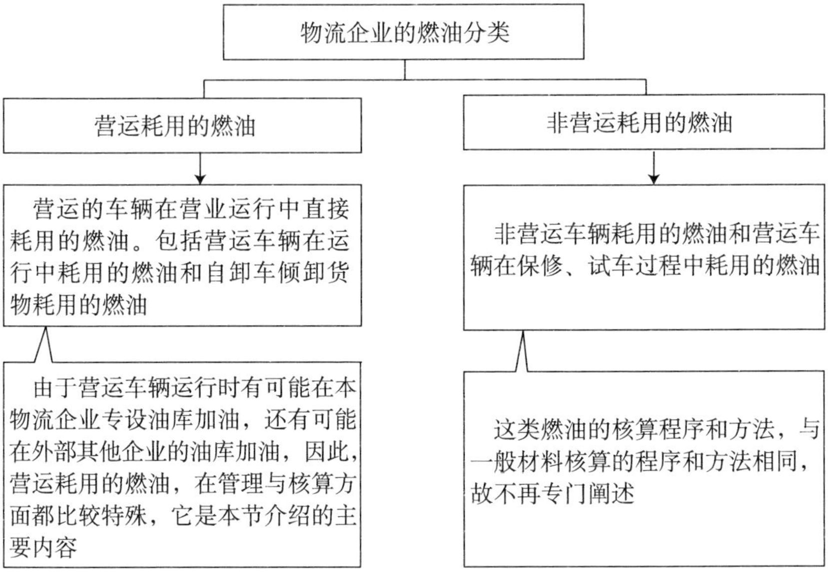

图 4－7　物流企业的燃油分类

(二)燃油的管理制度

燃油管理制度分为车存燃油管理和车耗燃油管理两方面。

1. 车存燃油的管理

在物流企业中，燃油和其他存货的不同之处在于，燃油既有库存燃油，还有车内油箱载有的车存燃油，车存燃油是营运车辆投产后，接受任务出车运行前储存于车辆油箱内的燃油。加强车存燃油的管理，对于准确计算每月的实际燃油消耗，确定当月运输业务的燃油成本是非常必需的。在实际工作中，车存燃油的管理方法有两种，如图 4－8 所示。

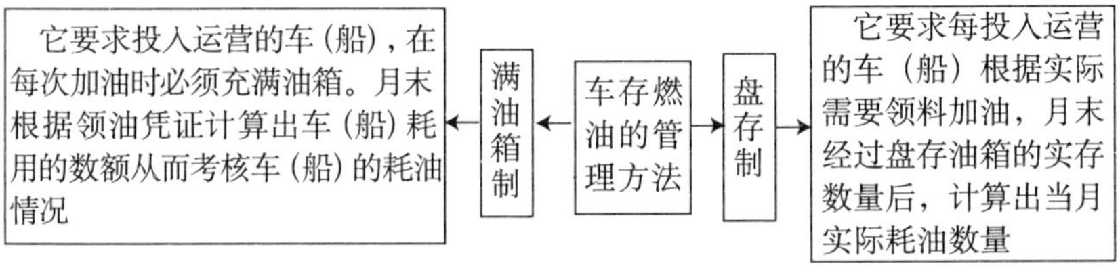

图 4－8　车存燃油的管理方法

2. 车耗燃油的管理

在实际工作中，车耗燃油管理可采用定额油票、行车路单套写领油收据、行车路单贴附燃油领用凭证以及行车路单领油记录和行车燃油领发记录表等方法。

(1)定额油票。定额油票是印有固定数额的领油凭证。由车队按月发给驾驶员，月末收回未用部分。车辆领油时，由驾驶员将油票交给油库发油人，作为油库结算发出燃油和与加油单位进行结算的依据，每月末将发出的定额油票的数额扣去收回定额油票的数额则为车耗燃油的数额。这种办法方便了驾驶员在本物流企业所有油库或本物流企业约定的其他单位油库加油，但每次加油不一定加满油箱，因此实行满油箱制的单位不宜采用。

定额油券是一种印有固定数量的油券，作为领用行车燃油的凭证，定额油券可分为四种，如图4－9所示。

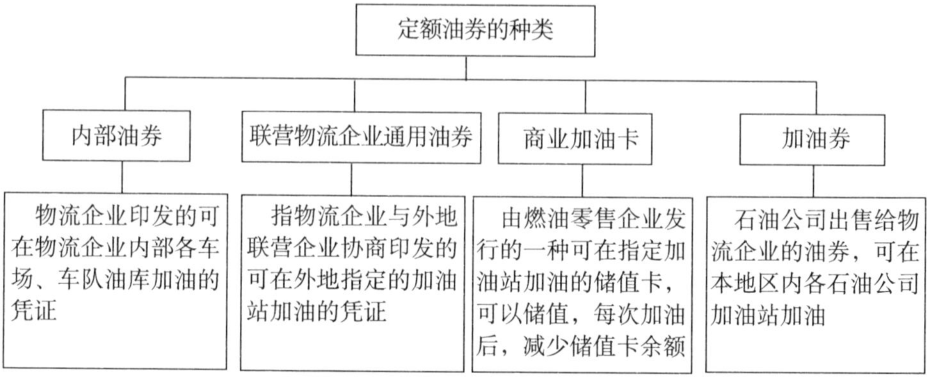

图4－9　定额油券的分类

(2)行车路单套写领油收据。这种做法是在行车路单上固定印制两联的套写领油收据，车辆领油时，由发油人把领油数量套写在路单的收据上，然后将一联留在路单上作为车耗燃油的依据，另一联则撕下，作为油库发出燃油的依据。采用这种方法，车辆可以在物流企业约定的任何油库加油。油库凭调度部门正式签出的行车路单供油，不论是否实行满油箱制均可使用。

(3)行车路单贴附燃油领用凭证。这种做法是专门印制一式三联的燃油领用凭证，车辆领油时，由发油人复写填制。其中第一联留油库作发出燃油的凭证；第二联寄领油车队签认核对，当车辆在非本企业油库加油时，此联可作为油库与其他企业结算油款的依据；第三联则贴附在行车路单上作为车耗燃油的依据。这种办法不论是否实行满油箱制均可采用。

(4)行车路单领油记录和行车燃油领发记录表。路单领油记录是车辆领油时，由驾驶员将行车路单交给发油人，由发油人在路单的领油记录栏中填写数量并签章。行车燃油领发记录表是车辆领油时，由发油人在油库设置的“行车燃油领发登记表”中填写领油数量，并交给驾驶员签章。通过这两方面的控制，以达到发油数量的正确性。采用这种办法，手续比较简便，适用于车队大多数车辆能每日返回本队油库并实行满油箱制的单位。

二、营运燃油的会计核算

物流企业营运燃油领用、发出的核算包括车存燃油的核算和车耗燃油的核算。应通过“原材料——燃油”账户进行核算，并在该账户下分别设置“库存”和“车存”两个明细账户。“原材料”科目属于资产类科目，其借方发生额表示资产的增加，贷方发生额则表示资产的减少，期末余额应该为借方余额，表示该企业作为存货核算的资产价值数量。

(一)取得燃油的核算

燃油作为原材料，同样可以选择使用“计划成本法”或者“实际成本法”进行核算。燃油成本核算方法介绍如表4－10所示。

表4－10　燃油成本核算方法

燃油成本核算方法	账务处理
计划成本法	企业购入并已验收入库的材料，按计划成本，借记“原材料——燃油(库存)”科目，按实际成本，贷记“材料采购”科目，按计划成本与实际成本的差异，借记或贷记“材料成本差异”科目
实际成本法	按照原材料的实际成本，借记“原材料——燃油(库存)”科目，按实际成本，贷记“在途物资”科目

注：因为物流企业通常需要对运输业务的油耗情况进行计算分析，因此采用计划成本法有着天然的优势，在本章的例题中，我们将重点以计划成本法为例进行讲解。

(二)发出燃油的核算

油库发出燃油的核算，目的在于正确结算油库燃油发出和结存数量，并与本物流企业及本物流企业外部各领油单位进行结算。为了计算各油库发出燃油的数量，月末，各油库将燃油收发结存月报等有关凭证报送物流企业财务部门，财务部门应根据实际情况进行账务处理。

车(船)领用燃油时，借记“原材料——燃油(车存)”科目，贷记“原材料——燃油(库存)”科目。如果采用的是计划成本法，因为这一步相当于原材料在不同仓库之间的转运，尚不需要对材料成本差异进行结转。

(三)每月月底对实际耗用燃油的核算

每月月底对实际耗用燃油的核算如表 4－11 所示。

表 4－11　月底对实际耗用燃油的核算

耗油部门	账务处理
营运部门	根据实际耗用，借记“主营业务成本——运输支出(燃油)”等科目，贷记“原材料——燃油(车存)”科目
其他业务和管理部门等单位领用燃油	借记“其他业务成本”“管理费用”等科目，贷记“原材料——燃油(车存)”科目

注：对于采用计划成本法核算的物流企业，应结转材料成本差异，实际成本大于计划成本的差异，借记“主营业务成本——运输支出”“其他业务成本”“管理费用”等科目，贷记“材料成本差异”科目(实际成本小于计划成本的差异用红字表示，或作相反会计分录)。

【例 4－8】捷利物流公司是一家汽车运输企业，在车存燃油管理上采用满油箱制，月末，根据领油凭证计算出的汽车耗用数额作为当月的实际耗用量。在会计核算上采用计划成本法，2013 年 6 月份，其内部油库发出90#汽油的汇总数据如表 4－12 所示。

表 4－12　本月燃料发出明细表

2013 年 6 月 30 日

品种：90#汽油　　单位：车队油库

领用单位	领用数量(升)	月底车存	本月实际耗用	单价(元/升)	金额(元)
运输一队	21 000	1 360	19 640	4.6	90 344
公司管理中心	355		355	4.6	1 633
修理中心	230		230	4.6	1 058
合计	21 585	1 360			93 035

该公司财务部门进行的会计处理如下：

(1)按照本月燃油的实际耗用，确认相关的成本费用：

借：主营业务成本——运输支出　　90 344
　　管理费用　　1 633
　　其他业务成本　　1 058
　　贷：原材料——燃油(库存)　　93 035

(2)同时，结转支出燃油应负担的成本差异，假设当月燃油成本差异率为1%，应做会计分录如下：

借：主营业务成本——运输支出　　903.44
　　管理费用　　16.33
　　其他业务成本　　10.58
　　贷：材料成本差异——燃油　　930.35

第五节　物流企业营运轮胎的管理与核算

轮胎是物流企业营运车辆的重要组成部分，是关系车辆安全行驶、节约能源、降低运输成本的重要因素。由于轮胎同车辆的其它部件相比较，使用期限较短，一部正常使用的车辆，需要多次更换轮胎；而且轮胎的损耗程度与其行使的里程接近正比例关系。因此在会计核算中，对轮胎按照原材料的方式进行会计核算。

一、营运轮胎的核算方法

普通的车用轮胎包括车用外胎、内胎和垫带等，由于车辆内胎和垫带等价值相对较低，可归入“原材料——辅助材料”账户核算，领用时直接记入“主营业务成本——运输支出”账户，不需要进行多次分摊。

对于汽车外胎，由于价值较高，价值周转方式也较特殊，因而要专设“原材料——轮胎”账户进行核算。本账户用于核算物流企业存库和在用(营运)轮胎的收发和结存情况。在库轮胎的收入和支出及在用轮胎的收入核算的程序和方法，与原材料核算的程序和方法相同，这里只介绍物流企业营运(在用)轮胎发出的核算方法。物流企业营运轮胎领用、发出时，可以采用以下两种方法，如表4－13所示。

表4－13　营运轮胎的核算方法

方法类型	方法特点	具体做法
转胎价值一次摊销计入运输成本	对在用原装轮胎不进行财务处理，只在更换轮胎领用出库和报废退库，以及发生翻新费用时进行必要的核算	(1)从材料(轮胎)库领用轮胎，按实际成本，借记“主营业务成本——运输支出”科目，贷记“原材料——轮胎”科目 (2)报废轮胎退库，按残值，借记“原材料”科目，贷记“主营业务成本——运输支出”科目 (3)发生的轮胎翻新费用，借记“主营业务成本——运输支出”科目，贷记“银行存款”科目
按行驶公里预提轮胎费用摊入运输成本	在新车开始运行后，便逐月按轮胎已行驶的公里数(胎公里)预提轮费用摊入运输成本，待轮胎需要更换时，再将领用轮胎的价值冲减预提摊销费	月轮胎摊提费＝月轮胎实际使用里程×轮胎费用摊提率 轮胎费用摊提率＝轮胎成本÷外胎使用里程定额×1 000 上式中轮胎费用摊提率以元/千胎公里为单位，一般按不同规格的轮胎确定。一般说来，摊提费的累计数与其实际成本仍将产生差异，为确保运输成本计算的正确性，这时必须对差异进行适当的调整

注：实行转胎价值一次摊销计入运输成本的核算方法，在集中领用换季胎或一次领出周转轮胎数量较大时，可以采用分期摊销的办法，将领用轮胎的价值，借记“待摊费用”科目，然后按月转入“主营业务成本——运输支出”科目。摊销期限一般不应该超过12个月。如果摊销期超过12个月，应按长期待摊费用处理，既借记“长期待摊费用”科目，贷记“原材料——轮胎”科目；每月摊销时，借记“主营业务成本——运输支出”科目，贷记“长期待摊费用”科目。发生轮胎翻新数额较大时，也可采取这种分期摊销的方法。

【例4－9】运达物流公司载重卡车专用轮胎外胎的计划成本(单价)为680元，在其正常的使用寿命内，使用里程定额为80 000胎公里，报废时残值为40元，则：

轮胎费用摊提率＝(680－40)÷80 000×1 000＝8(元/千胎公里)。

2013年7月份，载重卡车专用轮胎共计行驶里程为160 000胎公里，按上例求得的轮胎费用摊提率计算其轮胎摊提费为：

轮胎摊提费用＝(8÷1 000)×160 000＝1 280(元)。

二、营运轮胎费用差异的调整

当轮胎报废时，轮胎摊提费的累计数与实际成本将产生差异。为确保物流企业运输成本计算的正确性，这时必须对差异进行适当的调整，差异调整的具体内容如图4－10所示。

差异调整

领用轮胎外胎的实际成本与计划成本的差异调整

轮胎计划成本与实际成本不一致所产生的差异，即外胎计划成本、每次翻新计划费用与外胎实际价格、每次翻新实际费用的差异。领用轮胎的成本差异的计算方法同其他材料相同。对于成本差异的处理应直接调整运输成本

使用里程超亏时，对轮胎费用差异的调整

轮胎实际使用里程超（超过）亏（未达到）轮胎定额使用里程所产生的差异，这主要是由于轮胎费用摊提率是根据外胎平均使用里程定额作为分母计算，而轮胎摊提费则由轮胎实际使用里程乘轮胎费用摊提率求得，所以当轮胎报废时如实际使用里程超过定额使用里程，轮胎摊提费就将大于轮胎计划成本，反之则将小于轮胎计划成本

轮胎超亏使用差异＝外胎超亏使用里程×轮胎费用摊提率

式中外胎超亏使用里程应按月根据报废轮胎的胎卡记录汇总后减去定额使用里程求得。报废轮胎应逐个计算其超亏使用里程以及差异额

图4－10　营运轮胎费用差异调整

三、营运轮胎耗费的核算

按行驶胎公里预提轮胎费用摊入物流企业的运输成本，必须在“预提费用”科目下设置“轮胎预提费用”明细科目进行核算。该科目贷方核算按实际行驶公里数预提的轮胎摊销费、轮胎报废时调整的预提摊销费；借方核算按领用轮胎的计划成本及计划翻新费。但必须注意，如轮胎费用摊提率计算时分子不考虑翻新因素，则轮胎的计划翻新费不在该科目核算。

【例4－10】运达物流公司2013年6月发生如下经济业务，请对其进行账务处理：

(1)2013年6月30日，根据轮胎记录卡记载的数据汇总，当月货车运输队轮胎实际行驶12万胎公里，该公司当前的轮胎费用摊提率为8.00

元/千胎公里。

则：本月应预提的轮胎费用 =8 ÷1 000 ×120 000 =960(元)。

应做会计分录如下：

借：主营业务成本——运输支出(货车) 960

贷：预提费用——轮胎预提费用 960

(2)当月货车队领用一批新轮胎，该批轮胎的计划成本5 000元，当月轮胎成本差异为1%，应做会计分录如下：

借：预提费用——轮胎预提费用 5 000

贷：原材料——轮胎 5 000

借：主营业务成本——运输成本(货车) 50

贷：材料成本差异——轮胎 50

(3)以银行存款支付翻新费2 000元，该公司对轮胎翻新费用采用一次进行运输成本的会计处理方法。

借：主营业务成本——运输支出 2 000

贷：银行存款 2 000

(4)报废轮胎的残值100元入库，应做会计分录如下：

借：原材料——废料 100

贷：主营业务成本——运输支出 100

第六节 物流企业低值易耗品的管理与核算

低值易耗品的特点及内容如图4－11所示。

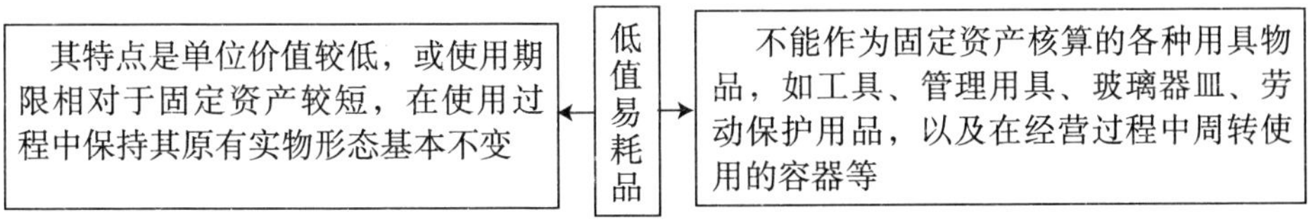

图4－11 低值易耗品的特点及内容

一、低值易耗品的分类

由于低值易耗品的种类较多，实际工作中的用途也不尽相同，为了加强管理与核算，必须对物流企业的低值易耗品进行分类。物流企业的低值易耗品按经济用途可分为以下几类，如图 4－12 所示。

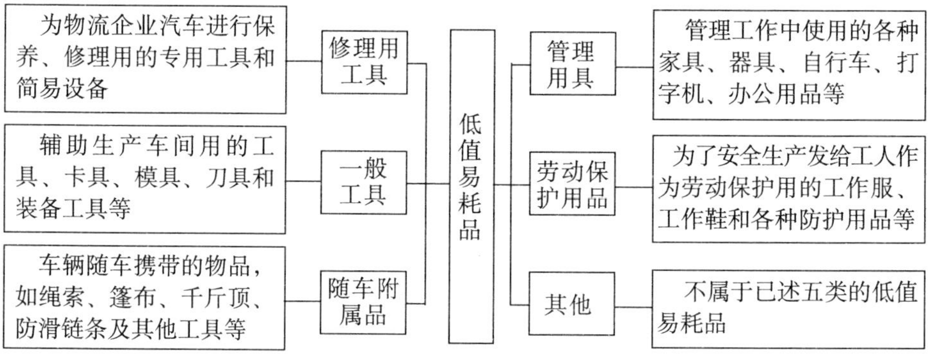

图 4－12　低值易耗品的分类

物流企业对低值易耗品采购后，应按照类别、品种规格进行数量和金额的明细核算。对在用低值易耗品，以及使用部门退回仓库的低值易耗品，应加强实物管理，并在备查簿上进行登记。

同其他的资产相比，低值易耗品具有以下的特点，如图 4－13 所示。

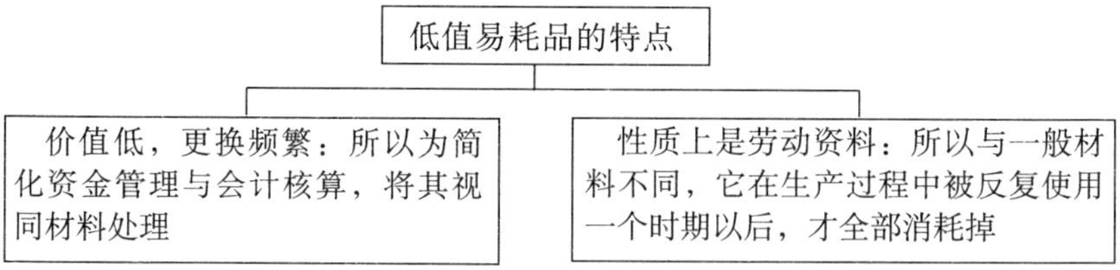

图 4－13　低值易耗品的特点

二、低值易耗品的管理

对低值易耗品的管理，要做到有计划、有依据，验收严肃认真，出入库手续清楚，记录准确完整，定期核对检查，并做到账账相符、账物相符，对贵重、稀缺的物品和剧毒品、易燃易爆药品要严格管理。一般物品既要加强管理，又要做到方便领用。

为了更有效地对低值易耗品进行管理，物流企业可以从以下几个方面着手。

（一）低值易耗品的分管

低值易耗品的分管如图 4－14 所示。

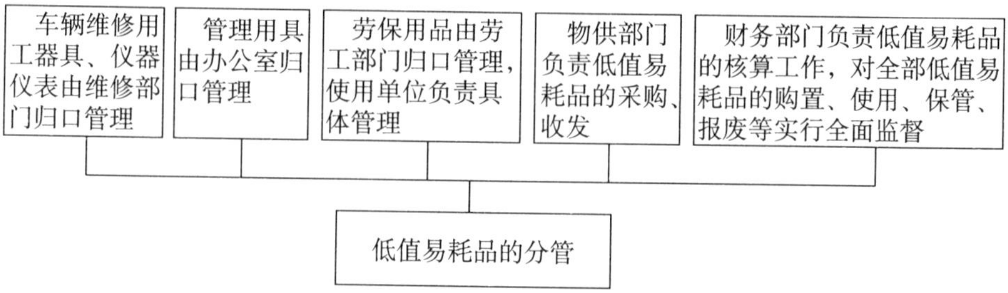

图 4－14　低值易耗品的分管

（二）低值易耗品的购置

低值易耗品的购置过程要实施一系列控制，各个环节相互监督和制衡。低值易耗品的购置流程如图 4－15 所示。

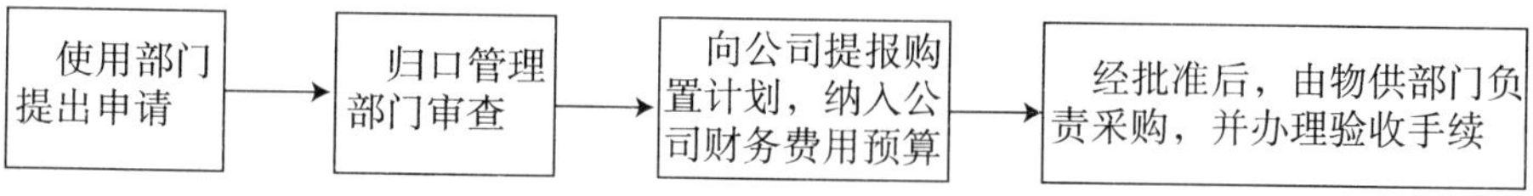

图 4－15　低值易耗品的购置流程

注：低值易耗品按实际支出在可控费用限额内列支（除工会及福利费列支外）。

低值易耗品的购置管理如图 4－16 所示。

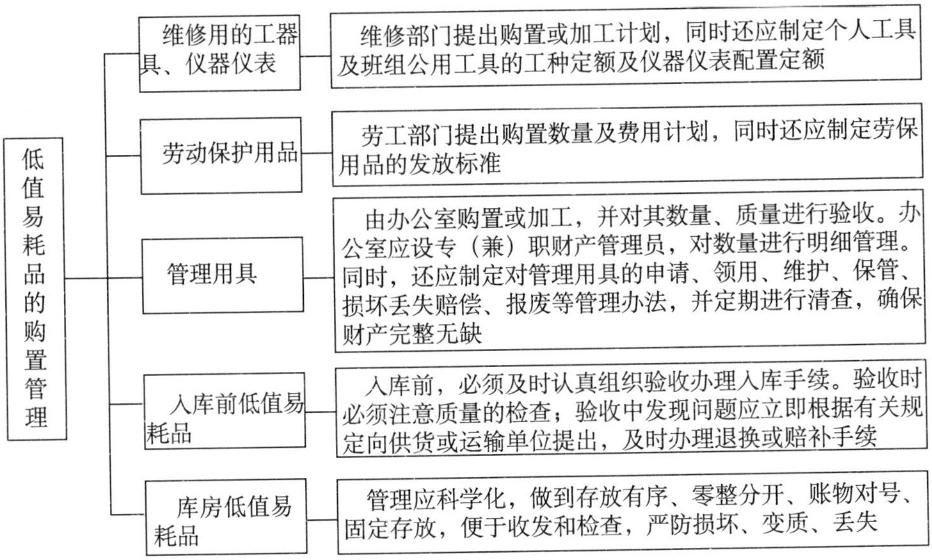

图4－16　低值易耗品的购置管理

(三)低值易耗品的领用

所有的低值易耗品都应建立台账或卡片账，由专人管理。低值易耗品在领用时注意以下几点。

(1)使用部门领用工器具及仪器仪表时，应填制低值易耗品领用单一式二份，一份作为记账依据；一份作为资产管理人员登记台账用。在工种工具配备定额内以废换新的领用，由归口管理部门领导审批，超定额由公司经理审批。工种工具定额应及时修订。职工工种变动按新工种定额对照原领数，将多余的工器具退回仓库，不足的按新工种定额补足。人员调离(包括退休、退职)应将所有保管的工器具全部交回仓库 公用工具保管员调离，应办理移交清单，接收人核对台账，若发现丢失或损坏，应按赔偿规定办理，否则不予办理调离手续。使用部门领用管理用具时，按办公室制定的管理办法办理。

(2)个人领用的劳动防护用品，由领用人填制领料单，在发放的标准内由劳工部门主管审核，公司经理审批，超标准(含发放时间及费用标准)由公司总经理审批。

(3)使用部门领用管理用具时按办公室制定的管理办法办理。

(4)严格领退手续，在用低值易耗品应设立登记簿，登记其分布、使用及消耗情况，定人保管。使用损耗后，及时办理手续，以旧换新。

(四)低值易耗品的丢失、损坏赔偿

低值易耗品的丢失或损坏的处理如图 4－17 所示。

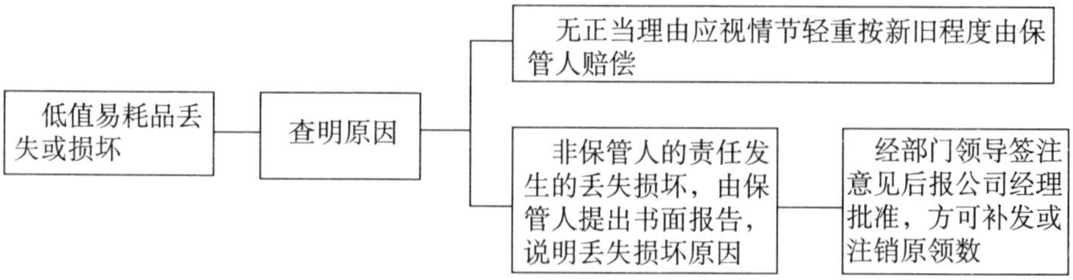

图 4－17 低值易耗品丢失或损坏的处理

(五)低值易耗品的报废

低值易耗品由于产品淘汰或遭受非常损失等原因无法继续使用需报废时，由使用部门提出申请，并注明报废原因，经归口管理部门组织鉴定后方可报废，单位价值在 500 元以上的需经公司经理批准。报废手续办妥后，应及时注销台账。经批准报废的低值易耗品残料，一律向仓库办理退库，各部门不得私自处理。仓库应建立废旧料明细分类账，专人管理。报废后需领用补充的，按新领手续办理。

(六)低值易耗品的清查

由归口管理部门组织定期对低值易耗品进行清查，每年一次，贵重仪器仪表或音响、家电等资产半年清查一次，保管人平时应不定期进行盘点，确保账卡物相符。建立清查盘点制度，坚持日清、月结、季盘点。盘点内容一般包括收发有无错误、账物是否相符、物品有无变质及损坏情况。

清查盘点多年不用的积压、呆滞低值易耗品，对其应按有关规定，积极进行修旧利废、改制利用、变价出售和调剂处理。使用部门对于领取后多年不用的低值易耗品，应当办理退料手续。

三、低值易耗品的核算

为了反映和监督低值易耗品的增减变化及其结存情况，企业应当设置“周转材料——低值易耗品”科目，借方登记低值易耗品的增加，贷方登记低值易耗品的减少，期末余额在借方，通常反映企业期末结存的低值易耗品金额。

低值易耗品的摊销方法有一次转销法和五五摊销法。

同材料一样，低值易耗品也有实际成本核算与计划成本核算两种可供选择的方法。当低值易耗品采用计划成本法核算时，其实际成本与计划成本的差异仍在“材料成本差异”科目内核算。月份终了，结转当月领用低值易耗品应分摊的成本差异，记入有关成本费用科目。

物流企业购入、自制、委托外单位加工完成并已验收入库的低值易耗品，以及对低值易耗品的清查盘点，可以按照材料的有关方法进行核算。下面主要说明低值易耗品领用的会计处理。

（一）一次摊销法

采用一次转销法摊销低值易耗品，在领用低值易耗品时，将其价值一次、全部计入有关资产成本或者当期损益，主要适用于价值较低或极易损坏的低值易耗品的摊销。一次摊销法摊销低值易耗品的账务处理如图4－18所示。

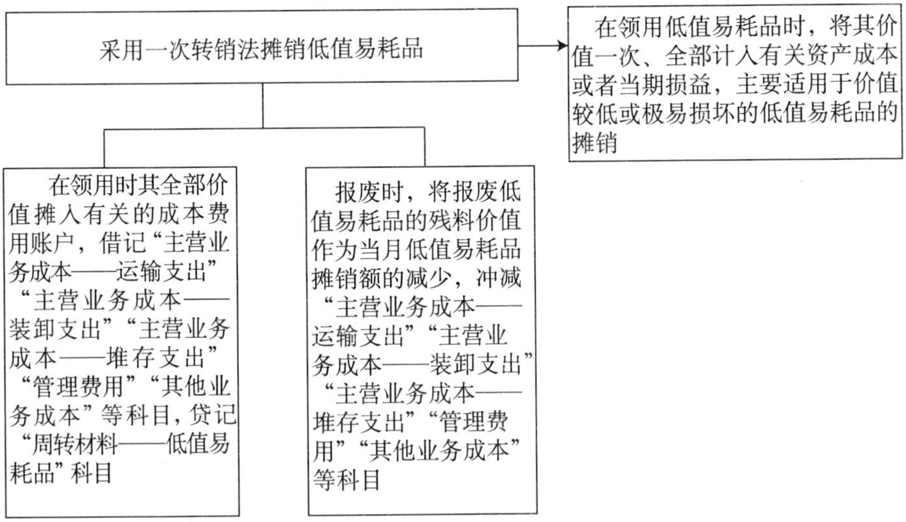

图4－18　一次摊销法摊销低值易耗品的账务处理

【例4－11】2013年6月，运达物流公司货运车队领用工具一批，计划成本1 000元，当月低值易耗品的成本差异率为3%，使用3个月后报废，残料价值80元，已验收入库。采用一次摊销法，做会计分录如下。

(1)领用时，按计划成本一次转销：

借：主营业务成本——运输支出 1 000

贷：周转材料——低值易耗品 1 000

(2)结转材料成本差异时：

借：主营业务成本——运输支出 30

贷：材料成本差异——低值易耗品 30

(3)收回残料价值冲减有关账户时：

借：原材料——废料 80

贷：主营业务成本——运输支出 80

(二)五五摊销法

采用五五摊销法摊销低值易耗品，低值易耗品在领用时先摊销其账面价值的一半，在报废时再摊销其账面价值的另一半。即低值易耗品分两次各按50%进行摊销。五五摊销法通常既适用于价值较低、使用期限较短的低值易耗品，也适用于每期领用数量和报废数量大致相等的低值易耗品。采用五五摊销法核算低值易耗品的物流企业，还需在“周转材料——低值易耗品”科目下设置“在库低值易耗品”“在用低值易耗品”和“低值易耗品摊销”三个明细科目。

【例4-12】运达运输公司修理车间领用专用工具一批，实际成本为100 000元，采用五五摊销法进行摊销。应做如下会计处理。

(1)领用专用工具：

借：周转材料——低值易耗品——在用 100 000

贷：周转材料——低值易耗品——在库 100 000

(2)领用时摊销其价值的一半：

借：制造费用 50 000

贷：周转材料——低值易耗品——摊销 50 000

(3)报废时摊销其价值的一半：

借：制造费用 50 000

贷：周转材料——低值易耗品——摊销 50 000

同时，

借：周转材料——低值易耗品——摊销　　100 000

　　贷：周转材料——低值易耗品——在用　　100 000

(三) 分期摊销法

分期摊销法是指将发出低值易耗品的价值按其使用期限根据权责发生制进行分期摊销的方法。适用于使用期限较长、单位价值较高或一次领用数量较大的低值易耗品。可避免人为地造成产品成本的波动，但容易造成账外资产。

分期摊销的低值易耗品，领用时，借记“待摊费用”等科目，贷记“低值易耗品”科目。分期摊入有关成本费用科目时，借记“主营业务成本——运输支出”“主营业务成本——装卸支出”“主营业务成本——堆存支出”“管理费用”“其他业务成本”等科目，贷记“待摊费用”等科目。报废时，将报废的低值易耗品的残料价值作为当期低值易耗品摊销额的减少，冲减有关成本费用等科目。

【例 4 - 13】 运达物流公司仓储部领走覆盖遮雨用篷布一批，计划成本为 1 600 元，分 12 个月摊销，本月低值易耗品的成本差异率为 5%。报废时，残料卖废品 100 元。做会计分录如下。

(1) 领用时，按计划成本将领用的低值易耗品全数转化为待摊费用：

借：待摊费用　　1 600

　　贷：周转材料——低值易耗品——仓储用具　　1 600

(2) 将这批低值易耗品相应的材料成本差异结转至待摊费用：

借：待摊费用　　80

　　贷：材料成本差异——低值易耗品　　80

(3) 当月及以后 11 个月分摊时：

借：主营业务成本——堆存成本　　140

　　贷：待摊费用　　140

(4) 收到残料收入时：

借：库存现金　　100

　　贷：主营业务成本——堆存成本　　100

第七节　包装物

一、包装物的概念与特点

包装物通常是指为包装本企业产品而储存，并准备随同产品出售或出租出借给购货单位的各种包装容器，如桶、箱、瓶、坛、袋等。不属于包装物核算范围的项目如图 4－19 所示。

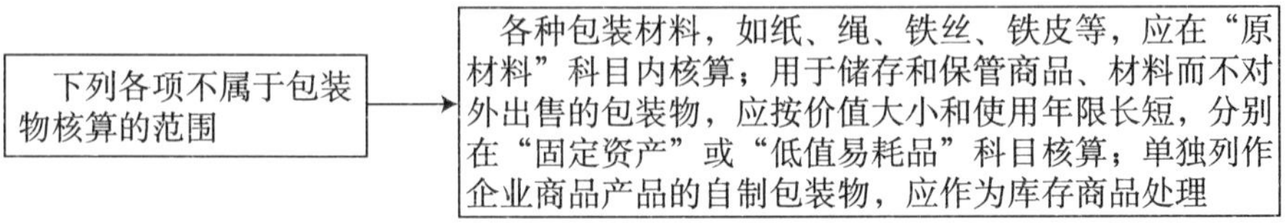

图 4－19　不属于包装物核算范围的项目

二、包装物的会计核算

企业包装物的会计核算与低值易耗品非常近似，一般通过“周转材料——包装物”科目进行核算，也可以单独设置“包装物”账户。包装物的会计核算如图 4－20 所示。

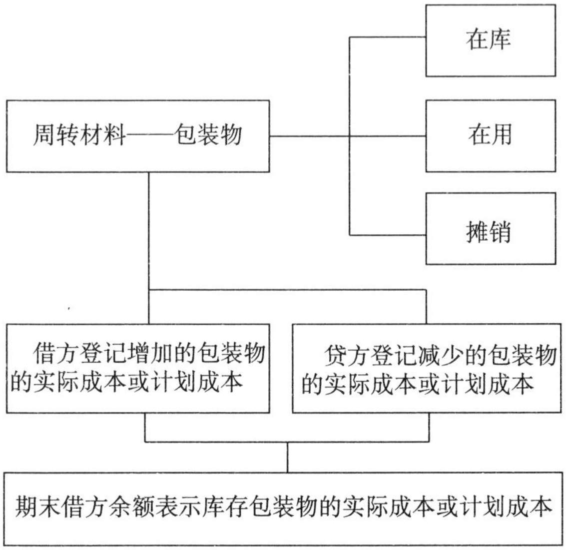

图 4－20　包装物的会计核算

由于包装物种类繁多、数量大、使用情况不同。因此，企业应根据具体使用情况，采用适当方法进行包装物价值摊销。企业常用的摊销方法有一次摊销法、分期摊销法、五五摊销法等。包装物摊销方法介绍如表 4－14 所示。

表 4－14　包装物摊销方法

包装物摊销方法	含义	适用对象
一次摊销法	在包装物领用时，将其价值全部摊销完	一次领用数量不多、价值较低、使用期限较短的包装物
分期摊销法	包装物价值根据使用期限或次数分期摊销的方法	价值较高、使用期限较长的包装物
五五摊销法	包装物价值在领用时摊销 50%（一半），报废时再摊销 50%（另一半）的方法	各月领用、报废数额均衡的包装物

注：在五五摊销法下，应在“包装物”科目下设置“库存未用包装物”“库存已用包装物”“出租包装物”“出借包装物”“包装物摊销”五个明细科目，期末余额为期末库存未用包装物的实际成本或计划成本和出租、出借，以及库存已用包装物的摊余价值。

（一）取得包装物的会计核算

购入、自制、委托外单位加工完成验收入库的包装物、企业接受的债务人以非现金资产抵偿债务方式取得的包装物、非货币性交易取得的包装物等，以及对包装物的清查盘点，比照“原材料”科目的相关规定进行会计处理。

（二）发出包装物的会计核算

1. 产品领用

生产过程中领用的包装物，构成产品组成部分，其价值计入生产成本 。

借：生产成本

　　贷：包装物

　　　　材料成本差异——包装物

2. 随同产品出售单独计价的包装物

应同材料出售一样，其收入记入“其他业务收入”科目 ，其成本（费用）记入“其他业务成本” 科目。

(1)出售包装物确认收入：

借：银行存款

　　贷：其他业务收入

　　　　应交税费——应交增值税(销项税额)

(2)结转包装物成本：

借：其他业务成本

　　贷：包装物

　　　　材料成本差异——包装物

(3) 如包装的产品属于应税消费品，则还应计提消费税：

借：其他业务成本

　　贷：应交税费——应交消费税

(4) 对既作价随同产品销售，又另外收取押金的包装物的押金，凡纳税人没收或在规定的期限内未予退还的，均应并入销售额按照产品的适用税率征收增值税，如为消费税产品，同时征收消费税。

①收取押金时：

借：银行存款

　　贷：其他应付款

②退还押金时：

借：其他应付款

　　贷：银行存款

③没收押金及逾期未退时：

借：其他应付款

　　贷：应交税费——应交增值税(销项税额)

　　　　应交税费——应交消费税(为消费税产品时)

　　　　营业外收入

3. 随同产品出售不单独计价的包装物

该部分包装物的费用应由销货单位负担，作为销售产品的包装费用。

借：销售费用——包装物

　　贷：包装物

　　　　材料成本差异——包装物

4. 出租包装物

包装物租赁一般属于企业的附营业务，租金收入应计入“其他业务收入”

科目，包装物成本应计入“其他业务成本”科目。为促使承租方按时返还，一般要收取一定数额的押金。

(1)转出成本：如出租时间较长，包装物价值较大，也可先计入“待摊费用”科目，然后分期摊销：

借：其他业务成本——出租包装物

　　贷：包装物

　　　　材料成本差异——包装物

(2)收取押金：

借：银行存款

　　贷：其他应付款——包装物押金

如属于酒类包装物(啤酒、黄酒除外，下同)收取的押金，税法规定不论是否返还，均征收增值税、消费税，所以在收取时就应计算应交的税费。

借：销售费用

　　贷：应交税费——应交增值税(销项税额)

　　　　　　　　——应交消费税

(3)收取租金：

借：银行存款(其他应收款)

　　贷：其他业务收入——出租包装物

(4)没收押金：

借：其他应付款——包装物押金

　　贷：银行存款

　　　　其他业务收入——包装物押金

　　　　应交税费——应交增值税(销项税额)

(注：酒类包装物押金因在收取时已计算了应交税费，所以没收时不再计算)

如为非酒类应税消费品的包装物押金，则在没收时还应计算应交的消费税。

借：其他业务成本

　　贷：应交税费——应交消费税

(5)出租包装物报废时，按残料价值：

借：原材料——×××

　　贷：其他业务成本

5. 出借包装物

(1)发出时：

借：销售费用——出借包装物

　　待摊费用——出借包装物(价值较大时)

　　贷：包装物

　　　　待摊费用

(2)收取及没收押金：同出租包装物。

(3)收回包装物：不做账务处理，加强实物管理。(“五五摊销法”除外)

(4)该部分包装物报废时，其残料价值冲减销售费用：

借：原材料

　　贷：销售费用

第八节　库存商品

库存商品是指企业已完成全部生产过程并已验收入库、合乎标准规格和技术条件，可以按照合同规定的条件送交订货单位，或可以作为商品对外销售的产品以及外购或委托加工完成验收入库用于销售的各种商品。库存商品具体包括库存产成品、外购商品、存放在门市部准备出售的商品、发出展览的商品、寄存在外的商品、接受来料加工制造的代制品和为外单位加工修理的代修品等。已完成销售手续、但购买单位在月末未提取的产品，不应作为企业的库存商品，而应作为代管商品处理，单独设置代管商品备查簿进行登记。

一、库存商品的内容

库存商品可以采用实际成本法核算，也可以采用计划成本法核算，其方法与原材料相似。采用计划成本法核算时，库存商品实际成本与计划成本的差异，可单独设置“产品成本差异”科目核算。

为了反映和监督库存商品的增减变化及其结存情况，企业应当设置“库存商品”科目，借方登记验收入库的库存商品成本，贷方登记发出的库存商品成本，期末余额在借方，反映各种库存商品的实际成本或计划成本。

二、库存商品的核算

(一)验收入库商品

对于库存商品采用实际成本法核算的企业，当库存商品生产完成并验收入库时，应按实际成本，借记“库存商品”科目，贷记“生产成本——基本生产成本”科目。

【例4－14】A公司“商品入库汇总表”记载，某月已验收入库M型号产品1 000台，实际单位成本5 000元，计5 000 000元；N型号产品2 000台，实际单位成本1 000元，计2 000 000元。A公司应做如下会计处理：

借：库存商品——M产品　　5 000 000
　　　　　　——N产品　　2 000 000
　贷：生产成本——基本生产成本(M产品)　　5 000 000
　　　　　　——基本生产成本(N产品)　　2 000 000

(二)销售商品

企业销售商品、确认收入时，应结转其销售成本，借记“主营业务成本”等科目，贷记“库存商品”科目。

【例4－15】A公司月末汇总的发出商品中，当月已实现销售的M型号产品有500台，N型号产品有1 500台。该月M产品实际单位成本5 000元，N产品实际单位成本1 000元。在结转其销售成本时，应做如下会计处理：

借：主营业务成本　　4 000 000
　贷：库存商品——M产品　　2 500 000
　　　　　　——N产品　　1 500 000

第九节　存货清查

一、存货的盘存方法

企业存货的数量需要通过盘存来确定，常用的存货数量盘存方法主要有实地盘存制和永续盘存制两种。对两种盘存方法的介绍如表 4 – 15 所示。

表 4 – 15　存货数量盘存方法

存货数量盘存方法	具体内容	相关说明	相关公式
实地盘存制（定期盘存制）	会计期末通过对全部存货进行实地盘点，以确定期末存货的结存数量，然后分别乘以各项存货的盘存单价，计算出期末存货的总金额，记入各有关存货科目，倒轧本期已耗用或已销售存货的成本	平时对有关存货科目只记借方，不记贷方，每一期期末，通过实地盘点确定存货数量，据以计算期末存货成本，然后计算出当期耗用或销货成本，记入有关存货科目的贷方。这一方法用于工业企业，称为“以存计耗”或“盘存计耗”；用于商品流通企业，称为“以存计销”或“盘存计销”	“以存计耗”和“以存计销”以下列存货的基本等式为依据： 期初存货 + 本期购货 = 本期耗用或销货 + 期末存货 用历史成本计价，则上述公式可以改写为： 本期耗用或销货成本 = 期初存货成本 + 本期购货成本 – 期末存货成本
永续盘存制（账面盘存制）	对存货项目设置经常性的库存记录，即分别就品名、规格设置存货明细账，逐笔或逐日地登记收入发出的存货，并随时记列结存数	通过会计账簿资料，就可以完整地反映存货的收入、发出和结存情况。在没有发生丢失和被盗的情况下，存货账户的余额应当与实际库存相符。采用永续盘存制，并不排除对存货的实物盘点，为了核对存货账面记录，加强对存货的管理，每年至少应对存货进行一次全面盘点，具体盘点次数视企业内部控制要求而定	

二、存货盘盈、盘亏的会计核算

企业在进行存货的日常收发及保管过程中，因种种原因可能造成存货实际结存数量与账面结存数量不符，有时会因非常事项而造成存货毁损。为了确保账实相符，企业应定期或不定期进行存货盘点。发生存货盘盈(实际结存数量大于账面结存数量)、盘亏(实际结存数量小于账面结存数量)及毁损(非常性事项造成的存货损失)时，应及时查明原因，并进行账务处理，以保证账实一致。

(一)存货盘盈的账务处理

存货盘盈的账务处理如表4－16所示。

表4－16　存货盘盈的账务处理

项目	处理方法
发生存货盘盈	按规定的程序报经有关部门批准后才能做出处理
批准处理以前	先根据盘盈的存货，按同类或类似存货的市场价格计价入账调整存货账面记录，以使账实一致，即借记“原材料”“库存商品”等科目，贷记“待处理财产损溢——待处理流动资产损溢”科目
盘盈的存货查明原因后	借记“待处理财产损溢——待处理流动资产损溢”科目，贷记有关科目
无法确定具体原因的	冲减企业的管理费用，借记“待处理财产损溢——待处理流动资产损溢”科目，贷记“管理费用”科目

【例4－16】某企业进行财产清查，根据发生的有关存货盘盈的经济业务编制会计分录如下：

(1)盘点原材料，发现A材料盘盈，按市场价格计算其成本为1 000元，盘盈原因待查。

借：原材料　　1 000

　　贷：待处理财产损溢——待处理流动资产损溢　　1 000

(2)查明原因，盘盈的原材料系收发时的计量误差所致，经批准冲销企业的管理费用。

借：待处理财产损溢——待处理流动资产损溢　　1 000

　　贷：管理费用　　1 000

(二)存货盘亏和毁损的账务处理

存货盘亏和毁损的账务处理如表4－17所示。

表4－17　存货盘亏和毁损的账务处理

项目	处理方法
发生存货盘亏和毁损，在批准处理以前	通过“待处理财产损溢——待处理流动资产损溢”科目进行核算
盘亏和毁损	借记“待处理财产损溢——待处理流动资产损溢”科目，贷记有关的存货科目
发生非正常毁损(如自然灾害、被盗窃及管理不善造成大量霉烂变质等)	非正常损失的价值借记“待处理财产损溢——待处理流动资产损溢”科目；按非正常损失存货的实际成本贷记有关存货科目，同时，按非正常损失存货应负担的进项税，贷记“应交税费——应交增值税(进项税额转出)”科目
查明盘亏和毁损的原因后	借记有关科目(属于定额内合理盘亏，应作为管理费用列支；属于一般经营性损失的，扣除残料价值以及可以收回的保险赔偿和过失人赔偿剩余净损失，经批准也可以作为管理费用列支；属于自然灾害损失，管理不善造成货物被盗、发生霉烂变质等损失以及其他非正常损失的，扣除可以收回的保险赔偿及残料价值后的净损失，作为企业的营业外支出进行处理)，贷记“待处理财产损溢——待处理流动资产损溢”科目

【例4－17】金元公司在年末盘点时，发生以下有关的存货盘亏和毁损的经济业务，编制的会计分录如下：

(1)A材料发生盘亏，实际成本为800元，原因待查。

借：待处理财产损溢——待处理流动资产损溢　800

　贷：原材料　800

(2)后查明原因，盘亏A材料系定额内合理损耗，批准作为管理费用列支。

借：管理费用　800

　贷：待处理财产损溢——待处理流动资产损溢　800

(3)因发生水灾，对财产进行清查盘点。其中，产成品毁损额按实际成本计算为2 000元，产成品耗用的原材料及应税劳务的进项税额为340元，并通知保险公司。

借：待处理财产损溢——待处理流动资产损溢　2 340

　贷：产成品　2 000

　　应交税费——应交增值税(进项税额转出)　340

(4)公司对水灾造成的产成品损失已经做出处理决定，残料估值300元，可以由保险公司赔偿的损失为1 000元，由企业负担的损失为1 040元。

借：原材料　300

　其他应收款　1 000

　营业外支出　1 040

　贷：待处理财产损溢——待处理流动资产损溢　2 340

第十节　存货跌价准备

一、存货的期末计量

企业的存货应当在期末(即资产负债表日)按成本与可变现净值孰低计量。对可变现净值低于存货成本的差额，计提存货跌价准备，计入当期损益，即期末存货的计价方法采用成本与可变现净值孰低法。存货的期末计价介绍如图4－21所示。

即当成本低于可变现净值时，期末存货按成本计量；当可变现净值低于成本时，期末存货按可变现净值计量

周转材料——包装物

“成本”，是指期末存货的实际成本（即历史成本）；如企业在存货成本的日常核算中采用计划成本法、售价金额核算法等简化核算方法，则“成本”为经调整后的实际成本

“可变现净值”是指在日常活动中，以存货的估计售价减去至完工时估计将要发生的成本、估计的销售费用以及相关税费后的金额，并不是指存货的现行售价

由此可知，可变现净值是指存货的预计未来净现金流入量而不是存货的售价或合同价。企业预计的销售存货现金流入量，并不完全等于存货的可变现净值。存货在销售过程中可能发生相关税费和销售费用，以及为达到预定可销售状态还可能发生的加工成本等相关支出，构成现金流入的抵减项目，扣除这些抵减项目后，才能确定存货的可变现净值

此法的理论基础主要是使存货符合资产的定义：当存货的可变现净值下跌至成本以下时，由此所形成的损失已不符合资产的定义，因而应将这部分损失从资产价值中抵销，列入当期损益。否则，当存货的可变现净值低于其成本价值时，如果仍然以其历史成本计价，就会出现虚夸资产的现象，导致会计信息的失真

图 4－21　存货的期末计价

成本与可变现净值孰低法是谨慎原则（EP 稳健性原则）在存货会计上的具体运用，是对历史成本原则的修正。企业在确定存货的可变现净值时，应当以取得的确凿证据为基础，并且考虑持有存货的目的、资产负债表日后事项的影响等因素。

“确凿证据”是指对确定存货的可变现净值有直接影响的确凿证明，如产品或商品的市场销售价格、与企业产品或商品相同或类似商品的市场销售价格、供货方提供的有关资料、销售方提供的有关资料、生产成本资料等。企业持有存货的目的不同，确定存货可变现净值的计算方法也不同，如用于出售的存货和用于继续加工的存货，其可变现净值的计算就不相同。

对企业持有存货目的的介绍如图 4－22 所示。

企业持有存货的目的

持有以备出售，如商品、产成品，其中又分为有合同约定的存货和没有合同约定的存货

将在生产过程或提供劳务过程中耗用，如材料等

图 4－22　企业持有存货的目的

企业在确定存货的可变现净值时还应考虑资产负债表日后事项等的影

响，这些事项应能够确定资产负债表日存货的存在状况，即在确定资产负债表日存货的可变现净值时，不仅要考虑资产负债表日与该存货相关的价格与成本波动，而且还应考虑未来的相关事项。也就是说，不仅限于财务报告批准报出日之前发生的相关价格与成本波动，还应考虑以后期间发生的相关事项。

二、存货期末计价的方法

企业持有的、目的不同的存货的可变现净值的确定方法如表4－18所示。

表4－18　存货可变现净值的确定方法

企业持有的、目的不同的存货	可变现净值的确定
产成品、商品和用于出售的材料等直接用于出售的	以该存货的估计售价减去估计的销售费用和相关税费后的金额确定
需要经过加工的材料存货	以所生产的产成品的估计售价减去至完工时估计将要发生的成本、估计的销售费用以及相关税费后的金额确定
资产负债表日，同一项存货中一部分有合同价格约定，其他部分不存在合同价格的	分别确定其可变现净值，并与其相对应的成本进行比较，分别确定存货跌价准备的计提或转回的金额

对于企业持有的各类存货，在确定其可变现净值时，应区别以下情况确定其估计售价，如表4－19所示。

表4－19　存货估计售价的确定

持有的各类存货	估计售价的确定
为执行销售合同或者劳务合同而持有的	以产成品或商品的合同价格作为其可变现净值的计算基础；如果持有存货的数量多于销售合同订购数量的，超出部分以一般销售价格为计算基础；如果企业销售合同所规定的标的物还没有生产出来，但持有专门用于该标的物生产的原材料，其可变现净值应当以合同价格作为计算基础
没有销售合同约定的	以产成品或商品一般销售价格(即市场销售价格)作为计算基础
用于出售的材料等	以市场销售价格作为其可变现净值的计算基础

在期末，对于用于生产而持有的材料等，如果用其生产的产成品的可变现净值预计高于产成品的成本，则该材料应当按照其成本计量；如果材料价格的下降表明产成品的可变现净值低于产成品的成本，则该材料应当按其可变现净值计量。

存货跌价准备的计提和转回如图 4 – 23 所示。

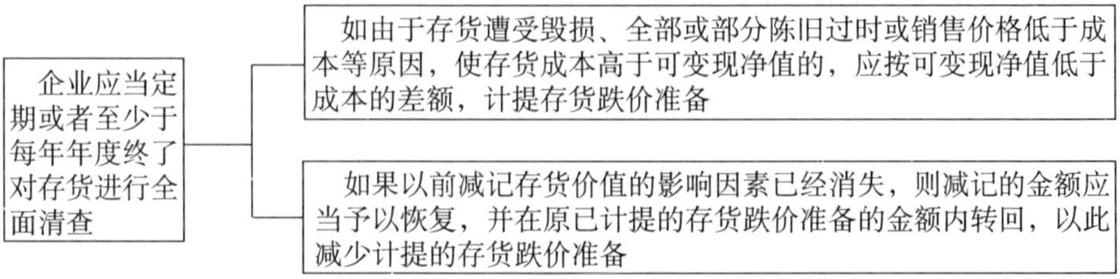

图 4 – 23　存货跌价准备的计提和转回

应计提存货跌价准备的情况如表 4 – 20 所示，存货可变现净值为零的情形如表 4 – 21 所示。

表 4 – 20　应计提存货跌价准备的情况

项目	内容
应计提存货跌价准备的各种情况	该存货的市价持续下跌，并且在可预见的未来无回升的希望
	企业使用该项原材料生产的产品的成本大于产品的销售价格
	企业因产品更新换代，原有库存原材料已不适应新产品的需要，而该原材料的市场价格又低于其账面成本或因企业所提供的商品或劳务过时或消费者偏好改变而使市场的需求发生变化，导致市场价格逐渐下跌
	其他足以证明该项存货实质上已经发生减值的情形

表 4 – 21　存货可变现净值为零的情形

项目	内容
存货的可变现净值为零的情形	已霉烂变质的存货
	已过期且无转让价值的存货
	在生产中已不再需要，并且已无使用价值和转让价值的存货
	其他足以证明已无使用价值和转让价值的存货

存货跌价准备通常应当按单个存货项目计提。在某些情况下，比如，①与在同一地区生产和销售的产品系列相关，具有相同或类似最终用途或目的，且难以与其他项目分开计量的存货，可以合并计提存货跌价准备；②对于数量繁多、单价较低的存货，可以按存货类别计提存货跌价准备。即企业按成本与可变现净值孰低法对存货计价时，有三种不同的计算方法可供选择，如表4－22所示。

表4－22　存货期末按成本与市价孰低计价的三种计算方法

三种不同的计算方法	具体介绍
单项比较法（逐项比较法或个别比较法）	对库存的每一种存货的成本与可变现净值逐项进行比较，每项存货均取较低数确定期末的存货成本
分类比较法（类比法）	按存货类别的成本与可变现净值进行比较，每类存货取其较低数确定存货的期末成本
综合比较法（总额比较法）	按全部存货的总成本与可变现净值总额相比较，以较低数作为期末全部存货的成本

【例4－18】某企业有M、N两大类A、B、C、D四种存货，各种存货分别按三种计算方式确定期末存货的成本，如表4－23所示。

表4－23　期末存货成本与可变现净值比较表

存货项目	成本	可变现净值	单项比较法	分类比较法	总额比较法
M类存货	10 000	9 600		9 600	
A存货	4 000	3 200	3 200		
B存货	6 000	6 400	6 000		
N类存货	20 000	20 800		20 000	
C存货	8 000	9 200	8 000		
D存货	12 000	11 600	11 600		
总计	30 000	30 400	28 800	29 600	30 000
应计提减值准备			1 200	400	0

由表4－23可知，单项比较法确定的期末存货成本最低，为28 800元；分类比较法次之，为29 600元；总额比较法最高，为30 000元。相应地计提的存货跌价准备分别为1 200元，400元，0元。

三、存货跌价准备的核算

（一）存货跌价准备的计提

资产负债表日，存货的成本高于其可变现净值的，企业应当计提存货跌价准备。存货跌价准备的计提方法如表4－24所示。

表4－24 存货跌价准备的计提方法

通常情况	按照单个存货项目计提存货跌价准备	成本与其可变现净值的差额即为应计提的存货跌价准备，与已提数进行比较，若应提数大于已提数，则应予补提。企业计提的存货跌价准备，应计入当期损益
数量繁多、单价较低的存货	按照存货类别计提存货跌价准备	与在同一地区生产和销售的产品系列相关、具有相同或类似最终用途或目的，且难以与其他项目分开计量的存货，可以合并计提存货跌价准备

【例4－19】广通股份有限公司采用成本与可变现净值孰低法对期末存货进行计量，采用单项比较法进行存货成本与可变现净值的比较。2012年12月31日，A、B两种存货的成本分别为40万元、27万元，可变现净值分别为36万元、30万元。

对于A存货，其成本40万元高于可变现净值36万元，应计提存货跌价准备4万元(40－36)。

对于B存货，其成本27万元低于可变现净值30万元，不需计提存货跌价准备。

因此，该企业对A、B两种存货计提的跌价准备共计为4万元，在当日资产负债表中列示的存货金额为63万元(36＋27)。

（二）存货跌价准备的转回

当以前减记存货价值的影响因素已经消失，减记的金额应当予以恢复，并在原计提的存货跌价准备金额内转回，转回的金额计入当期损益(资产减值损失)。

在原已计提的存货跌价准备金额内转回，意味着转回的金额以将存货跌价准备的余额冲减至零为限。

【例4-20】广通股份有限公司采用成本与可变现净值孰低法对期末存货进行计量，采用单项比较法进行存货成本与可变现净值的比较。2012年12月31日，A、B两种存货的成本分别为40万元、27万元，可变现净值分别为36万元、30万元。对存货A计提存货跌价准备4万元。

假设2013年年末，存货的种类和数量、账面成本和已计提的存货跌价准备未发生变化，但是，2013年以来A存货市场价格持续上升，市场前景明显好转，可以判断以前造成减记存货价值的影响因素已经消失，减记的金额应当在原已计提的存货跌价准备金额内予以恢复。相关账务处理如下：

借：存货跌价准备　　40 000

　贷：资产减值损失　　40 000

需要注意的是，导致存货跌价准备转回的是以前减记存货价值的影响因素消失，而不是在当期造成存货可变现净值高于其成本的其他影响因素。如果本期导致存货可变现净值高于其成本的影响因素不是以前减记该存货价值的影响因素，则《企业会计准则》不允许将该存货跌价准备转回。

(三)存货跌价准备的结转

存货跌价准备的结转如表4-25所示。

表4-25　存货跌价准备的结转

项目	内容
计提了存货跌价准备的部分存货已经销售	结转销售成本时，应同时结转对其已计提的存货跌价准备
因债务重组、非货币性交易转出的存货	结转已计提的存货跌价准备，但不冲减当期的管理费用
按存货类别计提存货跌价准备的	按比例结转相应的存货跌价准备

应结转的存货跌价准备金额，可按照以下公式进行计算：

因销售、债务重组、非货币性交易应结转的存货跌价准备＝上期末该类存货所计提的存货跌价准备账面余额÷上期末该类存货的账面余额×因销售、债务重组、非货币性交易而转出的存货的账面余额

【例4－21】2012年，A公司库存M机器5台，每台成本为5 000元，已经计提的存货跌价准备为6 000元。2013年，A公司将库存的5台机器全部以每台6 000元的价格售出。假定不考虑可能发生的销售费用及税费的影响，A公司应将这5台M机器已经计提的跌价准备在结转其销售成本的同时，全部予以结转。

A公司的相关账务处理如下：

借：主营业务成本　　19 000

　　存货跌价准备　　6 000

　　贷：库存商品——M机器　　25 000

第五章
固定资产

本章导读

固定资产是企业进行经营的基础，固定资产的价值在企业资产总额中占比较大，因此固定资产的管理对于企业来说非常重要。同存货等资产不同，固定资产的价值在多年的使用过程中会逐渐消耗掉，也就是说，不能把固定资产的成本一次性地记入某一年的成本费用之中，这就是固定资产的会计核算需要重点解决的问题。在本章我们重点学习以下内容：

- ☑ 什么是固定资产，如何进行分类？
- ☑ 取得固定资产时，如何进行会计核算？
- ☑ 什么是固定资产的折旧？
- ☑ 固定资产的折旧有哪些计算方法？
- ☑ 固定资产的后续支出如何进行会计核算？
- ☑ 怎样进行固定资产的清理，如何对其进行会计核算？
- ☑ 固定资产清查时，对出现的盘盈和盘亏情况如何进行会计核算？
- ☑ 固定资产发生减值时，如何进行会计核算？

第一节　固定资产概述

一、固定资产的概念及类别

按照《企业会计准则第 4 号——固定资产》的规定，固定资产，是指同时具有如图 5－1 所示特征的有形资产。

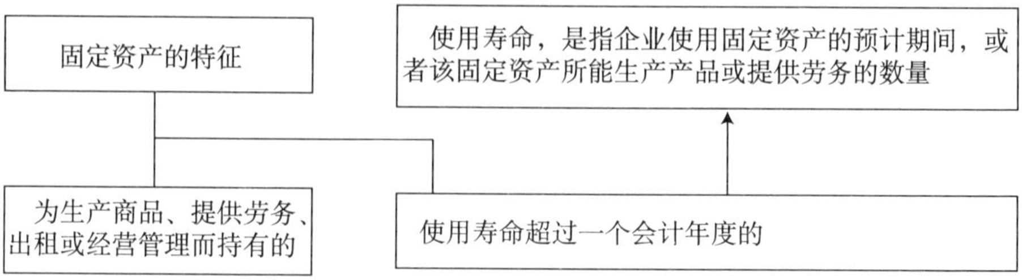

图 5－1　固定资产的特征

二、固定资产的确认条件

固定资产同时满足如图 5－2 所示条件的，才能予以确认。

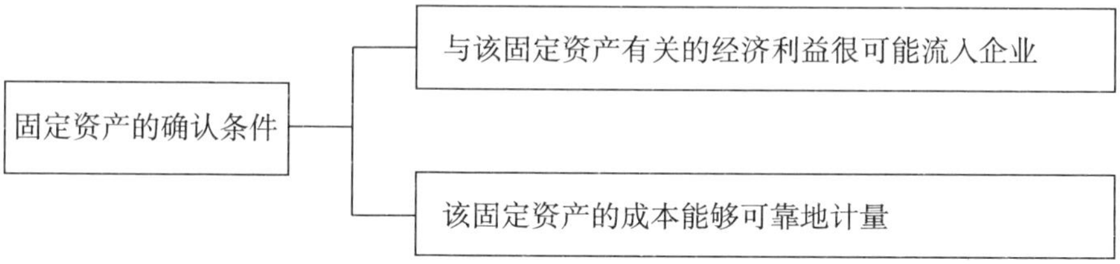

图 5－2　固定资产的确认条件

如果固定资产是由多个具有不同功能的部分组成的，固定资产的各组成部分具有不同使用寿命或者以不同方式为企业提供经济利益，适用不同折旧率或折旧方法的，也应当分别将各组成部分确认为单项固定资产。

如果固定资产在存续期间，发生了与固定资产有关的后续支出，而且符合《企业会计准则第 4 号——固定资产》所规定的确认条件的，应当计入固定资产成本；不符合确认条件的，应当在发生时计入当期损益。

三、固定资产确认条件的具体应用

尽管《企业会计准则》对固定资产的确认比较明确，但在会计实务中，仍会有一些特殊的情况，在本小节中，我们将会对一些特殊情况下，是否可以将其确认为固定资产进行具体的分析与说明。固定资产确认的特殊情况如表5－1所示。

表5－1　固定资产确认的特殊情况

特殊情况	具体的分析与说明	举例说明
固定资产的各组成部分是否单独确认为固定资产	各组成部分有不同的使用寿命或者以不同的方式为企业提供经济利益的，将其各组成部分单独确认为单项固定资产	飞机的引擎，与飞机机身具有不同的使用寿命，从而适用不同的折旧率或折旧方法，则企业应将其单独确认为固定资产
环保与安全设备	虽然不能直接为企业带来经济利益，但有助于企业从相关资产中获得经济利益，或者将减少企业未来经济利益的流出，应将其确认为固定资产	为净化环境或者满足国家有关排污标准的需要购置的环保设备
一些特殊行业专用器材	符合固定资产的定义及其确认条件，就应当确认为固定资产；不符合固定资产的定义或没有满足固定资产的确认条件，就不应当确认为固定资产，而应当作为流动资产进行核算和管理	工业企业持有的工具、模具、管理用具、玻璃用具、玻璃器皿等资产，施工企业持有的模板、挡板、架料等周围材料，以及地质勘探企业持有的管材等资产

第二节　固定资产的初始计量

固定资产相关说明如表 5－2 所示。

表 5－2　固定资产相关说明

相关概念	具体含义	相关说明
固定资产的初始计量	企业取得固定资产时初始成本的确定	准确地计量固定资产的成本，对于体现收入成本匹配原则，合理的分摊固定资产的成本有重要的意义
固定资产的成本	企业购建某项固定资产达到预定可使用状态前所发生的一切合理、必要的支出	对于特定行业的特定固定资产，确定其成本时，还应考虑预计弃置费用因素，如核电站核废料的处置等
固定资产的取得方式	主要包括购买、自行建造、融资租入等方式	取得的方式不同，初始计量方法也各不相同

一、外购固定资产

企业外购固定资产的成本，包括购买价款、相关税费、使固定资产达到预定可使用状态前所发生的可归属于该项资产的运输费、装卸费、安装费和专业人员服务费等。外购固定资产分为购入不需要安装的固定资产和购入需要安装的固定资产两类。

（一）购入不需要安装的固定资产

企业购入不需要安装的固定资产，按应计入固定资产成本的金额，借记“固定资产”科目，贷记“银行存款”等科目。

【例 5－1】 2013 年 5 月 20 日，广通物流公司购入一台不需要安装、直接就可投入使用的设备，取得的相应增值税专用发票上注明的设备价款为 100 000 元，增值税税额为 17 000 元，以银行存款转账的方式向对方进行了支付。假定不考虑其他相关税费，广通物流公司应进行的账务处理如下：

借：固定资产　　100 000

　　应交税费——应交增值税(进项税额)　　17 000

　　贷：银行存款　　117 000

(二)购入需要安装的固定资产

购入需要安装的固定资产，先记入“在建工程”科目，达到预定可使用状态时再转入“固定资产”科目。

【例 5－2】 2013 年 5 月 10 日，广通物流公司购入一台需要安装的注塑成型设备，取得的增值税专用发票上注明设备价款为 100 000 元，增值税税额为 17 000 元，为将设备运输到安装地点共支付运输费合计 3 000 元，全部款项已通过银行转账的形式予以支付。

在安装设备时，领用原材料一批，其账面成本为 5 000 元，未计提存货跌价准备，购进该批原材料时已付的增值税进项税额为 850 元；应支付安装工人薪酬 1 800 元。假定不考虑其他相关税费，广通物流公司应该进行的会计处理如下：

(1) 支付设备价款、增值税、装卸费合计为 120 000 元(100 000＋17 000＋3 000)。

借：在建工程　　102 790

　　应交税费——应交增值税(进项税额)

　　　　(17 000＋3 000×7%)17 210

　　贷：银行存款　　120 000

(2)领用本公司原材料、支付安装工人薪酬等费用合计为 6 800 元(5 000＋1 800)。

借：在建工程　　6 800
　　贷：原材料　　5 000
　　　　应付职工薪酬　　1 800

(3)设备安装完毕达到预定可使用状态时，该设备的总成本为109 590元(102 790 +6 800)。

借：固定资产　　109 590
　　贷：在建工程　　109 590

说明：除特殊说明外，本书例题中的物流公司均为增值税一般纳税人，适用6%的增值税税率。根据“营改增”税收法律规定，公司支付运输费用，如果取得的是公路、运河货物运输统一发票，则按照7%进行增值税进项抵扣，如果取得的是交通运输企业开具的货物运输专用发票，则按照11%进行增值税进项抵扣。为了更清晰地解释问题，本书规定，若例题中未进行特别指明，运输费用皆按7%进行增值税进项抵扣。

(三)外购固定资产的特殊考虑

以一笔款项购入多项没有单独标价的固定资产，应当按照各项固定资产的公允价值比例对总成本进行分配，分别确定各项固定资产的成本。

【例5－3】2013年5月12日，广通物流公司一次性购入三台独立运行的设备，这些设备的价款合计为2 000 000元，增值税税款为306 000元，三套设备的运输费合计4 000元。这三套设备都具备确认为固定资产的条件，其公允价值分别为900 000元、600 000元、500 000元。不考虑其他相关税费，广通物流公司的会计处理如下。

(1)确定A、B和C这三套设备的成本分配比例：

A设备的成本分配比例 =900 000 ÷(900 000 +600 000 +500 000) =45%；

B设备的成本分配比例 =600 000 ÷(900 000 +600 000 +500 000) =30%；

C设备的成本分配比例 =500 000 ÷(900 000 +600 000 +500 000) =25%。

(2)确定应计入固定资产成本的总金额，包括买价、不可抵扣的运输费用等应计入固定资产成本的金额 =2 000 000 +4 000 ×(1 －7%) =2 003 720(元)。

(3)确定设备A、B和C各自的入账价值：

A设备的入账价值 = 2 003 720 × 45% = 901 674(元)；

B设备的入账价值 = 2 003 720 × 30% = 601 116(元)；

C设备的入账价值 = 2 003 720 × 25% = 500 930(元)。

(4)编制会计分录：

借：固定资产——A设备	901 674
——B设备	601 116
——C设备	500 930
应交税费——应交增值税(进项税额)	306 280
贷：银行存款	2 310 000

(四)由于延期付款需要支付利息的核算

有时，企业购买固定资产的价款有可能会延期支付。购入固定资产超过正常信用条件延期支付价款、实质上具有融资性质的，按应付购买价款的现值，借记“固定资产”科目或“在建工程”科目，按应支付的金额，贷记“长期应付款”科目，按其差额，借记“未确认融资费用”科目。

【例5-4】2012年1月1日，A公司与B公司签订一项购货合同，从B公司购入一台需要安装的大型机器设备，收到的增值税专用发票上注明的设备价款为9 000 000元，增值税税额为1 530 000元(假定该企业的增值税进项税额不能抵扣)。合同约定，A公司于2012至2016年的5年内，每年的12月31日支付2 106 000元。

2012年1月1日，A公司收到该设备并投入安装，发生保险费、装卸费等7 000元；款项均以银行存款支付。

2012年12月31日，该设备安装完毕达到预定可使用的状态，共发生安装费50 000元，款项均以银行存款支付。

假定A公司综合各方面因素后决定采用10%作为折现率。不考虑其他因素，A公司的账务处理如下：

(1)2012年1月1日，确定购入固定资产成本的金额，包括购买价款、增值税税额等。

经查表，利率10%的条件下，5年期后付年金的现值系数为3.7908。

5年分期付款应确认的固定资产成本=2 106 000×3.7908=7 983 424.80（元）。

借：在建工程　　7 983 424.80
　　未确认融资费用　　2 546 575.20
　　贷：长期应付款　　10 530 000.00

（2）2012年1月1日，A公司收到该设备并投入安装，发生保险费、装卸费等7 000元，款项均以银行存款支付。

借：在建工程　　7 000
　　贷：银行存款　　7 000

（3）2012年12月31日发生安装费用50 000元。

借：在建工程　　50 000
　　贷：银行存款　　50 000

（4）2012年12月31日，该设备安装完毕达到预定可使用的状态时，结转固定资产。

应结转的固定资产金额=7 983 424.80+7 000+50 000=8 040 424.80（元）。

借：固定资产　　8 040 424.80
　　贷：在建工程　　8 040 424.80

（5）确定未确认融资费用在信用期间的分摊额，如表5-3所示。

表5-3　未确认融资费用分摊表

日期	分期付款额 (1)	未确认的融资费用 (2)=期初(4)×10%	应付本金减少额 (3)=(1)-(2)	应付本金余额 (4)=期初(4)-(3)
2012年1月1日				7 983 424.80
2012年12月31日	2 106 000	798 342.48	1 307 657.52	6 675 767.28
2013年12月31日	2 106 000	667 576.73	1 438 423.27	5 237 344.01
2014年12月31日	2 106 000	523 734.40	1 582 265.60	3 655 078.41
2015年12月31日	2 106 000	365 507.84	1 740 492.16	1 914 586.25
2016年12月31日	2 106 000	191 413.75	1 914 586.25	0.00
合计	10 530 000	2 546 575.20	7 983 424.80	

(6)2012 年 12 月 31 日，分摊未确认融资费用、支付款项。

借：财务费用 798 342.48

　　贷：未确认融资费用 798 342.48

借：长期应付款 2 106 000

　　贷：银行存款 2 106 000

2013 至 2016 年分摊未确认融资费用、支付款项的账务处理比照 2012 年的相关财务处理。

二、自行建造固定资产

自行建造的固定资产，按建造该项资产达到预定可使用状态前所发生的必要支出，作为入账价值。其中，“建造该项资产达到预定可使用状态前所发生的必要的支出”，包括工程用物资成本、人工成本、交纳的相关税费、应予资本化的借款费用以及应分摊的间接费用等。企业为在建工程准备的各种物资，应按实际支付的购买价款、增值税税额、运输费、保险费等相关税费，作为实际成本，并按各种专项物资的种类进行明细核算。应计入固定资产成本的借款费用，应当按照“借款费用”的有关规定处理。企业的自营工程，应当按照直接材料、直接人工、直接机械施工费等计量；采用出包工程方式的企业，按照应支付的工程价款等计量。设备安装工程，按照所安装设备的价值、工程安装费用、工程试运转等所发生的支出等确定工程成本。

（一）自营工程

企业自营工程主要通过“工程物资”和“在建工程”科目进行核算。如表 5－4 所示。

表 5－4　会计核算科目

会计科目	核算内容	借贷方内容	明细科目的设置
工程物资	核算用于基建工程、更改工程和大修理工程准备的各种物资的实际成本，包括为工程准备的材料、尚未交付安装的需要安装设备的实际成本，以及预付大型设备款和基本建设期间根据项目概算购入为生产准备的工具及器具等的实际成本	借方登记增加的工程物资的实际成本，贷方登记减少(包括工程领用、转作生产用料、对外出售、盘亏毁损等)的工程物资的实际成本，余额在借方，反映企业为工程购入但尚未领用的专用材料的实际成本、购入需要安装设备的实际成本，以及为生产准备但尚未交付的工具及器具的实际成本等	按专用材料、专用设备、预付大型设备款、为生产准备的工具及器具设置明细科目
在建工程	核算企业为基建工程、安装工程、技术改造工程、大修理工程所发生的实际支出，以及改扩建工程等转入的固定资产净值	借方登记工程的各项支出，贷方登记工程完工转作固定资产的成本，余额在借方，反映企业尚未完工的基建工程发生的各项实际支出	按建筑工程、安装工程、在安装设备、技术改造工程、大修理工程、其他支出设置明细科目

1. 工程物资的核算

工程物资的核算如表 5－5 所示。

表 5－5　工程物资的核算

相关业务	会计处理
企业购入为工程准备的物资	借记“工程物资”(专用材料、专用设备)科目，贷记“银行存款”“应付账款”“应付票据”等科目
为购置大型设备而预付款	借记“工程物资”(预付大型设备款)科目，贷记“银行存款”科目
收到设备并补付设备价款	借记“工程物资”(专用设备)科目，按预付的价款，贷记“工程物资”(预付大型设备款)科目，按补付的价款，贷记“银行存款”等科目

（续表）

相关业务	会计处理
领用工程物资	借记“在建工程”科目，贷记“工程物资”（专用材料等）科目
工程完工后对领出的剩余工程物资应当办理退库手续	做与上述相反的会计分录
工程完工，将为生产准备的工具及器具交付生产使用	借记“低值易耗品”科目，贷记“工程物资”（为生产准备的工具及器具）科目
工程完工后剩余的工程物资，如转作本企业存货的	借记“原材料”科目，按可抵扣的增值税进项税额，借记“应交税费——应交增值税（进项税额）”科目，按转入存货的剩余工程物资的账面余额，贷记“工程物资”科目；如工程完工后剩余的工程物资对外出售的，应先结转工程物资的进项税额，借记“应交税费——应交增值税（进项税额）”科目，贷记“工程物资”科目，出售时，应确认收入并结转相应的成本
盘盈、盘亏、报废、毁损的工程物资	减去保险公司、过失人赔偿部分，工程项目尚未完工的，计入或冲减所建工程项目的成本；工程已经完工的，计入“营业外支出”科目

2. 在建工程的核算

在建工程的核算如表5－6所示。

表5－6 在建工程的核算

相关业务	会计处理
领用工程用材料物资	借记“在建工程”（建筑工程、安装工程等——××工程）科目，贷记“工程物资”科目
基建工程领用本企业外购生产经营用原材料的，应按原材料的实际成本加上不能抵扣的增值税进项税额	借记“在建工程”（建筑工程、安装工程等——××工程）科目，按原材料的实际成本或计划成本，贷记“原材料”科目，按不能抵扣的增值税进项税额，贷记“应交税费——应交增值税（进项税额转出）科目；采用计划成本进行材料日常核算的企业，还应当分摊材料成本差异

（续表）

相关业务	会计处理
基建工程领用本企业的商品产品以及委托加工收回的材料物资	借记“在建工程”（建筑工程、安装工程——××工程）科目，按应交的相关税费，贷记“应交税费——应交增值税（销项税额）”等科目，贷记“库存商品”科目
基建工程应负担的职工工资	借记“在建工程”（建筑工程、安装工程——××工程）科目，贷记“应付职工薪酬”科目
企业的辅助生产部门为工程提供的水、电、设备安装、修理、运输等劳务	借记“在建工程”（建筑工程、安装工程等——××工程）科目，贷记“生产成本——辅助生产成本”科目
基建工程发生的工程管理费、征地费、可行性研究费、临时设施费、公证费、监理费等	借记“在建工程”（其他支出）科目，贷记“银行存款”等科目；基建工程应负担的税费，借记“在建工程”（其他支出）科目，贷记“银行存款”等科目
由于自然灾害等原因造成的单项工程或单位工程报废或毁损	减去残料价值和过失人或保险公司等赔款后的净损失，报经批准后计入继续施工的工程成本，借记“在建工程”（其他支出）科目，贷记“在建工程”（建筑工程、安装工程等——××工程）科目；如为非正常原因造成的报废或毁损，或在建工程项目全部报废或毁损，应将其净损失直接计入当期营业外支出
工程物资在建设期间发生的盘亏、报废及毁损	报经批准后，借记“在建工程”科目，贷记“工程物资”科目；盘盈的工程物资或处置收益，做相反的会计分录
基建工程达到预定可使用状态前进行负荷联合试车发生的费用	借记“在建工程”（其他支出）科目，贷记“银行存款”“库存商品”等科目
获得的试车收入或按预计售价将能对外销售的产品转为库存商品	做与上述相反会计分录
基建工程完工后应当进行清理，已领出的剩余材料应当办理退库手续	借记“工程物资”科目，贷记“在建工程”科目

基建工程完工交付使用时，企业应当计算各项交付使用固定资产的成本，编制交付使用固定资产明细表。

企业应当设置“在建工程其他支出备查簿”，专门登记基建项目发生的构成项目概算内容但不通过“在建工程”科目核算的其他支出，包括按照建设项目概算内容购置的不需要安装设备、现成房屋、无形资产以及发生的递延费用等。企业在发生上述支出时，应当通过“固定资产”“无形资产”和“长期待摊费用”科目核算。但同时应在“在建工程其他支出备查簿”中进行登记。

【例5－5】A企业自行建造仓库一座，购入为工程准备的各种物资20 000元，支付的增值税额为3 400元，实际领用工程物资（含增值税）21 060元，剩余物资转作企业存货；另外还领用了企业生产用的原材料一批，实际成本为3 000元，应转出的增值税为510元；支付工程人员工资5 000元，企业辅助生产车间为工程提供有关劳务支出1 000元，工程完工交付使用。有关会计处理如下。

（1）购入为工程准备的物资：

借：工程物资　23 400

　　贷：银行存款　23 400

（2）工程领用物资：

借：在建工程——仓库　21 060

　　贷：工程物资　21 060

（3）工程领用原材料：

借：在建工程——仓库　3 510

　　贷：原材料　3 000

　　　　应交税费——应交增值税（进项税额转出）　510

（4）支付工程人员工资：

借：在建工程——仓库　5 000

　　贷：应付职工薪酬　5 000

（5）辅助生产车间为工程提供的劳务支出：

借：在建工程——仓库　1 000

　　贷：生产成本——辅助生产成本　1 000

(6) 工程完工交付使用：

借：固定资产　30 570

　贷：在建工程——仓库　30 570

(7) 剩余工程物资转作企业存货：

借：原材料　2 000

　应交税费——应交增值税(进项税额)　340

　贷：工程物资　2 340

(二)出包工程

企业采用出包方式进行的自制、自建固定资产工程，其工程的具体支出在承包单位核算，在这种方式下，“在建工程”科目实际成为企业与承包单位的结算科目，企业将与承包单位结算的工程价款作为工程成本，通过“在建工程”科目核算。出包工程的会计核算如表5－7所示。

表5－7　出包工程的会计核算

相关业务	会计处理
企业应按合同规定向承包企业预付工程款、备料款	借记“在建工程”(建筑工程、安装工程等——××工程)科目，贷记“银行存款”科目
以拨付给承包企业的材料抵作预付备料款	借记“在建工程”(建筑工程、安装工程等——××工程)科目，贷记“工程物资”科目
将需要安装设备交付承包企业进行安装	借记“在建工程”(在安装设备)科目，贷记“工程物资”科目
与承包企业办理工程价款结算时，补付的工程款	借记“在建工程”(建筑工程、安装工程等——××工程)科目，贷记“银行存款”“应付账款”等科目

企业采用出包方式建造固定资产发生的、需分摊计入固定资产价值的待摊支出，应按下列公式进行分摊：

待摊支出分配率＝累计发生的待摊支出÷(建筑工程支出＋在安装设备支出)×100%

某工程应分配的待摊支出＝某工程的建筑工程支出、安装工程支出和在安装设备支出合计×分配率

【例5-6】A公司经批准新建一个火电厂，包括建造发电车间、冷却塔、安装发电设备等3个单项工程。2013年2月1日，A公司与B公司签订合同，将火电厂新建工程出包给B公司。双方约定，建造发电车间的价款为5 000 000元，建造冷却塔的价款为2 800 000元，安装发电设备的安装费用为450 000元。其他有关资料如下：

(1)2013年2月1日，A公司向B公司预付建造发电车间的工程价款3 000 000元。

(2)2013年5月8日，A公司购入发电设备，支付价款3 800 000元。

(3)2013年7月2日，A公司向B公司预付建造冷却塔的工程价款1 400 000元。

(4)2013年7月22日，A公司将发电设备运抵现场，交付B公司安装。

(5)工程项目发生管理费、可行性研究费、公证费、监理费共计116 000元，款项已经支付。

(6)工程建造期间，由于台风造成冷却塔工程部分毁损，经核算，损失为450 000元，保险公司已承诺支付300 000元。

(7)2013年12月20日，所有工程完工，A公司收B公司的有关工程结算单据后，补付剩余工程款。

A公司的账务处理如下。

(1)2013年2月1日，预付建造发电车间工程款：

借：预付账款——建筑工程(发电车间)　　3 000 000
　　贷：银行存款　　3 000 000

(2)2013年5月8日，购入发电设备：

借：工程物资——发电设备　　3 800 000
　　贷：银行存款　　3 800 000

(3)2013年7月2日，预付建造冷却塔工程款：

借：预付账款——建筑工程(冷却塔)　　1 400 000
　　贷：银行存款　　1 400 000

(4)2013年7月22日，将发电设备交B公司安装：

借：在建工程——在安装设备(发电设备)　　3 800 000
　　贷：工程物资——发电设备　　3 800 000

(5)支付工程发生的管理费、可行性研究费、公证费、监理费：

借：在建工程——待摊支出 116 000

贷：银行存款 116 000

(6)台风造成冷却塔工程部分毁损：

借：营业外支出 150 000

其他应收款 300 000

贷：在建工程——建筑工程(冷却塔) 450 000

(7)2013年12月20日，结算工程款并补付剩余工程款：

借：在建工程——建筑工程(发电车间) 5 000 000

——建筑工程(冷却塔) 2 800 000

——安装工程(发电车间) 450 000

贷：银行存款 3 850 000

预付账款——建筑工程(发电车间) 3 000 000

——建筑工程(冷却塔) 1 400 000

(8)待摊支出分配率 = 116 000 ÷ (5 000 000 + 2 800 000 - 450 000 + 450 000 + 3 800 000) × 100% = 1%；

发电车间应分配的待摊支出 = 5 000 000 × 1% = 50 000(元)；

冷却塔应分配的待摊支出 = (2 800 000 - 450 000) × 1% = 23 500(元)；

发电设备(安装工程)应分配的待摊支出 = 450 000 × 1% = 4 500(元)；

发电设备(在安装设备)应分配的待摊支出 = 3 800 000 × 1% = 38 000(元)。

借：在建工程——建筑工程(发电车间) 50 000

——建筑工程(冷却塔) 23 500

——安装工程(发电设备) 4 500

——在安装设备(发电设备) 38 000

贷：在建工程——待摊支出 116 000

(9)结转固定资产：

借：固定资产——发电车间 5 050 000

——冷却塔 2 373 500

——发电设备 4 292 500

贷：在建工程——建筑工程(发电车间) 5 050 000

——建筑工程(冷却塔) 2 373 500

——安装工程(发电设备) 454 500

——在安装设备(发电设备) 3 838 000

三、融资租入固定资产

融资租赁，是指实质上转移了与资产所有权有关的全部风险和报酬的租赁。其所有权最终可能转移，也可能不转移。企业与出租人签订的租赁合同是否应该认定为融资租赁合同，不在于租赁合同的形式，而应视出租人是否将租赁资产的风险和报酬转移给了承租人而定。如果实质上转移了与资产所有权有关的全部风险和报酬，则该项租赁应认定为融资租赁。

企业采用融资租赁方式租入的固定资产，虽然在法律形式上资产的所有权在租赁期间仍然属于出租人，但由于资产的租赁期基本上包括了资产的有效使用年限，承租企业实质上获得了租赁资产所能提供的主要经济利益，同时承担了与资产所有权有关的风险。因此，承租企业应将融资租入资产作为一项固定资产入账，同时确认相应的负债，并采用与自有应折旧资产相一致的折旧政策计提折旧。

为与企业自有固定资产相区别，企业应对融资租入固定资产单设“融资租入固定资产”明细科目进行核算。融资租入固定资产的会计处理如表5－8所示。

表5－8　融资租入固定资产的会计处理

会计事项	会计处理
在租赁期开始日	将租赁开始日租赁资产的公允价值与最低租赁付款额现值两者中较低者，加上在租赁谈判和签合同过程中发生过的、可直接归属于租赁项目的手续费、律师费、差旅费、印花税等初始直接费用，作为租入资产的入账价值，借记“固定资产——融资租入固定资产”科目；按最低租赁付款额，贷记“长期应付款”科目；按发生的初始直接费用，贷记“银行存款”“库存现金”等科目；按其差额，借记“未确认融资费用”科目
每期支付租金费用	借记“长期应付款”科目，贷记“银行存款”科目
支付的租金中包含履约成本	按履约成本金额，借记“制造费用”“管理费用”等科目，贷记“银行存款”科目
每期采用实际利率法分摊未确认融资费用	按当期应分摊的未确认融资费用金额，借记“财务费用”科目，贷记“未确认融资费用”科目
租赁期届满	如合同规定将租赁资产所有权转归承租企业的，企业应进行转账，将固定资产从“融资租入固定资产”明细科目转入有关明细科目

采用实际利率法分摊未确认融资费用时，分摊率的确定具体分为下列几种情况，如表5－9所示。

表5－9 采用实际利率法的分摊率的确定

采用实际利率法分摊未确认融资费用时，确定分摊率的几种情况	以出租人租赁内含利率作为折现率将最低租赁付款额折现，且以该现值作为租赁资产入账价值的，应当将租赁内含利率作为未确认融资费用的分摊率
	以合同规定利率作为折现率将最低租赁付款额折现，且以该现值作为租赁资产入账价值的，应当将合同规定利率作为未确认融资费用的分摊率
	以银行同期贷款利率作为折现率将最低租赁付款额折现，且以该现值作为租赁资产入账价值的，应当将银行同期贷款利率作为未确认融资费用的分摊率
	以租赁资产公允价值作为入账价值的，应当重新计算分摊率，该分摊率是使最低租赁付款额的现值等于租赁资产公允价值的折现率

如果一项租赁在实质上没有转移与租赁资产所有权有关的全部风险和报酬，那么该项租赁应认定为经营租赁。在经营租赁方式下，由于与租赁资产所有权有关的全部风险和报酬实质上并没有转移给承租企业，因此，承租企业不需承担该租赁资产的主要风险。其会计处理比较简单，不需将所取得的经营租赁固定资产的使用权资本化，相应地，也不必将所承担的付款义务列作负债。

【例5－7】2011年1月1日，A公司从B租赁公司采用经营租赁方式租入一台办公设备，租赁期为3年。该办公设备价值为1 000 000元，预计使用年限为10年。租赁合同规定：租赁期开始日为2011年1月1日，A公司预付租金150 000元，第1年年末支付租金150 000元，第2年年末支付租金200 000元，第3年年末支付租金250 000元；租赁期满，B租赁公司收回办公设备，3年的租金总额为750 000元。假设A公司在每年年末确认租金费用，并按时支付租金。A公司的账务处理如下。

(1)2011年1月1日，支付租金：

借：长期待摊费用　　150 000

　贷：银行存款　　150 000

(2)2011 年 12 月 31 日，确认租金费用：

借：管理费用　　250 000

　　贷：长期待摊费用　　100 000

　　　　银行存款　　150 000

(3)2012 年 12 月 31 日，确认租金费用：

借：管理费用　　250 000

　　贷：长期待摊费用　　50 000

　　　　银行存款　　200 000

(4)2013 年 12 月 31 日，确认租金费用：

借：管理费用　　250 000

　　贷：银行存款　　250 000

四、存在弃置费用的固定资产

对于特殊行业的特定固定资产，确定其初始入账成本时还应考虑弃置费用。弃置费用通常是指根据国家法律和行政法规、国际公约等规定，企业承担的环境保护和生态恢复等义务所确定的支出，如核电站核设施等的弃置和恢复环境等义务。

对于这特殊行业的特定的固定资产，企业应当按照弃置费用的现值计入相关固定资产的成本。石油天然气开采企业应当按照油气资产的弃置费用现值计入相关油气资产的成本。在固定资产或油气资产的使用寿命内，按照预计负债的摊余成本和实际利率计算确定的利息费用，在发生时计入财务费用。

一般工商企业的固定资产发生的报废清理费用，不属于弃置费用，应当在发生时作为固定资产处置费用处理。

【例 5 -8】 A 公司主要从事化工产品的生产和销售。2012 年 12 月 31 日，A 公司一套化工产品生产线达到预定可使用状态并投入使用，预计使用寿命为 15 年。根据有关法律，A 公司在该生产线使用寿命届满时应对环境进行复原，预计将发生弃置费用 2 000 000 元。A 公司采用的折现率为 10%。A 公司与弃置费用有关的账务处理如下。

(1)2012 年 12 月 31 日，按弃置费用的现值计入固定资产原价：

弃置费用的现值 $=2\ 000\ 000 \div (1+10\%)^{15} \approx 478\ 800$(元)。

借：固定资产　　478 800

　　贷：预计负债　　478 800

(2)2013 年 12 月 31 日—2027 年 12 月 31 日利息费用的计算如表 5 - 10 所示。

表 5 - 10　利息费用计算表

年度	利息费用	预计负债账面价值
	(1) = (2) ×10%	上期(2) + (1)
2012 年		478 800.00
2013 年	47 880.00	526 680.00
2014 年	52 668.00	579 348.00
2015 年	57 934.80	637 282.80
2016 年	63 728.28	701 011.08
2017 年	70 101.11	771 112.19
2018 年	77 111.22	848 223.41
2019 年	84 822.34	933 045.75
2020 年	93 304.57	1 026 350.32
2021 年	102 635.03	1 128 985.35
2022 年	112 898.54	1 241 883.89
2023 年	124 188.39	1 366 072.28
2024 年	136 607.23	1 502 679.51
2025 年	150 267.95	1 652 947.46
2026 年	165 294.75	1 818 242.21
2027 年	181 757.79	2 000 000.00

2013 年 12 月 31 日，确认利息费用的账务处理如下：

借：财务费用　　47 880

　　贷：预计负债　　47 880

2014—2027年，确认利息费用的账务处理比照2013年的相关账务处理。固定资产的入账价值中，还应包括企业为取得固定资产而交纳的契税、耕地占用税、车辆购置税等相关税费。企业购置计算机硬件所附带的、未单独计价的软件，应与所购置的计算机硬件一并作为固定资产管理。如涉及借款，还应考虑相关的借款费用资本化金额、外币借款折算差额等因素。

五、其他方式取得的固定资产

其他方式取得固定资产的规定如表5-11所示。

表5-11　其他方式取得固定资产的规定

其他方式取得的固定资产	相关规定
投资者投入固定资产的成本	按照投资合同或协议约定的价值确定，但合同或协议约定价值不公允的除外
非货币性资产交换、债务重组等方式取得的固定资产的成本	分别按照“非货币性资产交换”“债务重组”的有关规定确定

第三节　固定资产折旧

一、固定资产折旧的概念与范围

（一）固定资产折旧的相关概念

造成折旧的原因有两种，一种叫有形损耗，一种叫无形损耗。有形损耗就是自然磨损，而无形损耗是因为科技进步、顾客爱好的变化等带来的。固定资产折旧的相关概念如表5-12所示。

表 5－12　固定资产折旧的相关概念

相关概念	具体含义
固定资产折旧	在固定资产使用寿命内，按照确定的方法对应计折旧额进行系统分摊
使用寿命	企业使用固定资产的预计期间，或者该固定资产所能生产产品或提供劳务的数量
应计折旧额	应当计提折旧的固定资产的原价扣除其预计净残值后的金额
预计净残值	假定固定资产预计使用寿命已满并处于使用寿命终了时的预期状态，企业目前从该项资产处置中获得的扣除预计处置费用后的金额

注：企业应当根据固定资产的性质和使用情况，合理确定固定资产的使用寿命和预计净残值。固定资产的使用寿命、预计净残值一经确定，不得随意变更。

固定资产折旧的会计核算，实际上就是固定资产的成本在多个会计期间进行分摊的问题。这个问题的关键是在固定资产的使用年限内，每期分摊多少，也就是把其价值在一个会计期间内分摊多少作为费用计入成本。

（二）固定资产折旧应考虑的因素

计算固定资产折旧费用的四个要素如表 5－13 所示。

表 5－13　计算固定资产折旧费用的四个要素

计算每期折旧费用的四个要素	具体内容
计提折旧基数	计提固定资产折旧的基数是固定资产的原始价值或固定资产的账面净值。一般以固定资产的原值作为计提折旧的依据，选用双倍余额递减法的企业，以固定资产的账面净值作为计提折旧的依据
固定使用寿命	折旧年限长短直接关系到折旧率的高低，它是影响企业计提折旧额的关键因素。企业在确定固定资产的使用寿命时，主要考虑以下因素： ①预计生产能力或实物产量；②预计有形损耗或无形损耗；③法律或者类似规定对资产使用的限制

（续表）

计算每期折旧费用的四个要素	具体内容
折旧方法	企业折旧方法不同，在一个会计期间所计提的折旧额相差很大
固定资产净残值	固定资产净残值由预计固定资产清理报废时可以收回的残值扣除预计清理费用得出

（三）固定资产计提折旧的范围。

不提折旧的情况如表 5－14 所示，固定资产计提折旧的几种特殊情形如表 5－15 所示。

表 5－14　不提折旧的情况

企业应对所有固定资产计提折旧除外的情况	已提足折旧仍继续使用的固定资产
	按照规定单独估价作为固定资产入账的土地

注：其中，提足折旧，是指已经提足该项固定资产的应计折旧额。

表 5－15　固定资产计提折旧的几种特殊情形

固定资产的情形	计提折旧的处理方法
已达到预定可使用状态但尚未办理竣工决算的固定资产	按照估计价值确定其成本，并计提折旧；待办理竣工决算后，再按照实际成本调整原来的暂估价值，但不需要调整原已计提的折旧额
融资租入的固定资产	应当采用与自有应计提折旧资产相一致的折旧政策。能够合理确定租赁期届满时将会取得租赁资产所有权的，应当在租赁资产尚可使用年限内计提折旧；无法合理确定租赁期届满时能否取得租赁资产所有权的，应当在租赁期与租赁资产尚可使用年限两者中较短的期间内计提折旧
处于更新改造过程停止使用的固定资产	将其账面价值转入在建工程，不再计提折旧。更新改造项目达到预定可使用状态转为固定资产后，再按照重新确定的折旧方法和该项固定资产尚可使用寿命计提折旧
因进行大修理而停用的固定资产	应当照提折旧，计提的折旧额应计入相关资产成本或当期损益

（四）固定资产计提折旧的开始和终止

关于固定资产计提折旧的开始和终止的规定如表 5－16 所示。

表 5－16　固定资产计提折旧的开始和终止

固定资产计提折旧	应当按月计提折旧，当月增加的固定资产，当月不计提折旧，从下月起计提折旧；当月减少的固定资产，当月仍然计提折旧，从下月起不再计提折旧
	已达到预定可使用状态但尚未办理竣工决算的固定资产，应当按照估计价值确定其成本，并计提折旧；待办理竣工决算后，再按实际成本调整原来的暂估价值，但不需要调整原已计提的折旧额
	提足折旧后，不论能否继续使用，均不再计提折旧；提前报废的固定资产，也不再补提折旧

注：应计折旧额，是指应当计提折旧的固定资产的原价扣除其预计净残值后的金额。已计提减值准备的固定资产，还应当扣除已计提的固定资产减值准备累计金额。

二、固定资产折旧的计算方法

固定资产折旧方法可以采用年限平均法、工作量法、双倍余额递减法、年数总和法等。折旧方法一经确定，不得随意变动。如需变更，应当在会计报表附注中予以说明。

（一）年限平均法

年限平均法是指将固定资产的可折旧价值平均分摊于其可折旧年限内的一种方法。这种方法适用于在各个会计期间使用程度比较均衡的固定资产。其计算公式为：

公式 1：年折旧额＝（固定资产原值－预计净残值）/预计使用年限

公式 2：月折旧额＝年折旧额÷12

【例 5－9】广通物流公司一台生产用设备原值为 30 000 元，预计清理费为 1 200 元，而预计残值为 3 000 元。使用年限为 4 年。那么用平均年限法怎么算折旧额呢？

年折旧额 =［30 000 -（3 000 - 1 200）］÷4 =（30 000 - 1 800）÷4 =7 050（元）；

月折旧额 =7 050 ÷12 =587.50（元）。

此项折旧应计入“制造费用”科目，因为那是生产用的，所以每期的分录如下：

借：制造费用　　587.50

　　贷：累计折旧　　587.50

（二）工作量法

工作量法又称作业量法，是根据固定资产在使用期间完成的总的工作量平均计算折旧的一种方法。工作量法和年限平均法都是平均计算折旧的方法，都属直线法。其计算公式为：

公式1：单位工作量折旧额 =（固定资产原值 - 预计净残值）÷预计总工作量 = 固定资产原值 ×（1 - 预计净残值率）÷预计总工作量

公式2：月折旧额 = 单位工作量折旧额 × 当月实际完成工作量

在会计实务中，工作量法广泛应用于以下三种方式：按照工作小时计算折旧；按行驶里程计算折旧；按台班计算折旧。

【例5 -10】华威电器厂购置一台专用机床，价值200 000元，预计总工作小时数为300 000小时，预计净残值为20 000元，购置的当年便工作了2 400小时，则有：

每小时折旧额 =（200 000 -20 000）÷300 000 =0.6（元/小时）；

当年的折旧额 =2 400 ×0.6 =1 440（元）。

工作量法实际上也是直线法，它把产量与成本相联系，也就是把收入与费用相配。于是年末计提折旧时的会计分录如下：

借：制造费用　　1 440

　　贷：累计折旧　　1 440

【例5-11】A公司有经理用的小汽车一辆，原值为150 000元，预计净残值率为5%，预计总行驶里程为600 000公里，当月行驶里程为3 000公里，该项固定资产的月折旧额计算如下：

单位里程折旧额 =（150 000 - 150 000 × 5%）÷ 600 000 = 0.2375（元/公里）；

本月折旧额 = 3 000 × 0.2375 = 712.5（元）。

因为这辆车是企业管理者作为管理用的，所以会计分录如下：

借：管理费用　　712.50

　贷：累计折旧　　712.50

（三）双倍余额递减法

双倍余额递减法是加速折旧法的一种，是按直线法折旧率的两倍，乘以固定资产在每个会计期间的期初账面净值计算折旧的方法。在计算折旧率时通常不考虑固定资产残值。其计算公式为：

公式1：年折旧率（双倍直线折旧率）=（2 ÷ 预计使用年限）× 100%

公式2：年折旧额 = 期初固定资产账面净值 × 双倍直线折旧率

由于采用双倍余额递减法在确定折旧率时不考虑固定资产净残值因素，因此，在采用这种方法时，应注意以下两点，如表5-17所示。

表5-17　双倍余额递减法应注意的两点

采用双倍余额递减法时，应注意的两点	处理办法
由于每年的折旧额是递减的，因而可能出现某年按双倍余额递减法所提折旧额小于按直线法计提的折旧额	当这一情况在某一折旧年度出现时，应换为按直线法计提折旧
各年计提折旧后，固定资产账面净值不能小于预计净残值	在可能出现此现象的那一年转换为直线法，即：将当年年初的固定资产账面净值减去预计净残值，其差额在剩余的使用年限中平均摊销。但在实际工作中，企业一般采用简化的办法，在固定资产预计使用年限到期前两年转换成直线法

【例 5-12】A 公司购入一部自动化生产线，安装完毕后，固定资产原值为 200 000 元，预计使用年限为 5 年，预计净残值收入 8 000 元。该生产线按双倍余额递减法计算各年的折旧额如下：

双倍直线折旧率 = 2 ÷ 5 × 100% = 40%；

第一年应提折旧 = 200 000 × 40% = 80 000（元）；

第二年应提折旧 =（200 000 − 80 000）× 40% = 48 000（元）；

第三年应提折旧 =（200 000 − 80 000 − 48 000）× 40% = 28 800（元）；

第四年应提折旧 =（200 000 − 80 000 − 48 000 − 28 800 − 8 000）÷ 2 = 17 600（元）；

第五年应提折旧 =（200 000 − 80 000 − 48 000 − 28 800 − 8 000）÷ 2 = 17 600（元）。

可以看出折旧率 40% 是固定不变的，而每一期的期初账面余额是上一期的期末账面余额，每一期的折旧额都是递减的，但累计折旧总额却在增加。等到使用期的最后两年时，把此时的固定资产的账面价值减去预估的残值，进行均分便是最后两年每一年的折旧额。

（四）年数总和法

年数总和法是以固定资产的原值减去预计净残值后的净额为基数，以一个逐年递减的分数为折旧率，计算各年固定资产折旧额的一种折旧方法。

年数总和法的各年折旧率，是以固定资产尚可使用年限作分子，以固定资产使用年限的逐年数字之和作分母。假定固定资产使用年限为 n 年，分母即为 $1 + 2 + 3 + \cdots + n = n(n+1) \div 2$。计算公式为：

公式 1：年折旧率 = 尚可使用年限 ÷ 预计使用年限的逐年数字总和

公式 2：年折旧额 =（固定资产原值 − 预计净残值）× 年折旧率

公式 3：月折旧额 =（固定资产原值 − 预计净残值）× 月折旧率

【例 5-13】利远公司一台小型机床，原值为 50 000 元，预计使用年限为 5 年，预计净残值为 2 000 元。分别用直线法、双倍余额递减法和年数总和法三种方法计提折旧，如表 5-18 所示。

表5－18　三种折旧计提方法的比较

单位：元

年份	比较项目	直线法	双倍余额递减法	年数总和法
第1年	当年折旧基数	48 000	50 000	48 000
	年折旧率	1/5＝20%	2/5＝40%	5/(1＋2＋3＋4＋5)
	折旧额	9 600	20 000	16 000
第2年	当年折旧基数	48 000	30 000	48 000
	年折旧率	1/5＝20%	2/5＝40%	4/(1＋2＋3＋4＋5)
	折旧额	9 600	12 000	12 800
第3年	当年折旧基数	48 000	18 000	48 000
	年折旧率	1/5＝20%	2/5＝40%	3/(1＋2＋3＋4＋5)
	折旧额	9 600	7 200	9 600
第4年	当年折旧基数	48 000	8 800	48 000
	年折旧率	1/5＝20%	0.5	2/(1＋2＋3＋4＋5)
	折旧额	9 600	4 400	6 400
第5年	当年折旧基数	48 000	8 800	48 000
	年折旧率	1/5＝20%	0.5	1/(1＋2＋3＋4＋5)
	折旧额	9 600	4 400	3 200

注：双倍余额递减法计算折旧，初期不考虑净残值，在最后2年才涉及净残值，且平摊剩余的。

(1)直线法折旧，折旧额每年都相等。其余两种方法，双倍余额递减法是折旧率不变，余额递减，相乘后得出递减的折旧额；而年数总和法是用递减的折旧率乘以固定的基数，也得出递减的折旧额。

(2)双倍余额递减法，在使用的最后2年，用原值减去累计折旧再减去净残值后的额，分别平摊在最后2年，最后2年不涉及折旧率的问题。

(3)5年后，每种方法的账面都会剩余净残值2 000元。

第四节　固定资产后续支出

固定资产后续支出，是指固定资产在使用过程中发生的更新改造支出、修理费用等。企业的固定资产投入使用后，为了适应新技术发展的需要，或者为维护或提高固定资产的使用效能，往往需要对现有固定资产进行维护、改建、扩建或者改良。

一、资本化的后续支出

企业将固定资产进行更新改造的，如符合资产化的条件，应将固定资产的原价、已计提的累计折旧和减值准备转销，将其账面价值转入“在建工程”科目，并停止计提折旧。固定资产发生的可量化的后续支出，通过“在建工程”科目核算。待更新改造等工程完工并达到预定可使用状态时，再从“在建工程”科目转为“固定资产”科目，并按重新确定的使用寿命、预计净残值和折旧方法计提折旧。

【例5－14】A公司是一家从事金属产品制造的企业，2009新建一条不锈钢器材生产线，有关的会计资料如下：

(1)2009年12月，该公司自行建成了一条不锈钢器材生产线并投入使用，建造成本为568 000元；采用年限平均法计提折旧；预计净残值率为固定资产原价的3%，预计使用年限为6年。

(2)2012年1月1日，由于生产的产品适销对路，现有生产线的生产能力已难以满足公司生产发展的需要，但若新建生产线成本过高、周期过长，于是公司决定对现有生产线进行改扩建，以提高其生产能力。

(3)2012年1月1日—3月31日，经过3个月的改扩建，完成了对该不锈钢器材生产线的改扩建工程，共发生支出268 900元，全部以银行存款支付。

(4)该生产线改扩建工程达到预定可使用状态后，大大提高了生产能力，预计尚可使用年限为7年9个月。假定改扩建后的生产线的预计净残值率为改扩建后固定资产账面价值的3%；折旧方法仍为年限平均法。

(5)为简化计算，不考虑其他相关税费，公司按年度计提固定资产折旧。

A公司的账务处理如下：

(1)2010年1月1日—2011年12月31日两年间，即固定资产后续支出发生前，该条生产线的应计折旧额为550 960元[568 000×(1-3%)]，年折旧额为91 826.67元(550 960÷6)，各年计提固定资产折旧的账务处理为：

借：制造费用　　91 826.67

　　贷：累计折旧　　91 826.67

(2)2012年1月1日，该生产线的账面价值为384 346.66元[568 000-(91 826.67×2)]，该生产线转入改扩建时的账务处理为：

借：在建工程　　384 346.66

　　累计折旧　　183 653.34

　　贷：固定资产——生产线　　568 000.00

(3)2012年1月1日—3月31日，发生固定资产后续支出的账务处理为：

借：在建工程　　268 900

　　贷：银行存款　　268 900

(4)2012年3月31日，生产线改扩建工程达到预定可使用状态，将后续支出全部资本化后的生产线账面价值为653 246.66元(384 364.66+268 900)，其账务处理为：

借：固定资产——生产线　　653 246.66

　　贷：在建工程　　653 246.66

(5)2012年3月31日，生产线改扩建工程达到预定可使用状态后，其每年应计提的折旧额为81 761.19元，每年计提固定资产折旧的账务处理为：

每年应计提的折旧额=[653 246.66×(1-3%)÷(7×12+9)×12]=81 761.19(元)。

借：制造费用　　81 761.19

　　贷：累计折旧　　81 761.19

企业在发生可资本化的固定资产后续支出时，可能涉及替换固定资产的某个组成部分。如果满足固定资产的确认条件，应当将用于替换的部分资本化，计入固定资产账面价值，同时终止确认被替换部分的账面价值，以避免将替换部分的成本和被替换部分的账面价值同时计入固定资产成本。在实务中，如果企业不能确定被替换部分的账面价值，可将替换部分的成本视为被替换部分的账面价值。

【例5－15】2004年12月，A公司采用出包方式建造的营业厅达到预定可使用状态投入使用，并结转固定资产成本1 800 000元。该营业厅内有一部电梯，成本为200 000元，未单独确认为固定资产。2013年1月，为吸引顾客，A公司决定更换一部观光电梯。支付的新电梯购买价款为320 000元(含增值税税额，适用的增值税税率为17%)，另发生安装费用31 000元，以银行存款支付；旧电梯的回收价格为100 000元，款项尚未收到。假定营业厅的年折旧率为3%，净残值率为3%。

A公司的账务处理如下：

(1)2013年1月，购入观光电梯一步：

借：工程物资	320 000	
贷：银行存款		320 000

(2)2013年1月，将营业厅的账面价值转入在建工程：

营业厅的累计折旧金额＝1 800 000×(1－3%)×3%×8＝419 040(元)。

借：在建工程	1 380 960	
累计折旧	419 040	
贷：固定资产		1 800 000

(3)2013年1月，转销旧电梯的账面价值：

旧电梯的账面价值＝200 000－200 000÷1 800 000×419 040＝153 440(元)。

借：其他应收款	100 000	
营业外支出	53 440	
贷：在建工程		153 440

(4)2013年1月，安装新电梯：

借：在建工程	351 000	
贷：工程物资		320 000
银行存款		31 000

(5)电梯安装完毕达到预定可使用状态投入使用：

借：固定资产　　1 578 520

　　贷：在建工程　　1 578 520

二、费用化的后续支出

一般情况下，固定资产投入使用之后，由于固定资产磨损、各组成部分耐用程度不同，可能会导致固定资产的局部损坏，为了维持固定资产的正常运转和使用，充分发挥其使用效能，企业会对固定资产进行必要的维护。固定资产的日常维护支出只是确保固定资产的正常工作状况，通常不满足固定资产的确认条件，应在发生时计入管理费用或销售费用，不得采用预提或待摊方式处理。

【例5-16】2013年1月23日，A公司对某办公楼进行修理，修理过程中领用原材料一批，价值为120 000元，为购买该批原材料支付的增值税进项税额为20 400元；应支付维修人员薪酬为43 320元。

A公司的账务处理如下：

借：管理费用　　183 720

　　贷：原材料　　120 000

　　　　应交税费——应交增值税(进项税额转出)　　20 400

　　　　应付职工薪酬　　43 320

在具体实务中，对于固定资产发生的下列各项后续支出，通常的处理方法如表5-19所示。

表5-19　固定资产后续支出的处理方法

固定资产发生的各项后续支出	通常的处理
固定资产修理费用	直接计入当期费用
固定资产改良支出	计入固定资产账面价值
固定资产修理、改良及其结合	企业应当判断与固定资产有关的后续支出是否满足固定资产的确认条件。如果该后续支出满足了固定资产的确认条件，后续支出应当计入固定资产账面价值；否则，后续支出应当确认为当期费用

（续表）

固定资产发生的各项后续支出	通常的处理
固定资产装修费用	满足固定资产的确认条件，装修费用应当计入固定资产账面价值，并在“固定资产”科目下单设“固定资产装修”明细科目进行核算，在两次装修间隔期间与固定资产尚可使用年限两者中较短的期间内，采用合理的方法单独计提折旧。在下次装修时，与该项固定资产相关的“固定资产装修”明细科目仍有账面价值，应将该账面价值一次全部计入当期营业外支出
融资租入固定资产发生的固定资产后续支出	比照上述原则处理。发生的固定资产装修费用等，满足固定资产确认条件的，应在两次装修间隔期间、剩余租赁期与固定资产尚可使用年限三者中较短的期间内，采用合理的方法单独计提折旧
经营租入固定资产发生的改良支出	应通过“长期待摊费用”科目核算，并在剩余租赁期与租赁资产尚可使用年限两者中较短的期间内，采用合理的方法进行摊销

【例5－17】2010年1月25日，A公司对所属一家商场进行装修，发生如下有关支出：领用生产用原材料40 000元，购进该批原材料时支付的增值税进项税额为6 800元；辅助生产车间为商场装修工程提供的劳务支出为14 660元；发生有关人员薪酬29 640元。2010年12月26日，商场装修完工，达到预定可使用状态交付使用，A公司预计下次装修时间为2018年12月。2013年12月31日，A公司决定对该商场重新进行装修。假定该商场的装修支出符合固定资产确认条件；该商场预计尚可使用年限为6年；装修形成的固定资产预计净残值为1 100元；采用直线法计提折旧；不考虑其他因素，A公司的账务处理如下。

(1)装修领用原材料：

借：在建工程　　46 800

　　贷：原材料　　40 000

　　　　应交税费——应交增值税(进项税额转出)　　6 800

(2)辅助生产车间为装修工程提供劳务：

借：在建工程　　14 660

　　贷：生产成本——辅助生产成本　　14 660

(3)发生工程人员薪酬：

借：在建工程　　29 640

　　贷：应付职工薪酬　　29 640

(4)装修工程达到预定可使用状态交付使用：

借：固定资产——固定资产装修　　91 100

　　贷：在建工程　　91 100

(5)2011 年度计提装修形成的固定资产折旧：

因下次装修时间为 2018 年 12 月，大于固定资产预计尚可使用年限 6 年，因此，应按固定资产预计尚可使用年限 6 年计提折旧。

借：管理费用　　15 000

　　贷：累计折旧　　15 000

(6)2013 年 12 月 31 日重新装修：

借：营业外支出　　46 100

　　累计折旧　　45 000

　　贷：固定资产——固定资产装修　　91 100

【例 5－18】2012 年 8 月 20 日，A 公司对采用经营租赁方式租入的一条生产线进行改良，发生如下有关支出：领用生产用原材料 24 000 元，购进该批原材料时支付的增值税进项税额为 4 080 元；辅助生产车间为生产线改良提供的劳务支出为 2 560 元；发生有关人员薪酬 54 720 元。2012 年 12 月 31 日，生产线改良工程完工，达到预定可使用状态交付使用。假定该生产线预计尚可使用年限为 6 年，剩余租赁期为 5 年；采用直线法进行摊销；不考虑其他因素，A 公司的账务处理如下。

(1)改良工程领用原材料：

借：在建工程　　28 080

　　贷：原材料　　24 000

　　　　应交税费——应交增值税(进项税额转出)　　4 080

(2)辅助生产车间为改良工程提供劳务：

借：在建工程　　2 560

　　贷：生产成本——辅助生产成本　　2 560

(3)发生工程人员薪酬：

借：在建工程　　54 720

　　贷：应付职工薪酬　　54 720

(4)改良工程达到预定可使用状态交付使用：

借：长期待摊使用　　85 360

　　贷：在建工程　　85 360

(5)2013 年度进行摊销：

因生产线预计尚可使用年限为 6 年，剩余租赁期为 5 年，因此，应按剩余租赁期 5 年进行摊销。

借：制造费用　　17 072

　　贷：长期待摊费用　　17 072

【例 5-19】A 公司是一家在上海证券交易所发行股票的企业，其主要从事金属产品的制造，属于增值税一般纳税企业，适用的增值税税率为 17%。其有关业务资料如下：

(1)2010 年 12 月 1 日，A 公司购入一条需要安装的生产线，取得的增值税专用发票上注明的生产线价款为 10 000 000 元，增值税税额为 1 700 000 元；发生保险费 25 000 元，款项均以银行存款支付；没有发生其他相关税费。

(2)2010 年 12 月 1 日，A 公司开始以自营方式安装该生产线。安装期间领用生产用原材料的实际成本和计税价格均为 100 000 元，发生安装工人薪酬 50 000 元，没有发生其他相关税费。该原材料没有计提存货跌价准备。

(3)2010 年 12 月 31 日，该生产线达到预定可使用状态，当日投入使用。该生产线预计使用年限为 6 年，预计净残值为 132 000 元，采用直线法计提折旧。

(4)2011 年 12 月 31 日，A 公司在对该生产线进行检查时发现其已经发生减值，可收回金额为 8 075 600 元。

(5)2012 年 1 月 1 日，该生产线预计尚可使用年限为 5 年，预计净残值为 125 600 元，采用直线法计提折旧。

(6)2012 年 6 月 30 日，A 公司采用出包方式对该生产线进行改良。当日，该生产线停止使用，开始进行改良。在改良过程中，A 公司以银行存款支付工程总价款 1 221 400 元。

(7)2012 年 8 月 20 日，改良工程完工验收合格并于当日投入使用，预计尚可使用年限为 8 年，预计净残值为 102 000 元，采用直线法计提折旧。2012 年 12 月 31 日，该生产线未发生减值。A 公司的账务处理如下。

(1)2010 年 12 月 1 日，购入生产线：

借：在建工程　　11 725 000

　　贷：银行存款　　11 725 000

(2)2010 年 12 月，安装该生产线：

借：在建工程　　167 000

　　贷：原材料　　100 000

　　　　应交税费——应交增值税(进项税额转出)　　17 000

　　　　应付职工薪酬　　50 000

(3)2010 年 12 月 31 日，生产线达到预定可使用状态投入使用：

借：固定资产　　11 892 000

　　贷：在建工程　　11 892 000

(4)2011 年度计提折旧：

生产线 2011 年度折旧额 =(11 892 000 - 132 000) ÷6 =1 960 000(元)。

借：制造费用　　1 960 000

　　贷：累计折旧　　1 960 000

(5)2011 年 12 月 31 日，确认减值损失：

生产线应确认的减值损失 =(11 892 000 - 1 960 000) - 8 075 600 =1 856 400(元)。

借：资产减值损失　　1 856 400

　　贷：固定资产减值准备　　1 856 400

(6)2012 年上半年计提折旧：

2012 年上半年折旧额 =(8 075 600 - 125 600) ÷5 ÷2 =795 000(元)。

借：制造费用　795 000

　贷：累计折旧　795 000

(7)2012 年 6 月 30 日，将生产线转入改良：

借：在建工程　7 280 600

　累计折旧　2 755 000

　固定资产减值准备　1 856 400

　贷：固定资产　11 892 000

借：在建工程　1 221 400

　贷：银行存款　1 221 400

(8)2012 年 8 月 20 日，改良工程完工达到预定可使用状态投入使用：

借：固定资产　8 502 000

　贷：在建工程　8 502 000

(9)2012 年生产线改良后计提折旧：

2012 年生产线改良后折旧额 =(8 502 000 - 102 000) ÷8 ×4 ÷12 =350 000(元)。

借：制造费用　350 000

　贷：累计折旧　350 000

第五节　固定资产的处置

一、固定资产终止确认的条件

固定资产处置，包括固定资产的出售、转让、报废和毁损、对外投资、非货币性资产交换、债务重组等。固定资产终止确认的条件如表 5 - 20 所示。

表 5 - 20　固定资产终止确认的条件

固定资产终止确认的条件(任一即可)	该固定资产处于处置状态
	该固定资产预期通过使用或处置不能产生经济利益

二、固定资产处置的会计处理

企业出售、转让、报废固定资产或发生固定资产毁损，应当将处置收入扣除账面价值和相关税费后的金额计入当期损益。固定资产的账面价值是固定资产成本扣减累计折旧和累计减值准备后的金额。固定资产处置一般通过“固定资产清理”科目进行核算。

（一）固定资产出售、报废和毁损的会计处理

固定资产出售、报废和毁损的会计处理如表5－21所示。

表5－21　固定资产出售、报废和毁损的会计处理

会计业务	相关会计处理
出售、报废和毁损等原因减少的固定资产	按减少的固定资产账面价值，借记“固定资产清理”科目，按已提折旧，借记“累计折旧”科目，按已计提的减值准备，借记“固定资产减值准备”科目，按固定资产原价，贷记“固定资产”科目
清理过程中发生的费用以及应交的税金	借记“固定资产清理”科目，贷记“银行存款”“应交税费——应交营业税”科目
收回出售固定资产的价款、毁损报废取得的残料价值和变价收入	借记“银行存款”“原材料”等科目，贷记“固定资产清理”科目
由保险公司或过失人赔偿的损失	借记“其他应收款”等科目，贷记“固定资产清理”科目

固定资产清理后的净收益，应区别情况处理，如表5－22所示。

表5－22　固定资产清理后净收益的会计处理

固定资产清理后的净收益的时间	会计处理
属于筹建期间的	冲减长期待摊费用，借记“固定资产清理”科目，贷记“长期待摊费用”科目
属于生产经营期间的	借记“固定资产清理”科目，贷记“营业外收入——处置固定资产净收益”科目

固定资产清理后的净损失，应区别情况处理，如表5－23所示。

表5－23　固定资产清理后净损失的会计处理

固定资产清理后的净损失的时间	会计处理
属于筹建期间的	计入长期待摊费用，借记“长期待摊费用”科目，贷记“固定资产清理”科目
属于生产经营期间由于自然灾害等非正常原因造成的损失	借记“营业外支出——非常损失”科目，贷记“固定资产清理”科目
属于生产经营期间正常的处理损失	借记“营业外支出——处置固定资产净损失”科目，贷记“固定资产清理”科目

【例5－20】广通物流公司出售一幢闲置厂房。该房屋账面原始价值200 000元，已提折旧110 000元；取得出售价款110 000元；应交营业税5 500元。该厂房已计提减值准备10 000元，有关会计处理如下。

(1)注销出售固定资产价值：

借：固定资产清理　80 000
　　累计折旧　110 000
　　固定资产减值准备　10 000
　　贷：固定资产　200 000

(2)取得清理收入：

借：银行存款　110 000
　　贷：固定资产清理　110 000

(3)应交营业税：

借：固定资产清理　5 500
　　贷：应交税费——应交营业税　5 500

(4)结转清理净收益：

借：固定资产清理　24 500
　　贷：营业外收入——处置固定资产净收益　24 500

(二)其他方式减少的固定资产

企业持有待售的固定资产，应当调整其预计净残值，使预计净残值能够反映其公允价值减去处置费用后的金额，但不得超过其账面价值。原账面价值高于预计净残值的差额，应作为资产减值损失计入当期损益。持有待售固定资产从划归为持有待售之日起停止提折旧和减值准备。

其他方式减少的固定资产，如以固定资产清偿债务、投资转出固定资产、以非货币性资产交换换出固定资产等，分别按照债务重组、非货币性资产交换等的处理原则进行核算。

第六节　固定资产清查

固定资产清查及处理的介绍如图 5－3 所示。

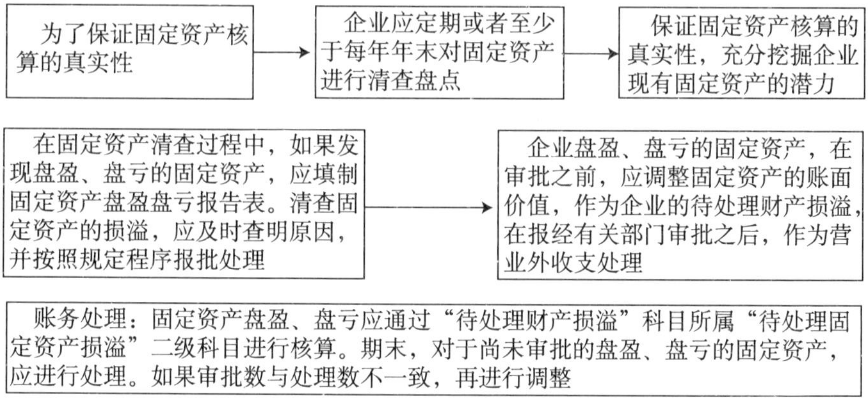

图 5－3　固定资产清查及处理

一、固定资产的盘盈

在固定资产清查过程中发现的盘盈固定资产，经查明是否确属企业所有，应确定固定资产重置价值，并为其重新建立固定资产卡片。

企业盘盈的固定资产，在批准处理之前，应根据重置价值借记“固定资产”科目，贷记“待处理财产损溢”科目；待有关部门审批之后，应借记“待处理财产损溢”科目，贷记“以前年度损益调整”科目。

【例 5－21】某钢厂年末对资产进行清查时，发现未入账的设备一台，现若重新购入同样一台新设备要花 120 000 元，预计使用年限 10 年。此设备估计已使用 2 年，预计净残值率为 5%。每年应计折旧额为(120 000－120 000×5%)÷10＝11 400(元)，已提折旧额为 22 800 元，编制会计分录如下：

借：固定资产　　120 000

　贷：累计折旧　　22 800

　　待处理财产损溢——待处理固定资产损溢　　97 200

盘盈的设备报经批准后转账时，分录如下：

借：待处理财产损溢——待处理固定资产损溢　　97 200

　贷：以前年度损益调整　　97 200

二、固定资产盘亏

在固定资产清查过程中发现盘亏的固定资产，应根据账面价值借记“待处理财产损溢”科目，根据已提折旧借记“累计折旧”科目，根据原值贷记“固定资产”科目；待有关部门审批之后，应借记“营业外支出”科目，贷记“待处理财产损溢”科目。

【例 5－22】华威家具公司于 2013 年 9 月 22 日进行了一次资产清查，清查之后发现盘亏一台原值为 50 000 元的设备，经查账发现此台设备已提折旧为 24 000 元。请对以上的经济业务编制会计分录：

借：待处理财产损溢——待处理固定资产损溢　　26 000

　累计折旧　　24 000

　贷：固定资产　　50 000

上报上级主管部门后批准转入“营业外支出”。

借：营业外支出——固定资产盘亏　　26 000

　贷：待处理财产损溢——待处理固定资产损溢　　26 000

第七节 固定资产减值

固定资产在资产负债表日存在可能发生减值的迹象时，其可收回金额低于账面价值的，企业应当将该固定资产的账面价值减记至可收回金额，减记的金额确认为减值损失，计入当期损益，同时计提相应的资产减值准备，借记“资产减值损失——计提的固定资产减值准备”科目，贷记“固定资产减值准备”科目。固定资产减值损失一经确认，在以后会计期间不得转回。

【例5-23】2013年12月31日，A公司的某生产线存在可能发生减值的迹象。经计算，该机器的可收回金额合计为1 230 000元，账面价值为1 400 000元，以前年度未对该生产线计提过减值准备。

由于该生产线的可收回金额为1 230 000元，账面价值为1 400 000元，可收回金额低于账面价值，应按两者之间的差额170 000元(1 400 000－1 230 000)计提固定资产减值准备。A公司应做如下会计处理：

借：资产减值损失——计提的固定资产减值准备　　170 000

　　贷：固定资产减值准备　　170 000

第六章
金融资产

本章导读

金融资产是指一切代表未来收益或资产合法要求权的凭证，亦称金融工具或证券。随着我国金融市场的日益发展，企业进行金融投资、获取投资收益的机会越来越多。利用金融资产进行投资已经成为一项重要的投资方式，可以做到迅速变现，而同时价值上不受损失。《企业会计准则》非常重视对金融投资业务的规范。在本章我们重点学习以下内容：

☑ 什么是交易性金融资产，如何对其进行会计核算？

☑ 什么是持有至到期投资，如何对其进行会计核算？

☑ 什么是长期股权投资，如何对其进行会计核算？

第一节　交易性金融资产

一、交易性金融资产的划分

根据《企业会计准则第22号—金融工具确认和计量》的规定，企业持有的以公允价值计量且其变动计入当期损益的金融资产，包括为交易目的所持有的债券投资、股票投资、基金投资、权证投资等和直接指定为以公允价值计量且其变动计入当期损益的金融资产。

根据《企业会计准则第22号—金融工具确认和计量》的规定，金融资产或金融负债满足如图6－1所示条件之一的，应当划分为交易性金融资产或金融负债。

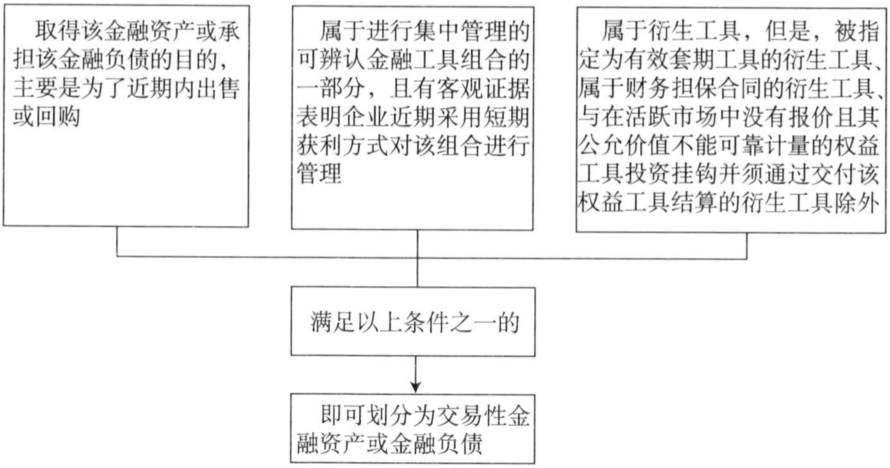

图6－1　划分为交易性金融资产的条件

活跃市场，是指同时具有下列特征的市场：

(1)市场内交易的对象具有同质性；

(2)可随时找到自愿交易的买方和卖方；

(3)市场价格信息是公开的。

可以直接指定为以公允价值计量且其变动计入当期损益的金融资产或金

融负债包括的内容如图 6－2 所示。

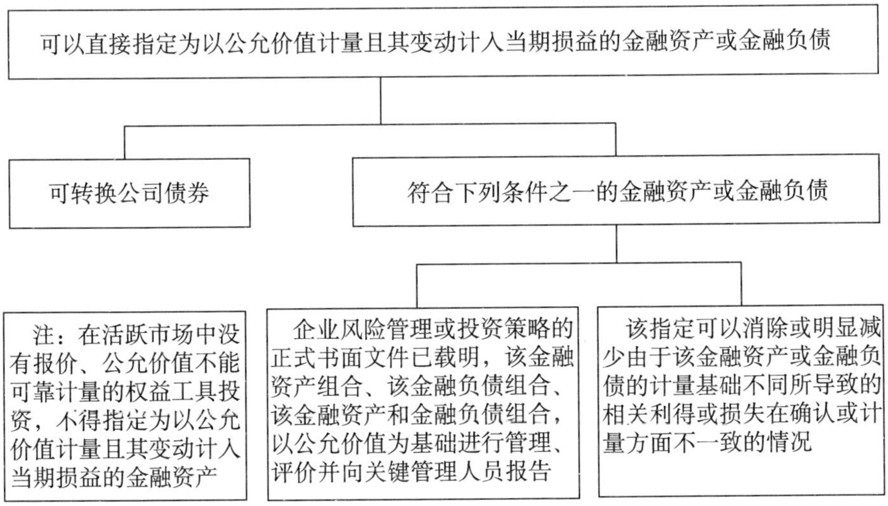

图 6－2　直接指定为以公允价值计量且其变动计入当期损益的金融资产或金融负债

二、交易性金融资产的核算

交易性金融资产的核算包括交易性金融资产的取得、交易性金融资产持有期间取得股利和利息的处理、交易性金融资产的期末计价和交易性金融资产的处置等方面的内容。交易性金融资产科目的设置介绍如表 6－1 所示。

表 6－1　交易性金融资产科目的设置

设置目的	借贷科目	明细科目的设置
总括地核算和监督企业交易性金融资产的增减变动及结存情况	借方登记购入股票、债券、基金等交易性金融资产时的初始入账金额；贷方登记企业出售交易性金融资产转出的成本等；期末余额在借方，反映企业交易性金融资产的公允价值	按照交易性金融资产的类别和品种，分别以“成本”“公允价值变动”进行明细核算

（一）交易性金融资产的取得

企业划分为以公允价值计量且其变动计入当期损益金融资产的股票、债券、基金，以及不作为有效套期工具的衍生工具，其相应的会计处理如

表 6－2 所示。

表 6－2 交易性金融资产取得的会计处理

项目	会计处理
初始确认金额	按照取得时的公允价值计量，借记“交易性金融资产——成本”科目
相关的交易费用	在发生时计入当期损益，借记“投资收益”科目
金融资产所支付价款中包含的已宣告发放的现金股利或债券利息	应当作为应收款项，单独列示，借记“应收利息”或“应收股利”科目
实际支付的款项	贷记“银行存款”科目

【例 6－1】2013 年 5 月 8 日，广通股份有限公司购入 A 公司在公开市场流通的普通股票 10 000 股，此种股票已宣告但尚未实际分派现金股利，广通股份有限公司将该笔股票作为交易性投资。成交时，这种股票的成交价为 12 元，其中已宣告但尚未分派的现金股利为 0.6 元，股权登记日为 5 月 10 日，广通股份有限公司以银行存款的方式支付了价款及交易税费 5 000 元。该公司于 5 月 20 日收到 A 公司发放的现金股利。对于以上的经济业务，广通股份有限公司应该进行如下的会计处理。

(1)5 月 8 日购入股票时：

借：交易性金融资产——成本	114 000	
投资收益	5 000	
应收股利	6 000	
贷：银行存款		125 000

(2)5 月 10 日收到现金股利时：

借：银行存款	6 000	
贷：应收股利		6 000

(二) 交易性金融资产持有期间取得的现金股利和利息

持有交易性金融资产期间被投资单位宣告发放现金股利或在资产负债表日按债券票面利率计算利息时，借记“应收股利”或“应收利息”科目，贷记“投资收益”科目；收到现金股利或债券利息时，借记“银行存款”科目，贷记

“应收股利”或“应收利息”科目。

票面利率与实际利率差异较大的，应采用实际利率计算确定债券利息收入。

(三)交易性金融资产的期末计量

资产负债表日，交易性金融资产的公允价值高于其账面余额的差额，借记“交易性金融资产——公允价值变动”科目，贷记“公允价值变动损益”科目；公允价值低于其账面余额的差额，做相反的会计分录。

【例6-2】利达股份有限公司对其拥有的交易性金融资产采用公允价值进行期末计量。假设该公司2013年6月30日交易性金融资产的账面价值和公允价值的资料如表6-3所示。

表6-3 公允价值比较表

项目	2013年6月30日		
	账面价值	公允价值	差额
交易性金融资产—债券			
A企业债券	120 000	110 000	10 000
B企业债券	55 000	60 000	-5 000
C企业债券	90 000	88 000	2 000
小计	265 000	258 000	7 000
交易性金融资产—股票			
D企业股票	40 000	44 000	-4 000
E企业股票	55 000	54 000	1 000
小计	95 000	98 000	-3 000
合计	360 000	356 000	4 000

根据上述资料，利达股份有限公司应在2013年6月30日做如下会计分录：

借：公允价值变动损益　　4 000

　　贷：交易性金融资产——公允价值变动　　4 000

这样，利达股份有限公司2013年6月30日资产负债表上“交易性金融资产”的金额应为356 000元，反映企业交易性金融资产的公允价值。

(四)交易性金融资产的处置

企业处置交易性金融资产时，将处置时的该交易性金融资产的公允价值与初始金额之间的差额确认为投资收益，同时调整公允价值变动损益。

企业出售交易性金融资产时，应按实际收到的金额，借记"银行存款"等科目，按该项交易性金融资产的成本，贷记"交易性金融资产——成本"科目，按该项交易性金融资产的公允价值变动，贷记或借记"交易性金融资产——公允价值变动"科目，按其差额，贷记或借记"投资收益"科目。同时，将原计入该项交易性金融资产的公允价值变动转出，借记或贷记"公允价值变动损益"科目，贷记或借记"投资收益"科目。

【例6-3】接**【例6-2】**，利达股份有限公司于2013年12月1日以78 000元的价格将B公司债券全部出售，假定交易费用为零，2013年12月31日交易性金融资产的账面价值和公允价值的资料如表6-4所示。

表6-4 公允价值比较表

项目	2013年12月31日		
	账面价值	公允价值	差额
交易性金融资产—债券			
A企业债券	120 000	120 000	—
C企业债券	90 000	88 000	2 000
小计	210 000	208 000	2 000
交易性金融资产—股票			
D企业股票	40 000	44 000	-4 000
E企业股票	55 000	56 000	-1 000
小计	95 000	100 000	-5 000
合计	305 000	308 000	-3 000

根据上述资料，利达股份有限公司应做如下会计分录。

(1)2013年12月1日，B公司债券全部出售时：

借：银行存款　78 000

　贷：交易性金融资产——成本　55 000

　　交易性金融资产——公允价值变动　5 000

　　投资收益　10 000

借：投资收益 5 000

　　贷：公允价值变动损益 5 000

(2)2013 年 12 月 31 日，期末计量时：

借：交易性金融资产——公允价值变动 3 000

　　贷：公允价值变动损益 3 000

这样，利达股份有限公司 2013 年 12 月 31 日资产负债表上"交易性金融资产"的金额为 308 000 元。

第二节　持有至到期投资

一、持有至到期投资概述

持有至到期投资，是指到期日固定、回收金额固定或可确定，且企业有明确意图和能力持有至到期的非衍生金融资产。不能划分为持有至到期投资的非衍生金融资产的情况如表 6－5 所示。

表 6－5　不能划分为持有至到期投资的非衍生金融资产

不能划分为持有至到期投资的非衍生金融资产	初始确认时即被指定为以公允价值计量且其变动计入当期损益的非衍生金融资产
	初始确认时被指定为可供出售的非衍生金融资产
	符合贷款和应收款项定义的非衍生金融资产

如果企业管理层决定将某项金融资产持有至到期，则在该金融资产未到期前，不能随意地改变其"最初意图"。也就是说，投资者在取得投资时意图就应当是明确的，除非遇到一些企业所不能控制、预期不会重复发生且难以合理预计的独立事件，否则将持有至到期。

(一)到期日固定、回收金额固定或可确定

到期日固定、回收金额固定或可确定，是指相关合同明确了投资者在确定的期间内获得或应收取现金流量(例如投资利息和本金等)的金额和时间。因此，从投资者角度看，如果不考虑其他条件，在将某项投资划分为持有至到期投资

时可以不考虑可能存在的发行方重大支付风险。其次，由于要求到期日固定，从而权益工具投资不能划分为持有至到期投资。再次，如果符合其他条件，不能由于某债务工具投资是浮动利率投资而不将其划分为持有至到期投资。

(二)有明确意图持有至到期

有明确意图持有至到期，是指投资者在取得投资时意图就是明确的，除非遇到一些企业所不能控制、预期不会重复发生且难以合理预计的独立事件，否则将持有至到期。存在如表6-6所示情况之一的，表明企业没有明确意图将金融资产投资持有至到期。

表6-6　企业没有明确意图将金融资产投资持有至到期的情形

企业没有明确意图将金融资产投资持有至到期的情形	持有该金融资产的期限不确定
	发生市场利率变化、流动性需要变化、替代投资机会及其投资收益率变化、融资来源和条件变化、外汇风险变化等情况时，将出售该金融资产(无法控制、预期不会重复发生且难以合理预计的独立事项引起的金融资产出售除外)
	该金融资产的发行方可以按照明显低于其摊余成本的金额清偿
	其他表明企业没有明确意图将该金融资产持有至到期的情况

注：对于发行方可以赎回的债务工具，如发行方行使赎回权，投资者仍可收回其几乎所有初始净投资(含支付的溢价和交易费用)，那么投资者可以将此类投资划分为持有至到期投资。但是，对于投资者有权要求发行方赎回的债务工具投资，投资者不能将其划分为持有至到期投资。

(三)有能力持有至到期

有能力持有至到期，是指企业有足够的财务资源，并不受外部因素影响将投资持有至到期。

表明企业没有能力将具有固定期限的金融资产投资持有至到期情况如表6-7所示。

表6-7　企业没有能力将具有固定期限的金融资产投资持有至到期的情形

企业没有能力将具有固定期限的金融资产投资持有至到期的情形	没有可利用的财务资源持续地为该金融资产投资提供资金支持，以使该金融资产投资持有至到期
	受法律、行政法规的限制，使企业难以将该金融资产投资持有至到期
	其他表明企业没有能力将具有固定期限的金融资产投资持有至到期的情况

注：企业应当于每个资产负债表日对持有至到期投资的意图和能力进行评价。发生变化的，应当将其重分类为可供出售金融资产进行处理。

（四）到期前处置或重分类对所持有剩余非衍生金融资产的影响

企业将持有至到期投资在到期前处置或重分类，通常表明其违背了将投资持有到期的最初意图。如果处置或重分类为其他类金融资产的金额相对于该类投资（即企业全部持有至到期投资）在出售或重分类前的总额较大，则企业在处置或重分类后应立即将其剩余的持有至到期投资（即全部持有至到期投资扣除已处置或重分类的部分）重分类为可供出售金融资产。

需要说明的是，遇到表 6－8 所列情况时可以例外。

表 6－8　不需要重分类的特殊情况

<table>
<tr><td rowspan="7">不需要重新分类的持有至到期投资</td><td colspan="2">出售日或重分类日距离该项投资到期日或赎回日较近（如到期前三个月内），且市场利率变化对该项投资的公允价值没有显著影响</td></tr>
<tr><td colspan="2">根据合同约定的偿付方式，企业已收回几乎所有初始本金</td></tr>
<tr><td rowspan="5">出售或重分类是由于企业无法控制、预期不会重复发生且难以合理预计的独立事件所引起</td><td>因被投资单位信用严重恶化，将持有至到期投资予以出售</td></tr>
<tr><td>因相关税收法规取消了持有至到期投资的利息税前可抵扣政策，或显著减少了税前可抵扣金额，将持有至到期投资予以出售</td></tr>
<tr><td>因发生重大企业合并或重大处置，为保持现行利率风险头寸或维持现行信用风险政策，将持有至到期投资予以出售</td></tr>
<tr><td>因法律、行政法规对允许投资的范围或特定投资品种的投资限额做重大调整，将持有至到期投资予以出售</td></tr>
<tr><td>因监管部门要求大幅度提高资产流动性，或大幅度提高持有至到期投资在计算资本充足率时的风险权重，将持有至到期投资予以出售</td></tr>
</table>

二、持有至到期投资的会计处理

持有至到期投资的会计处理，着重于该金融资产的持有者打算“持有至到期”，未到期前通常不会出售或重分类。因此，持有至到期投资的会计处理主要应解决该金融资产实际利率的计算、摊余成本的确定、持有期间的收益确认及将其处置时损益的处理。相关的账务处理如表 6－9 所示。

表6－9　持有至到期投资的会计处理

相关业务	会计处理
取得的持有至到期投资	按该投资的面值，借记“持有至到期投资——成本”科目，按支付的价款中包含的已到付息期但尚未领取的利息，借记“应收利息”科目，按实际支付的金额，贷记“银行存款”等科目，按其差额，借记或贷记“持有至到期投资——利息调整”科目
资产负债表日，持有至到期投资属于分期付息、一次还本债券投资	按票面利率计算确定的应收未收利息，借记“应收利息”科目，按持有至到期投资摊余成本和实际利率计算确定的利息收入，贷记“投资收益”科目，按其差额，借记或贷记“持有至到期投资——利息调整”科目
资产负债表日，持有至到期投资属于一次还本付息债券投资	按票面利率计算确定的应收未收利息，借记“持有至到期投资——应计利息”科目，按持有至到期投资摊余成本和实际利率计算确定的利息收入，贷记“投资收益”科目，按其差额，借记或贷记“持有至到期投资——利息调整”科目
持有至到期投资重分类为可供出售金融资产	在重分类日按其公允价值，借记“可供出售金融资产”科目，按其账面余额，贷记“持有至到期投资——成本、利息调整、应计利息”科目，按其差额，贷记或借记“资本公积——其他资本公积”科目。已计提减值准备的，还应同时结转减值准备
出售持有至到期投资	按实际收到的金额，借记“银行存款”等科目，按其账面余额，贷记“持有至到期投资——成本、利息调整、应计利息”科目，按其差额，贷记或借记“投资收益”科目。已计提减值准备的，还应同时结转减值准备

第三节　长期股权投资

长期股权投资的含义及其取得方式如表 6 – 10 所示。

表 6 – 10　长期股权投资的含义及其取得方式

项目	内容
含义	长期持有，不准备随时出售，投资企业作为被投资单位的股东，按所持股份比例享有权益并承担责任
取得方式	在证券市场上以货币资金购买其他单位的股票，以成为被投资单位的股东；以资产(包括货币资金、无形资产和其他实物资产)投资于其他单位，从而成为被投资单位的股东

一、长期股权投资的初始计价

长期股权投资取得时的初始投资成本，是指取得长期股权投资时支付的全部价款，或放弃非现金资产的账面价值，以及支付的税金、手续费等相关费用(如有补价的，还应加或减补价，并加上或减去确认的收益或损失)。不包括为取得长期股权投资所发生的评估、审计、咨询等费用，也不包括实际支付的价款中包含的已宣告但尚未领取的现金股利。

长期股权投资在取得时应当按照初始投资成本入账。初始投资成本的确定方法如表 6 – 11 所示。

表 6 – 11　长期股权投资初始投资成本的确定方法

初始投资成本的取得方式	初始投资成本的确定
现金购入的长期股权投资	按实际支付的全部价款(包括支付的税金、手续费等相关费用)，作为初始投资成本；实际支付的价款中包含已宣告但尚未领取的现金股利，按实际支付的价款减去已宣告但尚未领取的现金股利后的差额确定

（续表）

初始投资成本的取得方式	初始投资成本的确定	
接受的债务人以非现金资产抵偿债务方式取得的长期股权投资，或以应收债权换入长期股权投资的	按应收债权的账面价值加上应支付的相关税费，作为初始投资成本	涉及补价的：收到补价的，按应收债权的账面价值减去补价，加上应支付的相关税费，作为初始投资成本；支付补价的，按应收债权的账面价值加上支付的补价和应支付的相关税费，作为初始投资成本
以非货币性交易换入的长期股权投资	按换出资产的账面价值加上应支付的相关税费，作为初始投资成本	涉及补价的：收到补价的，按换出资产的账面价值加上应确认的收益和应支付的相关税费减去补价后的余额，作为初始投资成本；支付补价的，按换出资产的账面价值加上应支付的相关税费和补价，作为初始投资成本
行政划拨方式取得的长期股权投资	按划出单位的账面价值，作为初始投资成本	

二、长期股权投资的核算方法

（一）成本法

当普通股票投资的股份数低于受资公司普通股份总数的20%，投资企业不足以对受资公司的财务经营政策发生重大影响时，适宜采用成本法进行长期股票投资的计价核算。长期股权投资的成本法介绍如表6-12所示。

表 6-12 长期股权投资的成本法

成本法的含义	成本法的适用范围	成本法核算的一般程序
成本法是以企业实际投出的金额作为核算的依据，反映在"股票投资"账面上的价值是长期投资的历史成本。采用这种方法，"股票投资"科目按实际支付的价值入账，除实际增减投资外，一般不再调整。也就是说，无论接受投资企业的经营情况如何，净资产是否增减，投资收益多少，作为投资方的企业，均不改变股票投资的账面价值，仍以实际成本反映企业的投资	(1)投资企业对被投资单位无控制、无共同控制且无重大影响。 (2)不准备长期持有被投资单位的股份。这种情况是指，投资企业在投资时意图长期持有，但其后由于管理当局的意图改变而不准备长期持有被投资单位的股份。 (3)被投资单位在严格的限制条件下经营，其向投资企业转移资金的能力受到限制。在这种情况下，投资企业的控制和影响能力受到限制，不能按照自身的意愿调度和使用资金。例如，被投资单位在国外，外汇受所在国管制，其外汇汇出受到限制	(1)初始投资或追加投资时，按照初始投资或追加投资时的投资成本增加长期股权投资的账面价值。 (2)被投资单位宣告分派的利润或现金股利，投资企业按应享有的部分，确认为当期投资收益，但投资企业确认的投资收益，仅限于所获得的被投资单位在接受投资后产生的累积净利润的分配额。所获得的被投资单位宣告分派的利润或现金股利超过被投资单位在接受投资后产生的累积净利润的部分，作为清算股利，冲减投资的账面价值。通常投资企业获得投资年度的利润或现金股利，确认投资收益或冲减初始投资成本的金额

【例 6-4】 利远公司用银行存款购入 A 公司普通股票 1 000 股，每股价格 35 元，另付经纪人佣金 500 元。利远公司记录这笔业务的会计分录如下：

借：长期股权投资　　35 500

　　贷：银行存款　　35 500

如果 A 公司向利远公司支付现金股利 1 000 元。在成本法下，请对以上的经济业务编制经济业务。

借：库存现金　　1 000

　　贷：投资收益　　1 000

(二)权益法

在投资企业持有受资企业的普通股股份总数大于等于 20% 以上时，比如 A 公司购买了 B 公司的股票，并且所购买的股票占 B 公司股票总数的 40%，那么 A 公司就应该按照权益法核算。另外如果 A 公司所持有的股份数虽然低于 20%，但是能对受资企业产生重大影响，则也应该按权益法核算。长期股权投资采用权益法核算的一般程序如表 6 - 13 所示。

表 6 - 13　权益法核算的一般程序

长期股权投资采用权益法核算的情况	长期股权投资采用权益法核算的程序
初始投资或追加投资时	按照初始投资或追加投资时的投资成本增加长期股权投资的账面价值
投资后，随着被投资单位所有者权益的变动而相应调增或调减长期股权投资的账面价值	属于被投资单位当年实现的净利润而影响的所有者权益的变动，投资企业应按所持表决权资本比例计算应享有的份额，增加长期股权投资的账面价值，并确认为当期投资收益。但投资企业按所持表决权资本比例计算确认被投资单位实现的净利润时，不包括法规或公司章程规定不属于投资企业的净利润，在计算应享有被投资单位实现的净利润时，应扣除不能由投资企业享有的净利润的部分
	属于被投资单位当年发生的净亏损而影响的所有者权益的变动，投资企业应按所持表决权资本的比例计算应分担的份额，减少长期股权投资的账面价值，并确认为当期投资损失。投资企业确认被投资单位发生的净亏损，以投资账面价值减记至零为限；投资企业按被投资单位实现的净利润或发生的净亏损，计算应享有或应分担的份额时，应以取得被投资单位股权后发生的净损益为基础，投资前被投资单位实现的净损益不包括在内；投资企业享有被投资单位损益的份额，如果会计期间投资（持股）比例发生变动，应根据投资持有时间加权平均计算
	因被投资单位接受捐赠资产等所引起的所有者权益的变动，投资企业应按所持股权比例计算应享有的份额，增加长期股权投资的账面价值，作为股权投资准备，在长期股权投资中单独核算，并作为资本公积准备项目。待原计入资本公积的准备项目实现后可按规定程序转增资本
	因被投资单位外币资本折算所引起的所有者权益的变动，投资企业应按所拥有表决权资本的比例计算应享有或应分担的份额，调整长期股权投资的账面价值，并计入资本公积
	被投资单位宣告分派利润或现金股利时，投资企业按表决权资本比例计算的应分得的利润或现金股利，冲减长期股权投资的账面价值

（续表）

长期股权投资采用权益法核算的情况	长期股权投资采用权益法核算的程序
股权投资差额的确定	采用权益法对长期股权投资进行核算时，投资最初以初始投资成本计量，投资企业的初始投资成本与应享有被投资单位所有者权益份额之间的差额，作为股权投资差额处理，按一定期限平均摊销，计入损益。 股权投资差额的摊销期限，合同规定了投资期限的，按投资期限摊销。合同没有规定投资期限的，初始投资成本超过应享有被投资单位所有者权益份额之间的差额，按不超过10年的期限摊销，初始投资成本低于应享有被投资单位所有者权益份额之间的差额，按不低于10年的期限摊销

（三）成本法和权益法的转换

当投资企业对被投资单位不再具有控制、共同控制和重大影响时，投资企业对被投资单位的长期股权投资应中止采用权益法，改按成本法核算，这种情况如表6－14所示。

表6－14　成本法与权益法的转换

权益法改用成本法核算的情形	具体内容
投资企业由于减少投资而对被投资单位不再具有控制、共同控制和重大影响，但仍部分保留对被投资单位的投资	即投资企业虽然还拥有被投资单位的表决权资本，但所拥有的被投资单位的表决权资本的比例已不再具有对被投资单位进行控制、共同控制和实施重大影响的能力
被投资单位已宣告破产或依法律程序进行清理整顿	即虽然投资企业仍然拥有被投资单位的表决权资本的比例达到控制、共同控制或重大影响的比例，但由于被投资单位已宣告破产或依法律程序进行清理整顿，其控制和影响的能力受到限制，投资企业已不能依其所拥有的表决权资本的比例对被投资单位进行控制、共同控制或施加重大影响
被投资单位在严格的长期性限制条件下经营，其向投资企业转移资金的能力受到限制	即原采用权益法核算时被投资单位的资金转移能力等并未受到限制，但其后由于各种原因而使被投资单位处于严格的各种限制性条件下经营，其向投资企业转移资金的能力受到了限制

注：投资企业对被投资单位的长期股权投资中止采用权益法核算时，对中止采用权益法前被投资单位实现的净利润或发生的净亏损，仍应按权益法调整投资的账面价值，并确认投资损益。

三、长期股权投资的减值和处置

长期股权投资减值要分情况依据不同准则进行处理，具体如表6－15所示。

表6－15 长期股权投资减值的依据

情形	减值处理依据
按照成本法核算的、在活跃市场中没有报价、公允价值不能可靠计量的长期股权投资的减值	应根据“金融资产确认和计量”准则确定长期股权投资发生的减值。 即对“预计未来现金流量现值”与“期末摊余成本”进行比较所得
其他长期股权投资的减值	应根据“资产减值确认和计量”准则确定长期股权投资发生的减值。即对“可收回金额”与“账面价值”进行比较所得

处置长期股权投资时，账务处理如表6－16所示。

表6－16 处置长期股权投资时的账务处理

情形	账务处理
采用成本法核算的长期股权投资的处置	账面价值与实际取得价款的差额，计入当期损益(投资收益)。按实际收到的金额，借记“银行存款”等科目，按其账面余额，贷记“长期股权投资”科目，按尚未领取的现金股利或利润，贷记“应收股利”科目，按其差额，贷记或借记“投资收益”科目
采用权益法核算的长期股权投资的处置	除了将账面价值与实际取得价款的差额，计入当期损益(投资收益)外，还要将原计入所有者权益的部分按相应比例转入当期损益(投资收益)。即借记或贷记“资本公积——其他资本公积”科目，贷记或借记“投资收益”科目
部分处置某项长期股权投资时	依据该项投资的总平均成本确定其处置部分的成本，并按相应比例结转已计提的减值准备和资本公积项目

注：股权转让日应以被转让股权的所有权上的风险和报酬实质上已转移给购买方，且相关经济利益很可能流入企业为标志。在会计实务中，只有当保护相关各方权益的所有条件均能满足时，才能确认股权转让收益。这些条件包括：出售协议已获股东大会(或股东会)批准通过；与购买方已办理必要的财产交接手续；已取得购买价款的大部分(一般应超过50%)；企业已不能再从所持有的股权中获得利益和承担风险等。如有关股权转让需要经过国家有关部门批准，则股权转让收益只有在满足上述条件且取得国家有关部门的批准文件时才能确认。

第七章
投资性房地产

本章导读

随着房地产行业的蓬勃，人们将房子作为投资工具的兴趣越来越大。企业在进行资产管理过程时，目光也越来越集中到房地产行业。为了适应企业发展的需要，为了更好地为企业发展服务，新《企业会计准则》中增加了投资性房地产的内容。

投资性房地产是指为赚取租金或资本增值，或两者兼有而持有的房地产，包括已出租的土地使用权、持有并准备增值后转让的土地使用权、已出租的建筑物等。在本章我们重点学习以下内容：

☑ 投资性房产需要满足哪些条件，包括哪些类别？
☑ 取得投资性房地产时，如何进行会计核算？
☑ 投资性房地产的价值发生变化时，如何进行后续的会计核算？
☑ 投资性房地产与非投资性房地产发生转换时，如何进行会计核算？
☑ 处置投资性房地产时如何进行会计核算？

第一节　投资性房地产概述

一、投资性房地产的范围

投资性房地产主要包括已出租的土地使用权、持有并准备增值后转让的土地使用权、已出租的建筑物等。投资性房地产的主要内容如表7－1所示。

表7－1　投资性房地产的主要内容

投资性房地产的主要内容	投资性房地产的具体内容
已出租的土地使用权	以经营租赁方式出租的土地使用权。其中，用于出租的土地使用权是指企业通过出让或转让方式出租的土地使用权
持有并准备增值后转让的土地使用权	企业取得的、准备增值后转让的土地使用权。按照国家有关规定认定的闲置土地，不属于持有并准备增值后转让的土地使用权
已出租的建筑物	用于出租的建筑物是指企业拥有产权的建筑物

有关房地产确认的几种特殊情形如表7－2所示。

表7－2　房地产确认的几种特殊情形

几种特殊情形	相关确认方法
某项房地产，部分用于赚取租金或资本增值，部分用于生产商品、提供劳务或经营管理	能够单独计量和出售的、用于赚取租金或资本增值的部分，应当确认为投资性房地产；不能够单独计量和出售的、用于赚取租金或资本增值的部分，不确认为投资性房地产
企业将建筑物出租，按租赁协议向承租人提供的相关辅助服务在整个协议中不重大的	如企业将办公楼出租并向承租人提供保安、维修等辅助服务，应当将该建筑物确认为投资性房地产
企业拥有并自行经营的旅馆饭店，其经营目的主要是通过提供客房服务赚取服务收入	该旅馆饭店不确认为投资性房地产

二、投资性房地产的确认条件

将某个项目确认为投资性房地产，首先应当符合投资性房地产的概念，其次要同时满足投资性房地产的两个确认条件，投资性房地产的确认条件如表7－3所示。

表7－3　投资性房地产的确认条件

投资性房地产的两个确认条件	符合投资性房地产的概念	
	同时满足	与该投资性房地产相关的经济利益很可能流入企业
		该投资性房地产的成本能够可靠地计量

第二节　取得投资性房地产的会计核算

投资性房地产应当按照取得的总成本进行初始计量，但根据取得方式的不同，其成本的计算也有所不同。以下以外购、自行建造的投资性房地产的初始计量予以具体说明，如表7－4所示。

表7－4　投资性房地产的初始计量

投资性房地产的取得方式	初始计量的具体说明	初始计量的成本	相关说明
外购的房地产	只有在购入房地产的同时开始对外出租（自租赁期开始日起，下同）或用于资本增值，才能称之为外购的投资性房地产	购买价款、相关税费和可直接归属于该资产的其他支出	自用一段时间之后再改为出租或用于资本增值的，应当先将外购的房地产确认为固定资产或无形资产，自租赁期开始日或用于资本增值之日起，再从固定资产或无形资产转换为投资性房地产

（续表）

投资性房地产的取得方式	初始计量的具体说明	初始计量的成本	相关说明
自行建造的房地产	只有在自行建造或开发活动完成（即达到预定可使用状态）的同时开始对外出租或用于资本增值，才能将自行建造的房地产确认为投资性房地产	由建造该项房地产达到预定可使用状态前发生的必要支出构成	达到预定可使用状态后一段时间才对外出租或用于资本增值的，应当先将自行建造的房地产确认为固定资产、无形资产或存货，自租赁期开始日或用于资本增值之日起，从固定资产、无形资产或存货转换为投资性房地产

第三节　投资性房地产的后续计量

投资性房地产的后续计量具有成本和公允价值两种模式，通常应当采用成本模式计量，满足特定条件时可以采用公允价值模式计量。但是，同一企业只能采用一种模式对所有投资性房地产进行后续计量，不得同时采用两种计量模式。

一、采用成本模式进行后续计量的投资性房地产

企业通常应当采用成本模式对投资性房地产进行后续计量。采用成本模式进行后续计量的投资性房地产，其后续计量的会计处理如表 7－5 所示。

表 7－5　成本模式后续计量的会计处理

采用成本模式的后续计量	遵循的会计处理
外购投资性房地产或自行建造的投资性房地产达到预定可使用状态时	按照其实际成本，借记“投资性房地产”科目，贷记“银行存款”“在建工程”等科目

（续表）

采用成本模式的后续计量	遵循的会计处理
按期（月）计提折旧或进行摊销	借记“其他业务成本”等科目，贷记“投资性房地产累计折旧（摊销）”科目
取得的租金收入	借记“银行存款”等科目，贷记“其他业务收入”等科目
经减值测试后确定发生减值的	借记“资产减值损失”科目，贷记“投资性房地产减值准备”科目

二、采用公允价值模式进行后续计量的投资性房地产

（一）采用公允价值模式的前提条件

企业只有存在确凿证据表明投资性房地产的公允价值能够持续可靠取得，才可以采用公允价值模式对投资性房地产进行后续计量。企业一旦选择采用公允价值计量模式，就应当对其所有投资性房地产均采用公允价值模式进行后续计量。采用公允价值模式进行后续计量的投资性房地产，应当同时满足表7－6所列条件。

表7－6　采用公允价值模式计量需满足的条件

采用公允价值模式进行后续计量同时满足的条件	投资性房地产所在地（投资性房地产所在的城市、大中城市、所在的城区）有活跃的房地产交易市场
	能够从活跃的房地产交易市场上取得同类或类似房地产（所处地理位置和地理环境相同、性质相同、结构类型相同或相近、新旧程度相同或相近、可使用状况相同或相近的建筑物或同一城区、同一位置区域、所处地理环境相同或相近、可使用状况相同或相近的土地）的市场价格及其他相关信息，从而对投资性房地产的公允价值做出合理的估计

(二)采用公允价值模式进行后续计量的会计处理

采用公允价值模式进行后续计量的投资性房地产，应当遵循表 7－7 所列会计处理。

表 7－7 公允价值模式后续计量的会计处理

采用公允价值模式进行后续计量	遵循的会计处理
按取得的成本确认投资性房地产价值	按实际成本，借记“投资性房地产(成本)”科目，贷记“银行存款”“在建工程”等科目
平常不对投资性房地产计提折旧或摊销，只需要在会计期末按照公允价值调整其账面价值	当资产负债表日，投资性房地产的公允价值高于原账面价值的差额，借记“投资性房地产(公允价值变动)”科目，贷记“公允价值变动损益”科目；公允价值低于原账面价值的差额，做相反的会计分录
取得投资性房地产的租金收入	借记“银行存款”等科目，贷记“其他业务收入”等科目

【例 7－1】广通物流公司为一家物流企业，2012 年 6 月 1 日，广通物流公司与 A 公司达成租赁协议，约定自身购入的一栋可用于办公的写字楼租赁给 A 公司使用，租期自 9 月 1 日开始，租赁期为 5 年。

当年 9 月 1 日，广通物流公司一次性交纳了全部的购楼款 10 000 000 元，该写字楼也开始起租。由于该栋写字楼地处商业繁华区，所在城区有活跃的房地产交易市场，而且能够从房地产交易市场上取得同类房地产的市场报价，广通物流公司决定采用公允价值模式对该项出租的房地产进行后续计量。

2012 年 12 月 31 日，该写字楼的公允价值为 12 000 000 元。2013 年 12 月 31 日，该写字楼的公允价值为 13 000 000 元。广通物流公司的账务处理如下。

(1)2012 年 9 月 1 日，广通物流公司交纳了全部房款并开始出租：

借：投资性房地产——××写字楼(成本)　　10 000 000

　　贷：银行存款　　10 000 000

(2)2012 年 12 月 31 日，以公允价值为基础调整其账面价值，公允价值与原账面价值之间的差额计入当期损益：

公允价值变动损益 = 12 000 000 − 10 000 000 = 2 000 000(元)。

借：投资性房地产——××写字楼(公允价值变动)　　2 000 000

　　贷：公允价值变动损益　　2 000 000

(3)2013 年 12 月 31 日，公允价值又发生变动：

公允价值变动损益 = 13 000 000 − 12 000 000 = 1 000 000(元)。

借：投资性房地产——××写字楼(公允价值变动)　　1 000 000

　　贷：公允价值变动损益　　1 000 000

三、投资性房地产后续计量模式的变更

企业对投资性房地产的计量模式一经确定，不得随意变更。按照《企业会计准则》的规定，只允许成本模式转为公允价值模式，已采用公允价值模式计量的投资性房地产，不得从公允价值模式转为成本模式。成本模式转变为公允价值模式的会计处理如图 7－1 所示。

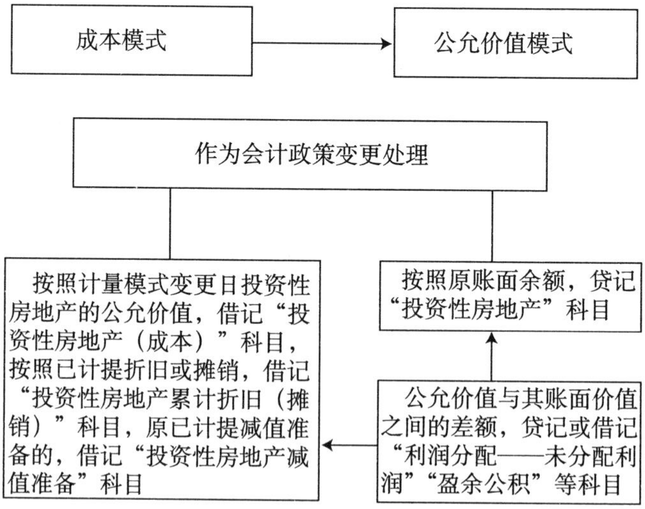

图 7－1　成本模式转变为公允价值模式的会计处理

【例7-2】广通物流公司拥有一栋可作办公用的独栋小楼，一直出租给某科技开发公司办公使用。在会计处理上一直按照成本模式作为投资性房地产处理。

2013年1月1日，广通物流公司认为，出租的写字楼由于其所在地的房地产交易市场比较成熟，具备了采用公允价值模式计量的条件，决定对该项投资性房地产从成本模式转换为公允价值模式计量。该写字楼的原造价为1 000 000元，已计提折旧200 000元，账面价值为800 000元。2013年1月1日，该写字楼的公允价值为950 000元。假设广通物流公司按净利润的10%计提盈余公积。广通物流公司应该进行的账务处理如下：

借：投资性房地产——××写字楼（成本）	950 000	
投资性房地产累计折旧（摊销）	200 000	
贷：投资性房地产——××写字楼		1 000 000
利润分配——未分配利润		135 000
盈余公积		15 000

第四节 投资性房地产的转换

一、房地产转换的概念

房地产的转换，并非是指两个所有权人之间的房产置换，其实质上是因房地产用途发生改变，而在会计处理上，由投资性房地产转换为其他资产，或者由其他资产转换为投资性房地产。

二、房地产的转换形式及转换日

房地产转换日的确定如表7-8所示。

表 7－8　房地产转换日的确定

房地产的转换形式	具体含义	相应的转换日的确定
投资性房地产开始自用	将投资性房地产转为自用房地产	房地产达到自用状态，企业开始将其用于生产商品、提供劳务或者经营管理的日期
作为存货的房地产改为出租	房地产开发企业将其持有的开发产品以经营租赁的方式出租	房地产的租赁期开始日（承租人有权行使其使用租赁资产权利的日期）
自用建筑物或土地使用权停止自用改为出租	企业将原本用于生产商品、提劳务或者经营管理的房地产改用于出租，固定资产或土地使用权相应地转换为投资性房地产	租赁期开始日
自用土地使用权停止自用改用于资本增值	企业将原本用于生产商品、提供劳务或者经营管理的土地使用权改用于资本增值，将土地使用权相应地转换为投资性房地产	自用土地使用权停止自用后，确定用于资本增值的日期

三、房地产转换的会计处理

(一) 采用成本模式计量的投资性房地产转为自用房地产

本部分的会计处理如表 7－9 所示。

表 7－9　采用成本模式计量的投资性房地产转为自用房地产的会计处理

采用成本模式计量的投资性房地产转为自用房地产	相应的会计处理
按该项投资性房地产在转换日的账面余额、累计折旧、减值准备等，分别转入“固定资产”“累计折旧”“固定资产减值准备”等科目	按账面余额，借记“固定资产”或“无形资产”科目，贷记“投资性房地产”科目；按已计提的折旧或摊销，借记“投资性房地产累计折旧（摊销）”科目，贷记“累计折旧”或“累计摊销”科目；原已计提减值准备的，借记“投资性房地产减值准备”科目，贷记“固定资产减值准备”或“无形资产减值准备”科目

【例7－3】广通物流公司拥有一座独立的厂房出租给另一家企业使用。在会计处理上一直采用成本模式计量，截至2013年7月31日，账面价值为1 350 000元，其中，原价值1 500 000元，累计已提折旧150 000元。

2013年7月末，广通物流公司将出租在外的厂房收回，从8月1日开始供本公司的生产车间使用，该厂房相应由投资性房地产转换为自用房地产。广通物流公司2013年8月1日的账务处理如下：

借：固定资产　　1 500 000

　　投资性房地产累计折旧(摊销)　　150 000

　　贷：投资性房地产——××厂房　　1 500 000

　　　　累计折旧　　150 000

(二)作为存货的房地产转换为采用成本模式计量的投资性房地产

企业将作为存货的房地产转换为采用成本模式计量的投资性房地产时，应当按该项存货在转换日的账面价值，借记“投资性房地产”科目；原已计提跌价准备的，借记“存货跌价准备”科目，按其账面余额，贷记“开发产品”等科目。

【例7－4】广通物流公司是从事房地产开发业务的企业，2013年3月10日，广通物流公司与另一家公司签署了租赁协议，将其开发的一栋写字楼整体出租给另一家公司使用，租赁期开始日为2013年4月15日。2013年4月15日，该写字楼的账面余额10 000 000元，未计提存货跌价准备，转换后采用成本模式计量。广通物流公司2013年4月15目的账务处理如下：

借：投资性房地产——××写字楼　　10 000 000

　　贷：开发产品　　10 000 000

(三)自用土地使用权或建筑物转换为以成本模式计量的投资性房地产

本部分的会计处理如表7－10所示。

表 7－10　将自用土地使用权或建筑物转换为以成本模式计量的投资性房地产的会计处理

将自用土地使用权或建筑物转换为以成本模式计量的投资性房地产	相应的会计处理
按该项土地使用权或建筑物在转换日的原价、累计折旧、减值准备等，分别转入“投资性房地产”“投资性房地产累计折旧(摊销)”“投资性房地产减值准备”等科目	按账面余额，借记“投资性房地产”科目，贷记“固定资产”或“无形资产”科目；按已计提的折旧或摊销，借记“累计折旧”或“累计摊销”科目，贷记“投资性房地产累计折旧(摊销)”科目；原已计提减值准备的，借记“固定资产减值准备”或“无形资产减值准备”科目，贷记“投资性房地产减值准备”科目

【例 7－5】广通物流公司拥有一栋写字楼，2013 年之前一直用于本公司的办公使用。在本公司于其他地方购置了新办公用楼之后，于 2013 年 3 月 10 日，广通物流公司与另一家企业签订了办公楼的经营租赁协议，将这栋办公楼整体出租给另一家公司使用，租赁期 5 年，起租日为 2013 年 4 月 10 日。

由于广通物流公司所在城市缺乏活跃的房地产交易市场，该公司决定将该房产由固定资产转换为以成本模式核算的投资性房地产。2013 年 4 月 10 日，这栋办公楼的账面余额 15 000 000 元，已计提折旧 3 000 000 元。

广通物流公司 2013 年 4 月 10 日的账务处理如下：

借：投资性房地产——××写字楼	15 000 000	
累计折旧	3 000 000	
贷：固定资产		15 000 000
投资性房地产累计折旧(摊销)		3 000 000

(四) 采用公允价值模式计量的投资性房地产转为自用房地产

本部分的会计处理如表 7－11 所示。

表 7 – 11　采用公允价值模式计量的投资性房地产转换为自用房地产的会计处理

采用公允价值模式计量的投资性房地产转换为自用房地产	相应的会计处理
以其转换当日的公允价值作为自用房地产的账面价值，公允价值与原账面价值的差额计入当期损益	按该项投资性房地产的公允价值，借记“固定资产”或“无形资产”科目；按该项投资性房地产的成本，贷记“投资性房地产(成本)”科目，按该项投资性房地产的累计公允价值变动，贷记或借记“投资性房地产(公允价值变动)”科目，按其差额，贷记或借记“公允价值变动损益”科目

【例 7 –6】2013 年 10 月 15 日，广通物流公司因租赁期满，将出租的写字楼收回，准备作为本企业的行政管理用房。该项房地产在转换前采用公允价值模式计量，原账面价值为 17 500 000 元，其中，成本为15 000 000 元，公允价值变动为增值 2 500 000 元。

2013 年 12 月 1 日，该写字楼正式开始自用，相应由投资性房地产转换为自用房地产，当日的公允价值为 18 000 000 元。广通物流公司的账务处理如下：

借：固定资产　　18 000 000

　　贷：投资性房地产——写字楼(成本)　　15 000 000

　　　　——写字楼(公允价值变动)　　2 500 000

　　　　公允价值变动损益　　500 000

(五) 作为存货的房地产转换为采用公允价值模式计量的投资性房地产

本部分的会计处理如表 7 –12 所示。

表7-12 企业将作为存货的房地产转换为采用公允价值模式计量的投资性房地产的会计处理

企业将作为存货的房地产转换为采用公允价值模式计量的投资性房地产的会计处理	应当按该项房地产在转换日的公允价值，借记“投资性房地产（成本）”科目；原已计提跌价准备的，借记“存货跌价准备”科目，按其账面余额，贷记“开发产品”等科目
	转换日的公允价值小于账面价值的，按其差额，借记“公允价值变动损益”科目
	转换日的公允价值大于账面价值的，按其差额，贷记“资本公积——其他资本公积”科目。待该项投资性房地产处置时，因转换计入资本公积的部分应转入当期的其他业务收入，借记“资本公积——其他资本公积”科目，贷记“其他业务收入”科目

【例7-7】宇光公司是从事房地产开发业务的企业，2012年3月10日，该公司与另一家公司签订了租赁协议，将其开发的一栋写字楼整体出租给另一家公司使用，租赁期开始日为2012年4月15日。2012年4月15日，该写字楼的账面余额为10 000 000元，未计提存货跌价准备，假设转换后采用公允价值模式计量，4月15日该写字楼的公允价值为9 000 000元，2012年12月31日，该项投资性房地产的公允价值为12 000 000元。2013年4月租赁期届满，宇光公司收回该项投资性房地产，并于2013年6月以16 000 000元出售，出售款项已收讫。该公司的账务处理如下。

(1)2012年4月15日：

借：投资性房地产——××写字楼(成本)　　9 000 000
　　公允价值变动损益　　1 000 000
　　贷：开发产品　　10 000 000

(2)2012年12月31日：

借：投资性房地产——××写字楼(公允价值变动)　　3 000 000
　　贷：公允价值变动损益　　3 000 000

(3)2013 年 6 月，出售时：

借：银行存款　16 000 000

　贷：其他业务收入　16 000 000

借：其他业务成本　12 000 000

　贷：投资性房地——××写字楼(成本)　9 000 000

　　　　　　——××写字楼(公允价值变动)　3 000 000

同时，将投资性房地产累计公允价值变动转入其他业务收入。

公允价值变动损益 = 公允价值变动增值 - 公允价值变动减值 = 3 000 000 - 1 000 000 = 2 000 000(元)。

借：公允价值变动损益　2 000 000

　贷：其他业务收入　2 000 000

(六)自用土地使用权或建筑物转换为采用公允价值模式计量的投资性房地产

本部分的会计处理如表 7 - 13 所示。

表 7 - 13　将自用土地使用权或建筑物转换为采用公允价值模式计量的投资性房地产的会计处理

将自用土地使用权或建筑物转换为采用公允价值模式计量的投资性房地产的会计处理	按转换日的公允价值，借记“投资性房地产(成本)”科目，按其账面余额，贷记“固定资产”或“无形资产”科目
	按已计提的累计摊销或累计折旧，借记“累计摊销”或“累计折旧”科目，原已计提减值准备的，借记“无形资产减值准备”“固定资产减值准备”科目，同时，转换日的公允价值小于账面价值的，按其差额，借记“公允价值变动损益”科目；转换日的公允价值大于账面价值的，按其差额，贷记“资本公积——其他资本公积”科目
	处置时，因转换计入资本公积的部分应转入当期的其他业务收入，借记“资本公积——其他资本公积”科目，贷记“其他业务收入”科目

【例7-8】2012年6月，广通物流公司打算搬迁至新建办公楼，由于原办公楼处于商业繁华地段，广通物流公司准备将其出租，以赚取租金收入。2012年10月，广通物流公司完成了搬迁工作，原办公楼停止自用。

2012年12月，广通物流公司与另一家公司签订了租赁协议，将其原办公楼出租给该公司，租赁期开始日为2013年1月1日，租赁期限为3年。广通物流公司应当于租赁期开始日(2013年1月1日)，将自用房地产转换为投资性房地产。由于该办公楼处于繁华商业区，房地产交易活跃，该企业能够从市场上取得同类或类似房地产的市场价格及其他相关信息，假设广通物流公司对出租的办公楼采用公允价值模式作为投资性房地产进行会计核算。

2013年1月1日，该办公楼的公允价值为13 000 000元，其原价为15 000 000元，已计提折旧1 500 000元。

广通物流公司2013年1月1日的账务处理如下：

借：投资性房地产——××办公楼(成本)	13 000 000	
公允价值变动损益	500 000	
累计折旧	1 500 000	
贷：固定资产		15 000 000

第五节　投资性房地产的处置

当投资性房地产被处置，或者永久退出使用且预计不能从其处置中取得经济利益时，应当终止确认该项投资性房地产。企业出售、转让、报废投资性房地产或者发生投资性房地产毁损，将实际收到的处置收入计入其他业务收入，所处置投资性房地产的账面价值计入其他业务成本，这样就相当于将处置收入与其账面价值、相关税费后的差额计入了当期损益。

一、成本模式计量的投资性房地产的处置

如果投资性房产采用成本模式进行核算，在对其进行处置时，应当按实际收到的金额，借记“银行存款”等科目，贷记“其他业务收入”科目；按该项

投资性房地产的累计折旧或累计摊销，借记“投资性房地产累计折旧(摊销)”科目，按该项投资性房地产的账面余额，贷记“投资性房地产”科目，按其差额，借记“其他业务成本”科目。已计提减值准备的，还应同时结转减值准备。

【例7－9】广通物流公司拥有一栋用于出租的办公用房，一直采用成本模式将其作为投资性房地产进行会计核算。2013年6月，广通物流公司将该栋写字楼出售给美华公司，合同价款为5 000 000元，美华公司已用银行存款付清。出售时，该栋写字楼的成本为2 800 000元，已计提折旧600 000元。广通物流公司的账务处理如下：

借：银行存款	5 000 000	
贷：其他业务收入		5 000 000
借：其他业务成本	2 200 000	
投资性房地产累计折旧(摊销)	600 000	
贷：投资性房地产——××写字楼		2 800 000

二、公允价值模式计量的投资性房地产的处置

如果投资性房产采用公允价值模式进行核算，在对其进行处置时，应按实际收到的金额，借记“银行存款”等科目，贷记“其他业务收入”科目。按该项投资性房地产的账面余额，借记“其他业务成本”科目，贷记“投资性房地产(成本)”科目、贷记或借记“投资性房地产(公允价值变动)”科目；同时，按该项投资性房地产的公允价值变动，借记或贷记“公允价值变动损益”科目，贷记或借记“其他业务收入”科目。按该项投资性房地产在转换日记入资本公积的金额，借记“资本公积——其他资本公积”科目，贷记“其他业务收入”科目。

【例7－10】广通物流公司拥有一栋用于出租的办公用房，一直采用公允价值模式将其作为投资性房地产进行会计核算。2013年6月，广通物流公司将该栋写字楼出售给美华公司，合同价款为5 000 000元，美华公司已用银行存款付清。出售时，该栋写字楼的成本为2 800 000元，公允价值变动为借方余额400 000元。广通物流公司的账务处理如下：

借：银行存款	5 000 000	
贷：其他业务收入		5 000 000

借：其他业务成本　　3 200 000

　　贷：投资性房地产——××写字楼（成本）　　2 800 000

　　　　　　　　　——××写字楼（公允价值变动）　　400 000

同时，将投资性房地产累计公允价值变动转入其他业务收入：

借：公允价值变动损益　　400 000

　　贷：其他业务收入　　400 000

第八章
无形资产和其他资产

本章导读

在知识经济时代，知识产权等无形资产越来越受到企业的重视。美国可口可乐公司的老板曾夸下海口，说即使公司在一夜之间被大火吞没，第二天，仍会有众多大银行争着给其贷款。这话听起来有些天方夜谭。其实，可口可乐公司老板敢夸此海口，是因为大家都知道大火烧毁的只能是可口可乐公司的厂房、设备等有形资产，而对商标、专利、配方等无形资产，大火是无法烧毁的。无形资产将成为企业最为重要的一类资产，在本章我们重点学习以下内容：

☑ 什么是无形资产，包括哪些种类？
☑ 如何对无形资产进行计价？
☑ 如何对无形资产进行摊销？
☑ 当无形资产需要注销和减值时，怎样进行会计核算？
☑ 长期待摊费用怎样进行会计核算？

第一节 无形资产概述

一、无形资产的概念、分类及特征

（一）无形资产的概念

无形资产的概念及内容如表 8－1 所示。

表 8－1 无形资产的概念及内容

无形资产的概念	企业为生产商品、提供劳务、出租给他人，或为管理目的而持有的、没有实物形态的非货币性资产	
无形资产的内容	专利权	权利人在法定期限内对某一发明创造所拥有的独占权和专有权
	非专利技术	也叫专有技术，是指发明人垄断的、不公开的、具有实用价值的先进技术、资料、技能、知识等
	商标权	企业专门在某种指定的商品上使用特定的名称、图案、标记的权利
	著作权	著作人对其著作依法享有的出版、发行等方面的专有权利
	土地使用权	国家准许某一企业在一定期间内对国有土地享有开发、利用、经营的权利
	商誉	企业获得超额收益的能力。只有在企业购并过程中所产生的商誉，才能入账核算

（二）无形资产的分类

无形资产按不同的标准可进行不同的分类，如表 8－2 所示。

表 8－2　无形资产的分类

划分标准	具体内容
按可否辨认分类	可辨认无形资产，通常可以脱离企业个体而单独取得或转让，具有相对独立性，如专利权、版权、商标权、非专利技术、土地使用权等
	不可辨认无形资产，不能脱离企业个体而单独取得或者转让，如商誉
按形成来源分类	购入的无形资产、自创的无形资产、投资者投入的无形资产以及接受捐赠的无形资产
按有无期限分类	有限期无形资产和无限期无形资产：有限期无形资产的有效期多为法律规定，如专利权、商标权等；无限期无形资产在法律上没有规定其有效期限，如商誉

(三)无形资产的特征

无形资产的特征如表 8－3 所示。

表 8－3　无形资产的特征

无形资产的特征	具体含义	相关说明
无实体性	无形资产一般是由法律或契约关系所赋予的权利，也可能为获得超额收益的能力，它没有实物形态，看不见，摸不着，但其作用可以感觉得到	没有实物形态的资产不一定都是无形资产，如应收账款，但无形资产一定是没有实物形态的
未来效益的不确定性	无形资产能为企业带来长期效益，但它所能提供的未来经济效益具有很大的不确定性	如企业拥有一项专利权，它使企业在某一项技术上拥有独占使用权，从而获得超过同类其他企业的经济利益。但是一旦有一项新的技术出现，它可以远远领先于企业的专利技术，那么企业来自该项专利的经济利益可能减少，甚至消失

（续表）

无形资产的特征	具体含义	相关说明
非流动性	无形资产能为企业连续提供一年以上的服务或利益，其成本不能在短期内得到充分补偿	由于无形资产有效期在一年以上，因此也可以说是一种广义的固定资产，除此之外，与固定资产相同之处还包括：在用途上，两者都是主要用于企业的生产经营活动而非用于出售或投资；两者都能为企业带来经济利益且有价值，其成本都应按受益期分摊

二、无形资产的确认

无形资产同时满足以下条件时才能予以确认，如表 8－4 所示。

表 8－4　无形资产的确认条件

无形资产的确认条件	举例说明	相关内容
与该无形资产有关的经济利益很可能流入企业	企业外购一项专利权，从而拥有法定所有权，使得企业的相关权利受到法律的保护，此时，表明企业能够控制该项无形资产所产生的经济利益	在实务工作中，要确定无形资产产生的经济利益是否很可能流入企业，应当对无形资产在预计使用寿命内可能存在的各种经济因素做出合理估计，并且应当有明确证据支持。在进行这种判断时，需要考虑相关的因素
该无形资产的成本能够可靠地计量	一些高科技领域的高科技人才，假定其与企业签订了服务合同，且合同规定其在一定期限内不能为其他企业提供服务。在这种情况下，虽然这些高科技人才的知识在规定的期限内预期能够为企业创造经济利益，但由于这些高科技人才的知识难以准确或合理辨认，加之为形成这些知识所发生的支出难以计量，从而不能作为企业的无形资产加以确认	—

三、无形资产的主要类型

无形资产主要包括专利权、商标权、土地使用权、非专利技术、著作权、特许权等。

(一) 专利权

专利权是指专利权人在法定期限内对其发明创造成果享有的专有权利。它是国家专利行政部门授予发明人或申请人生产经营其发明创造并禁止他人生产经营其发明创造的某种特权，是对发明创造的独占的排他权。

《中华人民共和国专利法》明确规定，专利人拥有的专利权受到国家法律保护。专利权是允许其持有者独家使用或控制的特权，但它并不保证一定能给持有者带来经济效益，如有的专利可能会被另外更有经济价值的专利所淘汰等。因此，企业不应将其所拥有的一切专利权都予以资本化，作为无形资产管理和核算。一般而言，只有从外单位购入的专利或者自行开发并按法律程序申请取得的专利，才能作为无形资产管理和核算。这种专利可以降低成本，或者提高产品质量，或者将其转让出去获得转让收入。

企业从外单位购入的专利权，应按实际支付的价款作为专利权的成本。企业自行开发并按法律程序申请取得的专利权，应按照无形资产准则确定的金额作为成本。

(二) 商标权

商标权是指商标所有人对其商标拥有的独占的、排他的权利。由于我国在商标权的取得方面实行的是注册原则，因此，商标权实际上是因商标所有人申请，经政府主管部门确认的专有权利，即因商标注册而产生的权利。从权利的性质上看，商标权与所有权一样，属于绝对权的范围，即权利主体对其注册商标享有完全的使用权和排他的权利。从权利的特征上看，商标权与一般知识产权一样，具有无形性、法定性、专有性、地域性和时间性。

企业自创的商标并将其注册登记，所花费用一般不大，是否将其资本化并不重要。能够给拥有者带来获利能力的商标，往往是通过多年的广告宣传和其他传播商标名称的手段，以及客户的信赖等树立起来的。广告费一般不作为商标权的成本，而是在发生时直接计入当期损益。

按照《中华人民共和国商标法》的规定，商标可以转让，但受让人应保证使用该注册商标的产品质量。如果企业购买他人的商标，一次性支出费用较大的，可以将其资本化，作为无形资产管理。这时，应根据购入商标的价款、支付的手续费及有关费用作为商标的成本。

(三)土地使用权

土地使用权是指国家准许某一企业或单位在一定期间内对国有土地享有开发、利用、经营的权利。企业取得土地使用权，应将取得时发生的支出资本化，作为土地使用权的成本，记入"无形资产"科目。

(四)非专利技术

非专利技术即专有技术，或技术秘密、技术诀窍，是指先进的、未公开的、未申请专利、可以带来经济效益的技术及诀窍。非专利技术的主要内容如表8－5所示。

表8－5　非专利技术的主要内容

非专利技术的主要内容	工业专有技术，即在生产上已经采用，仅限于少数人知道，不享有专利权或发明权的生产、装配、修理、工艺或加工方法的技术知识
	商业(贸易)专有技术，即具有保密性质的市场情报、原材料价格情报以及用户、竞争对象的情况和有关知识
	管理专有技术，即生产组织的经营方式、管理方式、培训职工方法等保密知识。非专利技术并不是专利法的保护对象，专有技术所有人依靠自我保密的方式来维持其独占权，可以用于转让和投资

企业的非专利技术，有些是自己开发研究的，有些是根据合同规定从外部购入的。如果是企业自己开发研究的，应将符合《企业会计准则第6号——无形资产》规定的开发支出资本化条件的，确认为无形资产。对于从外部购入的非专利技术，应将实际发生的支出予以资本化，作为无形资产入账。

(五)著作权

著作权，亦称版权，是指作者及其他著作权人对其创作的文学、艺术和科学作品依法享有的权利。著作权包括人身权和财产权两个方面的内容。著作权的特征如表 8 -6 所示。

表 8 -6　著作权的特征

著作权除了具有知识产权所共有的特征，即具有专有性、地域性、时间性等特征外，还具有的特征	专利权、商标权的取得必须经过申请、审批、登记和公告，即必须以行政确认程序来确认权利的取得和归属，而著作权因作品的创作完成而自动产生，一般不必履行任何形式的登记或注册手续，也不论其是否已经发表
	著作权突出对人身权的保护。著作权中作者的发表权、署名权、修改权、保护作品完整权等人身权利，永远归作者享有，不能转让，也不受著作权保护期限的限制

(六)特许权

特许权，又称经营特许权、专营权，指企业在某一地区经营或销售某种特定商品的权利或是一家企业接受另一家企业使用其商标、商号、技术秘密等的权利。前者一般是指政府机关授权、准许企业使用或在一定地区享有经营某种业务的特权，如水、电、邮电通讯等专营权、烟草专卖权等；后者指企业间依照签订的合同，有限期或无限期使用另一家企业的某些权利，如连锁店分店使用总店的名称等。

第二节　无形资产的会计核算

一、无形资产的初始计量

按照《企业会计准则第 6 号——无形资产》的规定，无形资产应当按照成本进行初始计量。无形资产成本的确定如表 8 -7 所示。

表 8 -7　无形资产成本的确定

无形资产的取得方式	无形资产成本的确定
外购的无形资产	购买价款、相关税费以及直接归属于使该项资产达到预定用途所发生的其他支出

（续表）

无形资产的取得方式	无形资产成本的确定
购买无形资产的价款超过正常信用条件延期支付，实质上具有融资性质	以购买价款的现值为基础确定。实际支付的价款与购买价款的现值之间的差额，除按照《企业会计准则第17号——借款费用》应予资本化的以外，应当在信用期间内计入当期损益
自行开发的无形资产	自满足《企业会计准则第6号——无形资产》第四条和第九条规定后至达到预定用途前所发生的支出总额，但是对于以前期间已经费用化的支出不再调整
投资者投入的无形资产	按照投资合同或协议约定的价值确定，但合同或协议约定价值不公允的除外
非货币性资产交换、债务重组、政府补助和企业合并取得的无形资产	分别按照《企业会计准则第7号——非货币性资产交换》《企业会计准则第12号——债务重组》《企业会计准则第16号——政府补助》和《企业会计准则第20号——企业合并》确定

二、无形资产的摊销

（一）摊销期限的选择

由于各种不同的无形资产在其价值上具有不确定性，而且在生产经营中的受益期难以预计，在理论上对无形资产是否进行摊销见解不一。但是，按照我国《企业会计准则——无形资产》的规定，无形资产应当自企业取得当月起，在预计使用年限内分期平均摊销，计入损益。如预计使用年限超过了相关合同规定的受益年限或法律规定的有效年限，该无形资产的摊销年限按表8－8所示原则确定。

表 8-8　无形资产摊销年限的规定

合同对无形资产摊销年限的规定	应确定的摊销年限
合同规定了受益年限但法律没有规定有效年限的	按不超过合同规定的受益年限摊销
合同没有规定受益年限而法律规定了有效年限的	按不超过法律规定的有效年限摊销
合同规定了受益年限，法律也规定了有效年限的	按不应超过受益年限和有效年限两者之中较短者摊销
合同没有规定受益年限，法律也没有规定有效年限的	摊销年限不应超过 10 年

（二）摊销方法

由于企业的无形资产应当在规定的期限内平均摊销，所以，资产的摊销方法采用平均法。其计算公式如下：

无形资产年摊销额 = 无形资产的原值/无形资产的有效使用年限

无形资产月摊销额 = 无形资产年摊销额 ÷12

无形资产摊销期限的选择，无疑对企业的利润有着直接的影响。由于无形资产的摊销记入了管理费用，但未发生货币资金的流出，也使得无形资产摊销成为一些企业调整或粉饰财务报表的工具。

三、无形资产注销与减值的核算

企业应当定期或至少每年年度终了，对各项资产进行全面检查。由于无形资产未来经济效益和受益期的不确定性，某些无形资产随时要经受市场竞争和新技术发明带来的冲击，昨日价值不菲的技术，今天会由于泄密或有新的替代技术而变得一文不值。所以，企业要根据谨慎性原则，合理地预计各项无形资产可能发生的损失，对可能发生的各项资产损失计提资产减值准备。

无形资产注销与减值准备的确定主要考虑的因素如表 8-9 所示。

表 8－9　无形资产注销与减值的情形

<table>
<tr><td rowspan="8">无形资产注销与减值准备的确定主要考虑的因素</td><td colspan="2">企业的无形资产应当按照账面价值与可收回金额孰低计量，按可收回金额低于账面价值的差额计提减值准备。当无形资产预期不能为企业带来经济利益时，应将其账面价值转作当期损益（营业外支出）</td></tr>
<tr><td rowspan="3">当存在右侧一项或若干项情形时，应当将该项无形资产的账面价值全部转入当期损益</td><td>某项无形资产已被其他新技术所代替，并且该项无形资产已无使用价值和转让价值</td></tr>
<tr><td>某项无形资产已超过法律保护期限，并且已不能为企业带来经济利益</td></tr>
<tr><td>其他足以证明某项无形资产已经丧失了使用价值和转让价值的情形</td></tr>
<tr><td rowspan="4">当存在右侧一项或若干项情形时，应当计提无形资产的减值准备</td><td>某项无形资产已被其他新技术所代替，使其为企业创造经济利益的能力受到重大不利影响</td></tr>
<tr><td>某项无形资产的市价在当期大幅下跌，在剩余摊销年限内预期不会恢复</td></tr>
<tr><td>某项无形资产已超过法律保护期限，但仍然具有部分使用价值</td></tr>
<tr><td>其他足以证明某项无形资产实质上已经发生了减值的情形</td></tr>
</table>

正确计量无形资产价值将给企业带来的好处如表 8－10 所示。

表 8－10　正确计量无形资产价值将给企业带来的好处

<table>
<tr><td rowspan="2">正确计量无形资产价值对于企业的好处</td><td>资产公允</td><td>无形资产的入账金额不会一成不变，技术的进步和人为因素的影响，会造成无形资产价值的变化。企业通过无形资产摊销和确认无形资产减值准备，将使会计报表中的无形资产项目更公允、更可靠</td></tr>
<tr><td>利润真实</td><td>无形资产价值更多地体现在未来超额收益的流入上。倘若无形资产减值了，及时反映其对利润总额的影响，才能保证对外会计报表的真实性</td></tr>
</table>

【例8－1】M公司有A、B两项专利权。2013年年末，账面价值为5 000元的A专利权因泄密等原因，符合将其账面价值全部转入当期损益的规定；B专利权的账面价值为8 600元，因技术陈旧应当计提3 000元的减值准备。

会计上，年末应将专利权A的价值5 000元，全部记入“管理费用”账户，B专利权减值3 000元，记入“营业外支出——计提的无形资产减值准备”账户，冲减本年利润。按照会计稳健性原则，如果B专利权的价值逐年恢复，会计上确认的恢复价值不应超过当初计提无形资产减值准备的价值，即无形资产价值仍以历史成本为基础。

四、无形资产的披露

企业应当按照无形资产的类别在附注中披露与无形资产有关的信息，如表8－11所示。

表8－11　无形资产的披露信息

按照无形资产的类别在附注中披露的信息	无形资产的期初和期末账面余额、累计摊销额及减值准备累计金额
	使用寿命有限的无形资产，其使用寿命的估计情况；使用寿命不确定的无形资产，其使用寿命不确定的判断依据
	无形资产的摊销方法
	用于担保的无形资产账面价值、当期摊销额等情况
	计入当期损益和确认为无形资产的研究开发支出金额

第三节　其他资产项目

其他资产是指除流动资产、长期投资、固定资产和无形资产以外的各项资产，主要包括开办费、长期待摊费用、银行冻结存款和诉讼中财产等。

一、开办费的会计核算

开办费含义及会计核算如表8－12所示。

表8－12　开办费含义及会计核算

开办费的含义	会计处理	
企业在筹建期间发生的不能计入各项资产价值的支出，主要包括筹建期间人员的工资、办公费、培训费、差旅费、印刷费、注册登记费以及不计入固定资产价值的汇兑损益、利息支出等。开办费应该在企业生产经营开始之日一次摊销	发生各项开办费时	借记“长期待摊费用——开办费” 贷记“银行存款”“应付职工薪酬”“累计折旧”等相关科目
	摊销时	借记“管理费用——开办费摊销” 贷记“长期待摊费用——开办费”

二、长期待摊费用的核算

长期待摊费用是指公司已经支出但摊销期限在1年以上(不含1年)的各项费用，包括固定资产大修理支出、租入固定资产的改良支出等。应当由本期负担的借款利息、租金等，不得作为长期待摊费用处理。

长期待摊费用是公司已经花了钱但不能算到当期费用里的那一部分支出，这些支出要在以后若干年里摊销，它与待摊费用的区别就在于年限超过1年，也就是说同本期无关的费用应当分期摊销。

固定资产大修理费用等对公司利润的影响不能低估。如果公司的固定资产大修理安排不当，大修理费用没有进行必要的分摊，不仅会影响公司的生产和经营成果，甚至会影响上市公司的股票价值。

长期待摊费用的核算如表8－13所示。

表8－13　长期待摊费用的摊销方式

长期待摊费用	摊销的方式
固定资产大修理费用	将发生的大修理费用在下一次大修理前平均摊销
租入固定资产改良支出	在租赁期限与预计可使用年限两者孰短的期限内平均摊销
其他长期待摊费用	在受益期内平均摊销
股份有限公司委托其他单位发行股票支付的手续费或佣金等相关费用，减去股票发行冻结期间的利息收入的余额较大时	在不超过两年的期限内平均摊销，计入损益(金额较小，直接计入当期损益)

（续表）

长期待摊费用	摊销的方式
企业所有筹建期间发生的费用，即开办费用	先在长期待摊费用中归集，待企业开始生产经营时一次计入开始生产经营当期的损益。如果长期待摊费用不能使以后会计期间受益，应当将尚未摊销项目的摊余价值全部计入当期损益

注：企业的长期待摊费用是一种费用性质的资产，由于金额较大，对其处理应当格外慎重。企业的经理人员应当根据企业预期的利润目标，在制度允许的前提下，结合企业的生产实际，有计划地安排长期待摊费用的发生和摊销，这对企业盈余管理是非常重要的。

【例8－2】2013年4月1日，精工制造公司对其以经营租赁方式新租入的办公楼进行装修，发生以下有关支出：生产用材料500 000元，购进该批原材料时支付的增值税进项税额为85 000元；辅助生产车间为该装修工程提供的劳务支出为180 000元；有关人员工资等职工薪酬435 000元。2013年12月1日，该办公楼装修完工，达到预定可使用状态并交付使用，并按租赁期10年开始进行摊销。假定不考虑其他因素，精工制造公司应做如下会计处理。

(1)装修领用原材料时：

借：长期待摊费用　　585 000

　　贷：原材料　　500 000

　　　　应交税费——应交增值税(进项税额转出)　　85 000

(2)辅助生产车间为装修工程提供劳务时：

借：长期待摊费用　　180 000

　　贷：生产成本——辅助生产成本　　180 000

(3)确认工程人员职工薪酬时：

借：长期待摊费用　　435 000

　　贷：应付职工薪酬　　435 000

(4)2013年摊销装修支出时：

借：管理费用　　10 000

　　贷：长期待摊费用　　10 000

第九章
流动负债

本章导读

负债是企业借助外部的资源，发展自身事业的行为。在现代的商业社会中，无债一身轻的企业未必是好企业，用别人的钱做自己的事才是企业家最应该做的。合理的负债，将加速企业的发展，不合理的负债，将成为企业沉重的包袱。在本章我们重点学习以下内容：

☑ 负债是什么，包括哪些种类？

☑ 什么是短期借款，如何进行会计核算？

☑ 什么是应付票据，如何进行会计核算？

☑ 什么是应付账款，如何进行会计核算？

☑ 什么是应付职工薪酬，如何进行会计核算？

☑ 什么是应交税费，如何进行会计核算？

第一节 负债概述

一、负债的概念

负债，是指企业过去的交易或者事项形成的、预期会导致经济利益流出企业的现时义务。根据负债的定义，负债具有以下几个方面的特征，如表9-1所示。

表9-1 负债的特征

负债的特征	具体含义	相关解释
负债是企业承担的现时义务	由企业过去的交易或事项形成的、现已承担的义务。现时义务可以是法定义务，也可以是推定义务。法定义务是指具有约束力的合同或者法律、法规规定的义务，通常在法律意义上需要强制执行。推定义务是指根据企业多年来的习惯做法、公开的承诺或者公开宣布的政策而导致企业将承担的责任，这些责任也使有关各方形成了企业将履行义务解脱责任的合理预期	比如，银行借款是因为企业接受了银行贷款形成的负债，如果没有接受贷款就不会发生银行借款这项负债。应付账款是因为采用信用购买商品或接受劳务形成的，在这种购买未发生之前，相应的应付账款并不存在。企业在将来要发生的交易或事项可能产生的债务，不能作为会计上的负债处理，如企业与供货单位签订在将来可能形成负债的供货合同，在当前就不能将其作为一项负债
负债的清偿预期会导致经济利益流出企业	企业在履行义务时会导致企业经济利益的流出。具体表现为交付资产、提供劳务、将一部分股权转给债权人等	如果企业能够回避义务，则不能相应地确认为一项负债
负债是由企业过去的交易或者事项形成的	只有过去发生的交易或者事项才形成负债，企业将在未来发生的承诺、合同等交易或者事项，不形成负债	过去的交易或者事项包括购买货物、使用劳务、接受银行贷款等

二、负债的确认条件

将一项现时义务确认为负债，首先应当符合负债的定义。除此之外，还需要同时满足以下两个条件。

（一）与该义务有关的经济利益很可能流出企业

根据负债的定义，预期会导致经济利益流出企业是负债的一个本质特征。鉴于履行义务所需流出的经济利益带有不确定性，尤其是与推定义务相关的经济利益通常需要依赖于大量的估计，因此，负债的确认应当与经济利益流出的不确定性程度的判断结合起来。如果根据编制财务报表时所取得的证据判断，与现时义务有关的经济利益很可能流出企业，那么就应当将其作为负债予以确认。

（二）未来流出的经济利益的金额能够可靠地计量

负债的确认也需要符合可计量性的要求，即对于未来流出的经济利益的金额应当能够准确地计量。对于与法定义务有关的经济利益流出金额，通常可以根据合同或者法律规定的金额予以确定。考虑到经济利益的流出一般发生在未来期间，有时未来期间的时间还很长，在这种情况下，有关金额的计量通常需要考虑货币时间价值等因素的影响。对于与推定义务有关的经济利益流出金额，通常需要较大程度的估计。为此，企业应当根据履行相关义务所需支出的最佳估计数进行估计，并综合考虑有关货币时间价值、风险等因素的影响。

三、负债的分类

负债按偿还期的长短，可以分为流动负债和非流动负债，对它们的分类介绍如表 9 – 2 所示。

表 9－2　负债的分类

负债的分类	具体内容	包含项目
流动负债	预计在一个正常营业周期中清偿、或者主要为交易目的而持有、或者自资产负债表日起 1 年内（含 1 年）到期应予以清偿、或者企业无权自主地将清偿推迟至资产负债表日后 1 年以上的负债	短期借款、应付票据、应付账款、预收账款、应付职工薪酬、应交税费、应付利息、应付股利、其他应付款等
非流动负债	流动负债以外的负债	长期借款、应付债券等

第二节　短期借款

短期借款是指企业为满足生产经营的需要，向银行或其他金融机构借入的、偿还期在 1 年以内的各种借款。

“短期借款”科目总括地反映企业短期借款的借入、归还和结余情况，该科目应按债权人户名和借款种类进行明细核算。对短期借款的核算如表 9－3 所示。

表 9－3　短期借款的核算

短期借款的业务	相关的会计核算
借入各种短期借款	借记“银行存款”等科目，贷记“短期借款”科目
归还短期借款	借记“短期借款”科目，贷记“银行存款”科目
支付短期借款利息	数额不大，可于支付月份计入财务费用，借记“财务费用”科目，贷记“预提费用”“银行存款”等科目
	数额较大的采用按月预提的办法，即各月末应借记“财务费用”科目，贷记“预提费用”科目，实际支付利息时，再借记“预提费用”科目，贷记“银行存款”科目

【例9-1】A企业为了采购原料，于2012年9月1日从银行取得期限为3个月、年利率6%的短期借款10万元，利息在偿还本金时一并归还；该企业对此项短期借款的利息支出，采用按月预提的办法。请对以上的经济业务编制会计分录。

(1)取得借款时。

借：银行存款	100 000	
贷：短期借款		100 000

(2)每月末(9月、10月末)预提利息费用时。

每月应预提的利息 = 100 000 × 6% × 1/12 = 500(元)。

借：财务费用	500	
贷：预提费用		500

(3)该项借款到期，按期归还本息时。

应归还的本息总和 = 100 000 + 500 × 3 = 101 500(元)。

借：短期借款	100 000	
预提费用	1 000	
财务费用	500	
贷：银行存款		101 500

第三节　应付票据

一、应付票据的概念

应付票据是指企业根据合同进行延期付款交易采用商业汇票结算时，所签发、承兑的商业汇票。“应付票据”科目总括地反映和监督企业应付票据的发生、偿付等情况。该科目的贷方登记已承兑的商业汇票的面额，借方登记已到期付款的商业汇票的面额、转作应付账款或作借款处理的商业汇票的面额。

二、应付票据的账务处理

和应付票据相关的业务主要包括企业开出票据进行支付、票据到期支付现金以及票据到期后无资金进行支付等三种情况。其主要的账务处理如表9－4所示。

表9－4　应付票据的账务处理

应付票据的业务	相关的会计核算
开出、承兑商业汇票或以承兑汇票抵付货款	借记"原材料""应付账款""应交税费"等科目，贷记"应付票据"科目
开出银行承兑汇票，支付银行承兑手续费	借记"财务费用"科目，贷记"银行存款"科目
汇票到期付款	借记"应付票据"科目，贷记"银行存款" 科目。 如为带息票据，则应借记"应付票据""财务费用"等科目，贷记"银行存款"科目
票据到期无力偿付	若为商业承兑汇票，则将应付票据转为应付账款，借记"应付票据"科目，贷记"应付账款"科目
	若为银行承兑汇票，则银行先代为付款，企业将不足部分转为短期借款，借记"应付票据"科目，贷记"银行存款""短期借款"科目
归还银行短期借款	借记"短期借款"科目，贷记"银行存款"科目

注：为了加强对应付票据的管理，企业应当设置"应付票据备查簿"，详细登记每一应付票据的种类、号数、签发日期、到期日、票面金额、票面利率、合同交易号、收款人姓名或单位名称，以及付款日期和金额等资料。应付票据到期结清时，应当在备查簿内逐笔注销。

【例9－2】广通物流公司出具一张期限为90天、票面金额为35 100元的不带息商业承兑汇票，向某供应单位购进原材料一批，其增值税发票上记载的货款金额为30 000元，增值税额为5 100元。请对以上的业务编制会计分录。

(1)购进原材料时。

借：原材料　　30 000

　　应交税费——应交增值税(进项税额)　　5 100

　　贷：应付票据　　35 100

(2)票据到期，接到银行支付汇票款项的通知时。

借：应付票据　　35 100

　　贷：银行存款　　35 100

第四节　应付账款

一、应付账款的概念

应付账款是指企业在经营过程中因购买商品、材料、物资或接受劳务而发生的待清偿的债务。

“应付账款”科目是用来总括反映企业应付账款的发生、偿还和结欠情况的科目，该科目的贷方登记发生的应付账款，借方登记偿还的应付账款、以商业汇票抵付的应付账款以及冲销无法支付的应付账款，贷方余额表示尚未偿还的应付账款。

“应付账款”科目在设立二级科目时，一般应按照债权单位进行明细核算。

二、应付账款的账务处理

应付账款的账务处理如表 9－5 所示。

表 9－5　应付账款的账务处理

应付账款的业务	相关的会计核算
购入材料、物资等已验收入库，但货款尚未支付	根据有关结算凭证，借记“原材料”和“应交税费”科目，贷记“应付账款”科目
对于材料等已验收入库、结算凭证未到、货款尚未支付的业务，因结算凭证一般在短时间内即可到达	为了简化核算，可以暂不做会计分录，待收到结算凭证后，再按正常手续进行账务处理。但是，每月月末，对于那些结算凭证尚未到达的入库材料，则应按材料的暂估价格（合同价格或计划单位成本）计价入库，借记“原材料”等科目，贷记“应付账款”科目。这笔分录，在下月月初时应用红字冲回，以便下月结算凭证到达时，按正常程序进行核算

（续表）

应付账款的业务	相关的会计核算
接受供应单位提供劳务而发生的应付未付款项	根据供应单位的发票账单，借记有关的成本费用科目和“应交税费”科目，贷记“应付账款”科目
偿付应付账款	借记“应付账款”科目，贷记“银行存款”等科目
企业开出、承兑商业汇票抵付应付账款	借记“应付账款”科目，贷记“应付票据”科目

对于一些预付账款业务不多的企业，不单独设置“预付账款”科目的情况下，对于预付账款可以通过“应付账款”科目进行核算，即用“应付账款”科目同时核算企业应付账款和预付账款的增减变动和结果。在这种情况下，期末应根据“应付账款”科目所属各明细科目的余额方向来分析判断其是预付账款还是应付账款，也就是该明细科目为借方余额，为预付账款；若该明细科目为贷方余额，则为应付账款。

【例9－3】5月30日，广通物流公司从某厂购进原材料一批，增值税发票记载的货款金额为10 000元，增值税进项税额为1 700元，已验收入库，款项尚未支付。7月10日，广通物流公司开出11 700元的转账支票一张，支付此笔购料款。请编制以上业务的会计分录。

(1)购买材料时。

借：原材料　10 000

　　应交税费——应交增值税(进项税额)　1 700

　　贷：应付账款　11 700

(2)支付购料款时。

借：应付账款　11 700

　　贷：银行存款　11 700

【例9－4】6月28日，环云公司收到供货单位运来的新型材料10吨，发票和商品结算清单尚未到达，原材料已验收入库。6月30日，发票账单仍未到，按每吨3 000元的暂估价入账，请编制以上业务的会计分录。

借：原材料　30 000

　　贷：应付账款　30 000

以上分录7月1日以红字冲回，其会计分录如下：

借：原材料 30 000

贷：应付账款 30 000

第五节 应付职工薪酬

一、应付职工薪酬应核算的内容

应付职工薪酬是指企业根据有关规定应付给职工的各种薪酬，包括职工工资、奖金、津贴和补贴，职工福利费，医疗、养老、失业、工伤、生育等社会保险费，住房公积金，工会经费，职工教育经费，非货币性福利等因职工提供服务而产生的支出。

从广义上讲，职工薪酬是企业必须付出的人力成本，是吸引和激励职工的重要手段，也就是说，职工薪酬既是职工对企业投入劳动获得的报酬，也是企业的成本费用。具体而言，职工薪酬主要包括以下几方面的内容，如表9－6所示。

表9－6 应付职工薪酬包含的内容

职工薪酬的具体内容	详细解释
职工工资、奖金、津贴和补贴	按照国家统计局《关于职工工资总额组成的规定》，构成工资总额的计时工资、计件工资、支付给职工的超额劳动报酬和增收节支的劳动报酬、为了补偿职工特殊或额外的劳动消耗和因其他特殊原因支付给职工的津贴，以及为了保证职工工资水平不受物价影响支付给职工的物价补贴等，企业按规定支付给职工的加班加点工资、以及根据国家法律、法规和政策规定，企业在职工因病、工伤、产假、计划生育假、婚丧假、事假、探亲假、定期休假、停工学习、执行国家或社会义务等特殊情况下，按照计时工资或计件工资标准的一定比例支付的工资，也属于职工工资范畴，在职工休假或缺勤时，不应当从工资总额中扣除

（续表）

职工薪酬的具体内容	详细解释
职工福利费	企业为职工集体提供的福利，如补助生活困难职工等
医疗保险费、养老保险费、失业保险费、工伤保险费和生育保险费等社会保险费	企业按照国家规定的基准和比例计算，向社会保险经办机构缴纳的医疗保险金、基本养老保险金、失业保险金、工伤保险费和生育保险费，以及根据《企业年金试行办法》《企业年金基金管理试行办法》等相关规定，向有关单位（企业年金基金账户管理人）缴纳的补充养老保险费；以商业保险形式提供给职工的各种保险待遇
住房公积金	企业按照国家《住房公积金管理条例》规定的基准和比例计算，向住房公积金管理机构缴存的住房公积金
工会经费和职工教育经费	企业为了改善职工文化生活、提高职工业务素质用于开展工会活动和职工教育及职业技能培训，根据国家规定的基准和比例，从成本费用中提取的金额
非货币性福利	包括企业以自己的产品或其他有形资产发放给职工作为福利、企业向职工提供无偿使用自己拥有的资产（如提供给企业高级管理人员的汽车、住房等）。企业为职工无偿提供商品或类似医疗保健的服务等
其他职工薪酬	比如因解除与职工的劳动关系给予的补偿（又称辞退福利），即由于企业分离办社会职能、实施主辅分离、辅业改制等分流安置富余人员、实施重组、改组计划、职工不能胜任等原因，企业在职工劳动合同到期之前解除与职工的劳动关系，或者为鼓励职工自愿接受裁减而提出补偿建议的计划中给予职工的经济补偿

二、应付职工薪酬的核算

企业应当通过“应付职工薪酬”科目，核算应付职工薪酬的提取、结算、使用等情况。具体应用如表 9－7 所示。

表 9－7　应付职工薪酬科目的设置

科目设置目的	核算内容	明细设置
“应付职工薪酬”科目用来核算应付职工薪酬的提取、结算、使用等情况	贷方登记已分配计入有关成本费用项目的职工薪酬的数额，借方登记实际发放职工薪酬的数额；该科目期末贷方余额，反映企业应付未付的职工薪酬	按照“工资”“职工福利”“社会保险费”“住房公积金”“工会经费”“职工教育经费”“非货币性福利”等应付职工薪酬项目设置明细科目

(一)计算职工薪酬

进行应付职工薪酬的核算，首先要计算应付给职工的工资。计算应付职工工资时，应根据考勤记录、工时记录、产量记录、工资标准、工资等级、计件工资单件，以及其他有关资料，计算应付给每一职工的工资数，在此基础上，再根据有关代扣款项凭证计算实际应发放给每一职工的金额，一般情况下，应按照部门分别编制“工资结算表”，企业可根据本单位的实际需要设计该表的格式与内容。“工资结算表”的一般格式如表 9－8 所示。

表 9－8　部门工资结算表

所属部门：第一基本生产车间　　2013 年×月　　单位：元

序号	姓名	基本工资	浮动工资	津贴		应付工资	代扣款项		实发金额
				乘车补助	餐补		三险一金	个人所得税	
1									
2									
3									
4									
5									
6									
7									
合计									

为了总括反映整个企业对职工工资的结算情况，便于进行总分类核算，会计部门应根据按车间、部门编制的工资结算单，汇总编制“工资结算汇总表”，企业可根据本单位的实际需要设计该表的格式与内容。工资结算汇总表的常见格式如表 9－9 所示。

表 9－9　工资结算汇总表

2013 年 × 月　　　　单位：元

车间、部门名称	计时工资	计件工资	应扣工资		综合奖金	应付工资	扣除款项		实发金额
			事假	病假			社会保险	个人所得税	
第一基本生产车间									
其中：生产工人									
管理人员									
第二基本生产车间									
其中：生产工人									
管理人员									
管理部门									
销售机构人员									
基建工程人员									
医务室、托儿所									
长期病假人员									
合　　计									

（二）分配职工薪酬

1. 货币性职工薪酬

企业应当在职工为其提供服务的会计期间，根据职工提供服务的受益对象，将应确认的职工薪酬（包括货币性薪酬和非货币性福利）计入相关资产成本或当期损益，同时确认为应付职工薪酬。具体情况如表 9－10 所示。

表 9－10　职工薪酬的会计处理

职工薪酬	相应的会计处理
生产部门人员的职工薪酬	借记“生产成本”“制造费用”“劳务成本”等科目，贷记“应付职工薪酬”科目
管理部门人员的职工薪酬	借记“管理费用”科目，贷记“应付职工薪酬”科目
销售人员的职工薪酬	借记“销售费用”科目，贷记“应付职工薪酬”科目
由在建工程、研发支出负担的职工薪酬	借记“在建工程”“研发支出”科目，贷记“应付职工薪酬”科目
外商投资企业按规定从净利润中提取的职工奖励及福利基金	借记“利润分配——提取的职工奖励及福利基金”科目，贷记“应付职工薪酬”科目

企业在计量应付职工薪酬时，应当注意国家是否有相关的明确计提标准，并加以区别处理，如表 9－11 所示。

表 9－11　不同项目职工薪酬的计提方法

情形	计提方法
企业应向社会保险经办机构（或企业年金基金账户管理人）缴纳的医疗保险费、养老保险费、失业保险费、工伤保险费、生育保险费等社会保险费，应向住房公积金管理中心缴存的住房公积金，以及应向工会部门缴纳的工会经费等	一般而言，国家（或企业年金计划）统一规定了计提基础和计提比例，应当按照国家规定的标准计提
职工福利费等职工薪酬	国家（或企业年金计划）没有明确规定计提基础和计提比例，企业应当根据历史经验数据和实际情况，合理预计当期应付职工薪酬。当期实际发生金额大于预计金额的，应当补提应付职工薪酬；当期实际发生金额小于预计金额的，应当冲回多提的应付职工薪酬

月份终了，应按照工资的用途，进行工资费用的分配。工资费用的分配，先由各车间根据工资结算凭证等编制工资费用分配表，会计部门根据各车间的工资费用分配表及其他部门发生的工资数，编制工资费用分配汇总表，据以进行总分配核算。工资费用分配汇总表的格式如表 9－12 所示。

表 9－12 工资分配汇总表

2013 年 × 月 单位：元

车间部门 应借科目	第一基本生产车间	第二基本生产车间	管理部门	销售部门	基建部门	医务室托儿所	合计
生产成本							
制造费用							
管理费用							
销售费用							
在建工程							
应付福利费							
合计							

【例 9－5】 A 企业某月应付工资总额 462 000 元，工资费用分配汇总表中列示的产品生产人员工资为 320 000 元，车间管理人员工资为 70 000 元，企业行政管理人员工资为 60 400 元，销售人员工资为 11 600 元。A 企业的有关会计分录如下：

借：生产成本——基本生产成本 320 000
　　制造费用 70 000
　　管理费用 60 400
　　销售费用 11 600
　　贷：应付职工薪酬——工资 462 000

本例中，根据不同职工提供服务的受益对象不同，产品生产人员工资 320 000 元应记入“生产成本——基本生产成本”科目，车间管理人员工资 70 000 元应记入“制造费用”科目，行政管理人员工资 60 400 元应记入“管理费用”科目，销售人员工资 11 600 元应记入“销售费用”科目。

【例9－6】A企业下设一所职工食堂，每月根据在岗职工数量及岗位分布情况、相关历史经验数据等计算需要补贴食堂的金额，从而确定企业每期因职工食堂而需要承担的福利费金额。2013年11月，企业在岗职工共计100人，其中管理部门20人，生产车间80人，企业的历史经验数据表明，对于每个职工企业每月需补贴食堂120元。A企业的有关会计分录如下：

借：生产成本　　9 600

　　管理费用　　2 400

　　贷：应付职工薪酬——职工福利　　12 000

A企业应当提取的职工福利＝120×100＝12 000（元）。其中，生产车间职工相应的福利费9 600元应记入“生产成本”科目，管理部门职工相应的福利费2 400元应记入“管理费用”科目。

【例9－7】根据国家规定的计提标准计算，A企业本月应向社会保险经办机构缴纳职工基本养老保险费共计64 680元，其中，应计入基本生产车间生产成本的金额为44 800元，应计入制造费用的金额为9 800元，应计入管理费用的金额为10 080元。A企业的有关会计分录如下：

借：生产成本——基本生产成本　　44 800

　　制造费用　　9 800

　　管理费用　　10 080

　　贷：应付职工薪酬——社会保险费（基本养老保险）　　64 680

2. 非货币性职工薪酬

非货币性职工薪酬的会计处理如表9－13所示。

表9－13　非货币性职工薪酬的会计处理

非货币性职工薪酬的形式	相关会计处理
企业以其自产产品作为非货币性福利发放给职工	根据受益对象不同，按该产品的公允价值，计入相关资产成本或当期损益，同时确认应付职工薪酬，借记“管理费用”“生产成本”“制造费用”等科目，贷记“应付职工薪酬——非货币性福利”科目

（续表）

非货币性职工薪酬的形式	相关会计处理
将企业拥有的房屋等资产无偿提供给职工使用	根据受益对象不同，将该住房每期应计提的折旧计入相关资产成本或当期损益，同时确认应付职工薪酬，借记"管理费用""生产成本""制造费用"等科目，贷记"应付职工薪酬——非货币性福利"科目，并且同时借记"应付职工薪酬——非货币性福利"科目，贷记"累计折旧"科目
租赁住房等资产供职工无偿使用	根据受益对象不同，将每期应付的租金计入相关资产成本或当期损益，并确认应付职工薪酬，借记"管理费用""生产成本""制造费用"等科目，贷记"应付职工薪酬——非货币性福利"科目。难以认定受益对象的非货币性福利，直接计入当期损益和应付职工薪酬

【例9－8】华威有限公司为小家电生产企业，共有职工200名，其中170名为直接参加生产的职工，30名为总部管理人员。2013年2月，华威有限公司以其生产的每台成本为900元的电暖器作为春节福利发放给公司每名职工。该型号的电暖器市场售价为每台1 000元，华威有限公司适用的增值税税率为17%。华威有限公司的有关会计处理如下：

借：生产成本　　198 900

　　管理费用　　35 100

　　贷：应付职工薪酬——非货币性福利　　234 000

本例中，应确认的应付职工薪酬＝200×1 000×17%＋200×1 000＝234 000（元）。

其中，应记入"生产成本"科目的金额＝170×1 000×17%＋170×1 000＝198 900（元）；

应记入"管理费用"科目的金额＝30×1 000×17%＋30×1 000＝35 100（元）。

【例9－9】华威有限公司为总部各部门经理级别以上职工提供汽车免费使用，同时为副总裁以上高级管理人员每人租赁一套住房。华威有限公司总部共有部门经理以上职工20名，每人提供一辆桑塔纳汽车免费使用，假定每辆桑塔纳汽车每月计提折旧1 000元；该公司共有副总裁以上高级管理人员5名，公司为其每人租赁一套面积为200平方米带有家具和电器的公寓，月租金为每套8 000元。华威有限公司的有关会计处理如下：

借：管理费用　　60 000

　　贷：应付职工薪酬——非货币性福利　　60 000

借：应付职工薪酬——非货币性福利　　20 000

　　贷：累计折旧　　20 000

本例中，华威有限公司为总部各部门经理级别以上职工提供汽车免费使用，同时为副总裁以上高级管理人员租赁住房使用，根据受益对象，确认的应付职工薪酬应当计入管理费用。

应确认的应付职工薪酬 $=20\times1\ 000+5\times8\ 000=60\ 000$（元）。

其中，提供企业拥有的汽车供职工使用的非货币性福利 $=20\times1\ 000=20\ 000$（元）；

租赁住房供职工使用的非货币性福利 $=5\times8\ 000=40\ 000$（元）。

此外，华威有限公司将其拥有的汽车无偿提供给职工使用的，还应当按照该部分非货币性福利20 000元，借记“应付职工薪酬——非货币性福利”科目，贷记“累计折旧”科目。

（三）发放职工薪酬

1. 支付职工工资、奖金、津贴和补贴

支付职工薪酬的会计处理如表9－14所示。

表9－14　支付职工薪酬的会计处理

相关支付活动	会计处理
向职工支付工资、奖金、津贴等	借记“应付职工薪酬——工资”科目，贷记“银行存款”“库存现金”等科目
从应付职工薪酬中扣还的各种款项（代垫的家属药费、个人所得税等）	借记“应付职工薪酬”科目，贷记“银行存款”“库存现金”“其他应收款”“应交税费——应交个人所得税”等科目

（续表）

相关支付活动	会计处理
每月发放工资前根据“工资结算汇总表”中的“实发金额”栏的合计数向开户银行提取现金	借记“库存现金”科目，贷记“银行存款”科目；然后再向职工发放

【例9－10】A企业根据“工资结算汇总表”结算本月应付职工工资总额462 000元，代扣职工房租40 000元，企业代垫职工家属医药费2 000元，实发工资420 000元。A企业的有关会计处理如下。

(1)向银行提取现金：

借：库存现金　420 000

　贷：银行存款　420 000

(2)发放工资，支付现金：

借：应付职工薪酬——工资　420 000

　贷：库存现金　420 000

(3)代扣款项：

借：应付职工薪酬——工资　42 000

　贷：其他应收款——职工房租　40 000

　　　　　　　——代垫医药费　2 000

本例中，企业从应付职工薪酬中代扣职工房租40 000元、扣还代垫职工家属医药费2 000元，应当借记“应付职工薪酬”科目，贷记“其他应收款”科目。

2. 支付职工福利费

企业向职工食堂、职工医院、生活困难职工等支付职工福利费时，借记“应付职工薪酬——职工福利”科目，贷记“银行存款”“库存现金”等科目。

【例9－11】2013年9月，A企业以现金支付职工张某生活困难补助800元。A企业的有关会计分录如下：

借：应付职工薪酬——职工福利　800

　贷：库存现金　800

3. 支付工会经费、职工教育经费和缴纳社会保险费、住房公积金

企业支付工会经费和职工教育经费用于工会运作和职工培训，或按照国家有关规定缴纳社会保险费或住房公积金时，借记“应付职工薪酬——工会经费(或职工教育经费、社会保险费、住房公积金)”科目，贷记“银行存款”“库存现金”等科目。

【例9－12】B企业以银行存款缴纳参加职工医疗保险的医疗保险费40 000元，B企业的有关会计分录如下：

借：应付职工薪酬——社会保险费　　40 000

　　贷：银行存款　　40 000

4. 发放非货币性福利

发放非货币性福利的会计处理如表9－15所示。

表9－15　发放非货币性福利的会计处理

发放非货币性福利的形式	会计处理
以自产产品作为职工薪酬发放给职工	确认主营业务收入，借记“应付职工薪酬——非货币性福利”科目，贷记“主营业务收入”科目，同时结转相关成本，涉及增值税销项税额的，还应进行相应的处理
支付租赁住房等资产供职工无偿使用发生的租金	借记“应付职工薪酬——非货币性福利”科目，贷记“银行存款”等科目

【例9－13】华威有限公司向职工发放电暖器作为福利，以上电暖器的成本价为180 000元，按该公司同种产品的售价，该批电暖器的总售价为200 000元，其销项税额为34 000元，同时要根据相关税收规定，视同销售计算增值税销项税额。华威有限公司的有关会计处理如下：

借：应付职工薪酬——非货币性福利　　234 000

　　贷：主营业务收入　　200 000

　　　　应交税费——应交增值税(销项税额)　　34 000

借：主营业务成本　　180 000

　　贷：库存商品——电暖器　　180 000

第六节　应交税费

商业企业应交税费的种类较多，增值税、企业所得税是最重要的两个税种，这里介绍应交增值税、应交消费税、应交营业税、应交城市维护建设税和应交教育费附加的核算。

一、应交增值税

增值税是对在我国境内销售货物或者提供加工、修理修配劳务，以及进口货物的单位和个人，就其取得的货物或应税劳务销售额，以及进口货物金额计算税款，并实行税款抵扣制的一种流转税。

2013 年 8 月 1 日起，在全国范围内开展交通运输业和部分现代服务业“营改增”试点。将提供交通运输业和部分现代服务业的单位和个人，改为增值税纳税人。所称部分现代服务，是指陆路运输服务、水路运输服务、航空运输服务、管道运输服务、研发和技术服务、信息技术服务、文化创意服务、物流辅助服务、有形动产租赁服务、鉴证咨询服务、广播影视服务。纳税人提供应税服务，应当缴纳增值税，不再缴纳营业税。

按照我国现行制度规定，增值税的纳税义务人分为一般纳税人和小规模纳税人两种。“营改增”后，纳入增值税征收范围的应税服务的年销售额标准为 500 万元(含本数)。一般纳税人和小规模纳税人在应纳增值税额的计算方法和会计核算上是有所不同的。下面以一般纳税企业为主，简单介绍应纳增值税额的计算和应交增值税的核算。

(一)征税范围及税率

“营改增”试点后，物流企业已由原来的营业税纳税人转变为增值税纳税人。征税范围既包括原有的销售货物、提供加工修理修配劳务、进口货物，还包括纳入试点范围的交通运输业以及部分现代服务，具体来说主要有提供陆路运输服务、水路运输服务、航空运输服务、物流辅助服务、有形动产租赁服务。

税率在原有基本税率 17% 和低税率 13% 的基础上，对新纳入征税范围的应税服务规定：

(1)提供有形动产租赁服务，税率为 17%。

(2)提供交通运输业服务，税率为 11%。

(3)提供现代服务业服务(有形动产租赁服务除外)，税率为6%。

(4)财政部和国家税务总局规定的应税服务(包括试点地区的单位和个人提供的国际运输服务、向境外单位提供的研发服务和设计服务)，税率为零。

(二)混业经营的计税处理

试点纳税人兼有不同税率或者征收率的销售货物、提供加工修理修配劳务或者应税服务的，应当分别核算适用不同税率或征收率的销售额，未分别核算销售额的，按照以下方法适用税率或征收率：

(1)兼有不同税率的销售货物、提供加工修理修配劳务或者应税服务的，从高适用税率。

(2)兼有不同征收率的销售货物、提供加工修理修配劳务或者应税服务的，从高适用征收率。

(3)兼有不同税率和征收率的销售货物、提供加工修理修配劳务或者应税服务的，从高适用税率。

(三)应纳税额的计算

从应纳增值税额的一般计算原理来说，企业销售货物或者提供应税劳务和应税服务，应纳税额为当期销项税额抵扣当期进项税额后的余额。即应纳税额的一般计算公式为：

$$应纳税额 = 当期销项税额 - 当期进项税额$$

因当期销项税额小于当期进项税额不足抵扣时，其不足部分可以结转下期继续抵扣。

增值税销项税额是指一般纳税人销售货物或提供应税劳务、应税服务按照销售额和增值税税率计算的增值税额。销售额，是指纳税人提供应税服务取得的全部价款和价外费用。价外费用，是指价外收取的各种性质的价外收费，但不包括代为收取的政府性基金或者行政事业性收费。其计算公式为：

$$销项税额 = 销售额 \times 增值税税率$$

计算增值税销项税额所依据的销售额是指企业销售货物或提供应税劳务、应税服务向购买方收取的除销项税额、代扣代交的消费税以及代垫运杂费以外的全部价款和价外费用。

企业如果采用不含税定价的方法，销项税额可以直接根据不含税的销售额计算；如果采用销售额和销项税额合并定价的方法，应按下列公式将含税销售额还原为不含税销售额，并按不含税销售额计算销项税额：

$$不含税销售额 = 含税销售额/(1 + 增值税税率)$$

按照《增值税暂行条例实施细则》的规定，视同销售行为也要计算缴纳增值税，视同销售的情形其销售额的确定如表 9－16 所示。

表 9－16　视同销售的情形其销售额的确定

<table>
<tr><th>视同销售行为</th><th>计算交纳增值税时，销售额的确定顺序</th></tr>
<tr><td>企业将自产、委托加工的货物用于非应税项目</td><td rowspan="5">(1)按当月同类货物的平均销售价格确定。
(2)按最近时期同类货物的平均销售价格确定。
(3)按组成计税价格确定，其计算公式为：组成计税价格 = 成本 ×(1 + 成本利润率)。
属于应征消费税的货物，其组成计税价格应加计消费税额</td></tr>
<tr><td>将自产、委托加工的货物用于投资、提供给其他单位或个体经营者</td></tr>
<tr><td>将自产、委托加工或购买的货物分配给股东或投资者</td></tr>
<tr><td>将自产或委托加工的货物用于集体福利或个人消费</td></tr>
<tr><td>将自产、委托加工或购买的货物无偿赠送他人的</td></tr>
</table>

增值税进项税额是指一般纳税人购进货物或者接受加工修理修配劳务和应税服务，支付或者负担的增值税税额。企业支付的增值税进项税额能否在销项税额中抵扣，应视具体情况而定。

按照我国税法规定，准予从销项税额中抵扣进项税额的项目如表 9－17 所示。

表 9－17　准予抵扣进项税额的项目

<table>
<tr><td rowspan="5">准予从销项税额中抵扣进项税额的项目</td><td>从销售方或者提供方取得的增值税专用发票(含货物运输业增值税专用发票、税控机动车销售统一发票，下同)上注明的增值税额</td></tr>
<tr><td>从海关取得的海关进口增值税专用缴款书上注明的增值税额</td></tr>
<tr><td>购进农产品，除取得增值税专用发票或者海关进口增值税专用缴款书外，按照农产品收购发票或者销售发票上注明的农产品买价和 13% 的扣除率计算的进项税额。计算公式为：进项税额 = 买价 × 扣除率</td></tr>
<tr><td>接受铁路运输服务，按照铁路运输费用结算单据上注明的运输费用金额和 7% 的扣除率计算的进项税额。进项税额计算公式：进项税额 = 运输费用金额 × 扣除率
运输费用金额，是指铁路运输费用结算单据上注明的运输费用(包括铁路临管线及铁路专线运输费用)、建设基金，不包括装卸费、保险费等其他杂费</td></tr>
<tr><td>接受境外单位或者个人提供的应税服务，从税务机关或者境内代理人取得的解缴税款的中华人民共和国税收缴款凭证(以下称税收缴款凭证)上注明的增值税额</td></tr>
</table>

按照我国税法规定，纳税人取得的增值税扣税凭证不符合法律、行政法规或者国家税务总局有关规定的，其进项税额不得从销项税额中抵扣。增值税扣税凭证，是指增值税专用发票、海关进口增值税专用缴款书、农产品收购发票、农产品销售发票、铁路运输费用结算单据和税收缴款凭证。不得从销项税额中抵扣进项税额的项目如表9－18所示。

表9－18　不得抵扣进项税额的项目

不得从销项税额中抵扣进项税额的项目	用于适用简易计税方法计税项目、非增值税应税项目、免征增值税项目、集体福利或者个人消费的购进货物、接受加工修理修配劳务或者应税服务
	非正常损失的购进货物及相关的加工修理修配劳务和交通运输业服务
	非正常损失的在产品、产成品所耗用的购进货物（不包括固定资产）、加工修理修配劳务或者交通运输业服务
	接受的旅客运输服务

（四）应交增值税的核算

进行应交增值税的核算，企业应在“应交税费”科目下设置“应交增值税”和“未交增值税”两个明细科目。

在“应交增值税”明细账内，一般应在借方设置“进项税额”“已交税金”“转出未交增值税”等栏目；贷方一般应设置“销项税额”“进项税额转出”“转出多交增值税”等栏目。

通过“应交增值税”明细账借、贷双方各栏目的记录可计算出以下数据：

公式1：抵减后的进项税额＝进项税额－进项税额转出

公式2：本期应交增值税＝本期销项税额－抵减后的进项税额

公式3：本期未交增值税＝本期应交增值税－已交税金

上述公式2中，如果本期销项税额小于抵减后的进项税额，其差额为尚未抵扣的进项税额，保留在“应交增值税”明细账内，可以在以后期间继续抵扣。

上述公式3中，如果本期应交增值税大于已交税金，则差额为本期未交增值税，应将其通过“应交增值税”明细账借方的“转出未交增值税”专栏转入“未交增值税”明细账的贷方。如果本期应交增值税小于已交税金，则差额为本期多交增值税，应将其通过“应交增值税”明细账贷方的“转出多交增值税”专栏转出“未交增值税”明细账的借方。

“未交增值税”明细科目的借方登记转入的当期多交的增值税以及上缴的上期应交未交的增值税；贷方登记转入的当期应交未交的增值税。该明细科目若为借方余额表示累计多交的增值税，若为贷方余额表示累计未交的增值税。

在这里需要注意的是，企业在交纳增值税时，应将补交的以前月份未交增值税记入“应交税费——未交增值税”科目借方，将交纳的当月增值税记入“应交增值税——应交增值税(已交税金)”科目的借方。

【例9-14】通达物流公司为增值税一般纳税人，2013年10月份发生的与增值税有关的经济业务及其会计分录如下。

(1)提供运输业务，取得不含税的收入为80 000元，增值税销项税额=80 000×11% = 8 800(元)，共计88 800元，款项收到存入银行。

借：银行存款　　88 800

　　贷：主营业务收入　　80 000

　　　　应交税费——应交增值税(销项税额)　　8 800

(2)补交9月份未交增值税2 000元。

借：应交税费——未交增值税　　2 000

　　贷：银行存款　　2 000

(3)购进原材料一批，原价30 000元，增值税5 100元，运费1 000元(供应单位代垫)，共计36 100元，原材料已验收入库，货款未付。注意，由购货方实际负担的运费，可按11%作为进项税额抵扣。

增值税进项税额=5 100+1 000×11% = 5 210(元)；

原材料成本=36 100-5 210=30 890(元)。

借：原材料　　30 890

　　应交税费——应交增值税(进项税额)　　5 210

　　贷：应付账款　　36 100

二、应交消费税

消费税是对特定的消费品所征收的一种流转税。在我国境内生产、委托加工和进口应税消费品的单位和个人，为消费税的纳税义务人。对于物流企业而言，一般情况不会涉及消费税。因此，我们简要地介绍一下消费税的计税办法及会计处理，如表 9－19 所示。

表 9－19 消费税的计税办法及会计处理

应税项目	计税办法及公式	“应交税费”科目的设置	
烟、酒及酒精、化妆品、护肤护发品、贵重首饰及珠宝玉石、鞭炮和焰火、汽油、柴油、汽车轮胎、摩托车、小汽车、高档手表、实木地板、游艇等	从价定率、从量定额、或者两者相结合的办法	设置目的：为了反映和监督消费税的应交和实际交纳情况	贷方登记应交纳的消费税金，借方登记实际交纳的消费税金，期末贷方余额表示尚未交纳的消费税金
	实行从价定率办法计算的应纳税额＝销售额×税率 实行从量定额办法计算的应纳税额＝销售数量×单位税额 实行复合办法计算的应纳税额＝销售数量×单位税额＋销售额×税率		

注：销售额是指纳税人销售应税消费品向购买方收取的全部价款和价外费用，但不包括应向购货方收取的增值税税款。

三、应交营业税

营业税是对建筑业、金融保险业、邮电通信业、文化体育业、娱乐业、服务业等行业所提供的应税劳务，以及各行业转让无形资产和销售不动产所征收的一种流转税。随着“营改增”试点在全国范围内进行，现在提供交通运输业和部分现代服务业服务（以下称应税服务）的单位和个人，为增值税纳税人。纳税人提供应税服务，应当缴纳增值税，不再缴纳营业税。在我国境内提供应税劳务、转让无形资产或者销售不动产的单位和个人为营业税的纳税义务人。营业税的计税方法及会计处理如表 9－20 所示。

表 9－20　营业税的计税方法及会计处理

营业税应税项目	计税办法及公式	"应交税费"科目的设置	
建筑业、金融保险业、邮电通信业、文化体育业、娱乐业、服务业（不包括改征增值税的部分现代服务业）等行业所提供的应税劳务，以及各行业转让无形资产和销售不动产	应纳税额＝营业额×适用税率 以上公式中的营业额，除《营业税暂行条例》规定的有关情形外，是指企业提供应税劳务、转让无形资产或者销售不动产向对方收取的全部价款和价外费用	设置目的：为了反映和监督营业税的应交和实际交纳情况	在"应交税费"科目下设置"应交营业税"明细科目。该明细科目的贷方登记应交纳的营业税金，借方登记实际交纳的营业税金，期末贷方余额表示尚未交纳的营业税金

【例 9－15】 通达公司为物流企业，该公司 2007 年 3 月份购买一间仓库，购置原价 200 万元，2013 年 2 月将其售出，取得全部收入 300 万元。计算应纳营业税税额，以及编制有关会计分录如下。

营业税应纳税额＝（3 000 000－2 000 000）×5%＝50 000（元）。

（1）计算出应纳营业税税额时。

借：营业税金及附加　　50 000

　　贷：应交税费——应交营业税　　50 000

（2）实际交纳营业税时。

借：应交税费——应交营业税　　50 000

　　贷：银行存款　　50 000

四、应交城市维护建设税

城市维护建设税是一种附加税。按现行税法的规定，城市维护建设税的计税方法及会计核算如表 9－21 所示。

表 9－21 营业税的计税办法及会计核算

城市维护建设税的计税依据及公式	会计核算
以应交纳的增值税、消费税、营业税为计税依据： 应纳税额＝计税依据×适用税率	计算应纳城市维护建设税时，应借记“营业税金及附加”“其他业务成本”“固定资产清理”等科目，贷记“应交税费——应交城市维护建设税”科目；实际交纳城市维护建设税时，应借记“应交税费——应交城市维护建设税”科目，贷记“银行存款”科目

【例 9－16】某企业本期应交增值税、消费税和营业税如下：

销售产品应交增值税	60 000 元
销售产品应交消费税	30 000 元
合计	90 000 元

根据以上数据和本企业城市维护建设税税率 7% 计算的应交城市维护建设税及会计分录如下：

本月应交城市维护建设税＝90 000×7%＝6 300（元）。

借：营业税金及附加　　6 300

　贷：应交税费——应交城市维护建设税　　6 300

五、应交教育费附加

教育费附加是一种附加费。应交教育费附加的计算方法与应交城市维护建设税的计算口径相同。计算应交教育费附加时，借记“营业税金及附加”“其他业务成本”“固定资产清理”等科目；贷记“应交税费——应交教育费附加”科目；实际交纳教育费附加时，借记“应交税费——应交教育费附加”科目，贷记“银行存款”科目。

【例 9－17】 某企业本期应交增值税、消费税如下：

销售产品应交增值税	60 000 元
销售产品应交消费税	30 000 元
合计	90 000 元

根据以上数据和本企业应交教育费附加的税率 3% 计算的应交教育费附加金额及会计分录如下：

本月应交教育费附加 = 90 000 × 3% = 2 700（元）。

借：营业税金及附加　　2 700

　　贷：应交税费——应交教育费附加　　2 700

第十章
非流动负债

本章导读

非流动负债是指流动负债以外的负债，主要包括长期借款、应付债券等，非流动负债可以帮助企业获得发展所必需的长期资金。在本章我们重点学习以下内容：

☑ 什么是长期借款，取得长期借款时如何进行会计核算？
☑ 如何对长期借款的费用进行会计核算？
☑ 归还长期借款时，如何进行会计核算？
☑ 什么是债券溢价发行，如何进行会计核算？
☑ 什么是债券折价发行，如何进行会计核算？
☑ 什么是可转换债券，如何进行会计核算？

第一节　长期借款

一、长期借款的概念

长期借款是指企业向银行或其他金融机构借入的期限在一年以上(不含一年)的各种借款，一般用于固定资产的购建、改扩建工程、大修理工程、对外投资以及为了保持长期经营能力等方面。它是企业长期负债的重要组成部分，必须加强管理与核算。

由于长期借款的使用关系到企业的生产经营规模和效益，企业除了要遵守有关的贷款规定、编制借款计划并要有不同形式的担保外，还应监督借款的使用、按期支付长期借款的利息以及按规定的期限归还借款本金等。因此，长期借款会计处理的基本要求是反映和监督企业长期借款的借入、借款利息的结算和借款本息的归还情况，促使企业遵守信贷纪律。提高信用等级，同时也要确保长期借款发挥效益。

二、长期借款的会计核算

为了总括地反映和监督长期借款的借入、应计利息以及本息的归还情况，企业应设置“长期借款”科目。该科目的贷方登记借款本金和利息的增加数，借方登记借款本金和利息的减少数，贷方余额表示尚未归还的长期借款的本金和利息。该科目应按借款单位设置明细科目，并按借款种类进行明细核算。

(一)取得长期借款时的账务处理

企业借入长期借款，应按实际收到的金额，借记“银行存款”科目，贷记“长期借款——本金”科目；如存在差额，还应借记“长期借款——利息调整”科目。

【例10－1】A企业于2013年4月10日从银行借入资金4 000 000元，借款期限为3年，年利率为8.4%(到期一次还本付息，不计复利)。所借款项已存入银行。A企业的有关会计处理如下：

借：银行存款　　4 000 000

　　贷：长期借款——本金　　4 000 000

(二)长期借款费用的账务处理

借款费用是指企业因借款而发生的利息、折价或溢价的摊销和辅助费用，以及因外币借款而发生的汇兑差额。在我国，对借款费用处理的原则是，允许借款费用在符合条件的情况下，计入资产的成本(也称为借款费用的资本化)，其他借款费用则作为当期的费用计入当期损益(也称为借款费用的费用化)。

具体说来，长期借款费用的账务处理分为以下的几种情况，如表10－1所示。

表10－1　长期借款费用的账务处理

长期借款费用的几种情况	具体的账务处理
属于筹建期间的，计入长期待摊费用	借记“长期待摊费用”科目，贷记“长期借款”科目
属于生产经营期间的，计入财务费用	借记“财务费用”科目，贷记“长期借款”科目
属于发生的与固定资产购建有关的专门借款的借款费用，在固定资产达到预定可使用状态前按规定应予以资本化	借记“在建工程”科目，贷记“长期借款”科目
固定资产达到预定可使用状态后所发生的借款费用以及按规定不能予以资本化的借款费用	借记“财务费用”科目，贷记“长期借款”科目

(三)对借款费用进行账务处理时的关键点

1. 借款费用开始资本化时点的确定

因专门借款而发生的借款费用在以下三个条件同时具备时，应当开始资本化，计入所购建固定资产的成本。借款费用资本化时点的判断如表 10－2 所示。

表 10－2　借款费用资本化时点的判断

专门借款的借款费用开始资本化，计入所购建固定资产的成本应同时具备的三个条件	资产支出已经发生：只包括为购建固定资产而以支付现金、转移非现金资产或者承担带息债务形式发生的支出
	借款费用已经发生：已经发生了因购建固定资产而专门借入款项的利息、折价或溢价的摊销、辅助费用或汇兑差额
	为使资产达到预定可使用状态所必要的购建活动已经开始

注意：因安排专门借款而发生的一次性支出的辅助费用，一般不考虑开始资本化的三个条件，应当在发生时予以资本化，如发行债券的手续费、初始借款手续费应当在实际发生时予以资本化。

2. 借款费用资本化金额的确定

(1)利息资本化金额的确定。

在应予资本化的每一会计期间，利息的资本化金额按如下公式计算：

$$\text{每一会计期间利息的资本化金额} = \text{至当期末止购建固定资产累计支出加权平均数} \times \text{资本化率}$$

上式中：累计支出加权平均数 = ∑[每笔资产支出金额 × 每笔资产支出实际占用的天数(月数)/会计期间涵盖的天数(月数)]

如果为购建固定资产只借入一笔专门借款，资本化率为该项借款的利率。如果为购建固定资产借入一笔以上的专门借款，资本化率为这些借款的加权平均利率，计算公式为：

$$\text{加权平均利率} = \frac{\text{专门借款当期实际发生的利息之和}}{\text{专门价款本金加权平均数}}$$

其中：

$$\text{专门借款本金加权平均数} = \sum \text{每笔专门借款本金} \times \frac{\text{每笔专门借款的实际占用天数(月数)}}{\text{会计期间涵盖的天数(月数)}}$$

(2)借款折价和溢价的摊销。

专门借款的资金如果是采用发行债券的形式筹集的，那么，当其存在折价或溢价时，还应当将每期应摊销的折价或溢价金额作为利息的调整额，对资本化率做相应调整。折溢价的摊销，可以采用实际利率法，也可以采用直线法。

实际利率法的计算公式如下：

当期溢(折)价的摊销额＝|按面值计算的应计利息－按实际利率计算的利息费用|
＝|面值×票面利率－[面值＋(－)尚未摊销的溢价(尚未摊销的折价)]×实际利率|

直线法的计算公式如下：

当期溢(折)价的摊销额＝债券溢(折)价/债券年限
＝|面值－实际所付金额|/债券年限的

特别强调：在确定借款费用资本化金额时，与专门借款有关的利息收入不得冲减所购建的固定资产成本，所发生的利息收入直接计入当期财务费用。

(3)辅助费用资本化金额的确定。

每期辅助费用的资本化金额就是每期辅助费用的实际发生额，不与发生在所购置的固定资产上的支出相挂钩。

(4)外币专门借款汇兑差额资本化金额的确定。

汇兑差额的资本化金额为当期外币专门借款本金及利息所发生的汇兑差额，不与发生在所购建的固定资产上的支出相挂钩。

借款费用资本化的暂停和停止的判断及会计处理如表10－3所示。

表10－3　借款费用资本化暂停和停止的判断及会计处理

区分	满足的条件	会计处理
借款费用资本化的暂停	固定资产的购建活动发生非正常中断，并且中断时间连续超过3个月	暂停借款费用的资本化，将其确认为当期费用，直至资产的购建活动重新开始
借款费用资本化的停止	当所购建的固定资产达到预定可使用状态	停止其借款费用的资本化；以后发生的借款费用应当于发生当期确认为费用

【例10－2】海诺公司由于缺乏生产周转资金，决定从银行申请2年期的长期贷款用于企业的生产经营周转，2012年1月1日从银行取得长期借款100 000元，年利率为8%，按单利计息，每年计提一次利息，到期一次还本付息。

由于该项长期借款的用途是企业的生产经营周转，因而按期确认的借款利息，应计入财务费用。

(1)取得借款，并存入开户银行时。

借：银行存款　　100 000

　　贷：长期借款　　100 000

(2)2012 年年末计提利息时。

利息费用 = 100 000 × 8% = 8 000(元)。

借：财务费用　　8 000

　　贷：应付利息　　8 000

(3)2013 年年末计提利息的计算和所编制会计分录与 2012 年年末的相同。

(4)2013 年年末到期归还本息时。

两年的累计利息 = 8 000 + 8 000 = 16 000(元)；

应归还的本息之和 = 100 000 + 16 000 = 116 000(元)。

借：长期借款　　100 000

　　应付利息　　16 000

　　贷：银行存款　　116 000

【例 10－3】华美家具公司计划构建一条家具生产线，2012 年 1 月 1 日为购建这条生产线从银行取得 2 年期借款 200 万元，年利率 8%，按单利计息。在该项固定资产的购建中，分别于 1 月 1 日、4 月 1 日和 10 月 1 日各投入 50 万元、100 万元和 50 万元。该项固定资产于 2012 年 12 月 31 日达到预定可使用状态。有关具体经济业务及资本化金额的计算和会计分录如下。

(1)2012 年 1 月 1 日，取得该项借款，其中 500 000 元直接用于支付工程价款，1 500 000 元存入银行。

借：在建工程　　500 000

　　银行存款　　1 500 000

　　贷：长期借款　　2 000 000

(2)2012 年 4 月 1 日，支付工程价款 1 000 000 元。

借：在建工程　　1 000 000

　　贷：银行存款　　1 000 000

(3)2012年10月1日，支付工程价款500 000元。

借：在建工程　　500 000

　　贷：银行存款　　500 000

(4)2012年年末确认借款利息及其中应予资本化的金额和应计入财务费用的金额。

①借款利息 = 2 000 000 × 8% = 160 000(元)。

②应予资本化的金额的计算。

因为为购建这条生产线，只取得了一笔贷款，因此资本化率也就是该笔贷款的利率，即8%。

加权资金金额 = 500 000 + 1 000 000 × (9/12) + 500 000 × (3/12) = 1 375 000(元)。

应予资本化的金额 = 1 375 000 × 8% = 110 000(元)。

③应计入财务费用的金额 = 160 000 − 110 000 = 50 000(元)。

借：在建工程　　110 000

　　财务费用　　50 000

　　贷：应付利息　　160 000

(5)2012年年末该项固定资产达到预定可使用状态，并验收竣工，交付使用。

该项固定资产的造价 = 500 000 + 1 000 000 + 500 000 + 110 000 = 2 110 000(元)。

借：固定资产　　2 110 000

　　贷：在建工程　　2 110 000

(6)2013年年末确认利息时。

借款利息 = 2 000 000 × 8% = 160 000(元)。

借：财务费用　　160 000

　　贷：应付利息　　160 000

(7)2013年年末归还本息时。

本息之和 = 2 000 000 + 160 000 + 160 000 = 2 320 000(元)。

借：长期借款　　2 320 000

　　贷：银行存款　　2 320 000

（四）归还长期借款

企业归还长期借款的本金时，应按归还的金额，借记“长期借款——本金”科目，贷记“银行存款”科目；按归还的利息，借记“应付利息”科目，贷记“银行存款”科目。

第二节　长期债券

一、一般公司债券的会计核算

（一）应付债券核算应设置的科目

企业发行的超过一年期以上的债券，构成了企业的长期负债。应付债券科目的设置和核算如表 10－4 所示。

表 10－4　应付债券科目的设置和核算

应付债券科目的设置目的	科目的核算
为了总括地反映和监督企业为筹集长期资金而实际发行的债券及应付的利息	贷方登记应付债券的本息，借方登记归还的债券本息，贷方余额表示尚未归还的债券本息

按照债券发行价格（也就是销售价格）与债券面额的高低比较，债券的发行有平价发行、溢价发行和折价发行三种情况。

之所以会出现债券的发行价格和票面金额不一致，主要是由于债券的票面利率与债券发行当时的市场利率，或者说投资者期望得到的投资收益率不相一致等原因造成的。债券发行的相关概念如表 10－5 所示。

表 10－5　债券发行的相关概念

相关概念	具体内容	发行情况
债券的票面利率（名义利率）	债券上载明的、用以计算应付给债券购买人利息的利率	票面利率等于市场利率时，债券按其面值发行，即平价发行；票面利率大于市场利率时，债券以高于其面值的价格发行，即溢价发行，发行价格超出债券面值的部分，称为债券溢价，这一部分差价，相当是给于债券发行人多支付利息的补偿；票面利率小于市场利率时，债券以低于其面值的价格发行，即折价发行，发行价格低于债券面值的部分，称为债券折价，这一部分差价，相当是给于债券投资人少收获的利息的补偿
市场利率（实际利率）	债券发行时，金融市场上那些风险和期限与该债券类似的借贷资本的通行利率	

为了全面核算企业应付债券的面值、溢价、折价和应计利息，应在“应付债券”总账科目下，设置“债券面值”“债券溢价”“债券折价”和“应计利息”四个明细科目。具体核算内容如表 10－6 所示。

表 10－6　应付债券的会计核算

科目设置目的	明细科目的设置	相关会计处理
为了全面核算企业应付债券的面值、溢价、折价和应计利息	应付债券——债券面值	贷方登记已发行债券的面值；借方登记归还债券的面值；贷方余额表示尚未归还债券的面值
	应付债券——债券溢价	贷方登记已发行债券的溢价金额；借方登记逐期摊销的溢价金额；贷方余额表示尚未摊销的溢价金额
	应付债券——债券折价	借方登记已发行债券的折价金额；贷方登记逐期摊销的折价金额；借方余额表示尚未摊销的折价金额
	应付债券——应计利息	贷方登记各期应计的债券利息，借方登记实际支付的债券利息，贷方余额表示尚未支付的债券利息

应付债券所发生的借款费用（如利息、折价或溢价的摊销和辅助费用）的处理原则，比照长期借款的借款费用的处理办法。

为了反映和监督各种债券的详细情况，企业应按照债券的种类进行明细核算。

应付债券的核算，包括债券发行的核算、应计利息和债券溢价、折价摊销的核算以及债券还本付息的核算等内容。下面分别讲述。

(二)公司债券发行的核算

债券发行的方式及其含义如表10－7所示。

表10－7　债券发行的方式及其含义

债券发行方式	含义	解释
面值发行	如果债券的票面利率与同期银行存款利率相同，可按票面价格发行，称为面值发行	—
溢价发行	假设其他条件不变，债券的票面利率高于同期银行存款利率时，可按超过债券面值的价格发行	溢价是企业以后各期多付利息而事先得到的补偿
折价发行	如果债券的票面利率低于同期银行存款利率，可按低于债券面值的价格发行，称为折价发行	折价是企业以后各期少付利息而预先给投资者的补偿

企业发行债券时，根据发行费用与发行期间冻结资金所产生的利息收入的关系，有不同的会计处理方式，如表10－8所示。

表10－8　发行债券时的相关会计处理

情形	相关会计处理
如果发行费用大于发行期间冻结资金所产生的利息收入	按发行费用减去发行期间冻结资金所产生的利息收入后的差额，根据发行债券所筹集资金的用途，分别计入财务费用或相关资产成本
如果发行费用小于发行期间冻结资金所产生的利息收入	按发行期间冻结资金所产生的利息收入减去发行费用后的差额，视同发行债券的溢价收入，在债券存续期间于计提利息时摊销，分别计入财务费用或相关资产成本

企业发行债券时，按实际收到的款项，借记“银行存款”“库存现金”等科目，按债券票面价值，贷记“应付债券——债券面值”科目，按实际收到的款项与票面价值之间的差额，贷记或借记“应付债券——利息调整”科目。不同债券发行方式下的账务处理如表 10－9 所示。

表 10－9　不同债券发行方式下的账务处理

债券发行方式	相关账务处理
债券平价发行	按照实际收到的款项（这时实际收到的款项与已发行债券的面值总额相等），借记“银行存款”“库存现金”科目，贷记“应付债券——债券面值”科目
	支付债券代理发行手续费及印刷费时，借记“在建工程”“财务费用”科目，贷记“银行存款”科目
债券溢价发行	按实际收到的款项，借记“银行存款”“库存现金”科目；按已发行债券的面值总额，贷记“应付债券——债券面值”科目
	按实际收到的款项与已发行债券的面值总额的差额，贷记“应付债券——债券溢价”科目
债券折价发行	按实际收到的款项，借记“银行存款”“库存现金”科目；按实际收到的款项与已发行债券的面值总额的差额，借记“应付债券——债券折价”科目；按已发行债券的面值总额，贷记“应付债券——债券面值”科目

【例 10－4】2013 年 1 月 1 日，北山公司发行 2 年期长期债券用于生产经营周转。债券面值总额为 120 000 元，年利率为 9%，债券到期一次还本付息。债券平价发行，全部售完，实际收到 120 000 元，款项已存入银行。请对以上的经济业务编制会计分录。

收到发行债券筹集到的款项时。

借：银行存款　　120 000

　　贷：应付债券——债券面值　　120 000

【例 10－5】2013 年 1 月 1 日，尚为公司发行 2 年期长期债券用于生产经营周转。债券面值总额为 100 000 元，年利率为 10%，债券到期一次还本付息。债券溢价发行，全部售完，实际收到 101 694 元，款项已存入银行。请对以上的经济业务编制会计分录。

收到发行债券筹集到的款项时。

借：银行存款	101 694	
贷：应付债券——债券面值		100 000
——债券溢价		1 694

【例 10－6】2013 年 1 月 1 日，江盈公司发行 2 年期长期债券用于生产经营周转。债券面值总额为 150 000 元，年利率为 8%，债券到期一次还本付息。债券折价发行，全部售完，实际收到 147 458 元，款项已存入银行。请对以上的经济业务编制会计分录。

收到发行债券筹集到的款项时。

借：银行存款	147 458	
应付债券——债券折价	2 542	
贷：应付债券——债券面值		150 000

（三）应计利息和债券溢价、折价摊销的核算

企业应按期计提债券的利息费用。在计提利息费用时，需考虑债券的溢价或折价。债券折价、溢价对利息费用的调整如图 10－1 所示。

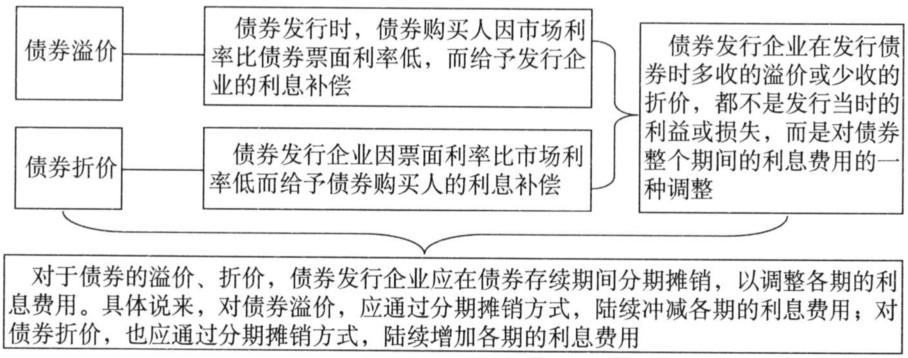

图 10－1　债券折价、溢价对利息费用的调整

企业债券溢价和折价的摊销，可以采用直线法，也可以采用实际利率法。这里只介绍直线法下企业债券溢价和折价摊销的处理。直线法是将债券溢价或折价平均分摊于各期的一种摊销方法。

1. 平价发行的债券计提利息的账务处理

平价发行的债券不存在溢价和折价问题，计提利息的账务处理较为简单。计提利息时，按应计利息的数额，借记“在建工程”“财务费用”科目，贷记“应付债券——应计利息”科目。

【例10-7】2012年1月1日，北山公司发行2年期长期债券用于生产经营周转。债券面值总额为120 000元，年利率为9%，债券到期一次还本付息。债券平价发行，全部售完，实际收到120 000元，款项已存入银行。假设每年计提一次利息，那么各期应计利息可计算如下：

各期应计利息 = 120 000 × 9% = 10 800(元)。

根据以上计算结果，各期期末(2012年12月31日、2013年12月31日)分别请对以上的经济业务编制会计分录：

借：财务费用	10 800	
贷：应付债券——应计利息		10 800

2. 债券溢价的摊销和应计利息的账务处理

溢价发行的债券在计提利息时，应按应摊销的溢价金额，借记“应付债券——债券溢价”科目，按应计利息与溢价摊销额的差额，借记“在建工程”“财务费用”科目，按应计利息，贷记“应付债券——应计利息”科目。

【例10-8】2012年1月1日，北山公司发行2年期长期债券用于生产经营周转。债券面值总额为100 000元，年利率为10%，债券到期一次还本付息。债券溢价发行，全部售完，减除各项发行费用后实际收到105 000元，款项已存入银行。假设每年计提一次利息，那么各期应计利息和应摊销的溢价金额如下：

各期应计利息 = 100 000 × 10% = 10 000(元)；

应摊销的溢价金额 = 5 000 ÷ 2 = 2 500(元)。

根据以上计算结果，各期期末(2012 年 12 月 31 日、2013 年 12 月 31 日)分别请对以上的经济业务编制会计分录：

借：财务费用 7 500

应付债券——债券溢价 2 500

贷：应付债券——应计利息 10 000

3. 债券折价的摊销和应计利息的账务处理

折价发行的债券在计提利息时，应按应摊销的折价金额与应计利息之和，借记“在建工程”“财务费用”科目，按应摊销的折价金额，贷记“应付债券——债券折价”科目，按应计利息，贷记“应付债券——应计利息”科目。

【例 10－9】2012 年 1 月 1 日，北山公司发行 2 年期长期债券用于生产经营周转。债券面值总额为 100 000 元，年利率为 10%，债券到期一次还本付息。债券折价发行，全部售完，减除各项发行费用后实际收到 95 000 元，款项已存入银行。假设每年计提一次利息，那么各期应计利息和应摊销的折价金额如下：

各期应计利息＝100 000×10%＝10 000(元)；

各期应摊销的折价金额＝5 000÷2＝2 500(元)。

根据以上计算结果，各期期末(2012 年 12 月 31 日、2013 年 12 月 31 日)分别请对以上的经济业务编制会计分录：

借：财务费用 12 500

贷：应付债券——应计利息 10 000

——债券折价 2 500

(四)债券到期支付本息的核算

债券到期，支付本息时，应按支付的本金，借记“应付债券——债券面值”科目；按支付的利息，借记“应付债券——应计利息”科目，按支付的本金和利息之和，贷记“银行存款”科目。

【例 10－10】海天公司曾于 2011 年 10 月 1 日发行一批 2 年期企业债券，票面金额 120 000 元，票面利率为 9%，单利计息，约定到期后一次性还本付息。

该笔债券到期时，支付的本金为 120 000 元，支付的利息为21 600元（120 000×9%×2）。

借：应付债券——债券面值　　120 000
　　应付债券——应计利息　　21 600
　　贷：银行存款　　141 600

二、可转换公司债券核算

我国发行可转换公司债券采取记名式无纸化发行方式，债券最短期限为 3 年，最长期限为 5 年。企业发行的可转换公司债券在“应付债券”科目下设置“可转换公司债券”明细科目核算。可转换公司债券的初始确认规定如图 10－2 所示。

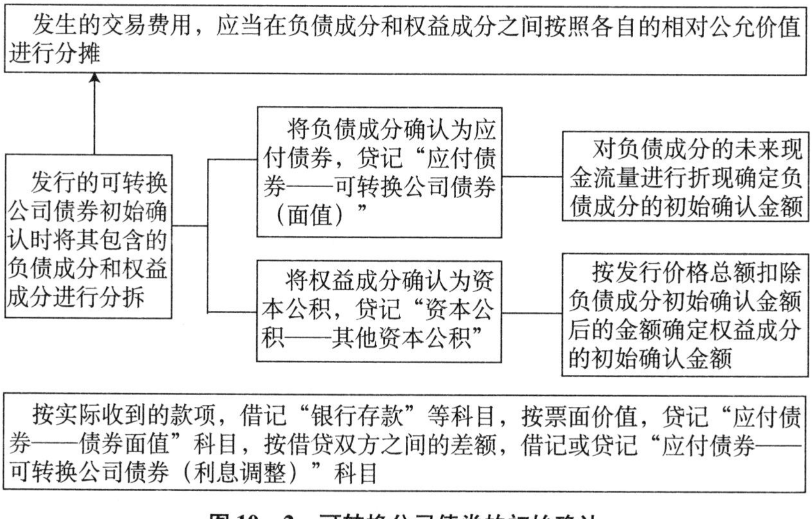

图 10－2　可转换公司债券的初始确认

对于可转换公司债券的负债成分，在转换为股份前，其会计处理与一般公司债券相同，即按照实际利率和摊余成本确认利息费用，按照面值和票面利率确认应付债券，差额作为利息调整。可转换公司债券持有者在债券存续期间内行使转换权利，将可转换公司债券转换为股份时，对于债券余额不足转换1股股份的部分，企业应当以现金偿还。

可转换公司债券持有人行使转换权利，将其持有的债券转换为股票，其账务处理如图10－3所示。

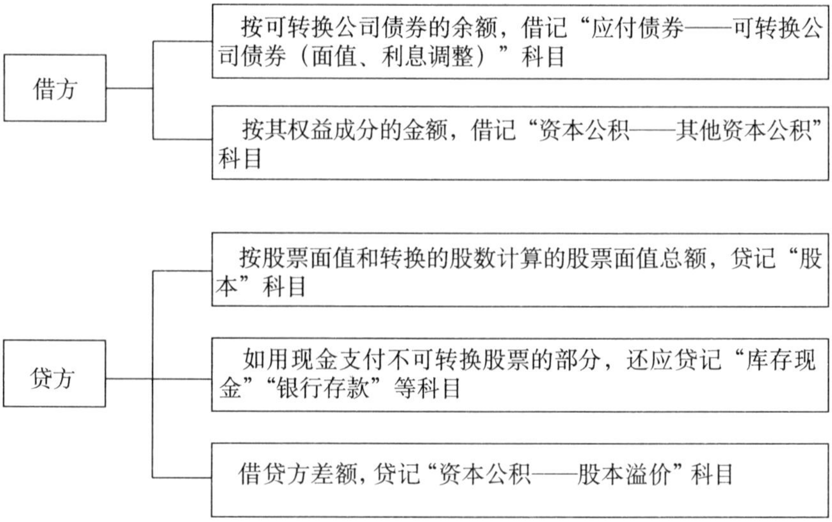

图10－3 可转换债券转换为股票时的账务处理

【例10－11】 A公司经批准于2012年1月1日按面值发行5年期一次还本付息的可转换公司债券200 000 000元，款项已收存银行，债券票面年利率为6%，利息按年支付。债券发行1年后可转换为普通股股票，初始转股价为每股10元，股票面值为每股1元。

2013年1月1日债券持有人将持有的可转换公司债券全部转换为普通股股票(假定按当日可转换公司债券的账面价值计算转股数)，A公司发行可转换公司债券时二级市场上与之类似的没有转换权的债券市场利率为9%。据此，A公司的账务处理如下。

(1)2012年1月1日发行可转换公司债券：

借：银行存款　　200 000 000

　　应付债券——可转换公司债券(利息调整)　　23 343 600

　　贷：应付债券——可转换公司债券(面值)　　200 000 000

　　　　资本公积——其他资本公积　　23 343 600

可转换公司债券负债成分的公允价值 = 200 000 000 × P/F(i = 9%, n = 5) + 200 000 000 × 6% × P/A(i = 9%, n = 5) = 200 000 000 × 0.6499 + 200 000 000 × 6% × 3.8897 = 176 656 400(元)。

可转换公司债券权益成分的公允价值 = 200 000 000 − 176 656 400 = 23 343 600(元)。

(2)2012 年 12 月 31 日确认利息费用：

应计利息 = 200 000 000 × 6% = 12 000 000(元)。

财务费用 = (200 000 000 − 23 343 600) × 9% = 15 899 076(元)。

利息调整 = 15 899 076 − 12 000 000 = 3 899 076(元)。

借：财务费用　　15 899 076

　贷：应付债券——可转换公司债券(应计利息)　　12 000 000

　　　　　　——可转换公司债券(利息调整)　　3 899 076

(3)2013 年 1 月 1 日债券持有人行使转换权：

转换的股份数 = (176 656 400 + 12 000 000 + 3 899 076) ÷ 10 = 19 255 547.6(股)。

不足 1 股的部分支付现金 0.6 元。

借：应付债券——可转换公司债券(面值)　　200 000 000.00

　　　　——可转换公司债券(应计利息)　　12 000 000.00

　资本公积——其他资本公积　　23 343 600.00

　贷：股本　　19 255 547.00

　　应付债券——可转换公司债券(利息调整)　　19 444 524.00

　　资本公积——股本溢价　　196 643 528.40

　　库存现金　　0.60

第十一章
或有事项

本章导读

金融危机的周期性复发，使得企业更加关注风险，对经济发展中的不确定性越来越持谨慎的态度。企业在日常经营活动中，经常会出现一些潜在的义务，如未决诉讼或仲裁、债务担保、产品质量保证等，正是因为或有事项的不确定性，在会计处理时基于谨慎性原则，我们需要对或有事项中的或有资产和或有负债进行不同的处理。在本章我们重点学习以下内容：

- ☑ 什么是或有事项，或有事项具有什么特征？
- ☑ 在或有事项中，哪些属于或有负债、哪些属于或有资产，两者之间具有什么联系？
- ☑ 哪些事项属于或有事项，如何对其进行计量？
- ☑ 对于各种或有事项，如何进行会计处理？

第一节 或有事项概述

一、或有事项的特征

或有事项是指过去的交易或者事项形成的、其结果须由某些未来事项的发生或不发生才能决定的不确定事项。常见的或有事项主要包括：未决诉讼或仲裁、债务担保、产品质量保证（含产品安全保证）、承诺、亏损合同、重组义务、环境污染整治、修改其他债务条件方式的债务重组等。

或有事项与不确定性联系在一起，但在会计处理过程中存在的不确定性并不都形成或有事项，如固定资产折旧，虽然存在固定资产使用年限和残值等不确定性，但由于固定资产的原价本身是确定的，其价值最终转移到产品中去也是确定的，因而固定资产折旧不是或有事项。其他的如固定资产大修理、正常维护等，还有如计提存货跌价准备、短期投资跌价准备、长期投资减值准备、坏账准备等，均不属于或有事项。或有事项具有表 11－1 所示基本特征。

表 11－1 或有事项的基本特征

或有事项的基本特征	具体含义	举例说明
由过去交易或事项形成	或有事项的现存状况是过去交易或事项引起的客观存在	未决诉讼虽然是正在进行中的诉讼，但该诉讼是企业因过去的经济行为导致起诉其他单位或被其他单位起诉。这是现存的一种状况而不是未来将要发生的事项。未来可能发生的自然灾害、交通事故、经营亏损等，不属于或有事项
结果具有不确定性	或有事项的结果是否发生具有不确定性，或者或有事项的结果预计将会发生，但发生的具体时间或金额具有不确定性	债务担保事项的担保方到期是否承担和履行连带责任，需要根据被担保方债务到期时能否按时还款加以确定。这一事项的结果在担保协议达成时具有不确定性

（续表）

或有事项的基本特征	具体含义	举例说明
由未来事项决定	或有事项的结果只能由未来不确定事项的发生或不发生才能决定	债务担保事项只有在被担保方到期无力还款时，企业（担保方）才履行连带责任

二、或有负债和或有资产

（一）或有负债

或有负债，是指过去的交易或事项形成的潜在义务，其存在须通过未来不确定事项的发生或不发生证实；或过去的交易或事项形成的现时义务，履行该义务不是很可能导致经济利益流出企业或该义务的金额不能可靠地计量。或有负债涉及两类义务：一类是潜在义务；另一类是现时义务。具体如表11－2所示。

表11－2　或有负债涉及的两类义务

或有负债的两类义务	具体含义	相关内容
潜在义务	结果取决于不确定未来事项的可能义务	潜在义务最终是否转变为现时义务，由某些未来不确定事项的发生或不发生才能决定。或有负债作为一项潜在义务，其结果如何只能由未来不确定事项的发生或不发生来证实
现时义务	企业在现行条件下已承担的义务	或有负债作为现时义务，其特征在于：该现时义务的履行不是很可能导致经济利益流出企业，或者该现时义务的金额不能可靠地计量

其中，关于或有负债的现时义务的两个特征的解释如表11－3所示。

表 11-3 或有负债的现时义务的两个特征

特征	含义	举例
不是很可能导致经济利益流出企业	该现时义务导致经济利益流出企业的可能性不超过 50%（含 50%）	例如，A 企业与 B 企业签订担保合同，承诺为 B 企业的某项贷款提供担保。由于担保合同的签订，A 企业承担了一项现时义务，但承担现时义务并不意味着经济利益很可能因此流出企业。如果 B 企业的财务状况良好，说明 A 企业履行连带责任的可能性不大，那么这项担保合同不是很可能导致经济利益流出 A 企业。该项现时义务属于 A 企业的或有负债
金额不能可靠地计量	该现时义务导致经济利益流出企业的“金额”难于合理预计，现时义务履行的结果具有较大的不确定性	某单位全体员工发生食物中毒，而 A 公司是这次中毒事件的食物提供者。中毒事件发生后，A 公司立即承诺负担一切赔偿费用，但事态还在发展中，难以预计将发生的赔偿费用。此时，A 公司承担了现时义务，但其金额不能可靠地计量，从而应当作为或有事项进行披露

注：或有负债无论是潜在义务、还是现时义务均不符合负债的确认条件，因而不能在会计报表内予以确认，但应按相关规定在附注中披露。

（二）或有资产

或有资产的含义如表 11-4 所示。

表 11-4 或有资产的含义

或有资产的含义	或有资产的具体解释	举例说明
过去的交易或者事项形成的潜在资产，其存在须通过未来不确定事项的发生或不发生予以证实	或有资产作为一种潜在资产，其结果具有较大的不确定性，只有随着经济情况的变化，通过某些未来不确定事项的发生或不发生才能证实其是否会形成企业真正的资产	A 企业向法院起诉 B 企业侵犯了其专利权。法院尚未对该案件进行公开审理，A 企业是否胜诉尚难判断。对于 A 企业而言，将来可能胜诉而获得的赔偿属于一项或有资产，但这项或有资产是否会转化为真正的资产，要由法院的判决结果确定。如果终审判决结果是 A 企业胜诉，那么这项或有资产就转化为 A 企业的一项资产。如果终审判决结果是 A 企业败诉，那么或有资产就消失了，更不可能形成 A 企业的资产

正如或有负债不符合负债确认条件一样，或有资产也不符合资产确认条件，因而也不能在会计报表内确认。但是或有负债与或有资产也可能会转化为可以确认的负债或资产。对或有负债与或有资产的转化的介绍如表 11－5 所示。

表 11－5　对或有负债与或有资产的转化

原因	影响或有负债和或有资产的多种因素处于不断变化之中，企业应当持续地对影响或有负债和或有资产的因素予以关注
过程	随着时间推移和事态的进展，或有负债对应的潜在义务可能转化为现时义务，原本不是很可能导致经济利益流出的现时义务也可能被证实将很可能导致企业流出经济利益，并且现时义务的金额也能够可靠计量。企业应当对或有负债相关义务进行评价，分析判断其是否符合负债确认条件。如符合，应将其确认为负债。类似地，或有资产对应的潜在权利也可能随着相关因素的改变而发生性质变化。如基本确定可以收到，应将其予以确认
举例	未决诉讼对于预期会胜诉的原告而言，因未决诉讼产生了一项或有资产；该或有资产最终是否转化为企业的资产，要根据诉讼的最终判决而定。最终判决原告胜诉的，这项或有资产就转化为一项真正的资产。对于预期会败诉的被告而言，因未决诉讼产生了一项或有负债或预计负债；如为或有负债，那么该或有负债是否转化为企业的预计负债，只能根据诉讼的进展而定。企业根据法律规定、律师建议等因素判断自己很可能败诉且赔偿金额能够合理估计的，这项或有负债就转化为企业的预计负债

第二节　或有事项的确认和计量

一、或有事项的确认

根据或有事项准则的规定，与或有事项相关的义务同时满足图 11－1 所列三个条件的，应当确认为或有事项。

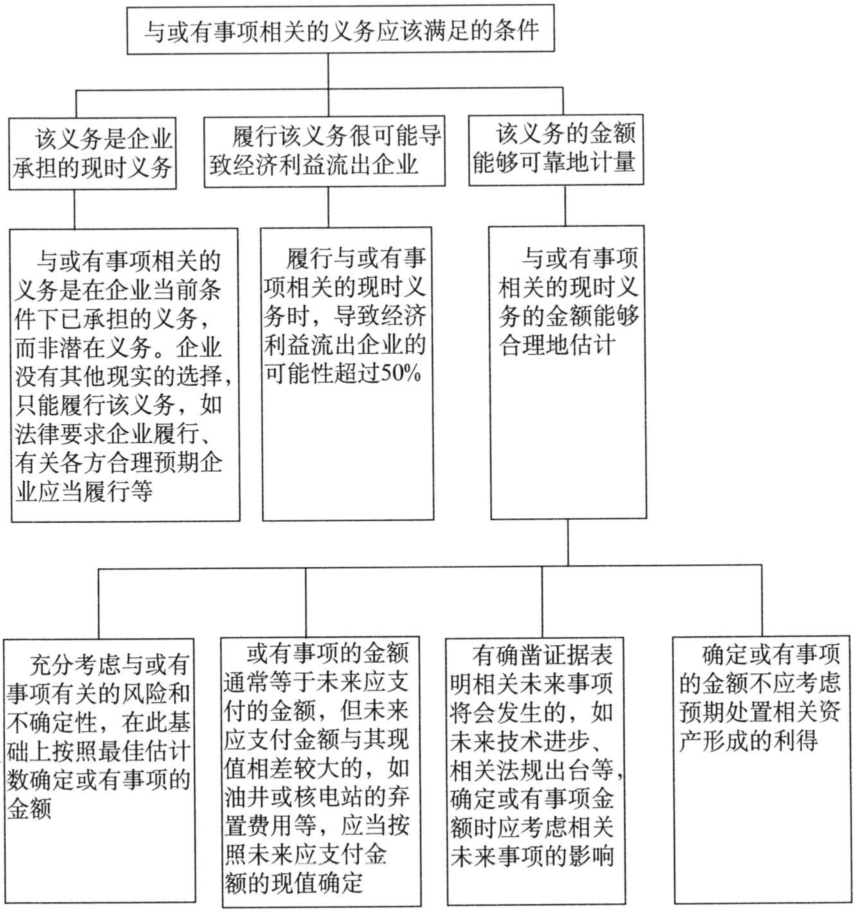

图 11－1　或有事项的确认

履行或有事项相关义务导致经济利益流出企业的可能性，通常应当结合表 11－6 所示情况加以判断。

表 11－6　可能性的判断

结果的可能性	对应的概率区间
基本确定	大于 95% 但小于 100%
很可能	大于 50% 但小于或等于 95%
可能	大于 5% 但小于或等于 50%
极小可能	大于 0 但小于或等于 5%

确定预计负债的金额不应考虑预期处置相关资产形成的利得。

在实务中，企业应当注意以下两点：

(1)企业不应当就未来经营亏损确认或有事项。

(2)企业不应当确认或有负债和或有资产。

二、或有事项的计量

或有事项的计量指与或有事项相关义务形成的预计负债的计量，主要涉及两方面：一是最佳估计数的确定；二是预期可获得补偿的处理。

(一)最佳估计数的确定

预计负债应当按照履行相关现时义务所需支出的最佳估计数进行初始计量。最佳估计数的确定应当按表 11 - 7 所示两种情况处理。

表 11 - 7　最佳估计数的确定

两种情形	最佳估计数的确定
所需支出存在一个连续范围，且该范围内各种结果发生的可能性相同	按照该范围内的中间值，即上、下限金额的平均数确定
所需支出不存在一个连续范围，或者虽然存在一个连续范围但该范围内各种结果发生的可能性不相同	或有事项涉及单个项目的，按照最可能发生金额确定。“涉及单个项目”指或有事项涉及的项目只有一个，如一项未决诉讼、一项未决仲裁或一项债务担保等
	或有事项涉及多个项目的，按照各种可能结果及相关概率计算确定。“涉及多个项目”指或有事项涉及的项目不止一个，如在产品质量保证中，提出产品保修要求的可能有许多客户。相应地，企业对这些客户负有保修义务，应根据发生质量问题的概率及相关的保修费用计算确认应予确认的负债金额

(二)预期可获得的补偿

企业清偿预计负债所需支出全部或部分预期由第三方补偿的，补偿金额只有在基本确定能够收到时才能作为资产单独确认。确认的补偿金额不应当超过预计负债的账面价值。可能获得补偿的情况及其相关处理如图 11 －2 所示。

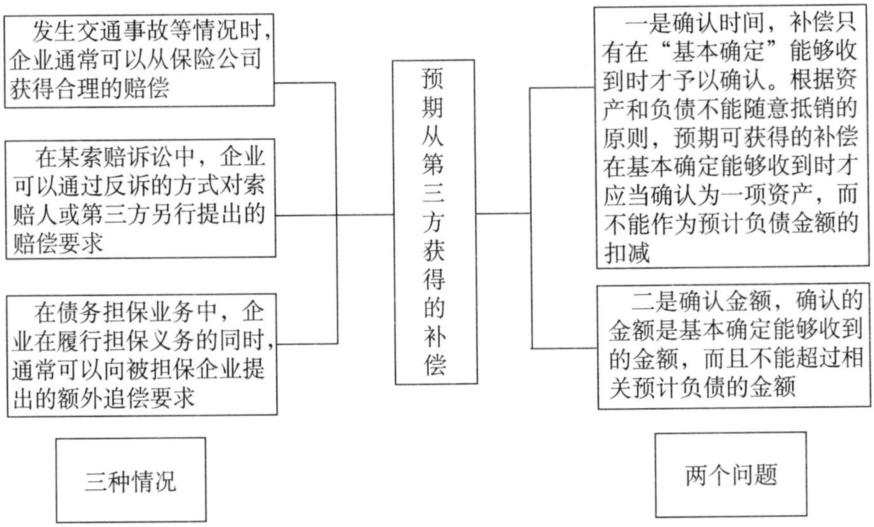

图 11 －2　预期可获得补偿的情况及相关处理

(三) 预计负债计量需要考虑的其他因素

预计负债计量需要考虑的其他因素如表 11 －8 所示。

表 11 －8　预计负债计量需考虑的其他因素

预计负债计量需要考虑的其他因素	具体含义	具体解释
与或有事项有关的风险、不确定性	风险是对交易或事项结果的变化可能性的一种描述。风险的变动可能增加负债计量的金额。企业在不确定的情况下进行判断需要谨慎，使得收益或资产不会被高估，费用或负债不会被低估。但是，不确定性并不说明应当确认过多的预计负债和故意夸大负债	企业需要谨慎从事，充分考虑与或有事项有关的风险和不确定性，既不能忽略风险和不确定性对或有事项计量的影响，也要避免对风险和不确定性进行重复调整，从而在低估和高估预计负债金额之间寻找平衡点

（续表）

预计负债计量需要考虑的其他因素	具体含义	具体解释
货币时间价值	相关现时义务的金额通常应当等于未来应支付的金额。但是，因货币时间价值的影响，资产负债表日后不久发生的现金流出，要比一段时间之后发生的同样金额的现金流出负有更大的义务。所以，如果预计负债的确认时点距离实际清偿有较长的时间跨度，货币时间价值的影响重大，那么要通过对相关未来现金流出进行折现后确认最佳估计数。例如，油气井或核电站的弃置费用等，应当按照未来应支付金额的现值确定。确定预计负债的金额不应考虑预期处置相关资产形成的利得	折现需要注意三点：①用来计算现值的折现率，应当是反映货币时间价值的当前市场估计和相关负债特有风险的税前利率。②风险和不确定性既可以在计量未来现金流出时作为调整因素，也可以在确定折现率时予以考虑，但不能重复反映。③随着时间的推移，即使在未来现金流出和折现率均不改变的情况下，预计负债的现值也将逐渐增长。企业应当在资产负债表日，对预计负债的现值进行重新计量
未来事项	企业应当考虑可能影响履行现时义务所需金额的相关未来事项。也就是说，对于这些未来事项，如果有足够的客观证据表明它们将会发生，则应当在预计负债计量中予以反映	预期的未来事项可能对预计负债的计量较为重要。例如，某核电企业预计在生产结束时清理核废料的费用将因未来技术水平的提高而显著降低。那么，该企业因此确认的预计负债金额应当反映有关专家对技术发展以及清理费用减少做出的合理预测。但是，这种预计需要得到相当客观的证据予以支持
资产负债表日对预计负债账面价值的复核	在资产负债表日对预计负债的账面价值进行复核	有确凿证据表明该账面价值不能真实反映当前最佳估计数的，应当按照当前最佳估计数对该账面价值进行调整

【例 11－1】 某化工企业对环境造成了污染，按照当时的法律规定，只需要对污染进行清理。随着国家对环境保护越来越重视，按照现行的法律规定，该企业不但需要对污染进行清理，还很可能要对企业附近的居民进行赔偿。这种法律要求的变化，会对企业预计负债的计量产生影响。企业应当在资产负债表日对为此确认的预计负债金额进行复核，相关因素发生变化表明预计负债金额不再能反映真实情况时，需要按照当前情况下企业清理和赔偿支出的最佳估计数对预计负债的账面价值进行相应的调整。

仍以未决诉讼为例，企业当期实际发生的担保诉讼损失金额与已计提的相关预计负债之间的差额，应分别按不同情况处理，如图 11－3 所示。

企业当期实际发生的担保诉讼损失金额与已计提的相关预计负债之间的差额，应分别按不同情况处理 →

(1)企业在前期资产负债表日，依据当时实际情况和所掌握的证据合理预计了预计负债，应当将当期实际发生的诉讼损失金额与已计提的相关预计负债之间的差额，直接计入或冲减当期营业外支出。

(2)企业在前期资产负债表日，依据当时实际情况和所掌握的证据原本应当能够合理估计诉讼损失，但企业所做的估计却与当时的事实严重不符（如未合理预计损失或不恰当地多计或少计损失），应当按照重大前期差错更正的方法进行处理。

(3)企业在前期资产负债表日，依据当时实际情况和所掌握的证据，确实无法合理预计诉讼损失，因而未确认预计负债，则在该项损失实际发生的当期，直接计入当期营业外支出。

(4)资产负债表日后至财务报告批准报出日之间发生的需要调整或说明的未决诉讼，按照《企业会计准则第29号——资产负债表日后事项》的有关规定进行处理

图 11－3　实际发生额与预计负债之间差额的处理

第三节　或有事项会计处理原则的运用

为了正确核算和披露预计负债，并区别于其他负债项目，企业应设置“预计负债”科目，具体应用如表 11－9 所示。

表 11－9　预计负债科目的设置

预计负债科目设置目的	核算内容	明细科目的设置
为了正确核算和披露预计负债，并区别于其他负债项目	借方反映实际发生的费用以及预计负债的冲销额，如支付产品维修费用、因败诉而支付的赔偿款等；贷方反映确认的预计负债金额；期末贷方余额反映企业已预计尚未清偿的债务金额	分别按不同性质设置“预计产品质量保证损失”“预计未决诉讼损失”“预计担保损失”“预计重组损失”等明细科目，进行明细核算

一、产品质量保证

产品质量保证是企业为了树立信誉、扩大销售、提高市场竞争能力所采取的对于出售的产品附有的各种各样的质量保证，如对售出产品实行“三包”，即包退、包换和包修等措施。与产品质量保证有关的预计负债的确认介绍如图 11－4 所示。

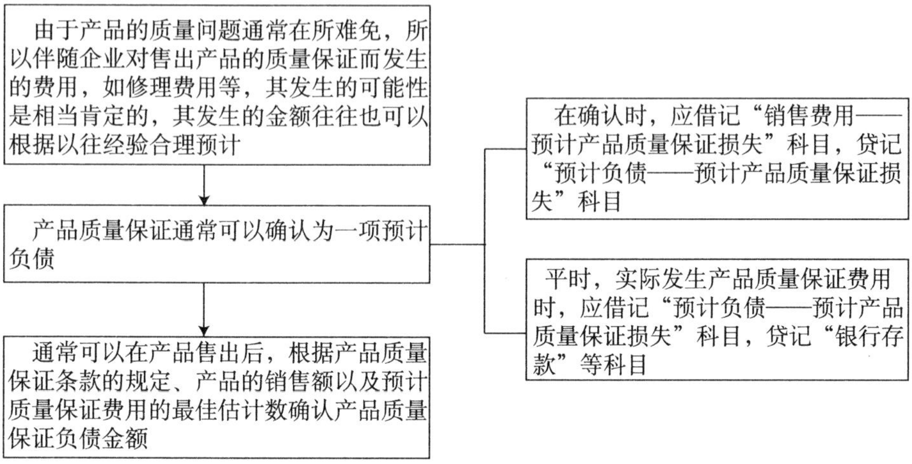

图 11－4　与产品质量保证有关的预计负债的确认

【例11-2】利华公司是生产和销售空调器的企业。本年第一季度销售A型空调器5 000台，每台售价8 000元。利华公司A型空调器的质量保证条款规定：产品在售出两年内如出现非意外事件造成的故障和质量问题，公司免费负责保修。根据以往经验，发生保修费一般为销售额的1%至3%之间。根据上述业务，利华公司在第一季度应确认的产品质量保证负债金额为800 000元[(5 000×8 000)×(1%+3%)÷2]，应编制会计分录如下：

借：销售费用——预计产品质量保证损失　　800 000

　　贷：预计负债——预计产品质量保证损失　　800 000

若利华公司在第一季度实际以银行存款支出的A型空调器维修费为50 000元，则应编制如下会计分录：

借：预计负债——预计产品质量保证损失　　50 000

　　贷：银行存款　　50 000

产品质量保证负债核算时还应注意：如果发现保证费用的实际发生额与预计数相差较大，应及时对预计比例进行调整；企业针对特定批次产品确认预计负债，在保修期结束时，应将"预计负债——预计产品质量保证损失"余额冲销，不留余额；已对其确认预计负债的产品，如企业不再生产，则应在相应的产品质量保证期满后，将"预计负债——预计产品质量保证损失"余额冲销，不留余额。

二、未决诉讼

企业在经营活动中经常会涉及经济诉讼、仲裁等案件，但这些审理中的诉讼、仲裁事项将对企业的财务状况和经营成果产生多大影响，企业因此要承担多大风险，具有不确定性。如果这些未决诉讼引起的相关义务符合预计负债确认条件、预计败诉的可能性属于"很可能"，要发生的诉讼等费用也能可靠预计，则企业应将预计要发生的支出确认为预计负债，借记"营业外支出""管理费用"等科目，贷记"预计负债——预计未决诉讼损失"科目；因败诉实际支付诉讼等费用时，应借记"预计负债——预计未决诉讼损失"科目，贷记"银行存款"等科目。

【例 11－3】2012 年 11 月 20 日，华通公司从 A 银行取得一笔信用贷款 5 000 万元，期限为一年，年利率为 7.2%。2013 年 11 月 20 日，华通公司的借款(本金和利息)到期。华通公司具有还款能力，但因与 A 银行之间存在其他经济纠纷，而未按时归还 A 银行的贷款。

A 银行遂与华通公司协商，但未达成协议，于 2013 年 12 月 20 日向法院提起诉讼。截至 2013 年 12 月 31 日，法院尚未对 A 银行提起的诉讼进行审理。2013 年 12 月 31 日，华通公司对此诉讼案件进行分析，认为如无特殊情况，本公司很可能败诉，为此不仅要偿还贷款本息，还需要支付罚息和承担诉讼费等费用。假设华通公司预计将要支付的罚息、诉讼费等费用估计为 50 万元至 60 万元之间，其中包括对方支付的诉讼费 5 万元，则华通公司在 2013 年 12 月 31 日应确认的负债为 55 万元[(50＋60)/2]，编制会计分录如下：

借：管理费用——诉讼费　　50 000

　　营业外支出——罚息支出　　500 000

　　贷：预计负债——预计未决诉讼损失　　550 000

三、对外担保事项

企业对外提供担保可能产生的负债，如果符合预计负债的确认条件，应当确认为预计负债。

(1)在担保涉及诉讼的情况下，要分情况进行不同的处理。与担保涉及的诉讼相关预计负债的会计处理如表 11－10 所示。

表 11－10　与担保涉及的诉讼相关预计负债的会计处理

情形		会计处理
已判决企业败诉	企业不再上诉	应当按照法院判决的应承担的损失金额，确认为预计负债，并计入当期营业外支出(不含诉讼费，实际发生的诉讼费应计入当期的“管理费用”，下同)
	企业不服，正在上诉	企业应当在资产负债表日，根据已有判决结果合理估计可能产生的损失金额，确认为预计负债，并计入当期营业外支出

（续表）

情形	会计处理
尚未判决	企业应向其律师或法律顾问等咨询，估计败诉的可能性，以及败诉后可能发生的损失金额，并取得有关书面意见。如果败诉的可能性大于胜诉的可能性，并且损失金额能够合理估计的，应当在资产负债表日将预计担保损失金额，确认为预计负债，并计入当期营业外支出

（2）企业当期实际发生的担保诉讼损失金额与已计提的相关预计负债之间的差额，应依情况做不同处理，具体内容详见前图11－3所示。

（3）资产负债表日后至财务报告批准报出日之间发生的需要调整或说明的担保诉讼事项，按照资产负债表日后事项准则的有关规定进行会计处理。

四、待执行合同变成亏损合同事项

待执行合同与亏损合同的比较如表11－11所示。

表11－11　待执行合同与亏损合同

合同名称	具体内容	相关内容
待执行合同	合同各方尚未履行任何合同义务，或部分地履行了同等义务的合同	企业与其他方签订的尚未履行或部分履行了同等义务的合同，如商品买卖合同、劳务合同、租赁合同等，均属于待执行合同
亏损合同	履行合同义务不可避免会发生的成本超过预期经济利益的合同	根据或有事项准则的规定，待执行合同变成亏损合同的、该亏损合同产生的义务满足规定条件的应当确认为预计负债

企业在履行合同义务过程中，如发生的成本预期将超过与合同相关的未来流入的经济利益的，待执行合同即变成了亏损合同，此时，如果与该合同相关的义务不需支付任何补偿，即可撤销，通常不存在现时义务，不应确认为预计负债。如果与该合同相关的义务不可撤销，企业就存在了现

时义务，同时满足该义务很可能导致经济利益流出企业和金额能够可靠地计量的，通常应当确认为预计负债。

例如，某公司2011年1月采用经营租赁方式租入生产线生产产品，租赁期为3年，生产的产品预计每年均可获利。2012年12月，市政规划要求公司迁址加之宏观政策调整，该公司决定停产上述产品，原经营租赁合同为不可撤销合同，还要持续1年，生产线无法转租给其他单位。此时，该公司执行原经营租赁合同发生的费用很可能超过预期获得的经济利益，该租赁合同变为亏损合同，应当在2012年12月31日根据未来期间(2013年)应支付的租金确认为预计负债。待执行合同变为亏损合同的处理如图11－5所示。

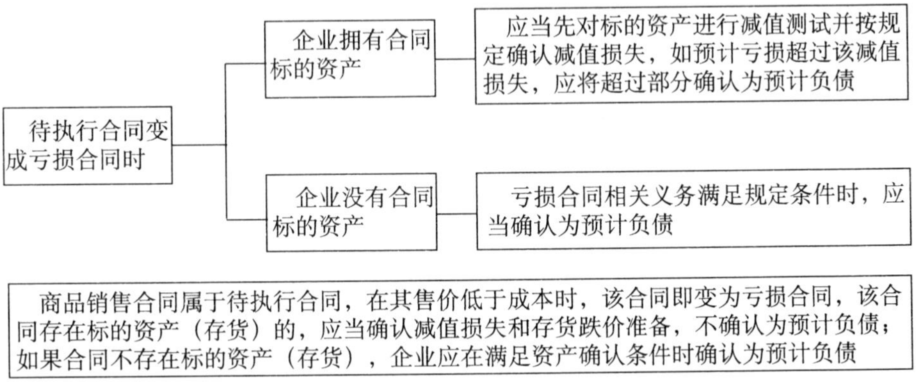

图11－5　待执行合同变为亏损合同的处理

五、重组事项

重组事项相关概念的介绍如表11－12所示。

表 11－12　重组、重组事项及重组义务

重组的定义	重组事项	重组与企业合并和债务重组的区别	企业承担了重组义务的情况（同时存在）	案例说明
企业制定和控制的，将显著改变企业组织形式、经营范围或经营方式的计划实施行为	①出售或终止企业的部分经营业务； ②对企业的组织结构进行较大调整； ③关闭企业的部分营业场所，或将营业活动由一个国家或地区迁移到其他国家或地区	重组通常是企业内部资源的调整和组合，谋求现有资产效能的最大化；企业合并是在不同企业之间的资本重组和规模扩张；债务重组是债权人对债务人做出让步，债务人减轻债务负担，债权人尽可能减少损失	①有详细、正式的重组计划，包括重组涉及的业务、主要地点、需要补偿的职工人数及其岗位性质、预计重组支出、计划实施时间等； ②该重组计划已对外公告	某公司董事会决定关闭一个事业部。如果有关决定尚未传达到受影响的各方，也未采取任何措施实施该项决定，表明该公司没有承担重组义务，不应确认为预计负债；如果有关决定已经传达到受影响的各方，各方预期公司将关闭该事业部，通常表明公司开始承担重组义务，同时满足预计负债确认条件的，应当确认为预计负债

六、或有事项的信息披露

企业应当在附注中披露与或有事项有关的信息，如表 11－13 所示。

表 11－13　与或有事项有关的信息披露

企业应在附注中披露与或有事项有关的信息	详细内容
预计负债	(1)预计负债的种类、形成原因以及经济利益流出不确定性的说明。 (2)各类预计负债的期初、期末余额和本期变动情况。 (3)与预计负债有关的预期补偿金额和本期已确认的预期补偿金额

（续表）

企业应在附注中披露与或有事项有关的信息	详细内容
或有负债（不包括极小可能导致经济利益流出企业的或有负债）	（1）或有负债的种类及其形成原因，包括已贴现商业承兑汇票、未决诉讼、未决仲裁、对外提供担保等形成的或有负债。 （2）经济利益流出不确定性的说明。 （3）或有负债预计产生的财务影响，以及获得补偿的可能性；无法预计的，应当说明原因
企业通常不应当披露或有资产	但或有资产很可能会给企业带来经济利益的，应当披露其形成的原因、预计产生的财务影响等。在涉及未决诉讼、未决仲裁的情况下，如按照上述规定披露全部或部分信息预期对企业造成重大不利影响的，企业无需披露这些信息，但应当披露该未决诉讼、未决仲裁的性质，以及没有披露这些信息的事实和原因

第十二章
所有者权益

本章导读

从会计角度讲，资产减负债等于所有者权益；从法律意义上讲，企业全部属于股东；但从经济的角度讲，只有所有者权益部分属于股东，而其余部分属于债权人。在本章我们重点学习以下内容：

☑ 所有者权益具体指什么，它和负债有什么区别？
☑ 所有者权益包括哪些内容？
☑ 什么是实收资本，如何进行会计核算？
☑ 什么是资本公积，如何进行会计核算？
☑ 什么是盈余公积，如何进行会计核算？
☑ 什么是未分配利润，如何进行会计核算？

第一节　所有者权益概述

所有者权益的概述如表 12－1 所示。

表 12－1　所有者权益概述

所有者权益定义	所有者权益构成要素	所有者权益和负债的联系	所有者权益和负债的区别
企业所有者对企业净资产的要求权，企业的净资产在数量上等于企业全部资产减去全部负债后的余额	实收资本(股本)、资本公积和留存收益	同属权益，都是对企业资产的要求权。企业的资产总额等于负债总额加上所有者权益总额	(1)从本质上讲，所有者权益是所有者对企业剩余资产的要求权，是一种“剩余权益”，在顺序上置于债权人的要求权之后。即它是对企业资产中满足债权人的要求权之后的剩余部分的要求权；而负债则是企业对债权人应负担的义务。 (2)企业向有关债权人到期应支付的利息是按一定的利率计算、预先可以确定的固定金额；而企业向所有者分配多少利润，则是根据企业的盈利情况、经营状况和企业的政策而定，一般是不固定的。 (3)权利上的区别。作为企业负债对象的债权人与企业只有债权债务关系，无权参与企业的经营管理，也不参与企业的利润分配；而作为所有者权益对象的投资人则有法定参与管理企业或委托他人管理企业的权利，同时也有参与企业利润分配的权利。 (4)每项负债必须在其发生时按规定的方法单独计价，即负债有明确的计价方法；而所有者权益的数量除了在投资人投入资本时以外，在企业存续期间的任一时点，都是按照一定的方法计量资产和负债以后形成的结果

第二节 实收资本

我国有关法律规定，投资者设立企业首先必须投入资本。《企业法人登记管理条例》规定，企业申请开业，必须具备国家规定的与其生产经营和服务规模相适应的资金。为了反映和监督投资者投入资本的增减变动情况，企业必须按照国家统一的会计制度的规定进行实收资本的核算，真实地反映所有者投入企业资本的状况，维护所有者各方在企业的权益。

取得实收资本的账务处理如表12－2所示。

表12－2 取得实收资本的核算

实收资本的会计核算	账务处理
股份有限公司应通过“股本”科目核算，除股份有限公司以外，其他各类企业应通过“实收资本”科目核算。企业收到所有者投入企业的资本后，应根据有关原始凭证（如投资清单、银行通知单等），分别以不同的出资方式进行会计处理	企业接受投资者投入的资本，应借记“银行存款”“其他应收款”“固定资产”“无形资产”“长期股权投资”等科目，按其在注册资本或股本中所占份额，贷记“实收资本”科目（股份公司贷记“股本”科目），按其差额，贷记“资本公积——资本溢价或股本溢价”科目

一、接受现金资产投资

（一）股份有限公司接受现金资产投资

股份有限公司发行股票时，既可以按面值发行股票，也可以溢价发行（我国目前不准许折价发行）。股份有限公司在核定的股本总额及核定的股份总额的范围内发行股票时，应按实际收到的现金资产金额借记“银行存款”科目，按其所发行股票的面额，贷记“股本”科目，按照实际收到的现金金额与股票面额之间的差额，贷记“资本公积——股本溢价”科目。

【例 12－1】利兴股份有限公司发行普通股 1 000 万股，每股面值 1 元，每股发行价格 5 元。假定股票发行成功，发行费用忽略不计，股款 5 000 万元已全部收到。利兴股份公司对于以上的经济业务应做如下账务处理：

借：银行存款　　50 000 000

　　贷：股本　　10 000 000

　　　　资本公积——股本溢价　　40 000 000

(二) 股份有限公司以外的企业接受现金资产投资

股份有限公司以外的企业接受现金资产投资，在账务处理上，与股份有限公司是一致的，只是所使用的科目名称有所区别，在股份有限公司中用“股本”科目，股份有限公司以外的企业使用“实收资本”科目。

【例 12－2】A、B、C 共同投资设立 D 有限公司，注册资本为 2 000 000 元，A、B、C 持股比例分别为 60%，25% 和 15%。按照章程规定，A、B、C 投入资本分别为 1 200 000 元、500 000 元和 300 000 元。D 公司已如期收到各投资者一次缴足的款项。D 有限公司在进行会计处理时，应编制会计分录如下：

借：银行存款　　2 000 000

　　贷：实收资本——A　　1 200 000

　　　　　　　　——B　　500 000

　　　　　　　　——C　　300 000

二、接受非现金资产投资

接受非现金资产投资的相关规定及会计处理如表 12－3 所示。

表12－3　非现金资产投资的相关规定及会计处理

《公司法》的规定	非现金资产投资		
	接受投入固定资产	接受实物投资	接受无形资产投资
股东可以用货币出资，也可以用实物、知识产权、土地使用权等可以用货币估价并可以依法转让的非货币财产作价出资；但是，法律、行政法规规定不得作为出资的财产除外。对作为出资的非货币财产应当评估作价，核实财产，不得高估或者低估作价。法律、行政法规对评估作价有规定的，从其规定。全体股东的货币出资金额不得低于有限责任公司注册资本的30%。不论以何种方式出资，投资者如在投资过程中违反投资合约，不按规定如期缴足出资额，企业可以依法追究投资者的违约责任	接受投资者作价投入的房屋、建筑物、机器设备等固定资产，应按投资合同或协议约定价值确定固定资产价值(但投资合同或协议约定价值不公允的除外)和在注册资本中应享有的份额	企业在接受股东或国家的原材料、固定资产等实物投资时，应对这些实物的价值进行评估，按投资各方确认的价值，作为入账价值	对于投资人投入的各种无形资产，如专利权、商标权、著作权、土地使用权、非专利技术、商誉等，一般情况下，应以投资各方确认的价值作为入账价值。 企业收到投资人投入的无形资产时，应按确认的价值，借记"无形资产"科目，贷记"实收资本"科目

【例12－3】A有限公司于设立时收到B公司作为资本投入的不需要安装的机器设备一台，合同约定该机器设备的价值为2 000 000元，增值税进项税额为340 000元(假设不允许抵扣)。合同约定的固定资产价值与公允价值相符，不考虑其他因素，A有限公司进行会计处理时，应编制会计分录如下：

借：固定资产　　2 340 000

　　贷：实收资本——B公司　　2 340 000

本例中，该项固定资产合同约定的价值与公允价值相符，并且A公司接受的固定资产投资产生的相关增值税进项税额不允许抵扣，因此，固定资产应按合同约定价值与增值税进项税额的合计金额2 340 000元入账。A公司接受B公司投入的固定资产按合同约定全额作为实收资本，因此，可按2 340 000元的金额贷记"实收资本"科目。

【例 12－4】利华公司收到 A 公司按合资协议投入的原材料一批，双方所确认的价值为 234 000 元，其中增值税为 34 000 元。编制会计分录如下：

借：原材料	200 000	
应交税费——应交增值税(进项税额)	34 000	
贷：实收资本		234 000

【例 12－5】利华公司接受 C 公司以一项专利权作为投资，该项专利权经双方商定确认其价值为 100 000 元。利华公司在取得该项专利的使用权时，编制会计分录如下：

借：无形资产——专利权	100 000	
贷：实收资本		100 000

三、实收资本(或股本)的增减变动

一般情况下，企业的实收资本应相对固定不变，但在某些特定情况下，实收资本也可能发生增减变化。我国《企业法人登记管理条例》中规定，除国家另有规定外，企业的注册资金应当与实收资本相一致，当实收资本比原注册资金增加或减少的幅度超过 20% 时，应持资金信用证明或者验资证明，向原登记主管机关申请变更登记。如擅自改变注册资本或抽逃资金，要受到工商行政管理部门的处罚。

(一)实收资本(或股本)的增加

实收资本增加的途径如图 12－1 所示。

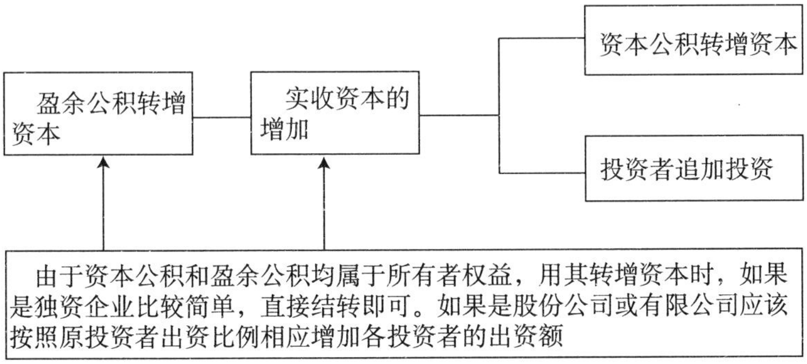

图 12－1　实收资本增加的途径

【例12－6】A、B、C三人共同投资设立D有限公司，A、B、C原来的持股比例分别是12.5%、50%、37.5%。为扩大经营规模，经股东会表决通过，A、B、C三位股东按照原出资比例分别追加投资125 000元、500 000元和375 000元。D公司如期收到A、B、C追加的现金投资后，进行了以下的账务处理：

借：银行存款　　1 000 000

　贷：实收资本——A　　125 000

　　　　　　——B　　500 000

　　　　　　——C　　375 000

（二）实收资本（或股本）的减少

以回购股票方式减少股本的介绍如图12－2所示。

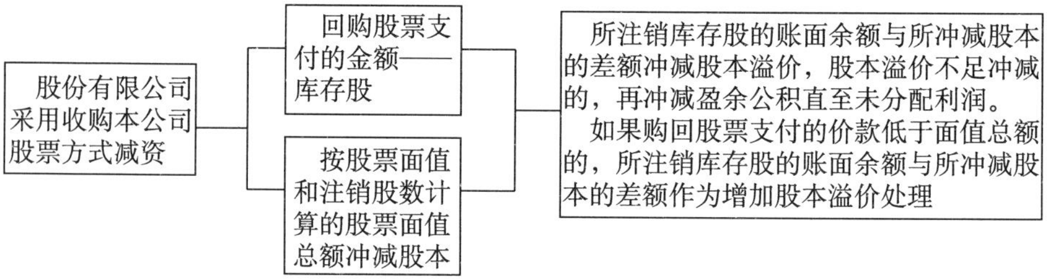

图12－2　以回购股票方式减少股本

【例12－7】广通物流公司曾于2010年8月1日发行总股本为1亿股的普通股，面值为1元，资本公积（股本溢价）3 000万元，盈余公积4 000万元。现经股东大会批准，广通物流公司以现金在证券市场上回购本公司股票并计划予以注销。

（1）当回购成本低于股票总面额时，增加资本公积时的账务处理。

假定广通物流公司按每股0.9元回购2 000万股股票，其他条件不变，广通物流公司的会计处理如下。

①回购本公司股票时：

库存股成本＝20 000 000×0.9＝18 000 000（元）。

借：库存股　　18 000 000

　贷：银行存款　　18 000 000

②注销本公司股票时：

由于折价回购，回购股票总面额与库存股成本的差额200万元应作为增加资本公积处理。

应增加的资本公积 $=20\ 000\ 000\times1-20\ 000\ 000\times0.9=2\ 000\ 000$（元）。

借：股本　　20 000 000

　　贷：库存股　　18 000 000

　　　　资本公积——股本溢价　　2 000 000

(2)当回购成本高于股票总面额时，只冲减资本公积时的账务处理。

假定广通物流公司按每股2.1元回购股票2 000万股，不考虑其他因素，广通物流公司的会计处理如下。

①回购本公司股票时：

库存股成本 $=20\ 000\ 000\times2.1=42\ 000\ 000$（元）。

借：库存股　　42 000 000

　　贷：银行存款　　42 000 000

②注销本公司股票时：

应冲减的资本公积 $=20\ 000\ 000\times2.1-20\ 000\ 000\times1=22\ 000\ 000$（元）。

借：股本　　20 000 000

　　资本公积——股本溢价　　22 000 000

　　贷：库存股　　42 000 000

(3)当回购成本高于股票总面额时，需要冲减资本公积和盈余公积时的账务处理。

假定广通物流公司按每股3元回购股票，其他条件不变，由于应冲减的资本公积大于公司现有的资本公积，所以只能冲减资本公积3 000万元，剩余的1 000万元应冲减盈余公积。广通物流公司的会计处理如下。

①回购本公司股票时：

库存股成本 $=20\ 000\ 000\times3=60\ 000\ 000$（元）。

借：库存股　　60 000 000

　　贷：银行存款　　60 000 000

②注销本公司股票时：

应冲减的资本公积 $=20\ 000\ 000\times3-20\ 000\ 000\times1=40\ 000\ 000$（元）。

因为差额大于资本公积的全额，在冲减了全部的资本公积之后，还要冲减盈余公积。

借：股本　20 000 000
　资本公积——股本溢价　30 000 000
　盈余公积　10 000 000
　贷：库存股　60 000 000

第三节　资本公积

一、资本公积的概念与组成

资本公积的概念与组成如表 12－4 所示。

表 12－4　资本公积的概念与组成

资本公积的定义	资本溢价（或股本溢价）的定义	直接计入所有者权益的利得和损失的定义	资本公积核算内容
企业收到投资者的超出其在企业注册资本（或股本）中所占份额的投资，以及直接计入所有者权益的利得和损失等。资本公积包括资本溢价（或股本溢价）和直接计入所有者权益的利得和损失等	企业收到投资者的超出其在企业注册资本（或股本）中所占份额的投资。形成资本溢价（或股本溢价）的原因有溢价发行股票、投资者超额缴入资本等	不应计入当期损益、会导致所有者权益发生增减变动的、与所有者投入资本或者向所有者分配利润无关的利得或者损失	包括资本溢价（或股本溢价）的核算、其他资本公积的核算和资本公积转增资本的核算等内容

二、资本溢价（或股本溢价）的核算

（一）资本溢价

除股份有限公司外的其他类型的企业，在企业创立时，投资者认缴的出资额与注册资本一致，一般不会产生资本溢价。但在企业重组或有新的投资者加入时，常常会出现资本溢价。因为在企业进行正常生产经营后，其资本利润率通常要高于企业初创阶段，另外，企业有内部积累，新投资者加入企业后，对这些积累也要分享，所以新加入的投资者往往要付出大于原投资者的出资额，才能取得与原投资者相同的出资比例。投资者多缴的部分就形成了资本溢价。

【例12-8】广通物流公司是由A、B两位股东在2008年设立，成立时各出资300 000元。2013年5月有C投资者以实际出资400 000元、占有该公司1/3的股份为条件加入该公司。该公司变更登记后的注册资本为900 000元，A、B、C三位股东各占1/3的股份。该公司收到C股东的出资时，编制会计分录如下：

借：银行存款	400 000	
贷：实收资本		300 000
资本公积——资本溢价		100 000

本例中，广通物流公司收到第三位投资者的现金投资40万元中，30万元属于第三位投资者在注册资本中所享有的份额，应记入“实收资本”科目，10万元属于资本溢价，应记入“资本公积——资本溢价”科目。

(二)股本溢价

股份有限公司是以发行股票的方式筹集股本的，股票可按面值发行，也可按溢价发行，我国目前不准折价发行。与其他类型的企业不同，股份有限公司在成立时可能会溢价发行股票，因而在成立之初，就可能会产生股本溢价。股本溢价的数额等于股份有限公司发行股票时实际收到的款额超过股票面值总额的部分。

在按面值发行股票的情况下，企业发行股票取得的收入，应全部作为股本处理；在溢价发行股票的情况下，企业发行股票取得的收入，等于股票面值部分作为股本处理，超出股票面值的溢价收入应作为股本溢价处理。

发行股票相关的手续费、佣金等交易费用，如果是溢价发行股票的，应从溢价中抵扣，冲减资本公积(股本溢价)；无溢价发行股票或溢价金额不足以抵扣的，应将不足抵扣的部分冲减盈余公积和未分配利润。

【例12-9】利兴股份有限公司首次公开发行了普通股50 000 000股，每股面值1元，每股发行价格为4元。利兴股份有限公司以银行存款支付发行手续费、咨询费等费用共计6 000 000元。假定发行收入已全部收到，发行费用已全部支付，不考虑其他因素，利兴股份有限公司的会计处理如下：

(1)收到发行收入时：

应增加的资本公积=50 000 000×(4-1)=150 000 000(元)。

借：银行存款　　200 000 000

　　贷：股本　　50 000 000

　　　　资本公积——股本溢价　　150 000 000

本例中，利兴股份有限公司溢价发行普通股，发行收入中等于股票面值的部分50 000 000元应记入“股本”科目，发行收入超出股票面值的部分150 000 000元记入“资本公积——股本溢价”科目。

(2)支付发行费用时：

借：资本公积——股本溢价　　6 000 000

　　贷：银行存款　　6 000 000

本例中，利兴股份有限公司的股本溢价150 000 000元高于发行中发生的交易费用6 000 000元，因此，交易费用可从股本溢价中扣除，作为冲减资本公积处理。

三、其他资本公积的核算

其他资本公积是指除资本溢价(或股本溢价)项目以外所形成的资本公积，其中主要是直接计入所有者权益的利得和损失。本书以因被投资单位所有者权益的其他变动产生的利得或损失为例，介绍相关的其他资本公积的核算。

企业对某被投资单位的长期股权投资采用权益法核算的，在持股比例不变的情况下，对因被投资单位除净损益以外的所有者权益的其他变动，如果是利得，则应按持股比例计算其应享有被投资企业所有者权益的增加数额；如果是损失，则做相反的分录。在处置长期股权投资时，应转销与该笔投资相关的其他资本公积。

【例 12－10】鹏程有限责任公司于 2012 年 1 月 1 日向富友公司投资 8 000 000 元。拥有该公司 20% 的股份，并对该公司有重大影响，因而对富友公司长期股权投资采用权益法核算。2012 年 12 月 31 日，富友公司净损益之外的所有者权益增加了 1 000 000 元。假定除此以外，富友公司的所有者权益没有变化，鹏程有限责任公司的持股比例没有变化，富友公司资产的账面价值与公允价值一致，不考虑其他因素。

鹏程有限责任公司增加的资本公积＝1 000 000×20%＝200 000(元)。

借：长期股权投资——富友公司　　200 000

　　贷：资本公积——其他资本公积　　200 000

本例中，鹏程有限责任公司对富友公司的长期股权投资采用权益法核算，持股比例未发生变化，富友公司发生了除净损益之外的所有者权益的其他变动，鹏程有限责任公司应按其持股比例计算应享有的富友公司权益的数额 200 000 元，作为增加其他资本公积处理。

四、资本公积转增资本(或股本)的核算

经股东大会或类似机构决议，用资本公积转增资本(或股本)时，应冲减资本公积，同时按照转增前的实收资本(或股本)的结构或比例，将转增的金额记入“实收资本”(或“股本”)科目下各所有者的明细分类账。

第四节　留存收益

一、留存收益概述

留存收益是指企业从历年实现的利润中提取或形成的留存于企业的内部积累，包括盈余公积和未分配利润两类。

盈余公积是指企业按照有关规定从净利润中提取的积累资金。公司制企业的盈余公积包括法定盈余公积和任意盈余公积。法定盈余公积是指企业按照规定的比例从净利润中提取的盈余公积。任意盈余公积是指企业按照股东会或股东大会决议提取的盈余公积。

企业提取的盈余公积可用于弥补亏损、扩大生产经营、转增资本或派送新股等。

未分配利润是指企业实现的净利润经过弥补亏损、提取盈余公积和向投资者分配利润后留存在企业的、历年结存的利润。相对于所有者权益的其他部分来说，企业对于未分配利润的使用有较大的自主权。

在会计处理上，盈余公积和未分配利润都需要通过“利润分配”科目进行核算。

二、留存收益的账务处理

(一)利润分配

利润分配是指企业根据国家有关规定和企业章程、投资者协议等，对企业当年可供分配的利润所进行的分配。

可供分配的利润 = 当年实现的净利润(或净亏损) +
年初未分配利润(或 - 年初未弥补亏损) + 其他转入

利润分配的顺序依次是：①提取法定盈余公积；②提取任意盈余公积；③向投资者分配利润。

企业应通过“利润分配”科目，核算企业利润的分配(或亏损的弥补)和历年分配(或弥补)后的未分配利润(或未弥补亏损)，并分别在“提取法定盈余公积”“提取任意盈余公积”“应付现金股利或利润”“盈余公积补亏”“未分配利润”等科目进行明细核算。企业未分配利润通过“利润分配——未分配利润”明细科目进行核算。

年度终了，企业应将全年实现的净利润或发生的净亏损，自“本年利润”科目转入“利润分配——未分配利润”科目，并将“利润分配”科目所属其他明细科目的余额，转入“未分配利润”明细科目。结转后，“利润分配——未分配利润”科目如为贷方余额，表示累积未分配的利润数额；如为借方余额，则表示累积未弥补的亏损数额。“利润分配”科目所属的其他明细科目应无余额。

【例 12-11】捷达物流股份有限公司年初未分配利润为0，本年实现净利润2 000 000元，本年提取法定盈余公积200 000元，宣告发放现金股利800 000元，假定不考虑其他因素，该公司应编制如下会计分录。

(1)结转实现净利润时：

借：本年利润　　2 000 000

　　贷：利润分配——未分配利润　　2 000 000

如企业当年发生亏损，则应借记"利润分配——未分配利润"科目，贷记"本年利润"科目。

(2)提取法定盈余公积、宣告发放现金股利时：

借：利润分配——提取法定盈余公积　　200 000

　　　　　　——应付现金股利　　800 000

　　贷：盈余公积——法定盈余公积　　200 000

　　　　应付股利　　800 000

同时，

借：利润分配——未分配利润　　1 000 000

　　贷：利润分配——提取法定盈余公积　　200 000

　　　　　　　　——应付现金股利　　800 000

结转后，如果"未分配利润"明细科目的余额在贷方，表示累计未分配的利润；如果余额在借方，则表示累计未弥补的亏损。本例中，"利润分配——未分配利润"明细科目的余额在贷方，此贷方余额1 000 000元(本年利润2 000 000－提取法定盈余公积200 000－应付现金股利800 000)即为捷达物流股份有限公司本年年末的累计未分配利润。

(二)盈余公积

按照《公司法》有关规定，公司制企业应按照净利润(减弥补以前年度亏损，下同)的10%提取法定盈余公积。按照《企业所得税法》规定，以前年度亏损(5年内)可用税前利润弥补，从第6年起只能用税后利润弥补。非公司制企业法定盈余公积的提取比例可超过净利润的10%。法定盈余公积累计额已达注册资本的50%时可以不再提取。值得注意的是，如果以前年度未分配利润有盈余(即年初未分配利润余额为正数)，在计算提取法定盈余公积的基数时，不应包括企业年初未分配利润；如果以前年度有亏损(即年初未分配利润余额为负数)，应先弥补以前年度亏损再提取盈余公积。

公司制企业可根据股东大会的决议提取任意盈余公积。非公司制企业经类似权力机构批准，也可提取任意盈余公积。法定盈余公积和任意盈余公积的区别在于其各自计提的依据不同：前者以国家的法律法规为依据；后者由企业的权力机构自行决定。

企业提取的盈余公积经批准可用于弥补亏损、转增资本、发放现金股利或利润等。

1. 提取盈余公积

企业按规定提取盈余公积时，应通过“利润分配”和“盈余公积”等科目核算。

【例 12－12】捷达物流股份有限公司本年实现净利润为 5 000 000 元，年初未分配利润为 0。经股东大会批准，捷达物流股份有限公司按当年净利润的 10% 提取法定盈余公积。假定不考虑其他因素，该公司应编制如下会计分录：

借：利润分配——提取法定盈余公积　　500 000

　　贷：盈余公积——法定盈余公积　　500 000

本年提取法定盈余公积金额＝5 000 000×10%＝500 000(元)。

2. 盈余公积补亏

【例 12－13】经股东大会批准，捷达物流股份有限公司用以前年度提取的盈余公积弥补当年亏损，当年弥补亏损的数额为 600 000 元。假定不考虑其他因素，该公司应编制如下会计分录：

借：盈余公积　　600 000

　　贷：利润分配——盈余公积补亏　　600 000

3. 盈余公积转增资本

【例12－14】因扩大经营规模需要，经股东大会批准，捷达物流股份有限公司将盈余公积400 000元转增股本。假定不考虑其他因素，该公司应编制如下会计分录：

借：盈余公积　　400 000

　　贷：股本　　400 000

4. 用盈余公积发放现金股利或利润

【例12－15】捷达物流股份有限公司2012年12月31日普通股股本为50 000 000股，每股面值1元，可供投资者分配的利润为5 000 000元，盈余公积为20 000 000元。2013年3月20日，股东大会批准了2012年度利润分配方案，以2012年12月31日为登记日，按每股0.2元发放现金股利。捷达物流股份有限公司共需要分派10 000 000元现金股利，其中动用可供投资者分配的利润5 000 000元、盈余公积5 000 000元。假定不考虑其他因素，该公司应编制如下会计分录。

(1)发放现金股利时：

借：利润分配——应付现金股利　　5 000 000

　　盈余公积　　5 000 000

　　贷：应付股利　　10 000 000

(2)支付股利时：

借：应付股利　　10 000 000

　　贷：银行存款　　10 000 000

本例中，捷达物流股份有限公司经股东大会批准，以未分配利润和盈余公积发放现金股利，属于以未分配利润发放现金股利的部分5 000 000元应记入"利润分配——应付现金股利"科目，属于以盈余公积发放现金股利的部分5 000 000元应记入"盈余公积"科目。

第十三章
运输业务的会计核算

本章导读

运输业务是指物流企业运用各种运输工具，及其设备场地等设施，为客户提供货物、人员在不同的地点之间流动的服务。这种服务是在不同的地域范围间进行的，如两个城市、两个企业之间，以改变人员、货物的空间位置为目而进行的空间位移。

在运输业务中，有时采用的是一种交通工具，有时是多种交通工具的配合，因此可以将运输业务分为单式运输和多式联运两种模式。在单式运输中，按照运输工具及运输设备的不同，其运输方式主要有公路汽车运输、水路船舶运输、铁路机车车辆运输、航空飞机运输和管道运输五种。

在本章我们重点学习以下内容:

☑ 物流企业的收入具有什么特点？可划分为哪些类别？

☑ 如何对物流企业的收入进行计量与核算？

☑ 如何对汽车运输企业的收入、成本进行会计核算？

☑ 如何对船舶运输企业的收入、成本进行会计核算？

第一节　物流企业收入的概述

一、物流企业收入的概念与特点

按照会计学的一般概念，收入是指企业在日常活动中形成的、会导致所有者权益增加的、与所有者投入资本无关的经济利益的总流入。物流企业收入也就是物流企业通过提供运输、包装、装卸、配送等服务而获得的经济上的回报。

同其他行业的企业相比较，物流企业的收入具有表 13－1 所示的特点。

表 13－1　物流企业收入的特点

物流企业收入的特点	说明
收入是从企业的日常活动中产生的，而不是从偶发的交易或事项中产生的	如物流企业提供运输、仓储等服务的收入。而有些交易或事项，如出售固定资产，也能为物流企业带来经济利益，但这并不是物流企业的经营目标，也不属于企业的日常活动，因此其流入的经济利益是利得，不是收入
收入可能表现为物流企业资产的增加，也可能表现为物流企业负债的减少，或者两者兼而有之	资产的增加如增加银行存款、应收票据、应收账款等，负债的减少如以运输、仓储服务等抵偿债务
收入能导致物流企业所有者权益的增加	由于收入能增加资产或减少负债，或两者兼而有之，因此根据“资产－负债＝所有者权益”的公式，企业取得收入一定能增加所有者权益
收入只包括本企业经济利益的流入，不包括为第三方或客户代收的款项	代收的款项，一方面增加本企业的资产；另一方面增加本企业的负债，因此不增加企业的所有者权益，也不属于本企业的经济利益，不能作为本企业的收入

二、收入的分类

物流企业收入分类的介绍如表 13－2 所示。

表 13－2　物流企业收入分类

划分标准	分类	含义	具体内容
按企业从事日常活动的性质不同	提供劳务收入	企业通过提供劳务实现的收入	企业通过提供旅游、运输、储存、包装、装卸搬运、配送、咨询、代理、培训、产品安装等劳务所实现的收入
	让渡资产使用权收入	企业通过让渡资产使用权实现的收入	让渡资产使用权收入主要是指物流企业对外贷款形成的利息收入，及企业转让无形资产(如商标权、专利权、专营权、版权)等资产的使用权形成的使用费收入
按企业经营业务的主次不同	主营业务收入	企业为完成其经营目标所从事的经常性活动实现的收入。主营业务收入一般占企业总收入的比重较大，对企业的经济效益产生较大影响	物流企业的主营业务是为客户提供运输、仓储、装卸、配送代理等物流服务。主营业务是物流企业的重要业务，是其收入的主要来源，应重点加以核算。因此，物流企业要设置“主营业务收入”账户，核算主营业务形成的收入，并通过“主营业务成本”科目核算为取得主营业务收入发生的相关成本
	其他业务收入	企业为完成其经营目标所从事的与经常性活动相关的活动实现的收入。其他业务收入属于企业日常活动中次要交易实现的收入，一般占企业总收入的比重较小	对于物流企业而言，企业实现的燃油等材料销售收入、包装物租金收入、固定资产租金收入、无形资产使用费收入，车辆修理业务收入，技术转让收入，废品销售收入等，通过“其他业务收入”科目核算；企业进行权益性投资或债权性投资取得的现金股利收入和利息收入，通过“投资收益”科目核算。通过“其他业务收入”科目核算的其他业务收入，需通过“其他业务成本”科目核算为取得其他业务收入发生的相关成本

三、物流企业收入的确认和计量

物流企业为客户提供运输、仓储、装卸、配货等物流服务是为客户提供劳务，劳务收入应分别按表 13－3 所示情况进行确认和计量。

表 13－3 物流企业收入的确认和计量

<table>
<tr><th colspan="2">情形</th><th>收入确认与计量</th></tr>
<tr><td colspan="2">在同一会计年度内开始并完成的劳务</td><td>应在劳务完成时确认收入，确认的金额为合同或协议总金额，不考虑预计可能发生的现金折扣，现金折扣应在实际发生时计入当期的财务费用</td></tr>
<tr><td rowspan="2">如劳务的开始和完成分属不同的会计年度</td><td>在资产负债表日能对该项交易的结果进行可靠估计的</td><td>应按完工百分比法确认收入</td></tr>
<tr><td>如资产负债表日不能对交易的结果做出可靠估计的</td><td>应按已经发生并预计能够补偿的劳务成本确认收入，并按相同的金额结转成本；如预计已经发生的劳务成本不能得到补偿，则不应确认收入，但应将已经发生的成本确认为当期费用</td></tr>
</table>

提供劳务的交易结果能否可靠估计，依据图 13－1 所示条件进行判断，如同时满足以下条件，则交易结果能够可靠地估计。

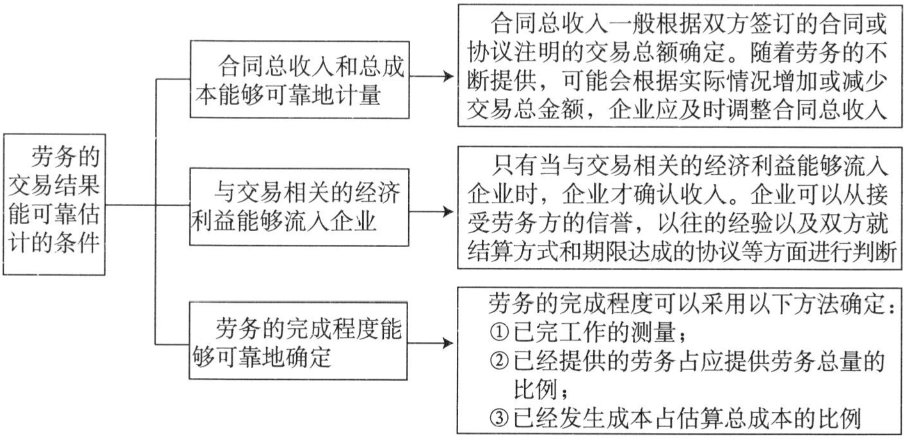

图 13－1 劳务的交易结果能够可靠估计的判断条件

四、物流企业收入成本科目的设置

物流企业收入科目的设置如图 13 －2 所示。

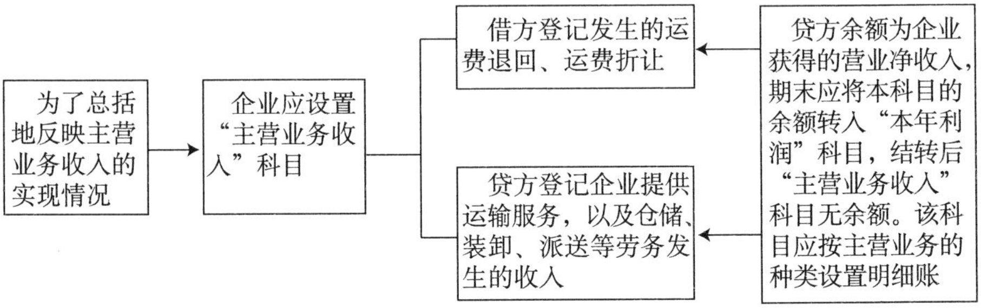

图 13 －2　物流企业收入科目的设置

根据收入与费用相配比的原则，企业在确定一定时期主营业务收入的同时，必须确定为取得收入而发生的必要的耗费和支出。为了准确核算这些耗费与支出，企业应设置“主营业务成本”“销售费用”和“营业税金及附加”等科目。物流企业成本费用科目的设置情况如表 13 －4 所示。

表 13 －4　物流企业成本费用科目的设置

成本费用科目	核算内容	借贷方
主营业务成本	核算企业销售商品、提供劳务或让渡资产使用权等的成本	借方登记销售商品、提供劳务等的实际成本，贷方登记销售退回商品成本。期末将该科目余额转入“本年利润”科目，结转后该科目无余额。该科目应按主营业务的种类设置明细账
营业税金及附加	主要核算企业日常活动应负担的税金及附加，包括消费税、营业税、城市维护建设税、资源税和教育费附加等	借方登记按照规定计算出的企业应负担的税金及附加。期末将该科目余额转入“本年利润”科目，结转后一般无余额
营业费用	核算企业提供劳务而发生的各项费用及专设营业机构的各项经费	运输企业的运输费、装卸费、包装费、保险费、展览费和广告费，以及专设营业机构的职工工资、业务费等皆计入“营业费用”的借方

（续表）

成本费用科目	核算内容	借贷方
管理费用	核算企业或项目行政部门为管理和组织经营活动以及用于承担社会责任而发生的各项费用	运输企业的公司经费、工会经费、职工教育经费、劳动保险费、待业保险费、董事会费、业务招待费、技术转让费、技术开发费、无形资产摊销费等皆计入“管理费用”的借方
财务费用	核算企业为筹集生产经营所需资金而发生的费用	运输企业经营期间发生的利息支出、汇兑损失以及筹资发生的其他财务费用如融资租入固定资产发生的融资租赁费用等

（一）运输业务收入的核算

运输业务收入的核算如图 13－3 所示。

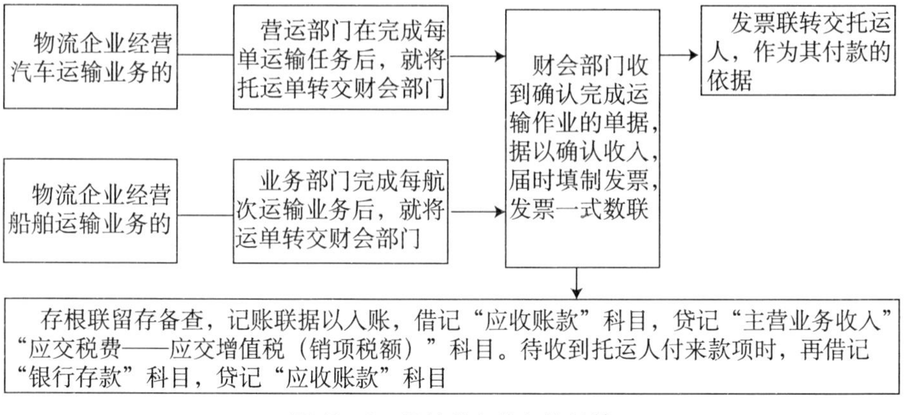

图 13－3　运输业务收入的核算

物流企业远洋运输业务因航次营运时间长、吨位大、报告期末未完成航次运输量和运输费用大，且各期期末未完航次的运输量和运输费用差距较大，为了正确核算各会计期间的收入、成本和利润，根据配比原则，应以完工百分比法确认运输收入。完工百分比法是指按照劳务的完成程度确认收入和成本的方法。其计算公式如下：

本航次本年确认的收入＝本航次运输总收入×本年末止本航次运输的完成程度

$$本航次本年确认的成本 = 本航次预计运输总成本 \times 本年末止本航次运输的完成程度$$

“主营业务收入”是损益类账户，用以核算企业提供物流服务所形成的收入。企业确认物流服务收入时，记入贷方；月末结转“本年利润”账户时，记入借方。

（二）其他业务收入的核算

其他业务收入的核算如表 13－5 所示。

表 13－5　物流企业其他业务收入的核算

业务	账务处理
企业出租设备等动产、出租无形资产	取得收入时，借记“银行存款”科目，按照实际价款贷记“其他业务收入”科目，按照相应的增值税销项税额贷记“应交税费——应交增值税（销项税额）”科目。 出租设备计提折旧或出租无形资产摊销时，借记“其他业务成本”科目，贷记“累计折旧”或“累计摊销”科目
企业出租场地、房屋等不动产	取得收入时，借记“银行存款”科目，按照实际价款贷记“其他业务收入”科目。 出租房屋计提折旧时，借记“其他业务成本”科目，贷记“累计折旧”科目。 物流企业取得的出租场地、房屋等不动产收入，在月末还需按一定的比例计提营业税，届时借记“其他业务成本”科目，贷记“应交税费——应交营业税”科目
企业销售材料	取得收入时，借记“银行存款”科目，贷记“其他业务收入”和“应交税费——应交增值税（销项税额）”科目。同时，还应结转其销售成本，借记“其他业务成本”科目，贷记“原材料”科目
企业辅助营运部门向社会提供服务	取得收入时，借记“银行存款”科目，按照实际价款贷记“其他业务收入”科目，按照相应的增值税销项税额贷记“应交税费——应交增值税（销项税额）”科目

第二节　汽车运输业务

一、汽车运输业务的特点

物流企业汽车运输业务的空间点多、面广、具有流动性和分散性，从而表现出其最显著的特点是服务上的灵活性。具体表现在图 13 –4 所示的五个方面。

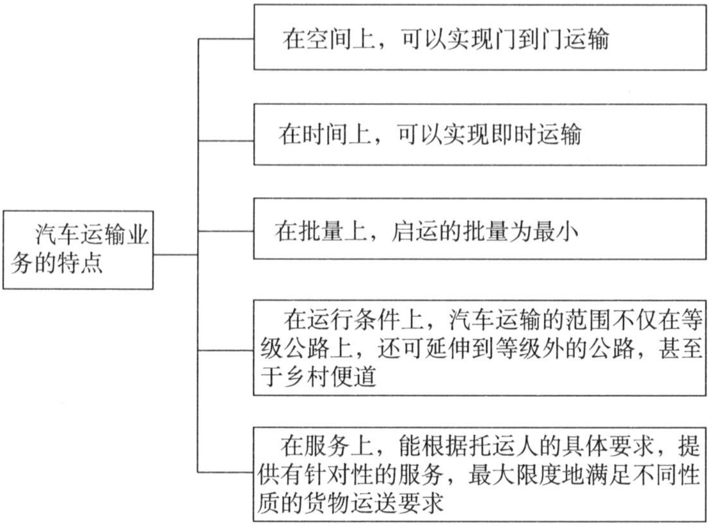

图 13 –4　汽车运输业务的特点

二、汽车运输的一般业务程序

(一) 货物托运人签填托运单

托运单是指承运人与托运人双方订立的运输合同或运输合同证明，其明确规定了货物承运期间双方的权利和责任。托运单的作用如图 13 –5 所示。

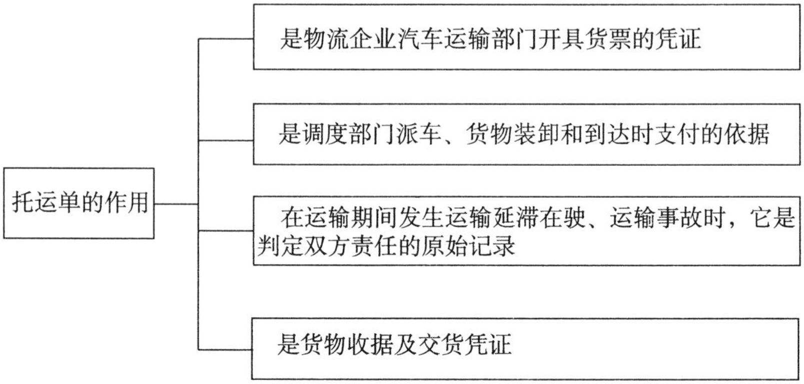

图 13－5　托运单的作用

货物的托运单通常由托运人填写，也可委托他人填写，并应在托运单上加盖与托运人名称相符的印章。

(二)托运单内容的审核和受理

托运单内容的审核和受理的介绍如图 13－6 所示。

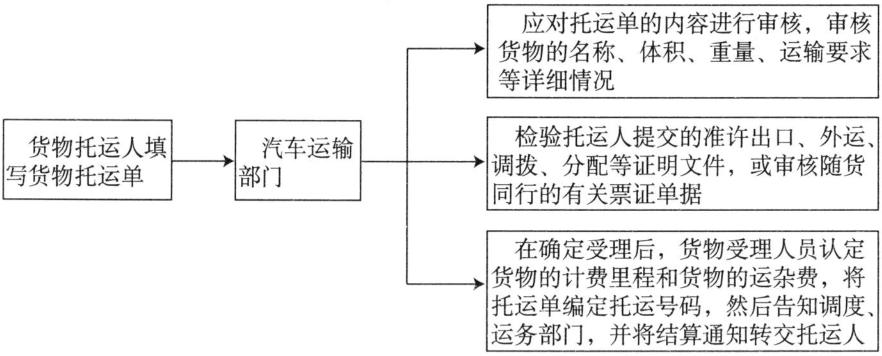

图 13－6　托运单内容的审核和受理

(三)核实理货

在货物起运前应进行核实理货，其内容如图 13－7 所示。

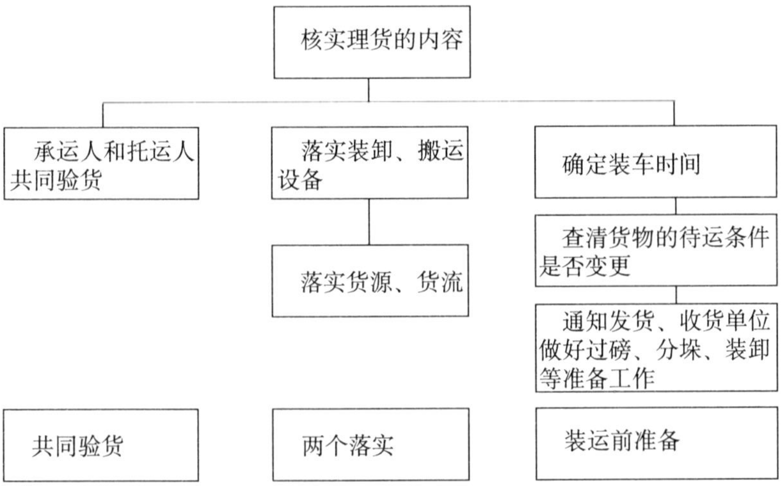

图 13－7　核实理货的内容

(四)货物的监装和监卸

1. 货物的监装

货物的监装过程如图 13－8 所示。

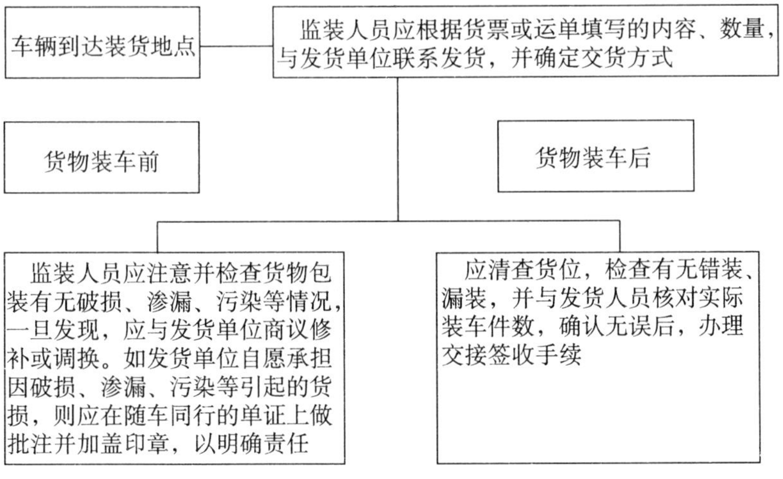

图 13－8　货物的监装过程

2. 货物的监卸

货物的监卸过程如图 13－9 所示。

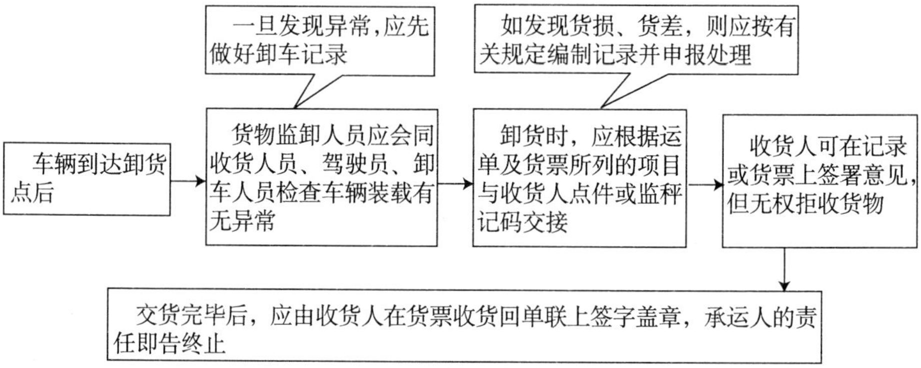

图 13－9　货物的监卸过程

三、汽车运输收入的核算

(一)汽车营运票证

汽车营运票证的含义及分类如表 13－6 所示。

表 13－6　汽车营运票证的含义及分类

含义 项目	内容
营运票证	营运票证是旅客和货物运输的业务凭证，也是企业向旅客和货主收款的依据，是核算营运收入的主要凭证
客运票证	固定客票、定额客票、补充客票、客运包干票、客运退票费收据等
货运票证	货物托运单、普通货票、联运货票、整体货票、集装箱货票、零担货票、运杂费订正单等
其他票证	零担货物装卸费收据、行李装卸费收据、行李暂存费收据、临时收款收据、旅客中途退票报销凭证等

(二)汽车运输收入的会计核算

为了总括反映汽车运输企业的各项营运收入的取得情况，企业应在“主营业务收入”科目下设置“运输收入”“装卸收入”“堆存收入”等二级明细科目。汽车运输收入的会计核算如表13－7所示。

表13－7　汽车运输收入的会计核算

科目	核算内容	借贷方	期末余额
运输收入	反映企业经营旅客、货物运输业务所发生的各项收入	发生运输收入时，借记“银行存款”“库存现金”“应收账款”“应收票据”等科目，贷记“主营业务收入——运输收入”“应交税费——应交增值税(销项税额)”科目。退回误收收入时，借记“主营业务收入——运输收入”“应交税费——应交增值税(销项税额)”科目(实际登账时，应以红字记入贷方)科目，贷记“银行存款”科目	期末将该科目余额转入“本年利润”科目，结转后该科目无余额
装卸收入	反映企业经营装卸业务所发生的各项收入	发生装卸收入时，借记“银行存款”“库存现金”“应收账款”“应收票据”等科目，贷记“主营业务收入——装卸收入”“应交税费——应交增值税(销项税额)”科目	期末将该余额转入“本年利润”科目，结转后该科目无余额
堆存收入	反映经营仓库、堆场业务所发生的收入	发生堆存业务时，借记“银行存款”“库存现金”“应收账款”“应收票据”等科目，贷记“主营业务收入——堆存收入”“应交税费——应交增值税(销项税额)”科目	期末将该余额转入“本年利润”科目，结转后该科目无余额
其他业务收入	反映企业除营运业务以外的其他业务收入	发生其他业务收入时，借记“银行存款”“库存现金”“应收账款”“应收票据”等科目，贷记“其他业务收入”“应交税费——应交增值税(销项税额)”科目	期末将该余额转入“本年利润”科目，结转后该科目无余额

四、汽车运输业务成本的会计核算

(一)汽车运输业务的成本核算对象、成本计算单位和成本计算期

物流企业汽车运输业务的生产过程是实现货物的位移过程。在实现货物位移过程中的耗费包括生产资料如车辆、房屋建筑、燃料、轮胎、配件、工具等价值耗费和运输人员工资部分的价值耗费，构成了汽车运输成本。对汽车运输业务的成本核算对象、成本计算单位和成本计算期内容的介绍如表13－8所示。

表13－8　汽车运输业务的成本核算对象、成本计算单位和成本计算期

项目	内容
汽车运输业务的成本核算对象	物流企业汽车运输业务的营运车辆的车型较为复杂，为了反映不同车型的运输经济效益，通常以不同燃料和不同厂牌的营运车辆作为成本核算对象。对于以特种大型车、集装箱车、零担车、冷藏车、油罐车从事运输业务的物流企业，还应以不同类型、不同用途的车辆分别作为单独的成本核算对象
汽车运输业务的成本计算单位	汽车运输业务的成本计算单位是以汽车运输工作量的计量单位为依据的，货物运输工作量通常称为货物周转量，其计量单位为吨/公里，它是实际运送货物的吨数与运距的乘积。在实际工作中，通常以千吨公里作为成本计算的计量单位。集装箱车辆成本计算的计量单位为千标准箱公里
汽车运输业务的成本计算期	汽车运输业务的成本应按月、季、半年和年计算，从年初至各月末止的累计成本。通常不计算在产品成本。营运车辆在经营跨月运输业务时，通常以行车路单签发日期所归属的月份计算其运输成本

(二)汽车运输的费用要素和成本项目

根据汽车运输企业实际经营特点，汽车运输成本项目一般可以分为直接材料、直接人工、其他直接费用和营运间接费用四项。汽车运输成本费用项

目的介绍如图 13－10 所示。

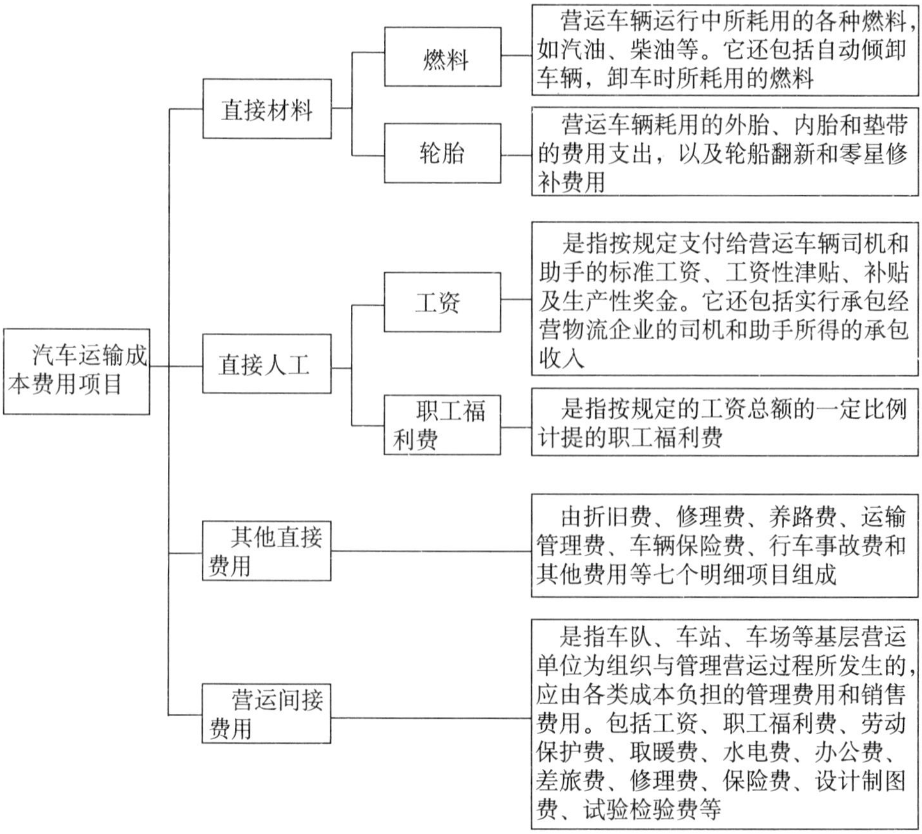

图 13－10　汽车运输成本费用项目

（三）汽车运输成本的核算

汽车运输成本明细账应按成本计算对象设置，采用多栏式账页。该账页按成本项目划分为直接材料、直接人工、其他直接费用和营运间接费用四个大栏，再将直接材料、直接人工和其他直接费用划分为若干个明细专栏，然后根据记账凭证逐笔进行登记，以归集其实际成本。

1. 直接材料的归集和分配

（1）燃料费用的归集和分配。

燃料费用的归集和分配如图 13－11 所示。

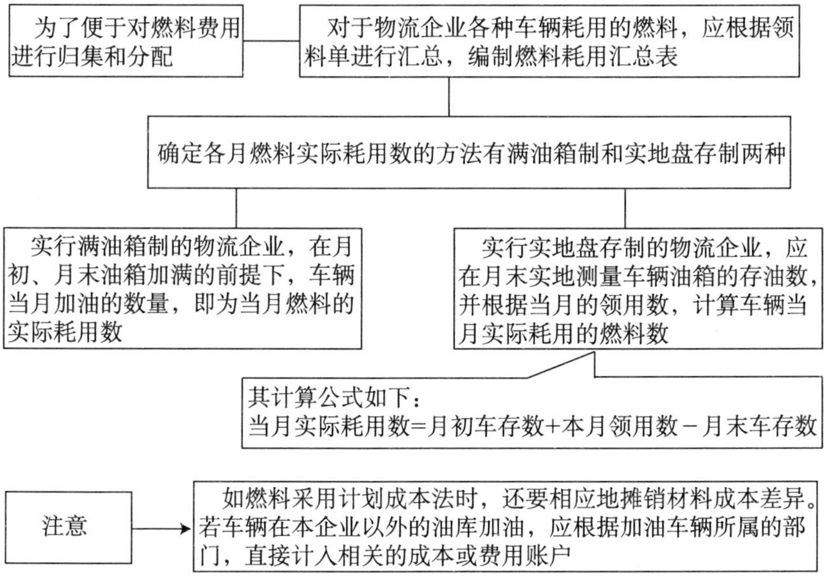

图 13－11　燃料费用的归集与分配

【例 13－1】远通物流有限公司对于燃料耗用数采用盘存制计算，2013 年 6 月根据燃料领料凭证及车存燃料盘点表等有关资料编制燃料（汽油）耗用计算汇总表如表 13－9 所示。

表 13－9　燃料（汽油）耗用计算汇总表

2013 年 6 月

领用单位	本月领用（升）	期初存油（升）	期末存油（升）	本月耗用（升）	计划成本（2.8 元/升）	成本差异 1%
城区运输车队	12 000	800	700	12 100	33 880	338.80
远途运输车队	4 500	1 200	600	5 100	14 280	142.80
汽修厂	1 200	40	30	1 210	3 388	33.88
公司本部	1 860	80	70	1 870	5 236	52.36
合计	19 560	2 120	1 400	20 280	56 784	567.84

根据燃料耗用计算汇总表，做会计分录如下：

借：主营业务成本——运输支出——城区运输车队(燃料)　33 880
　　主营业务成本——运输支出——远途运输车队(燃料)　14 280
　　主营业务成本——辅助营运费用　3 388
　　管理费用　5 236
　　贷：原材料——燃料　56 784

因为该公司对燃料按照计划成本法进行核算，应该对成本进行调整：

借：主营业务成本——运输支出——城区运输车队(燃料)　338.80
　　主营业务成本——运输支出——远途运输车队(燃料)　142.80
　　主营业务成本——辅助营运费用　33.88
　　管理费用　52.36
　　贷：材料成本差异——燃料　567.84

(2)轮胎费用的归集和分配。

物流企业各种车辆领用的轮胎外胎、内胎和垫带，应根据各月的领料单进行汇总，编制轮胎领用汇总表，以便于对轮胎费用的归集和分配。

对于外胎采用一次摊销法的物流企业，在外胎领用时，即根据外胎的领用部门记入“主营业务成本”或“营运间接费用”“管理费用”等相关账户；而对于外胎采用按行驶里程摊提法的企业，则应根据外胎行驶里程的原始记录和外胎里程摊提率，编制外胎摊提费用计算表，以便于对外胎费用进行归集和分配。

【例 13－2】远通物流有限公司汽车维修部 2013 年 6 月共支出轮胎零星修补费 3 200 元，其中城区车队 1 000 元，远程车队 2 000 元，公司本部管理用车辆 200 元。做会计分录如下：

借：主营业务成本——运输支出——城区车队(轮胎)　1 000
　　　　　　　　　　　　　　——远程车队(轮胎)　2 000
　　管理费用　200
　　贷：主营业务成本——辅助营运费用　3 200

【例 13－3】远通物流有限公司委托外单位翻新外胎，实际支付翻新费用 5 520 元，外胎翻新费用如表 13－10 所示。

表 13－10　外胎翻新费用差异计算表

2013 年 6 月

领用单位	外胎规格	翻新胎	每胎次计划翻新费	计划翻新费	实际翻新费	差异
城区车队	载重车胎	12	200	2 400	2 150	-250
远程车队	载重车胎	16	200	3 200	3 370	170
合计		28	400	5 600	5 520	-80

根据外胎翻新费用差异计算表，做会计分录如下：

借：预提费用——轮胎预提费用　　5 600

　　主营业务成本——运输支出——远程车队(轮胎)　　170

　　贷：主营业务成本——运输支出——城区车队(轮胎)　　250

　　　　银行存款　　5 520

2. 直接人工的归集与分配

直接人工的归集与分配如图 13－12 所示。

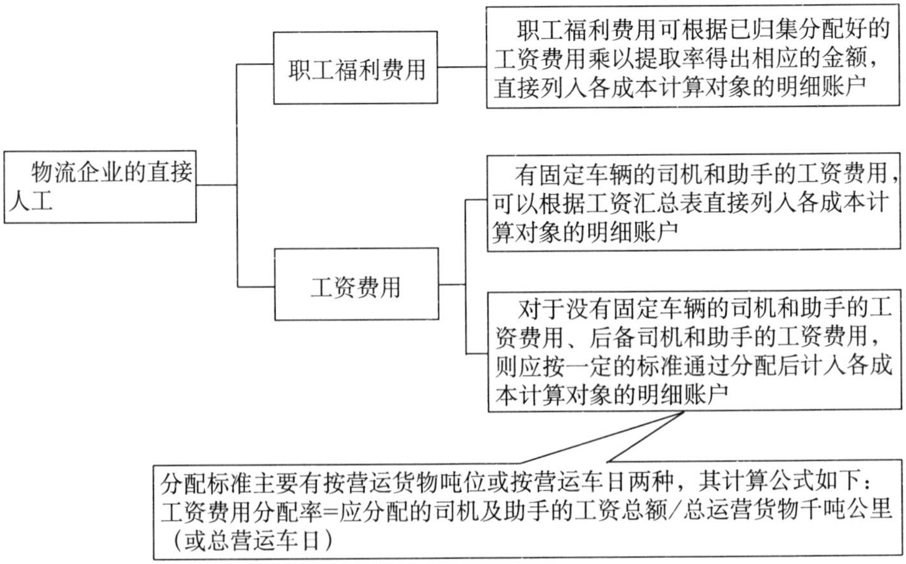

图 13－12　直接人工的归集与分配

【例13-4】远通物流有限公司汽车运输部和公司本部管理人员2013年6月份发生的工资总额为80 600元，其中：城区车队32 000元，远程车队19 600元，汽车运输部修理车间6 000元，汽车运输部管理人员8 000元，两个车队机动司机和助手工资6 000元，行政管理部门9 000元，该月城区车队营运货物32万吨公里，远程车队营运货物64万吨公里。

(1)两个车队机动司机和助手工资需要按营运货物万吨公里数在两个车队之间进行分配如下：

单位运量应承担的机动人员工资=6 000÷(32+64)=62.50(元/万吨公里)；

城区车队应分配工资费用=32×62.50=2 000(元)；

远程车队应分配工资费用=64×62.50=4 000(元)。

(2)本公司职工福利费提取率为工资总额的14%，编制工资及职工福利费用分配表如表13-11所示。

表13-11 工资及职工福利费用分配表

2013年6月 单位：元

	城区车队	远程车队	修理车间	汽车运输部	公司本部	机动司机	小计	应计提福利费
运输成本(城区车队)	32 000					2 000	34 000	4 760
运输成本(远程车队)		19 600				4 000	23 600	3 304
辅助营运费用——共同费用			6 000				6 000	840
营运间接费用				8 000			8 000	1 120
管理费用					9 000		9 000	1 260
合计	32 000	19 600	6 000	8 000	9 000	6 000	80 600	11 284

(3)根据工资及职工福利费用分配表分配工资，做分录如下：

借：主营业务成本——运输支出——城区车队——工资　34 000
　　主营业务成本——运输支出——远程车队——工资　23 600
　　辅助营运费用——共同费用　6 000
　　营运间接费用　8 000
　　管理费用　9 000
　　贷：应付职工薪酬——工资　80 600

(4)根据工资及职工福利费分配表，计提职工福利费，做分录如下：

借：主营业务成本——运输支出——城区车队——职工福利费　4 760
　　主营业务成本——运输支出——远程车队——职工福利费　3 304
　　辅助营运费用——共同费用　840
　　营运间接费用　1 120
　　管理费用　1 260
　　贷：应付职工薪酬——福利费　11 284

3. 其他直接费用的归集和分配

(1)养路费。

物流企业向公路管理部门缴纳的车辆养路费，一般按货车吨位数计算缴纳。因此，企业缴纳的车辆养路费可以根据缴款凭证直接计入各成本计算对象成本及有关费用。

【例 13－5】远通物流有限公司 2013 年 5 月按规定缴纳的车辆养路费为 134 840 元，其中城区车队 96 000 元，远程车队 35 000 元、公务车 3 840 元。根据交款凭证，做会计分录如下：

借：主营业务成本——运输支出——城区车队(养路费)　96 000
　　　　　　　　——运输支出——远程车队(养路费)　35 000
　　管理费用　3 840
　　贷：银行存款　134 840

(2)保养修理费。

车辆保养和修理业务内容及会计处理如表 13－12 所示。

表 13－12　车辆保养和修理业务内容及会计处理

车辆保养和修理业务分类		业务内容	会计处理
由车队保修班进行的	各级保修和小修理的费用	车队保修工人的工资及职工福利费、行车耗用的机油和保修车辆耗用的燃料、润料和备品配件	一般可以根据各项凭证汇总，全部直接计入各成本计算对象的成本
	共同性费用	—	按营运车日比例分配计入各车队运输成本
由企业所属保养场(保修厂)进行的		主要是大修理所发生的费用	视同辅助生产费用，通过“辅助营运费用”二级账户进行归集与分配

必须注意的是，由于营运车辆大修理一般数额较大，修理的间隔期也较长，为均衡损益，一般采用预提的办法。即根据大修理费计提额预提时借记“主营业务成本——运输支出”科目，贷记“预提费用”科目，此时若发生差异，要进行调整，前者大于后者为超支，应调增大修理费计提额和运输成本；反之则为节约而应予调减。

(3)折旧费。

物流企业计提固定资产折旧，可以采用平均年限法、工作量法、双倍余额递减法和年数总和法，但属车辆的固定资产折旧一般采用工作量法计提。

【例 13－6】远通物流有限公司设有只为内部车辆服务的维修车间，2013 年 5 月，维修车间编制辅助营运费用分配表如表 13－13 所示，预提修理费用为 50 000 元。

表 13－13　辅助营运费用分配表

2013 年 5 月

收益单位	车辆大修	零星修补	轮胎翻新	合计
城区车队	18 600	3 200	600	22 400
远程车队	26 000	1 600		27 600
管理部门	4 600	300		4 900
合计	49 200	5 100	600	54 900

根据辅助营运费用分配表，做有关修车费用分配的会计分录如下：

借：预提费用——预提修理费用　　50 000

　　管理费用　　4 900

　　贷：主营业务成本——辅助营运费用　　54 900

车辆固定资产折旧的工作量法如图 13－13 所示。

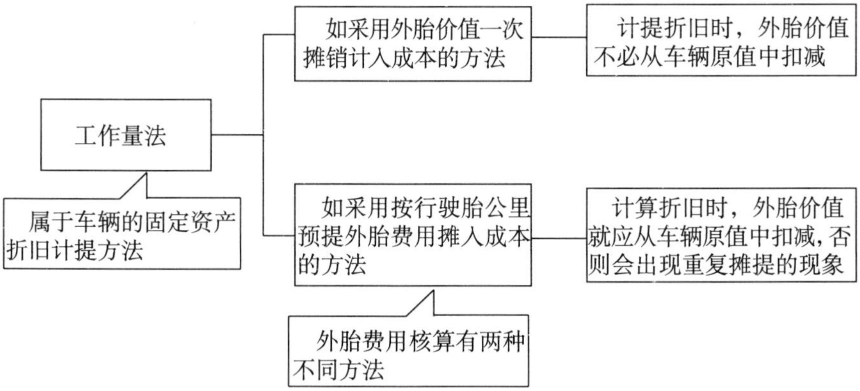

图 13－13　车辆固定资产折旧的工作量法

(4)其他费用。

营运车辆发生的其他直接费用，除保养修理费、折旧费、养路费等项外，还包括其他几项有关费用，内容比较复杂，但费用发生时同样可以根据费用凭证直接计入各成本计算对象的成本。其他直接费用的内容及会计处理如表 13－14 所示。

表 13－14　其他直接费用的内容及会计处理

费用项目	会计处理	说明
营运车辆的公路运输管理费	一般按运输收入的规定比例计算缴纳。因此，企业缴纳的车管费可以根据交款凭证直接计入各类运输成本	—
营运车辆在营运过程中因种种行车事故所发生的修理费、救援和善后费用，以及支付外单位人员的医药费、丧葬费、抚恤费、生活费等支出	扣除向保险公司收回的赔偿收入及事故对方或过失人的赔偿款后，净损失也可根据付款、收款凭证直接计入各类运输成本	如果行车事故较为严重复杂，处理时间较长，可在发生各项支出时通过“其他应收款——暂付事故赔款”账户核算，然后逐月将已发生事故净损失转入各该类运输成本。对于当年不能结案的事故，年终时可按估计净损失数预提转入运输成本；在结案的年底，再将预提损失数与实际损失数的差额，调整当年的有关运输成本
领用随车工具及其他低值易耗品	可以根据领用凭证，一次或分次摊入各类运输成本	—

【例 13－7】远通物流有限公司 2013 年 6 月共支出洗车费、过桥过路费等杂项支出共计 6 500 元，经过同级汇总，其中城区车队 1 200 元，远程车队 4 600 元，公务车 700 元。

根据上述各项费用的付款凭证，制表汇总之后，其会计分录如下：

借：主营业务成本——运输支出——城区车队(其他费用)　1 200

　　　　　　　　——运输支出——远程车队(其他费用)　4 600

　　管理费用　700

　　贷：银行存款　6 500

4. 营运间接费用的归集与分配

物流企业运输业务的营运间接费用是运输分公司、车场、车站等部门为组织与管理运输业务过程所发生的各种间接费用。这些部门除了会发生前述的燃料费、轮胎费、工资、职工福利费、折旧费、修理费、养路费、保险费等费用外，还会发生差旅费、水电费、办公费、取暖费和其他费用。在实际工作中营运间接费用应分运输分公司、车场、车站等部门进行明细分类核算。

以上的费用一般通过“营运间接费用”科目进行核算，该科目是成本类账户，用以核算企业在物流营运过程中所发生的不能直接计入成本计算对象的各种间接费用。发生时，记入借方；期末分配转入各成本计算对象时，记入贷方，结转后无余额。

期末各部门归集的营运间接费用应按照一定标准在各成本计算对象内进行分配，分配的标准主要有直接费用或营运车日等。分配率的计算公式如下：

营运间接费用分配率 = 营运间接费用总额/直接费用总额(或总营运日) ×100%

【例 13－8】远通物流有限公司将其营运部发生的间接营运费用全部在“间接营运费用”科目进行核算，月末按照两个车队的实际作业量进行分配后计入运输支出。2013 年 7 月实际发生额为 24 000 元，城区车队作业量为 12 000 吨公里，远程车队作业量为 18 000 吨公里。根据以上资料，编制营运间接费用分配表如表 13－15 所示。

表 13－15　营运间接费用分配表

2013 年 7 月

成本计算对象	分配标准(作业量)	分配率	分配额
城区车队	12 000(吨公里)		9 600
远程车队	18 000(吨公里)		14 400
合计	30 000	0.8 元/吨公里	24 000

根据营运间接费用分配表，做会计分录如下：

借：主营业务成本——运输支出——城区车队(营运间接费用) 9 600

——运输支出——远程车队(营运间接费用) 14 400

贷：营运间接费用 24 000

五、汽车运输成本的计算

物流企业汽车运输业务应负担的直接材料、直接人工、其他直接费用和营运间接费用构成了汽车运输总成本。汽车运输总成本除以运输周转量即为运输单位成本，其计算公式如下：

$$单位运输成本(元/千吨公里)=\frac{运输总成本}{运输周转量(千吨公里)}\times 100\%$$

物流企业月末应根据"主营业务成本——运输支出"明细账所归集的运输成本和该月实际完成的运输周转量编制汽车运输成本计算表，以反映运输总成本和单位成本。

第三节　船舶运输业务

一、船舶运输业务的特点和形式

船舶运输业务的特点和形式如图 13－14 所示。

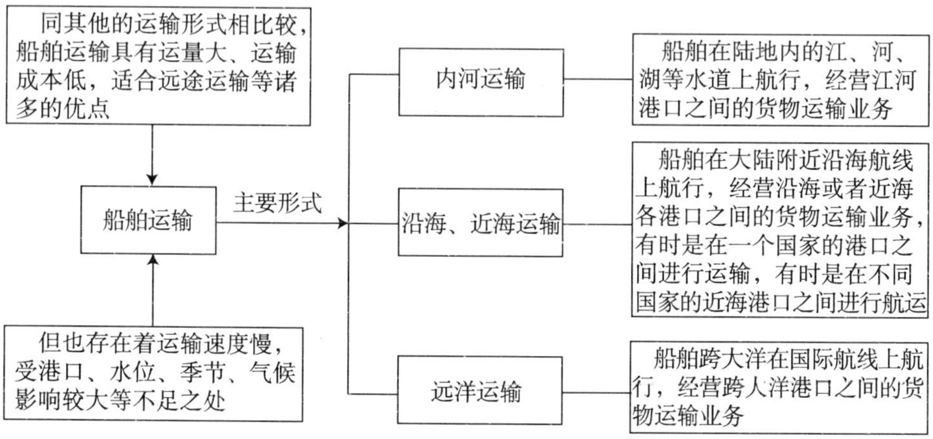

图 13－14　船舶运输业务的特点和形式

二、船舶运输营运收入的会计核算

船舶运输营运收入的会计核算如图 13－15 所示。

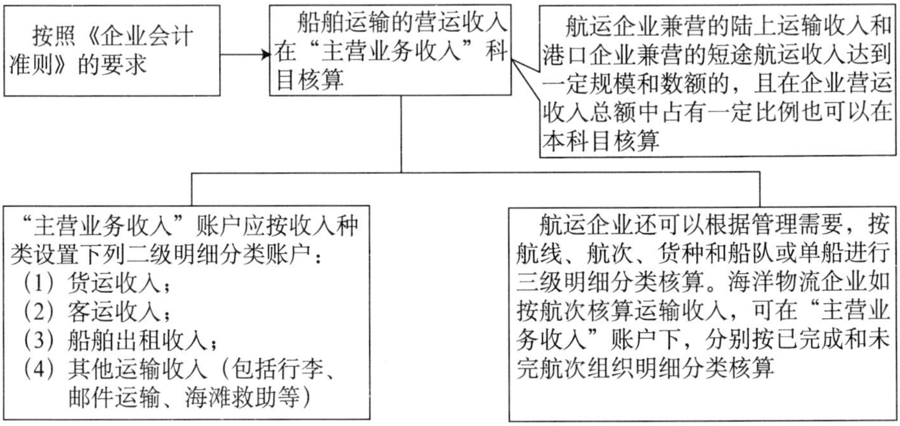

图 13－15　船舶运输营运收入的会计核算

（一）船舶运输中直达运输收入的核算

货物从起运港至到达港的全程运输由一个航运公司完成的就称直达运输。直达运输的营运收入结算方法有“起收”和“到收”两种。直达运输营业收入结算方法的介绍如表 13－6 所示。

表 13－16　直达运输营业收入的结算方法

结算方式	内容
起收	起运港在承运时一次向发货人收取全程运费和本港的港杂费，起运港扣除本港收入后，将运费解缴承运的航运公司，到达港的港杂费由到达港计收
到收	发货人不在起运地，征得航运公司的同意，由起运港办理承运，由到达港向收货人收取全程运费和两港运杂费，再结算给各承运的航运公司和起运港的港口企业

注：目前“到收”这种结算办法已经基本不用，而改为港杂费用由起运港和到达港承运时和提货时分头计收，全程运费由航运公司直接向收货人计收。

(二)江河海货物联运收入的核算

江河海货物联运指货物从起运港至到达港的全程运输由几个航运公司和几个港口企业联合完成。联运运输的营运收入结算方式也有“起收”和“到收”两种。采用起收方式结算时，起运港在发货人托运时一次计收全程运费，起运港的港杂费和中转港的换装费，港航之间采取逐段解缴、逐段扣收的办法结算。具体方法如图 13－16 所示。

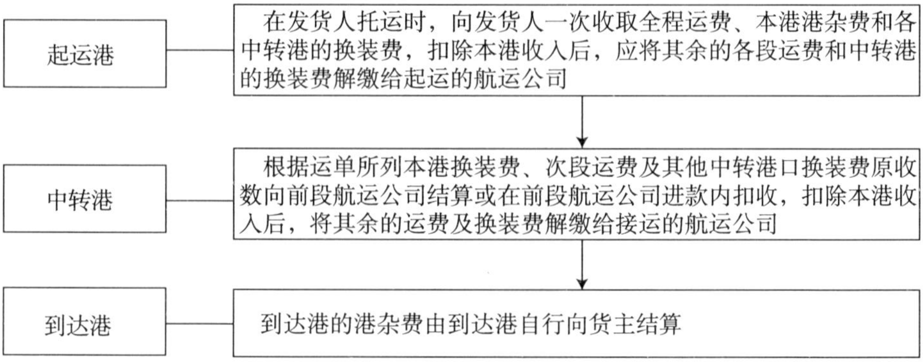

图 13－16　起收方式结算的方法

采用“到收”的方法结算时，由到达港向收货人一次计收全程运费和各港杂费，港航之间采取逐段扣收、逐段解缴的方法结算，结算方法如图 13－17 所示。

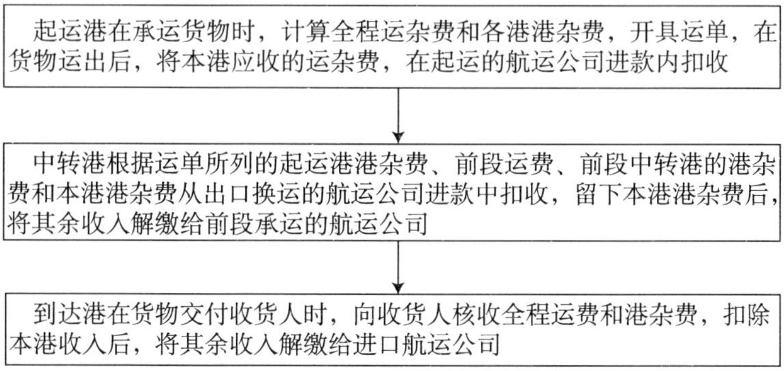

图 13－17　到收方式结算的方法

【例13-9】一批货物由三联货运有限公司负责托运，三联货运有限公司目前已经按照营改增的要求，实行7%的增值税税率。该批货物在重庆港启运，经长江航运公司承运，抵广州港后卸船交收货人。

(1)本批次货物，三联货运公司收取货主运费60 000元，价外收取增值税4 200元，代收货物运输保险费2 000元。相应的会计处理如下：

借：银行存款　66 200

　贷：主营业务收入　60 000

　　应交税费——应交增值税(销项税额)　4 200

　　其他应付款——A保险公司　2 000

(2)三联货运公司向重庆港交纳装卸费12 000元，增值税销项税额840元，港口建设费2 000元，相应的会计处理如下：

借：主营业务成本——装卸费　12 000

　　　　——港口建设费　2 000

　应交税费——应交增值税(进项税额)　840

　贷：银行存款　14 840

重庆港相应的会计分录如下：

借：银行存款　14 840

　贷：主营业务收入——装卸收入　12 000

　　应交税费——应交增值税(销项税额)　840

　　应交税费——港口建设费　2 000

(3)三联货运公司向长江航运公司交纳运费8 000元，增值税销项税额560元，相应的会计处理如下：

借：主营业务成本——运费　8 000

　应交税费——应交增值税(进项税额)　560

　贷：银行存款　8 560

长江航运公司相应的会计分录如下：

借：银行存款　8 560

　贷：主营业务收入——装卸收入　8 000

　　应交税费——应交增值税(销项税额)　560

三、船舶运输成本的核算

（一）船舶运输业务的成本核算对象、成本计算单位和成本计算期

船舶运输业务的成本核算对象、成本计算单位和成本计算期如表 13－17 所示。

表 13－17　船舶运输业务的成本核算对象、成本计算单位和成本计算期

项目	内容	说明
成本核算对象	物流企业船舶运输以货运业务作为成本核算对象。但由于运输成本主要是船舶设备的使用成本，因此发生的船舶费用仍以运输船舶为对象，通过核算船舶费用，间接计算货运成本。物流企业应根据经营管理上的需要，对不同形式的船舶运输确定不同的成本核算对象	沿海、近海运输以单船、船舶类型作为成本核算对象，先核算每艘船舶运输成本，在此基础上再计算船舶类型成本。 远洋运输由于船舶航次时间长，吨位大，因此必须以单船的航次作为成本核算对象。 内河运输由于船舶的类型较多，因此通常以运输船舶类型作为成本核算对象
成本计算单位	物流企业船舶运输成本计算单位是以船舶运输工作量的计量单位为依据的。其计量单位为千吨海里	—
成本计算期	物流企业的沿海运输业务、近海运输业务和内河运输业务因航次时间不长，各月的未完航次数相差不多，且未完航次的运输量和运输费用较少，因此以月度、季度、半年度和年度作为其成本计算期。而远洋运输因航次时间长，各月未完航次的运输量和运输费用较大，因此以航次作为成本计算期，船舶的航次时间，应从上一航次最终港卸完所载货物起，到本航次最终卸完所载货物时为止	—

（二）船舶运输企业营运成本的会计科目设置

1.“船舶固定费用”明细科目

“船舶固定费用”的明细科目设置如图13－18所示。

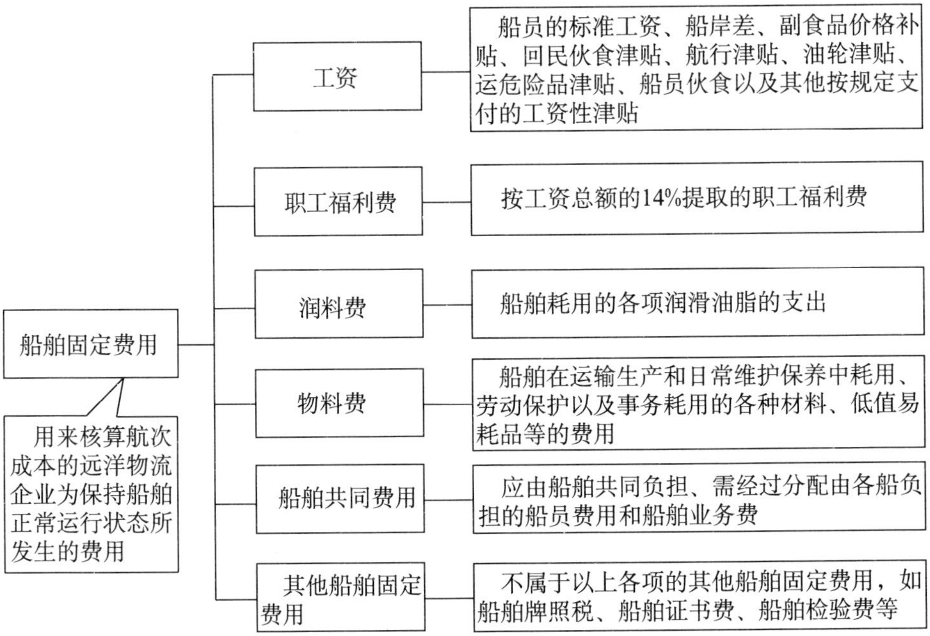

图13－18　船舶固定费用的明细科目设置

发生船舶固定费用时，应借记“劳务成本——船舶固定费用”科目，贷记“应付职工薪酬——工资”“应付职工薪酬——福利费”“材料”“银行存款”等科目。月末按规定的分配标准，将船舶固定费用分配给各航次成本时，借记“主营业务成本——运输支出”科目，贷记“劳务成本——船舶固定费用”科目。

2.“集装箱固定费用”明细科目

集装箱固定费用的内容如表13－18所示。

表 13－18　集装箱固定费用的内容

集装箱固定费用用途	包括的内容
核算物流企业发生的集装箱固定费用	集装箱保管费，包括空箱存放堆场支付的堆存费用，以及空箱在港口之间调运所发生的运送费
	集装箱折旧费，指自有集装箱按集装箱价值和规定的折旧率按月计提的折旧费
	集装箱修理费，指修理集装箱所耗用的修理用配件、材料和其他修理费用
	保险费，指向保险公司投保集装箱安全险等所支付的保险费用
	底盘车费用，指企业自有或租入的集装箱底盘车发生的保险费、折旧费、租金、保管费、修理费等
	其他费用

发生的集装箱固定费用，借记“劳务成本——集装箱固定费用”科目，贷记“银行存款”“其他应付款”等科目。月终，按规定的分配标准由单船或航次负担时，借记“主营业务成本——运输支出”科目，贷记“劳务成本——集装箱固定费用”科目。

集装箱固定费用应按集装箱类型设置明细账，并按规定的费用项目进行明细核算。

3.“船舶维护费用”明细科目

“船舶维护费用”明细科目核算有封冻、枯水等非通航期的内河物流企业所发生的、应由通航期成本负担的船舶维护费用。企业在非通航期从事其他业务所发生的费用，应记入“其他业务成本”等科目，不通过这一科目核算。船舶维护费用的主要内容如图 13－19 所示。

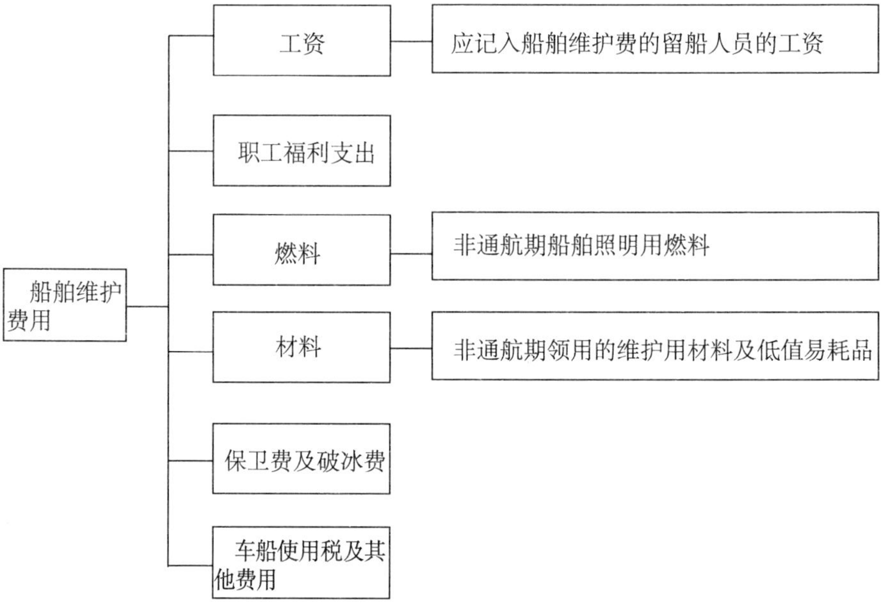

图 13－19　船舶维护费用的主要内容

有关船舶维护费用的会计核算，如表 13－19 所示。

表 13－19　船舶维护费用的会计核算

发生船舶维护费时	月末分配	年终调整
借记"劳务成本——船舶维护费用"科目，贷记"应付职工薪酬——工资""应付职工薪酬——福利费""原材料""银行存款"等科目	月末，将所归集的船舶维护费用，采用适当的分配方法，计算通航期每个月份各成本计算对象应负担的船舶维护费用：借记"主营业务成本——运输支出"科目，贷记"劳务成本——船舶维护费用"科目	年度终了，船舶维护费用全年实际发生属于分配数的差额，应在本年内调整运输成本，借记"主营业务成本——运输支出"科目，贷记"劳务成本——船舶维护费用"科目(实际发生数大于分配数的差额用蓝字，实际发生数小于分配数的差额用红字)

(三)沿海、近海运输成本的核算

1. 船舶航行费用的归集

物流企业的沿海或近海运输业务通常以单船作为成本计算对象，因此按船舶名称设置明细账进行明细核算。

物流企业运输货物所发生的船舶航行费用，应根据燃料耗用汇总表、发票和单据等各种原始凭证编制记账凭证，届时借记“主营业务成本——运输支出”账户，贷记“原材料”“银行存款”“应付账款”等相关账户。并在“运输支出”账户下按船舶的命名设置三级明细账。

【例 13－10】远航航运有限公司经营沿海运输业务，对燃料柴油采用实地盘存制。根据2013年6月份的柴油领料单，可知该公司三条货船成都号、重庆号和乐山号领用船用柴油的情况如表13－20所示。

表 13－20 燃料耗用汇总表

2013年6月

领用船舶	月初船存（升）	本月领用（升）	月底船存（升）	本月耗用（升）	单价（元/升）	金额（元）
成都号	1 100	16 000	1 500	15 600	4	62 400
重庆号	4 200	23 500	1 100	26 600	4	106 400
乐山号	3 200	19 800	3 600	19 400	4	77 600
合计	8 500	59 300	6 200	61 600		246 400

根据燃料耗用汇总表，做分录如下：

借：主营业务成本——运输支出——成都号——燃料费　62 400
　　主营业务成本——运输支出——重庆号——燃料费　106 400
　　主营业务成本——运输支出——乐山号——燃料费　77 600
　　贷：原材料——燃料类　246 400

2. 船舶固定费用的归集和分配

船舶固定费用的归集和分配如表13－21所示。

表13－21　船舶固定费用的归集和分配

船舶固定费用的类型	处理方法
船舶固定费用中的工资、职工福利费、润料费、船舶材料费、船舶折旧费、船舶修理费、船舶保险费等明细成本项目	根据涉及这些明细成本项目的"工资及职工福利费分配表""固定资产折旧费用计算表""领料单"及各种发票、单据等原始凭证直接列入所属船舶的成本。届时借记"主营业务成本——运输支出"科目，贷记"应付职工薪酬——工资""应付职工薪酬——福利费""原材料""低值易耗品"等相关科目
船舶固定费用中的"船舶共同费用"和"船舶非营运期间费用"两个明细成本项目	先在"船舶固定费用"科目中归集，期末通过分配后，再计入各艘船舶的运输成本

(1)船舶共同费用的归集与分配。

在"船舶固定费用"科目内归集的由各艘船舶负担的共同费用，期末应按照一定的分配标准，在各艘船舶之间进行分配。分配标准通常采用运输周转量(千吨海里)，其计算公式如下：

分配率＝船舶共同费用/总运输周转量(千吨海里)

【例13－11】 远航航运有限公司按运输周转量分配各船应负担的船舶共同费用。2013年6月30日"船舶固定费用——船舶共同费用"明细账余额为198 000元，该月成都号的运输量为57 000千吨海里，重庆号的运输量为85 000千吨海里，乐山号的运输量为56 000千吨海里。请计算每条船应承担的船舶共同费用，并进行相应的账务处理。

(1)每条船应承担的船舶共同费用计算如下：

分配率＝198 000÷(57 000＋85 000＋56 000)＝1(元/千吨海里)。

重庆号应负担船舶共同费用＝57 000×1＝57 000(元)；

成都号应负担船舶共同费用＝85 000×1＝85 000(元)；

乐山号应负担船舶共同费用＝56 000×1＝56 000(元)。

(2)根据分配的结果，做会计分录如下：

借：主营业务成本——运输支出——成都号——船舶共同费用　57 000

　　主营业务成本——运输支出——重庆号——船舶共同费用　85 000

　　主营业务成本——运输支出——乐山号——船舶共同费用　56 000

　贷：船舶固定费用——船舶共同费用　198 000

(2)船舶非营运期间费用的分配。

在“船舶固定费用”账户中归集的船舶在厂修、停船自修、事故停航、定期熏仓等非营运期间所发生的费用，应由营运期间各成本计算期的运输成本负担。届时先按非营运期间费用的全年预算数和全年计划营运天数确定计划分配率。然后据以计算通航期间各月应负担的非营运期间费用。

【例 13－12】远航航运有限公司拥有三条货船，这些货船的全年非营运期间费用预算数依次为：成都号为 960 000 元，重庆号为 850 000 元，乐山号为 680 000 元，这三艘船舶全年计划营运天数均为 320 天。2013 年 7 月份成都号实际营运了 24 天，重庆号实际营运了 28 天，乐山号实际营运了 26 天。

请对每条船 7 月应承担的船舶非营运期间费用进行计算，并进行相应的账务处理。

(1)依据实际营运天数，每条船应负担的非营运期间费用依次是：

成都号应负担的船舶非营运期间费用 = 960 000 ÷ 320 × 24 = 72 000(元)；

重庆号应负担的船舶非营运期间费用 = 850 000 ÷ 320 × 28 = 74 375(元)；

乐山号应负担的船舶非营运期间费用 = 680 000 ÷ 320 × 26 = 55 250(元)。

(2)根据分配的结果，做分录如下：

借：主营业务成本——运输支出——成都号——船舶非营运期间费用 72 000

主营业务成本——运输支出——重庆号——船舶非营运期间费用 74 375

主营业务成本——运输支出——乐山号——船舶非营运期间费用 55 250

贷：船舶固定费用——船舶非营运期间费用——成都号 72 000

船舶固定费用——船舶非营运期间费用——重庆号 74 375

船舶固定费用——船舶非营运期间费用——乐山号 55 250

3. 集装箱固定费用的归集和分配

集装箱固定费用的归集和分配如图 13－20 所示。

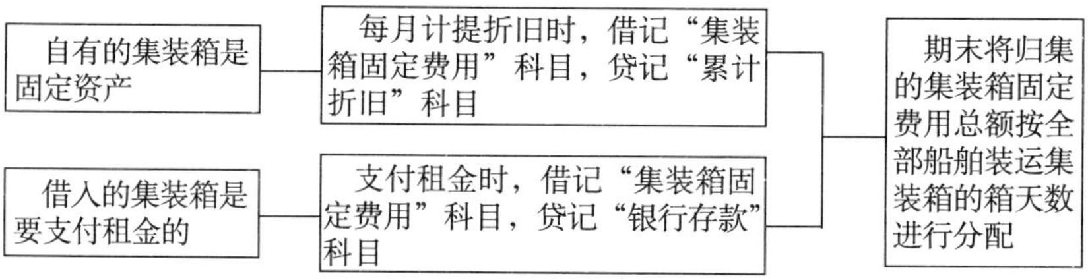

图 13－20　集装箱固定费用的归集和分配

【例 13－13】远航航运有限公司按照每艘船舶实际装载的集装箱标准箱天数为依据对集装箱固定费用进行分配。2013 年 6 月 30 日该公司“集装箱固定费用”账户余额为 401 200 元，该月成都号装 40 英尺集装箱 65 只，共使用 24 天；重庆号装 20 英尺集装箱 160 只，共使用 28 天；乐山号装 20 英尺集装箱 90 只，共使用 27 天。以 20 英尺集装箱作为标准箱，40 英尺集装箱约等于 2 个标准箱。请计算每艘船应分摊的集装箱固定费用，并进行相应的账务处理。

(1)分配集装箱固定费用如下：

集装箱固定费用分配率 $=401\ 200 \div (65\times2\times24+160\times28+90\times27)=40$(元/天标准箱)；

成都号应负担集装箱固定费用 $=65\times2\times24\times40=124\ 800$(元)；

重庆号应负担集装箱固定费用 =160×28×40 =179 200(元);

乐山号应负担集装箱固定费用 =90×27×40 =97 200(元)。

(2)根据分配的结果,做分录如下:

借:主营业务成本——运输支出——成都号——集装箱固定费用　124 800

　　主营业务成本——运输支出——重庆号——集装箱固定费用　179 200

　　主营业务成本——运输支出——乐山号——集装箱固定费用　97 200

　贷:集装箱固定费用　401 200

4. 营运间接费用的归集与分配

营运间接费用的归集与分配如图 13 -21 所示。

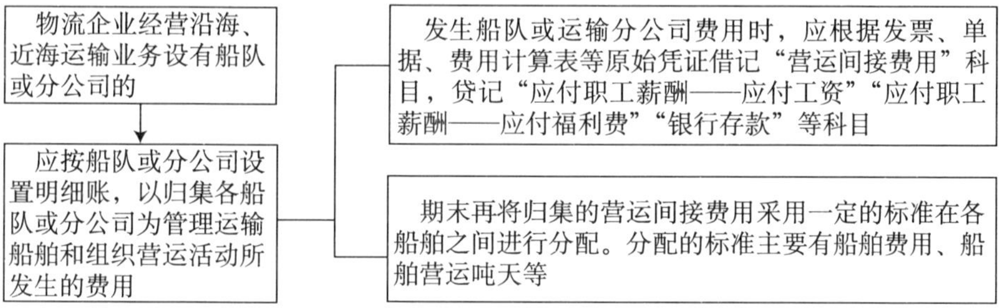

图 13 -21　营运间接费用的归集与分配

【例 13 -14】远航航运有限公司以每艘船发生的直接船舶费用对营运间接费用进行分配,2013 年6 月30 日“营运间接费用——海运分公司”账户余额为48 万元,该月成都号发生船舶费用为127 万元,重庆号发生船舶费用为96 万元,乐山号发生船舶费用为77 万元。

请按照船舶费用对各艘船应分配的营运间接费用进行分配,并进行相应的账务处理。

(1) 各艘船应分配的营运间接费用计算如下:

营运间接费用分配率 =48 ÷(127 +96 +77) =0. 16。

成都号应负担营运间接费用 =1 270 000×0. 16 =203 200(元);

重庆号应负担管运间接费用 = 960 000 × 0.16 = 153 600（元）；

乐山号应负担管运间接费用 = 770 000 × 0.16 = 123 200（元）。

（2）根据分配的结果，做分录如下：

借：主营业务成本——运输支出——成都号——营运间接费用　　203 200

　　主营业务成本——运输支出——重庆号——营运间接费用　　153 600

　　主营业务成本——运输支出——乐山号——营运间接费用　　123 200

　　贷：营运间接费用——海运分公司　　480 000

5. 船舶运输成本明细账的设置与登记

船舶运输成本明细账的设置与登记如图 13－22 所示。

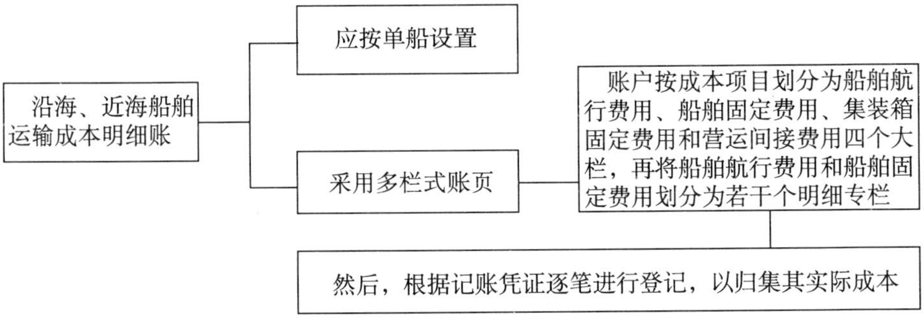

图 13－22　船舶运输成本明细账的设置与登记

6. 船舶运输成本的计算

根据上述各种费用的归集和分配，月终，沿海物流企业便可按规定的成本项目和费用类别编制各运输船舶的“单船成本计算表”，并据以计算单船成本。在此基础上，应根据需要编制“沿海运输成本计算表”“船舶类型成本计算表”，以分别计算沿海运输总成本和船舶类型成本。

沿海运输总成本是由企业全部船舶所发生的费用（包括船舶航行费、船舶固定费、船舶租费），扣除应由其他业务负担的船舶费用，加上集装箱固定费、应由物流企业负担的船队费用得到的。计算公式如下：

运输总成本 = 船舶费用 － 其他业务费用 + 集装箱固定费用 + 船队费用

运输总成本除以客货运换算周转量，即为运输综合单位成本，其计算公式如下：

运输综合单位成本 = 运输总成本/客货运换算周转量

客运、货运总成本分别除以客、货运周转量，即为客运、货运单位成本。其计算公式如下：

客运单位成本 = 客运总成本/客运周转量

货运单位成本 = 货运总成本/货运周转量

(四)远洋运输成本的核算

物流企业的远洋运输业务通常以航次作为成本计算对象，因此按船舶的航次设置明细账，归集船舶每航次所发生的费用。航次运行费用的具体核算方法与沿海、近海运输的船舶航次费用相同，在此不再重述。船舶固定费用的核算如图 13－23 所示。

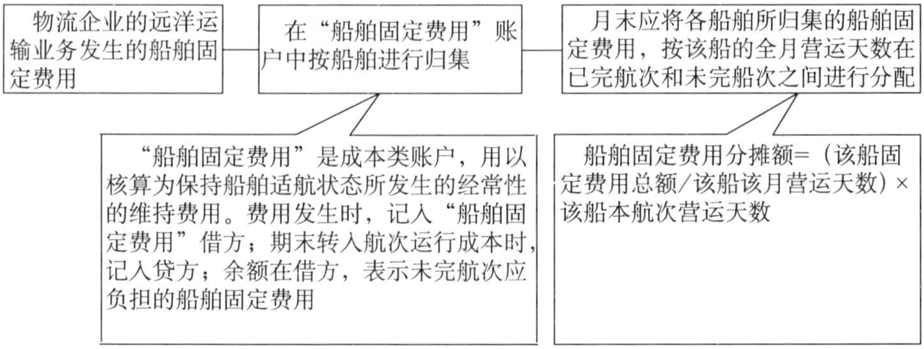

图 13－23　船舶固定费用的核算

远洋运输业务集装箱固定费用的归集方法与沿海、近海运输业务基本相同，两者的区别是所归集的费用分配对象不同。远洋运输业务是按船舶航次分配所归集的费用，其具体核算方法可以参照船舶的固定费用核算方法，在此不再重述。集装箱固定费用的核算如图 13－24 所示。

远洋运输业务的营运间接费用可以只计入当期已完成航次成本，不必分配计入该期未完成航次成本。届时，船舶运输业务的营运间接费用，按已完成航次的船舶费用进行分配。

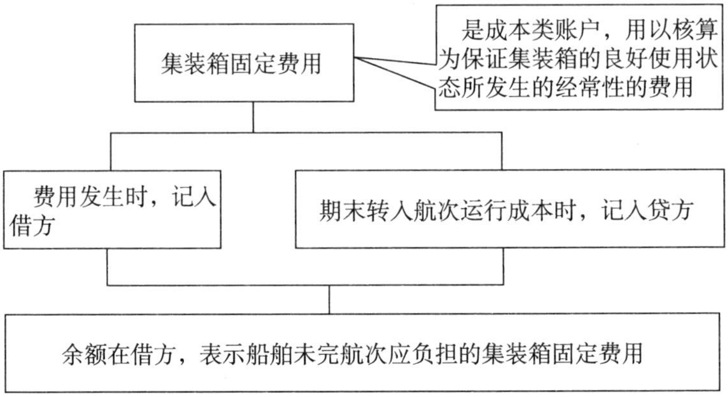

图 13－24　集装箱固定费用的核算

【例 13－15】东海远洋运输公司 2013 年 1 月 31 日“船舶固定费用——东方轮”明细账余额为 186 万元，该船全月共营运 31 天，其中第一航次营运了 23 天，其余 8 天为第二航次，尚在营运途中。请计算分配该船第一、二航次应负担的船舶固定费用，并进行相应的账务处理。

(1)该船第一、第二航次应负担的船舶固定费用如下：

第一航次应负担的船舶固定费用 $=186\div31\times23=138$(万元)；

第二航次应负担的船舶固定费用 $=186\div31\times8=48$(万元)。

根据分配的结果，做分录如下：

借：主营业务成本——运输支出——东方轮第一航次　　1 380 000

　　贷：船舶固定费用——东方轮　　1 380 000

结转东方轮第一航次的船舶固定费用后，余额为 480 000 元，系该轮第二航次营运 8 天应负担的船舶固定费用。至 2 月末，该余额再加上 2 月份东方轮第二航次营运天数应负担的船舶固定费用，就构成了该轮第二航次的船舶固定费用。

(五)内河运输成本的核算

物流企业的内河运输业务通常以船舶类型作为成本计算的对象，因此按船舶类型设置明细账，如可以分设“货轮”“油轮”“拖轮”等，来归集不同类型船舶的航行费用、船舶维护费用和船舶固定费用。其中船舶航行费用和船舶固定费用的具体核算方法与沿海、近海运输业务相同，在此不再重述。船舶维护费用的核算如图 13－25 所示。

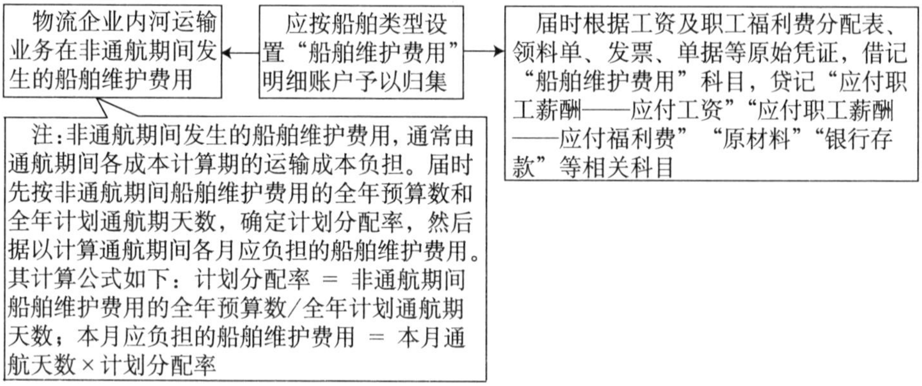

图 13－25　船舶维护费用的核算

船舶维护费用是成本类账户，用以核算物流企业在非通航期间发生的船舶维护费用。费用发生时，记入借方；期末转入各类船舶运行成本时，记入贷方；余额在借方，表示尚待分配的船舶维护费用。

内河运输业务的营运间接费用也按船舶类型进行分配，其核算方法与沿海、近海运输业务相同，在此不再重述。

【例 13－16】长江运输公司是一家内河运输企业，各类船舶全年计划通航天数皆为 270 天，船舶全年维护费用预算数按照船舶的种类有所不同，货轮为 450 000 元，油轮为 360 000 元，6 月份货轮和油轮各通航了 25 天，请分别计算货轮和油轮本月应承担的船舶维护费用，并进行相应的账务处理。

(1)货轮应负担的船舶维护费用如下：

货轮船舶维护费用的计划分配率 = 450 000 ÷ 270 = 1 666.67(元)；

货轮应负担的船舶维护费用 = (450 000 ÷ 270) × 25 = 41 666.67(元)。

(2)油轮应负担的船舶维护费用如下：

油轮船舶维护费用的计划分配率 = 360 000 ÷ 270 = 1 333.33(元)；

油轮应负担的船舶维护费用 = (360 000 ÷ 270) × 25 = 33 333.33(元)。

(3)根据分配的结果，做分录如下：

借：主营业务成本——运输支出——货轮	41 666.67	
主营业务成本——运输支出——油轮	33 333.33	
贷：船舶维护费用——货轮		41 666.67
船舶维护费用——油轮		33 333.33

第十四章
包装、仓储、装卸和配送业务

本章导读

包装、仓储、装卸和配送业务是运输业务的重要配套服务，对于物流企业完成物流的职能有着不可缺少的作用。包装、仓储、装卸和配送业务和运输业务的关系就像是鱼和水的关系，谁离开了谁都不能很好地生存和发展。随着社会分工的专业化，包装、仓储、装卸和配送业务在物流企业收入中所占的份额越来越大。在本章我们将学习以下内容:

- ☑ 仓储业务对运输产业的意义。
- ☑ 仓储业务的运作程序。
- ☑ 仓储业务的收入与成本如何进行会计核算?
- ☑ 装卸业务对运输产业的意义。
- ☑ 装卸业务的运作程序。
- ☑ 装卸业务的收入与成本如何进行会计核算?
- ☑ 配送业务对运输产业的意义。
- ☑ 配送业务的运作程序。
- ☑ 配送业务的收入与成本如何进行会计核算?

第一节　包装业务

包装作为物流企业的构成要素之一，与运输、保管、搬运、流通加工均有十分密切的关系。包装是生产的终点，同时又是物流的起点。因而对包装环节进行管理与核算是物流企业财务会计的重要内容。

一、包装的分类

根据国家标准《物流术语》中对包装的定义：为在流通过程中保护产品、方便运输、促进销售，按一定技术方法而采用的容器、材料及辅助物等的总体名称。也指为了达到上述目的而采用的容器、材料和辅助物的过程中施加一定技术方法等的操作活动。

包装的门类繁多，品种复杂，这是由于要适应各种物资性质的差异和不同运输工具等各种不同的要求和目的，使包装在设计、选料、包装技法、包装形态等方面出现了多样化。包装的分类如表 14－1 所示。

表 14－1　包装的分类

包装的分类		包装的特点	包装的作用
按功能分类	工业包装	以运输、保管为主要目的的包装，也就是从物流需要出发的包装，亦称运输包装，是一种外部包装（包含内部包装）	主要作用是具有保护功能、定量或单位化功能、便利功能和效率功能
	商业包装	也叫零售包装或消费者包装。主要是根据零售业的需要，作为商品的一部分或为方便携带所做的包装，亦即所谓逐个包装	主要功能是定量功能、标识功能、商品功能、便利功能和促销功能。主要目的在于方便商品在卖场中的自选式销售
按包装层次分类	内包装	又称销售包装，主要有陈列类（堆叠式、吊挂式、展开式）、识别类（透明式、开窗式、封闭式）和使用类（普通式、便携式、礼品式、易开式、喷挤式、复合式）	保护商品、宣传、美化、便于陈列、识别、选购、携带和使用

（续表）

包装的分类		包装的特点	包装的作用
按包装层次分类	外包装	在外包装中应选择合适的包装造型、材料、体积、轻重或印制条形码。外包装又有单件包装（箱、包、袋、捆、桶）和集合包装（集装包、集装箱、托盘）两类	方便运输、装卸和储运，减少损耗、牢固完整、便于检核

注：在有些情况下工业包装同时又是商业包装，比如装桔子的纸箱子（15 千克装）应属工业包装，连同箱子出售时，也可以认为是商业包装。为使工业包装更加合理并为促进销售，在有些情况下，也可以采用商业包装的办法来做工业包装，如家电用品就是兼有商业包装性质的工业包装。

二、包装费用的管理

包装即是生产的终点也是物流的起点，因而其包装的实施过程可能在生产企业，也可能在物流企业。无论其为工业包装还是商业包装，都需耗用一定的人力、物力和财力，对于大多数商品，只有经过包装，才能进入流通环节。据统计，包装费用一般占流通费用的10%，有些商品特别是生活消费品，其包装费用所占比例高达40%～50%。因而加强包装费用的管理与核算，可以降低物流成本，进一步提高物流企业经济效益。

（一）包装费用的构成

在物流过程中，几乎大多数商品都必须经过一定的包装后才能进行流转。因而，为了方便商品正常流转，通常企业都会发生一定的包装费用。对于物流企业来说，其包装费用一般由表 14－2 所示几方面构成。

表 14－2　包装费用的构成及内容

包装费用构成项目	费用发生原因	费用内容
包装材料费用	企业为达到包装效果，根据各种物资的特性，选择适合的包装材料	各类物资在实施包装过程中耗费在材料费用支出上的费用
包装机械费用	包装过程中使用机械作业可以极大地提高包装作业的劳动生产率，同时可以大幅度提高包装水平	使用包装机械（或工具）就会发生购置费用支出、日常维护保养费支出以及每个会计期间终了计提折旧费用，这些都构成了物流企业的包装机械费用

（续表）

包装费用构成项目	费用发生原因	费用内容
包装技术费用	为了使包装的功能能够充分发挥作用，达到最佳的包装效果，因而包装时，也需采用一定的技术措施	实施缓冲包装、防潮包装、防霉包装等。这些技术的设计、实施所支出的费用，合称包装技术费用
包装人工费用	在实施包装过程中，必须有工人或专业作业人员进行操作	对实施包装人员发放的计时工资、计件工资、奖金、津贴和补贴等各项费用支出，构成了包装人工费用支出。但是不包括这些人员的劳动保护费支出
其他辅助费用	除了上述主要费用以外，物流企业有时还会发生一些其他包装辅助费用	如包装标记、包装标志的印刷、拴挂物费用的支出等

(二)包装费用的管理

包装环节管理的好坏，包装费用支出的节约与否，直接影响着物流企业的经济效益。因而，对于物流企业来说，加强包装费用的管理十分重要。物流企业包装费用的管理通常包括以下几方面。

(1)合理选择包装材料，降低包装费用。选择适合具体物资的包装材料，既能达到包装效果，又能减少浪费，降低材料费用支出。

(2)实现包装规格的标准化。通过标准化，可以提高包装过程的效率，减少人工费用和材料费用支出，同时也方便物流过程中的装卸和运输。

(3)实现包装机械化。对于有条件的企业和物资，实现机械化包装可以大幅度地提高效率，从而降低各项费用支出。

(4)有条件的情况下组织散装运输。物流企业应该根据各类物资的性能和特点，对适合进行散装运输的物资直接组织运输，这样可大幅减少包装费用支出。

(5)除此之外，企业还应加强包装过程中的日常管理与核算，注意做好包装物回收和旧包装的利用等。

三、包装收入与成本、费用的核算

包装费用可能发生在不同的物流环节，也可能发生在不同的企业。根据我国现行会计制度和法规政策，物流企业必须根据《企业会计准则》的要求组织会计核算。《企业会计准则》给企业以较大的自主空间，对于企业获得的包装收入和付出的包装成本，根据不同的具体情况，有如图 14－1 所示的几种方式可供选择。

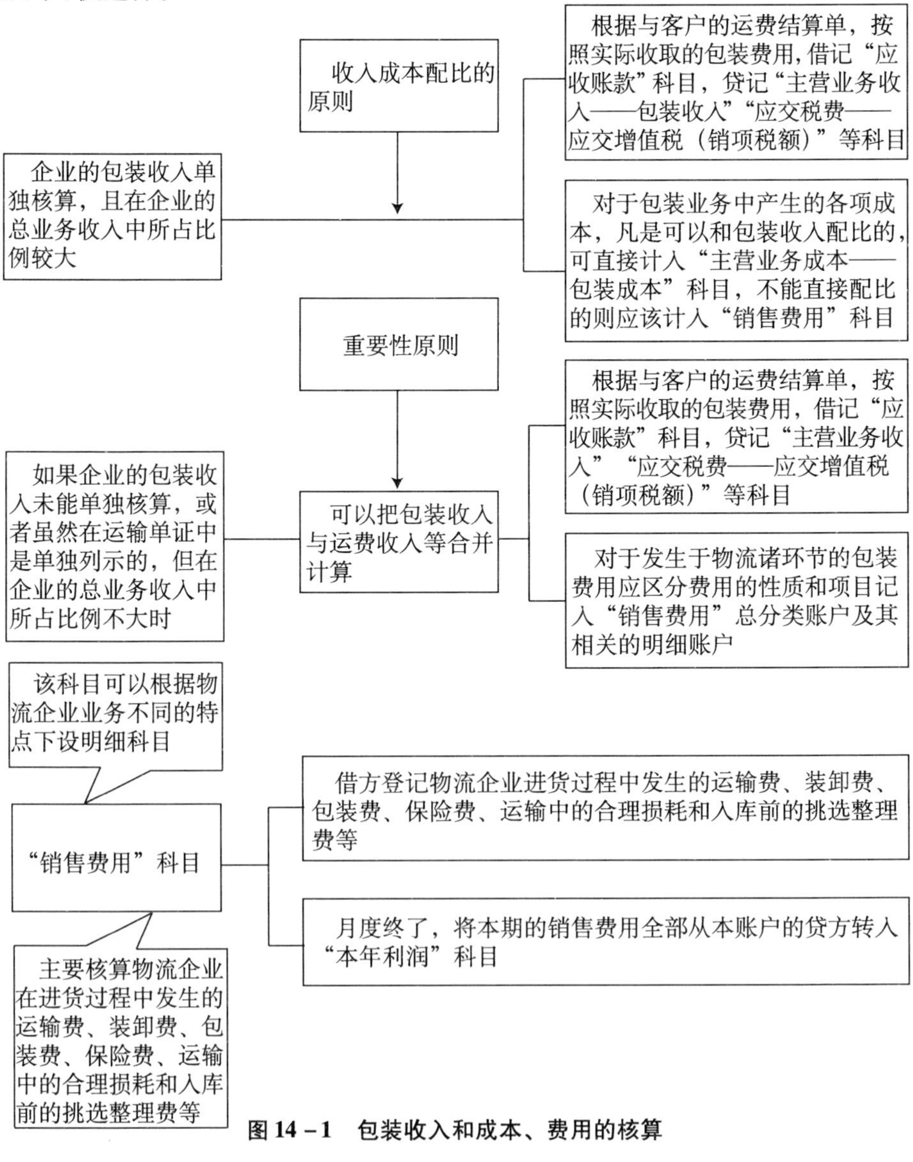

图 14－1　包装收入和成本、费用的核算

【例 14－1】 捷通快运公司是一家物流企业，其对所运输货物单独收取包装费，且在运费结算单中单独列示。2013 年 6 月，该公司承运了一批散货，为了运输安全，对所运输的一批散货进行了装箱打包，在包装过程中领用包装纸箱 120 个，共计 2 400 元，支付包装的临时工劳务费 3 500 元，包装结束后以现金的形式全部支付。此笔货物共收取托运人包装费用 8 000 元，做会计分录如下：

借：应收账款	8 000.00	
贷：主营业务收入——包装收入		7 547.17
应收税费——应交增值税(销项税额)		452.83
借：主营业务成本——包装箱	2 400	
——打包劳务费	3 500	
贷：原材料——包装纸箱		2 400
库存现金		3 500

【例 14－2】 捷通快运公司对所运输货物不单独收取包装费。为了运输安全，对所运输的一批散货进行了装箱打包，在包装过程中领用包装纸箱 120 个，共计 2 400 元，支付包装的临时工劳务费 3 500 元，包装结束后以现金的形式全部支付。做会计分录如下：

借：销售费用——包装费	5 900	
贷：原材料——包装纸箱		2 400
库存现金		3 500

第二节　仓储业务

一、仓储业务概述

（一）仓储业务的意义

仓储业务的意义如图 14－2 所示。

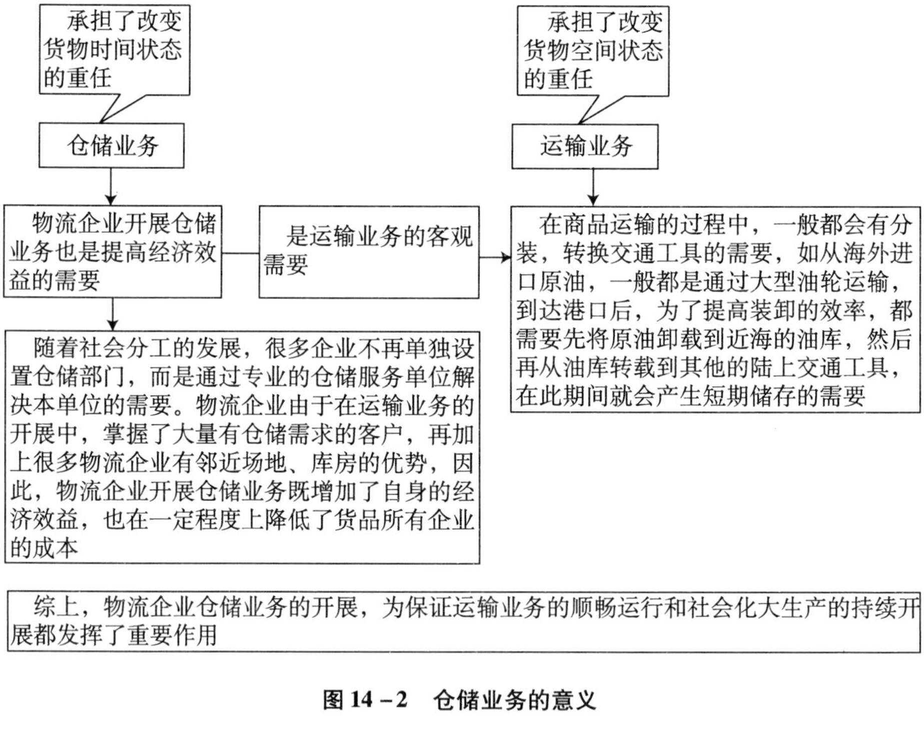

图 14－2　仓储业务的意义

(二)仓储的功能

仓储的功能如图 14－3 所示。

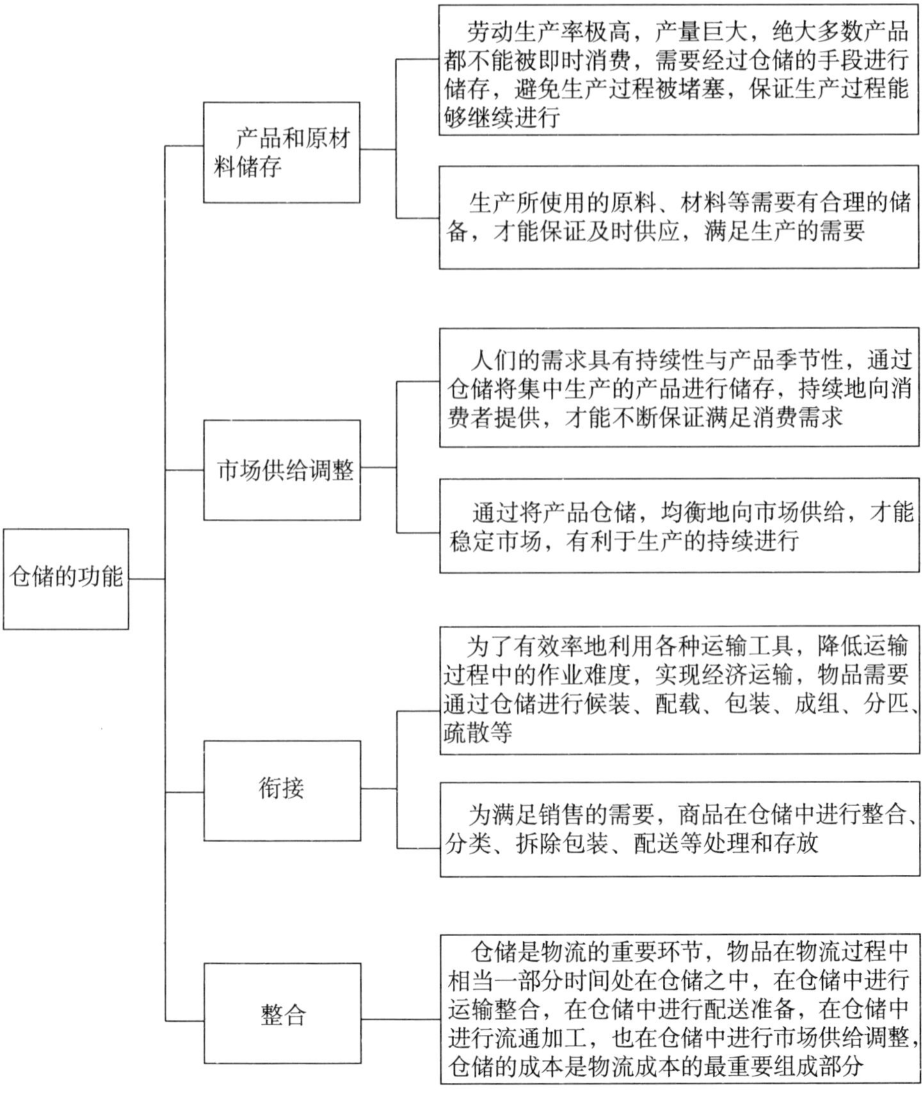

图 14－3　仓储的功能

二、仓储的一般业务程序

创储的一般业务程序如图 14－4 所示。

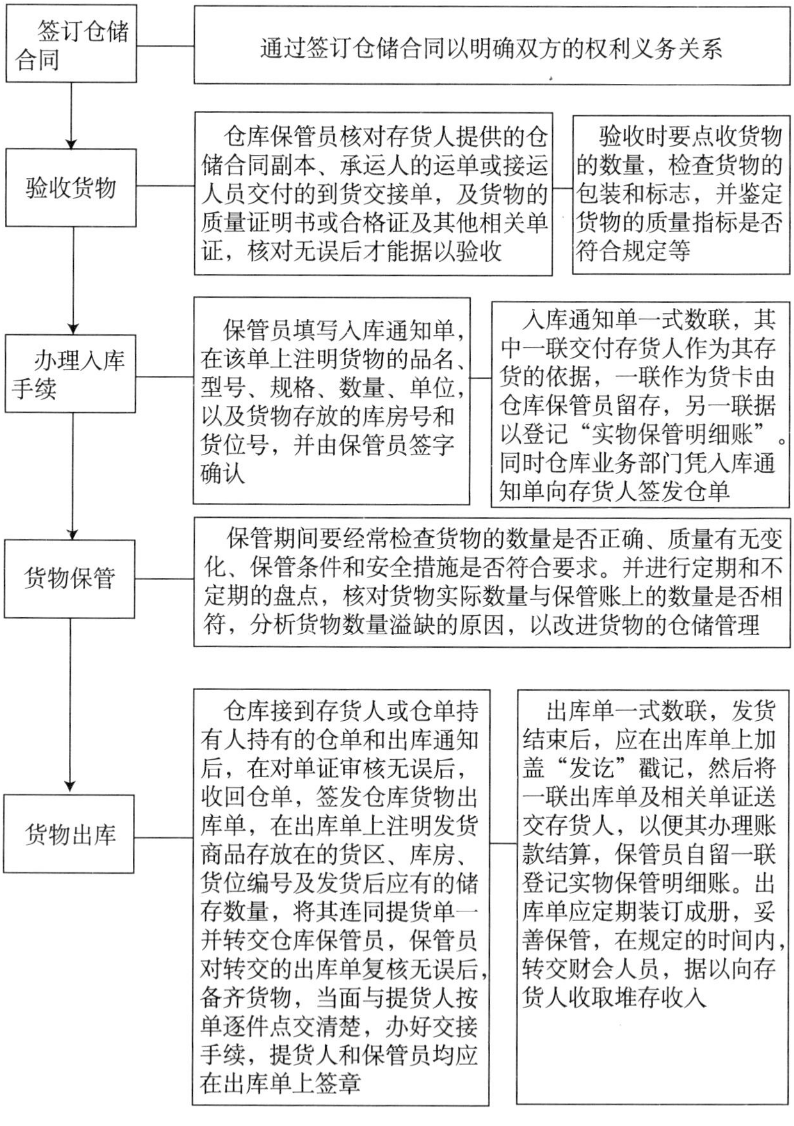

图 14－4　仓储的一般业务程序

三、仓储业务收入的核算

仓储业务收入的核算如图 14－5 所示。

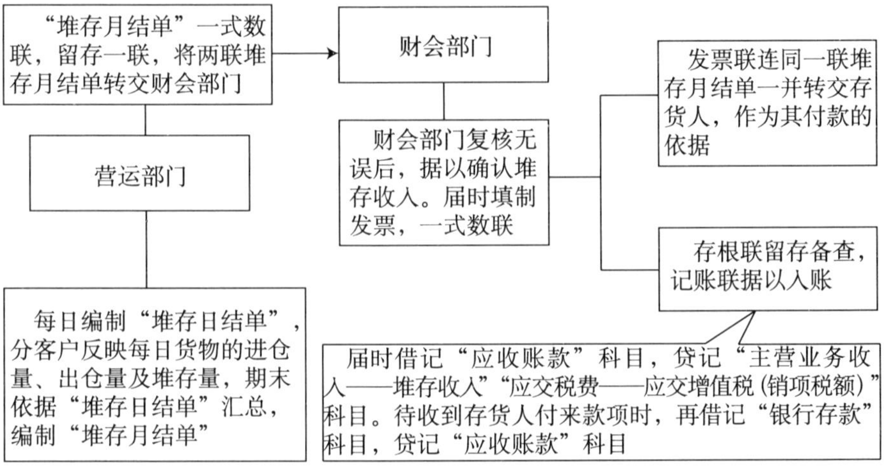

图 14－5　仓储业务收入的核算

【例 14－3】捷达物流有限公司于 2013 年 6 月 30 日收到该公司仓储部门报送的“本月仓储部收入明细单”如表 14－3，请依据该单据对本月的仓储收入进行会计处理。

表 14－3　本月仓储收入明细单

2013 年 6 月

金额单位：元

仓库名	存货单位	存货数量	收费标准	应收仓储收入（含税收入）	本月实结费用
冷藏库		天×柜	元/天柜		
	大成公司	60	50	3 000	3 000
	正源公司	80	50	4 000	4 000
小计				7 000	7 000

（续表）

仓库名	存货单位	存货数量	收费标准	应收仓储收入（含税收入）	本月实结费用
普通库		天吨	元/天吨		
	美新公司	120	15	1 800	1 800
	安吉公司	150	15	2 250	2 250
小计				4 050	4 050
露天库		天平米	元/天平米		
	华新塑料公司	1 000	8	8 000	0
	华远钢材公司	1 600	8	12 800	0
小计				20 800	0
合计				31 850	11 050

以上经济业务，应进行的账务处理如下：

借：库存现金　11 050.00

　　应收账款　20 800.00

　　贷：主营业务收入——堆存收入——冷藏库　6 603.77

　　　　主营业务收入——堆存收入——普通库　3 820.75

　　　　主营业务收入——堆存收入——露天库　19 622.64

　　　　应交税费——应交增值税（销项税额）　1 802.84

四、仓储业务成本的会计核算

（一）仓储成本项目

仓储成本项目分为堆存直接费用和营运间接费用两项。

1. 堆存直接费用

堆存直接费用是指仓库因仓储、保管货物而发生的直接费用。它有以下十一个明细项目，如表 14－4 所示。

表 14－4　仓储直接费用的构成

堆存直接费用项目	含义
工资	按规定支付给从事仓储作业人员的标准工资、工资性津贴和补贴及奖金
职工福利费	指按仓储作业人员工资总额的比例计提的职工福利费
材料费	因仓储、保管货物所消耗的各种材料
低值易耗品摊销	应由本期仓储成本负担的货架、托盘、垫仓板、苫布等仓储工具和其他低值易耗品的摊销额
动力及照明费	冷藏仓库、恒温仓库等仓库耗用的动力费和各种仓库耗用的照明费
折旧费	仓库等仓储设备按照规定计提的折旧费用
修理费	为保证仓储设备正常使用而发生的修理费用
劳动保护费	仓储作业中职工劳动保护费用。它包括防暑清凉饮料费用
事故损失	在仓储作业过程中，因仓库责任而造成的货物被盗、丢失、损毁、变质、错交等货损、货差事故损失
保险费	应由本期仓储业务负担的财产保险费用
其他费用	不属于以上项目的仓储直接费用

2. 营运间接费用

由于仓储业务和装卸业务是密不可分的，仓储和装卸业务往往与客户合签一张合同，因此营运间接费用是指企业的仓储装卸、营运部或分公司为管理和组织仓储和装卸的营运生产所发生的管理费用和业务费用。

(二) 仓储业务的成本核算对象、成本计算单位和成本计算期

仓储业务的成本核算对象、成本计算单位和成本计算期如表 14－5 所示。

表 14－5　仓储业务成本核算对象、计算单位和成本计算期

项目	内容
成本核算对象	物流企业经营仓储业务的仓库类型复杂多样，它按建筑结构可分为露天仓库、简易仓库、平房仓库、楼房仓库、立体仓库和罐式仓库等；按保管货物的特性可分为普通仓库、冷藏仓库、恒温仓库、特种危险品仓库等。因此仓储业务的成本核算对象为各种类型的仓库
成本计算单位	仓储业务的成本计算单位是以货物堆存量的计量单位为依据的。货物堆存量通常以重量作为成本计量单位，用堆存吨天表示。它是指实际堆存货物的吨数与货物堆存天数的乘积。货物堆存量也能以面积作为成本计量单位，用堆存平方米天表示，它是指实际堆存货物的面积与堆存货物天数的乘积。在实际工作中，通常用堆存千吨天或堆存千平方米天作为仓储业务的成本计算单位
成本计算期	仓储业务的成本，应按月、季、半年、年计算从年初至各月末止的累计成本

（三）堆存成本的计算

由于仓储业务是堆存货物，因此习惯上把仓储成本称为堆存成本。仓储业务应负担的堆存直接费用和营运间接费用构成了堆存总成本。堆存总成本除以货物堆存量即为堆存单位成本，其计算公式如下：

单位堆存成本＝堆存总成本/货物堆存量

物流企业月末应根据“主营业务成本——堆存支出”明细账所归集的堆存成本和该月实际完成的堆存量编制“堆存成本计算表”，以反映堆存总成本和单位成本。“主营业务成本——堆存支出”明细账也采用多栏式账页，其登记方法与前述的“主营业务成本——运输支出”明细账相同，在此不再重述。

1. 堆存直接费用的归集

物流企业仓储货物所发生的堆存直接费用，应根据“工资及职工福利费分配表”“耗用材料汇总表”“固定资产折旧费用计算表”及各种发票、单据等，

直接列入所属仓库或库区的成本。届时借记“主营业务成本——堆存支出”科目，贷记“应付职工薪酬——工资”“应付职工薪酬——福利费”“原材料”“累计折旧”“银行存款”等相关的科目。

【例 14－4】捷达物流公司是一家物流企业，同时开展一些仓储业务，该公司拥有一座普通货物仓库、一座冷藏库和一个露天货场，2013 年6 月该公司产生以下的费用，请进行相应的账务处理。

(1)本月份，分配仓储作业人员工资合计 9 600 元，其中普通货物仓库员工 3 000 元、冷藏库员工 5 000 元，露天货场员工工资 1 600 元，应做会计分录如下：

借：主营业务成本——堆存支出——普通仓库——工资　　3 000
　　主营业务成本——堆存支出——冷藏仓库——工资　　5 000
　　主营业务成本——堆存支出——露天货场——工资　　1 600
　　贷：应付职工薪酬　　9 600

(2)本月对普通货物仓库的房屋及设备计提固定资产折旧 23 000 元，对冷藏库的房屋及设备计提固定资产折旧 15 000 元，应做会计分录如下：

借：主营业务成本——堆存支出——普通仓库——折旧　　23 000
　　主营业务成本——堆存支出——冷藏仓库——折旧　　15 000
　　贷：累计折旧　　38 000

(3)捷达公司的保安工作是由外聘的保安服务公司完成，3 个存货点在同一个大院内，共支出保安费用 18 000 元，月末按照 3 个存货点进行平均分配。

借：主营业务成本——堆存支出——普通仓库——保安费　　6 000
　　主营业务成本——堆存支出——冷藏仓库——保安费　　6 000
　　主营业务成本——堆存支出——露天货场——保安费　　6 000
　　贷：应付账款——保安公司　　18 000

2. 营运间接费用的归集与分配

物流企业的营运间接费用应按营运部或分公司设置明细分类账，归集营运部或分公司发生的营运间接费用，期末按营运部或分公司的堆存直接费用和装卸直接费用的比例进行分配。其计算公式如下：

$$\text{应分摊的营运间接费用}=\text{营运间接费用总额}\times\frac{\text{该部门发生的直接堆存费用}}{\text{堆存费用总额}}$$

【例14－5】捷达物流公司按照直接堆存成本对营运间接费用进行分配，2013年6月30日“营运间接费用——仓储部”明细账户余额为32 000元，该公司普通仓库、冷藏库、露天货场等3个存货仓库发生的直接堆存成本依次为15 000元、20 000元和5 000元。请分配这三个仓库各应负担的营运间接费用，并进行相应的账务处理。

(1)各个仓库应分配的营运间接费用如下：

营运间接费用分配率＝32 000÷(15 000＋20 000＋5 000)＝0.8；

普通仓库应分配的营运间接费用＝15 000×0.8＝12 000(元)；

冷藏仓库应分配的营运间接费用＝20 000×0.8＝16 000(元)；

露天货场应分配的营运间接费用＝5 000×0.8＝4 000(元)。

(2)应进行的账务处理如下：

借：主营业务成本——堆存支出——普通仓库——营运间接费用　12 000

　　主营业务成本——堆存支出——冷藏仓库——营运间接费用　16 000

　　主营业务成本——堆存支出——露天货场——营运间接费用　4 000

　贷：营运间接费用——仓储部　32 000

第三节　装卸业务

一、装卸业务概述

(一)装卸业务的意义

装卸业务是指物流企业运用机械设备和人力为客户提供改变货物在物流同一节点内的存在状态和空间位置的服务。这里的装卸是广义的装卸，它包括狭义的装卸和搬运。狭义的装卸是指货物在指定地点以人力或机械装入运输设备或卸下，其结果是货物上下方向的位移。搬运则是指在同一场所内对货物进行水平的移动，其结果是货物横向或斜向的位移。在实际工作中，装卸和搬运是密不可分的，通常合称装卸搬运，或简称装卸，即广义的装卸。

此外运输与搬运的区别主要是物流的活动范围不同，运输活动是在物流节点之间进行，而搬运则是在物流节点内进行，而且是短距离的移动。

在物流企业的生产经营活动中，运输、仓储和配送等业务均以装卸业务为起点和终点的。于是装卸活动总是不断地出现，反复地进行着，并且每次装卸活动均要耗费时间，而这一时间的长短是决定物流速度的关键。况且装卸人员如操作不当将会造成货物破损、散失、损耗等损失。因此装卸活动效率的高低和质量的好坏，会直接影响到物流企业的整体效率和为社会服务的质量。

（二）装卸业务生产经营的特点

装卸业务生产经营的特点如表 14－6 所示。

表 14－6　装卸业务生产经营的特点

装卸业务生产经营的特点	说明
装卸业务是附属性、伴生性的活动。装卸业务是物流企业的运输、仓储和配送等业务生产经营活动的开始和结束时必然发生的活动	例如，货物需要从仓库搬运至运输工具处，并装上运输工具才能进行运输，运输到储存地以后，又要从运输工具上卸下，并搬运至仓库才能进行储存
装卸业务是支持性、保障性的活动。装卸业务生产经营活动的质量会影响物流企业其他业务生产经营活动的质量和速度	例如货物装船太慢，就会拖延船舶起航的时间；又如货物装船、装车不当，会引起运输过程中的损失，货物卸放不当，又会引起货物转换成下一步运动的困难等等。因此物流企业其他业务的生产经营活动只有在装卸业务的有效支持下，才能实施高水平的营运
装卸业务是衔接性的活动。在任何其他物流业务活动互相过渡时，通常是以装卸业务来衔接的，因此，装卸业务往往成为整个物流的“瓶颈”，它是物流各项作业之间能否形成有机联系和紧密衔接的关键	建立一个有效的物流系统，关键看这一衔接是否有效

二、装卸的一般业务程序

装卸的一般业务程序如图 14－6 所示。

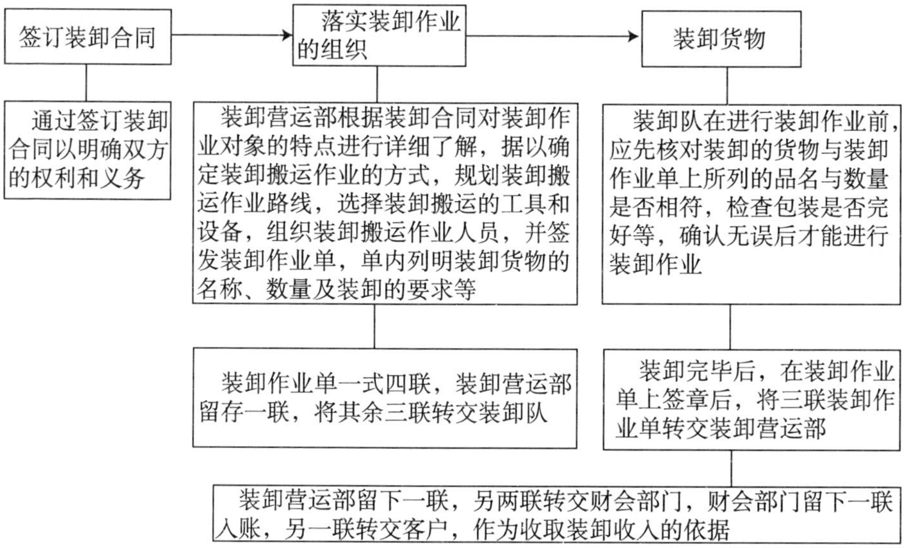

图 14－6　装卸的一般业务程序

三、装卸业务收入的核算

物流企业经营装卸业务的，营运部门期末将“装卸作业单”分客户进行汇总，编制“装卸作业月结单”。该单一式数联，营运部门留存一联，将两联装卸作业月结单连同装卸作业单一并转交财会部门，财会部门复核无误后，据以确认装卸收入。届时填制发票一式数联，其中发票联连同一联装卸作业单一并转交客户，作为其付款的依据，存根联留存备查，记账联据以入账。届时借记“应收账款”科目，贷记“主营业务收入——装卸收入”“应交税费——应交增值税(销项税额)”科目。

【例 14－6】2013 年 6 月 18 日，捷达物流有限公司为一家园林企业装卸了以下的货物，其收费的情况如下：

表 14-7　装卸作业单

货品名称	计费单位	装卸数量	金额
苗木	180 元/车	2	360
化肥	20 元/吨	10	200
盆景	300 元/车	1	300
合计			860

装卸费用已付，对以上业务做分录如下：

借：应收账款　860.00

　　贷：主营业务收入——装卸收入　811.32

　　　　应交税费——应交增值税(销项税额)　48.68

四、装卸业务成本的核算

(一)装卸成本计算的特点

装卸成本计算的特点如图 14-7 所示。

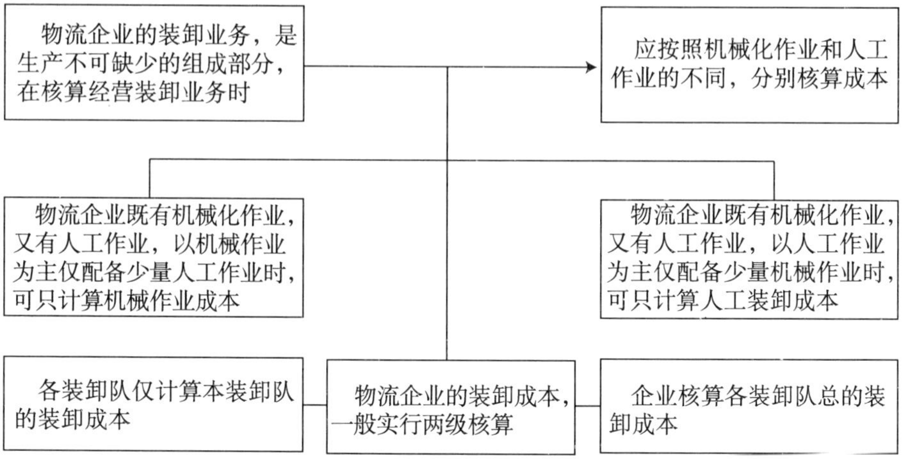

图 14-7　装卸成本计算的特点

注：装卸成本的计算对象是机械装卸和人工装卸，计算装卸成本的单位是复合单位“元/千操作吨”。

为装卸业务配备的车辆一般视同装卸机械，其所发生的费用计入装卸成本，不再单独核算。

(二)装卸成本项目

物流企业的装卸成本项目，一般可分为装卸直接费用和营运间接费用两个大类，如表14－8所示。

表14－8　装卸成本项目

装卸成本项目	项目内容	含义
装卸直接费用	直接人工	支付给装卸机械司机、助手和装卸工人的所有薪酬，包括工资、奖金、福利费和社会保险等
	直接材料	①燃料和动力——装卸机械在运行和操作过程中，所耗用的燃料(如汽油、柴油)、动力(如电力、蒸气)费用。②轮胎。指装卸机械领用的外胎、内胎、垫带以及外胎翻新费和零星修补费。③低值易耗品摊销。指应由本期装卸成本负担的抓斗、漏斗、网络、托盘、手推车、跳板等装卸用具的摊销额。④材料费。指在装卸作业中所耗用的各种材料，装卸队自行维修保养装卸机械、装卸工具所耗用的各种材料，以及领用的各种手用工具，随车工具等
	其他直接费用	①保养修理费。指为装卸机械和装卸工具进行保养、大修、小修所发生的料、工、费，以及装卸机械在运行和操作过程所耗用的机油、润滑油的费用。为装卸机械保修所领用的周转总成的费用，也包括在本项目内。 ②折旧费。指按规定计提的装卸机械折旧费。 ③外付装卸费。指支付给外单位支援装卸作业所发生的费用。 ④劳动保护费。指从事装卸业务使用的劳动保护用品、防暑清凉饮料以及采取劳动保护措施等所发生的各项费用。 ⑤事故损失。指在装卸作业过程中，因装卸作业人员造成的应由本期装卸成本负担的货损、机损，以及装卸作业人员的人身伤亡等事故所发生的损失。 ⑥保险费。指应由本期装卸成本负担的财产保险费。 ⑦其他费用。指不属于以上各项目的与装卸业务直接有关的工具费、劳动保护费、外付装卸费(指支付给外单位装卸工人的装卸费用)、事故损失等
营运间接费用	营运间接费用是指物流企业的装卸营运部或分公司为管理和组织装卸的营运生产所发生的管理费用和业务费用	

(三)装卸成本的核算对象、成本计算单位和成本计算期

装卸成本的核算对象、成本计算单位和成本计算期如表 14－8 所示。

表 14－8　装卸成本的核算对象、成本计算单位和成本计算期

项目	内容
成本核算对象	物流企业以运输业务或仓储业务为主的，在经营装卸业务时，可以机械作业和人工作业分别作为成本核算对象，核算其成本。以机械作业为主，人工作业为辅的作业活动，可不单独核算人工装卸成本；以人工作业为主，机械作业为辅的作业活动，也可以不单独核算机械装卸成本 物流企业经营港口业务的，为了加强成本管理，可以装卸作业的主要货种作为成本核算对象，核算其成本。主要货种可分为石油、煤炭、矿石、木材、粮食、集装箱、杂货等
成本计算单位	装卸成本的计算单位是以货物装卸量的计量单位为依据的，货物装卸量通常以重量作为成本计量单位，用装卸吨表示。 集装箱装卸成本的计算单位可采用标准箱，也可以采用装卸吨，两者的换算比例如下： 1 标准箱＝10 装卸吨
成本计算期	装卸成本应按月、季、半年和年计算从年初至各月末止的累计成本

(四)装卸成本的会计核算

1. 装卸费用的归集与分配

物流企业的装卸费用通过“主营业务成本——装卸支出”科目进行归集与分配，本科目可以按照成本计算对象设置明细科目，并按成本项目进行明细核算。下面举例简要说明各项装卸费用的归集与分配方法。

(1)直接人工。

企业的直接人工可根据“工资结算表”等有关资料，编制工资及职工福利费汇总表，据以直接计入各类装卸成本。

【例 14-7】捷达物流有限公司设有专门的装卸部，2013 年 6 月装卸部的工资支出情况如下：装卸工及装卸设备操作工当月工资 12 000 元，装卸设备维修人员当月工资 3 600 元，装卸部管理人员当月工资 5 000 元，做会计分录如下：

借：主营业务成本——装卸支出——直接人工　12 000
　　主营业务成本——装卸支出——保养修理费　3 600
　　制造费用——营运间接费用(装卸支出)　5 000
　　贷：应付职工薪酬　20 600

(2) 直接材料中的燃料和动力。

对于燃料和动力，企业可于每月终了根据油库转来装卸机械领用燃料凭证计算实际消耗数量计入成本。企业耗用的电力可根据供电部门的收费凭证或企业的分配凭证直接计入成本。

【例 14-8】捷达物流有限公司装卸部在 2013 年 6 月共领用燃油 16 000 元，其中装卸设备耗油 12 000 元，装卸部管理用车耗用燃油 4 000 元。以上经济业务应该进行以下的账务处理：

借：主营业务成本——装卸支出——燃料及动力　12 000
　　制造费用——营运间接费用(装卸支出)　4 000
　　贷：原材料——燃料　16 000

当月燃油的成本差异率为 -5%，会计分录如下：

借：材料成本差异　800
　　贷：主营业务成本——装卸支出——燃料及动力　600
　　　　制造费用——营运间接费用(装卸支出)　200

(3) 直接材料中的轮胎。

物流企业装卸机械的轮胎磨耗是在装卸场地操作过程中发生的，因此其轮胎费用不宜采用胎公里摊提方法处理。一般可于领用新胎时将其价值一次直接计入装卸成本。如一次集中领换轮胎数量较多，为均衡各期成本负担，可将其作为待摊费用按月分摊计入装卸成本。

装卸机械轮胎的翻新和零星修补费用，一般在费用发生和支付时，直接计入装卸成本。

装卸队配属各种车辆所领用新胎及翻新和零星修补的费用，也可按上述方法计入成本。

【例 14－9】捷达物流有限公司是一家汽车运输企业，其对营运车辆的轮胎采用一次性计入成本的方法进行会计核算。

(1)2013 年 6 月领用外胎一批，计划成本为 6 000 元，材料成本差异率为 1%，做会计分录如下：

借：主营业务成本——装卸支出——机械(轮胎)　6 060

　贷：原材料——轮胎　6 000

　　材料成本差异——轮胎　60

(2)领用内胎、垫带 500 元，材料成本差异率为 －4%，做会计分录如下：

借：主营业务成本——装卸支出——机械(轮胎)　480

材料成本差异——材料　20

　贷：原材料　500

(3)机械装卸队委托外单位翻新轮胎，支付翻新费用 1 000 元，做会计分录如下：

借：主营业务成本——装卸支出——机械(轮胎)　1 000

　贷：银行存款　1 000

(4)其他直接费用中的保养修理费。

物流公司由专职装卸机械保修工或保修班组进行装卸机械保修作业的工料费，直接计入装卸成本；由保养场(或保修车间)进行装卸机械保修作业的工料费，通过“辅助营运费用”账户核算，然后分配计入装卸成本。

装卸机械大修理费用的计提额，送大修机械超、亏运转台班差异调整，大修理费用超、节差异调整等的计算及其账务处理，都与前述运输车辆相类似。

装卸机械在运行和装卸操作过程中耗用的机油、润滑油以及装卸机械保修领用周转材料的价值，月终根据油料库、材料库提供的领料凭证直接计入装卸成本。

【例 14－10】捷达物流有限公司装卸部 2013 年 6 月保养修理装卸机械领用各种配件、辅料及其他材料 10 000 元，当月材料类存货的成本差异率为 2%，做会计分录如下：

借：主营业务成本——装卸支出——保养修理费　　10 000
　　贷：原材料　　10 000
借：主营业务成本——装卸支出——保养修理费　　200
　　贷：材料成本差异——材料　　200

(5)其他直接费用中的折旧费。

物流企业装卸机械的折旧应按规定的折旧率计提，根据“固定资产——折旧计算表”直接计入各类装卸成本。

装卸机械计提折旧适宜采用工作量法，一般按其工作时间(以台班表示)计提。其计算公式如下：

$$装卸机械台班折旧额=\frac{装卸机械原值-预计残值+预计清理费用}{装卸机械由新至废运转台班定额}$$

$$装卸机械月折旧额=当月运转台班\times 台班折旧额$$

【例 14－11】捷达物流有限公司装卸部 2013 年 6 月应计提固定资产折旧如下：装卸机械 12 600 元，装卸队部用房屋 500 元。做会计分录如下：

借：主营业务成本——装卸支出——折旧费　　12 600
　　制造费用——营运间接费用——装卸　　500
　　贷：累计折旧——装卸设备　　12 600
　　　　累计折旧——装卸部办公用房　　500

(6)其他直接费用中的其他费用。

其他直接费用中的其他费用的成本计算方法如表 14－10 所示。

表 14－10　其他直接费用中的其他费用的成本计算方法

费用项目	成本计算方法
装卸机械领用的随机工具、劳保用品和装卸过程中耗用的工具	在领用时根据领用凭证可将其价值一次直接计入各类装卸成本。一次领用数额过大时，可作为待摊费用处理

（续表）

费用项目	成本计算方法
工具的修理费用以及防暑、防寒、保健饮料、劳动保护安全措施等费用	在费用发生和支付时，可根据费用支付凭证或其他有关凭证，一次直接计入各类装卸成本
物流企业对外发生和支付装卸费时	可根据支付凭证直接计入各类装卸成本
事故损失	一般于实际发生时直接计入有关装卸成本，或先通过“其他应收款——暂付赔款”账户归集，然后于月终将应由本期装卸成本负担的事故净损失结转计入有关装卸成本

【例14－12】捷达物流有限公司装卸部2013年6月发生的各项其他费用汇总之后总额为920元，其有关会计分录如下：

借：主营业务成本——装卸支出——其他费用　　920

　　贷：库存现金　　920

（7）营运间接费用。

装卸队直接开支的管理费和业务费，可在发生和支付时，直接列入装卸成本。当按机械装卸和人工装卸分类，计算成本时，可先通过“营运间接费用”账户汇集，月终再按直接费用比例分配计入各类装卸成本。

【例14－13】远通物流有限公司设有第一、第二两个装卸部，2013年6月共发生营运间接费用12 000元，月底两个装卸部将按照发生的直接装卸费用对间接营运费用进行分摊。已知两个装卸部已归集的直接费用分别为30 000元和60 000元，根据装卸支出明细账和营运间接费用（装卸）明细账记录，可编制营运间接费用（装卸）分配表，如表14－11所示。

表 14－11　营运间接费用（装卸）分配表

2013 年 6 月

成本计算对象	分配标准（直接费用）	分配率	分配额
第一装卸部	30 000		4 000
第二装卸部	60 000		8 000
合计	90 000	0.1333	12 000

根据营运间接费用（装卸）分配表，做会计分录如下：

借：主营业务成本——装卸支出——第一装卸部（营运间接费用）　4 000

——第二装卸部（营运间接费用）　8 000

贷：制造费用——营运间接费用（装卸）　12 000

2. 装卸总成本和单位成本的计算

物流企业的装卸总成本是通过“主营业务成本——装卸支出”账户的明细账所登记的各项装卸费用总额确定的。装卸支出明细账的格式与登记方法，与前述运输支出明细账相同。

装卸业务的单位成本，以“元/千操作吨”为计算单位。

第四节　配送业务

一、配送业务概述

（一）配送业务的意义

配送业务的意义如图 14－8 所示。

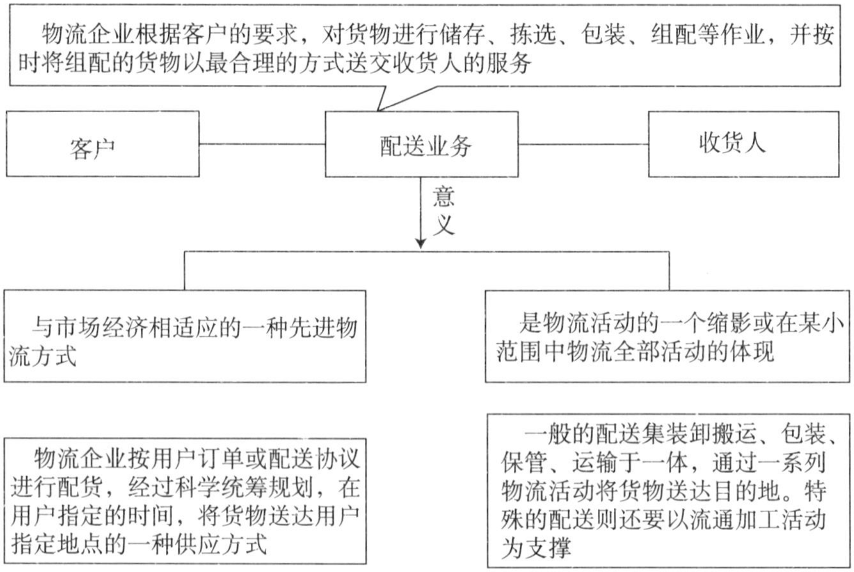

图 14－8　配送业务的意义

(二)配送业务生产经营的特点

配送业务生产经营的特点如图 14－9 所示。

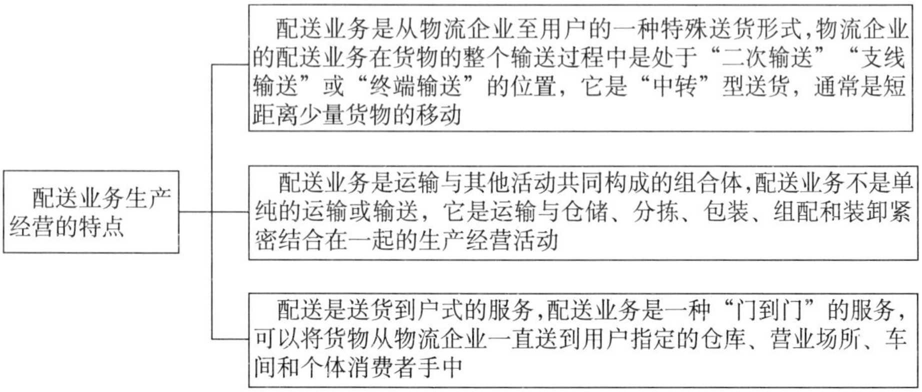

图 14－9　配送业务生产经营的特点

二、配送业务的一般流程

配送业务的一般流程如图 14－10 所示。

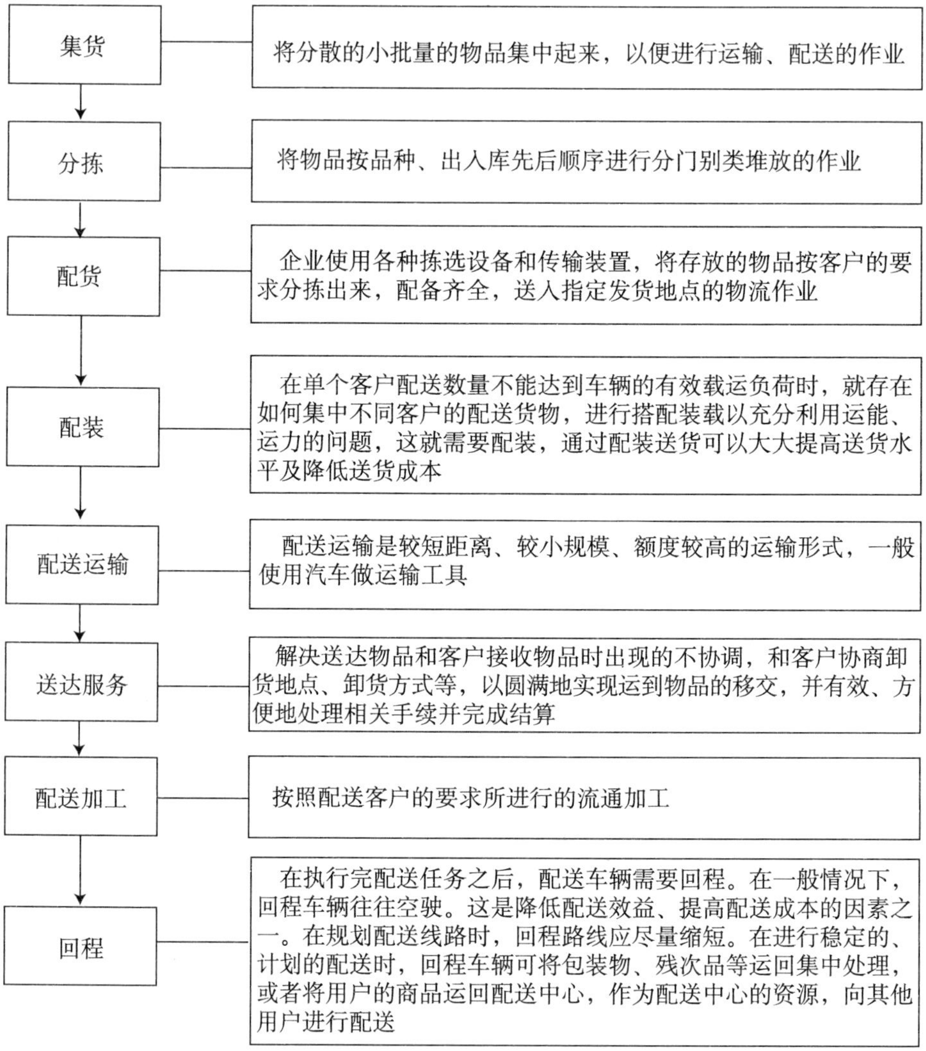

图 14－10　配送业务的一般流程

三、配送业务收入的核算

物流企业经营配送业务，营运部期末将配送单按客户汇总，编制配送作业月结单。该单一式数联，营运部留存一联，将两联配送作业月结单连同配送单一并转交财会部门。财会部门复核无误后，据以确认配送收入。届时填制发票一式数联，其中，发票联连同一联配送作业月结单一并转交客户，作为其付款的依据，存根联留存备查，记账联据以入账。届时借记“应收账款”

科目，贷记“主营业务收入——配送收入——堆存收入”“主营业务收入——配送收入——分拣及配货收入”“主营业务收入——配送收入——配装收入”“主营业务收入——配送收入——运输收入”和“应交税费——应交增值税（销项税额）”科目。

四、配送成本的会计核算

配送是集货、分拣、配载、包装、组配及加工等一系列活动的集合。通过配送，物流活动才得以最终实现，但完成配送活动是需要付出代价的，即有配送成本。配送成本是配送过程中所支付的费用总和。

（一）配送成本的构成

根据配送流程及配送环节，配送成本实际上是含配送运输费用、分拣费用、配装及流通加工费用等全过程。其成本的构成如表 14－12 所示。

表 14－12　配送成本的构成

成本的构成	内容
运输费用	车辆费用，指从事配送运输生产而发生的各项费用。具体包括驾驶员及助手等工资及福利费、燃料、轮胎、修理费、折旧费、养路费、车船使用税等项目
	营运间接费用。这是指营运过程中发生的不能直接计入各成本计算对象的站、队经费。包括站、队人员的工资及福利费、办公费、水电费、折旧费等内容，但不包括管理费用
分拣费用	分拣人工费用。这是指从事分拣工作的作业人员及有关人员工资、奖金、补贴等费用的总和
	分拣设备费用。这是指分拣机械设备的折旧费用及修理费用
配装费用	配装材料费用，常见的配装材料有木材、纸、自然纤维和合成纤维、塑料等。这些包装材料功能不同，成本相差很大
	配装辅助费用。除上述费用外，还有一些辅助性费用，如包装标记、标志的印刷，拴挂物费用等的支出
	配装人工费用。这是指从事包装工作的工人及有关人员的工资、奖金、补贴等费用总和，即配装人工费用

（续表）

配送成本的构成	内容
流通加工费用	流通加工设备费用。流通加工设备因流通加工形式不同而不同，购置这些设备所支出的费用，以流通加工费用的形式转移到被加工产品中去
	流通加工材料费用。这是指在流通加工过程中，投入到加工过程中的一些材料消耗所需要的费用，即流通加工材料费用
	流通加工人工费。在流通加工过程中从事加工活动的管理人员、工人及有关人员工资、奖金等费用的总和

（二）配送业务的成本核算对象、成本计算单位和成本计算期

配送业务的成本核算对象、成本计算单位和成本计算期如表14－13所示。

表14－13　配送业务的成本核算对象、成本计算单位和成本计算期

项目	内容
成本核算对象	物流企业配送业务是由多个环节完成的，各个配送环节的成本核算都具有各自的特点，因此，配送的各个环节都应当有各自的成本核算对象。货物保管环节的成本核算对象是仓库，分拣及配货的成本核算对象是被分拣及配货的货物，配送发运的成本核算对象则是货运车辆
成本计算单位	由于配送业务有多个成本核算对象，因此，也就有多个成本计算单位。货物保管业务的成本计算单位为堆存量，用千吨天表示；分拣配货业务的成本计算单位为分拣配货量，用千吨或千件表示；配装业务的成本计算单位为配装量，用千吨表示。运输送达业务的成本计算单位为货物周转量，用千吨公里表示
成本计算期	配送业务的成本，应按月、季、半年和年计算从年初至各月末止的累计成本

(三)配送成本的核算

1. 配送直接费用的归集

物流企业配送货物所发生的配送直接费用，应根据“工资及职工福利费分配表”“耗用材料汇总表”“固定资产折旧费用计算表”及各种发票、单据等，直接列入各个环节的成本，届时借记“主营业务成本——配送支出——堆存费用”“主营业务成本——配送支出——分拣配货费用”“主营业务成本——配送支出——配装费用”“主营业务成本——配送支出——运输费用”等科目，贷记“应付职工薪酬——工资”“应付职工薪酬——福利费”“原材料”“累计折旧”“银行存款”等相关科目。

2. 营运间接费用的归集与分配

物流企业配送业务各个环节的营运间接费用，先在组织和管理这些业务的营运部或分公司的明细账中归集。届时借记“营运间接费——配送营运部”科目；贷记“应付职工薪酬——工资”“应付职工薪酬——福利费”“累计折旧”等相关科目。期末再将归集的营运间接费用按堆存、分拣及配货、配装和运输四项业务直接费用的比例进行分配，分配方法和核算与前述的相同，在此不再重复。

第十五章
物流企业的期间费用与利润

本章导读

期间费用是指不计入产品生产成本、直接计入发生当期损益的费用。制造业有期间费用，物流企业同样也有期间费用，期间费用主要包括管理费用、销售费用和财务费用。利润是企业的收入减去成本费用之后的余额，不管是什么行业的企业，企业存在的目的就是为了盈利，利润是企业存在的终极目标。

在本章我们重点学习以下内容:

☑ 哪些支出属于管理费用，如何进行会计核算?
☑ 哪些支出属于销售费用，如何进行会计核算?
☑ 哪些支出属于财务费用，如何进行会计核算?
☑ 如何计算企业的利润?
☑ 如何对企业利润的结转与分配进行会计核算?

第一节　期间费用

一、管理费用

管理费用及其核算如表15－1所示。

表15－1　管理费用及其核算

管理费用含义	管理费用内容	管理费用科目
企业为组织和管理生产经营活动而发生的各种管理费用	企业在筹建期间发生的开办费、董事会和行政管理部门在企业的经营管理中发生的或者应由企业统一负担的公司经费（包括行政管理部门职工薪酬、物料消耗、低值易耗品摊销、办公费和差旅费等）、工会经费、董事会费（包括董事会成员津贴、会议费和差旅费等）、聘请中介机构费、咨询费（含顾问费）、诉讼费、业务招待费、房产税、车船使用税、土地使用税、印花税、技术转让费、矿产资源补偿费、研究费用、排污费以及企业生产车间（部门）和行政管理部门发生的固定资产修理费等	核算管理费用的发生和结转情况。该科目借方登记企业发生的各项管理费用，贷方登记期末转入“本年利润”科目的管理费用，结转后该科目应无余额。该科目应按管理费用的费用项目进行明细核算

【例15－1】某企业筹建期间发生办公费、差旅费等开办费25 000元，均用银行存款支付。会计分录如下：

借：管理费用　　25 000

　　贷：银行存款　　25 000

【例15－2】某企业行政部9月份共发生费用224 000元，其中：行政人员薪酬150 000元，行政部专用办公设备折旧费45 000元，报销行政人员差旅费21 000元（假定报销人均未预借差旅费），其他办公、水电费8 000元（均用银行存款支付）。会计分录如下：

借：管理费用　　224 000
　　贷：应付职工薪酬　　150 000
　　　　累计折旧　　45 000
　　　　库存现金　　21 000
　　　　银行存款　　8 000

二、销售费用

销售费用及其核算如表 15－2 所示。

表 15－2　销售费用及其核算

销售费用含义	销售费用内容	销售费用科目
企业在销售商品和材料、提供劳务过程中发生的各项费用	企业在销售商品过程中发生的包装费、保险费、展览费和广告费、商品维修费、预计产品质量保证损失、运输费、装卸费等费用，以及企业发生的为销售本企业商品而专设的销售机构的职工薪酬、业务费、折旧费、固定资产修理费等费用	核算销售费用的发生和结转情况。该科目借方登记企业所发生的各项销售费用，贷方登记期末结转入“本年利润”科目的销售费用，结转后该科目应无余额。该科目应按销售费用的费用项目进行明细核算

【例 15－3】某公司销售部 8 月份共发生费用 220 000 元，其中：销售人员薪酬 100 000 元，销售部专用办公设备折旧费 50 000 元，业务费 70 000 元（均用银行存款支付）。会计分录如下：

借：销售费用　　220 000
　　贷：应付职工薪酬　　100 000
　　　　累计折旧　　50 000
　　　　银行存款　　70 000

三、财务费用

财务费用及其核算如表 15－3 所示。

表 15 –3　财务费用及其核算

财务费用含义	财务费用内容	财务费用科目
企业为筹集生产经营所需资金等而发生的筹资费用	利息支出（减利息收入）、汇兑损益以及相关的手续费、企业发生的现金折扣或收到的现金折扣等	核算财务费用的发生和结转情况。该科目借方登记企业发生的各项财务费用，贷方登记期末结转入“本年利润”科目的财务费用。结转后该科目应无余额。该科目应按财务费用的费用项目进行明细核算

【例 15 –4】某企业于 2013 年 1 月 1 日向银行借入生产经营用短期借款 360 000 元，期限 6 个月，年利率 5%，该借款本金到期后一次归还，利息分月预提，按季支付。假定 1 月份借款中的 120 000 元暂时作为闲置资金存入银行，并获得利息收入 400 元。假定所有利息均不符合利息资本化条件。1 月份相关利息的会计处理如下。

(1)1 月末，预提当月应计利息。

360 000 ×5% ÷12 =1 500(元)。

借：财务费用　　1 500

　　贷：应付利息　　1 500

(2)同时，当月取得的利息收入 400 元应作为冲减财务费用处理。

借：银行存款　　400

　　贷：财务费用　　400

第二节　利　润

利润的含义及计算如表 15 –4 所示。

表 15 –4　利润的含义及计算

利润的含义	利润的计算
企业在一定会计期间的经营成果	包括收入减去费用后的净额、直接计入当期利润的利得和损失等。其中直接计入当期利润的利得和损失，是指应当计入当期损益、会导致所有者权益发生增减变动的、与所有者投入资本或者向所有者分配利润无关的利得或者损失

一、营业利润的核算

利润核算的相关公式和有关定义的介绍如表 15－5 所示。

表 15－5　利润的核算

各种利润	核算公式	相关定义
营业利润	营业利润＝营业收入－营业成本－营业税金及附加－销售费用－管理费用－财务费用－资产减值损失＋公允价值变动收益（－公允价值变动损失）＋投资收益（－投资损失）	营业收入是指企业经营业务所确认的收入总额，包括主营业务收入和其他业务收入。 营业成本是指企业经营业务所发生的实际成本总额，包括主营业务成本和其他业务成本。 资产减值损失是指企业计提各项资产减值准备所形成的损失。 公允价值变动收益（或损失）是指企业交易性金融资产等公允价值变动形成的应计入当期损益的利得（或损失）。 投资收益（或损失）是指企业以各种方式对外投资所取得的收益（或发生的损失）
利润总额	利润总额＝营业利润＋营业外收入－营业外支出	营业外收入是指企业发生的与其日常活动无直接关系的各项利得。 营业外支出是指企业发生的与其日常活动无直接关系的各项损失
净利润	净利润＝利润总额－所得税费用	所得税费用是指企业确认的应从当期利润总额中扣除的所得税费用

二、营业外收入和营业外支出的核算

（一）营业外收入

营业外收入内容及会计处理如表 15－6 所示。

表 15－6　营业外收入内容及会计处理

<table>
<tr><th>含义</th><th>包含的内容</th><th>营业外收入科目</th><th>会计处理</th></tr>
<tr><td>企业发生的与其日常活动无直接关系的各项利得</td><td>非流动资产处置利得、盘盈利得、罚没利得、捐赠利得、确实无法支付而按规定程序经批准后转作营业外收入的应付款项等</td><td rowspan="2">核算营业外收入的取得及结转情况。该科目贷方登记企业确认的各项营业外收入，借方登记期末结转入本年利润的营业外收入。结转后该科目应无余额。该科目应按照营业外收入的项目进行明细核算</td><td rowspan="2">确认营业外收入，借记“固定资产清理”银行存款“库存现金”“应付账款”等科目，贷记“营业外收入”科目。期末，应将“营业外收入”余额转入“本年利润”科目，借记“营业外收入”科目，贷记“本年利润”科目</td></tr>
<tr><td>注：营业外收入并不是企业经营资金耗费所产生的，不需要企业付出代价，实际上是经济利益的净流入，不可能也不需要与有关的费用进行配比</td><td>注：非流动资产处置利得包括固定资产处置利得和无形资产出售利得。固定资产处置利得，指企业出售固定资产所取得的价款或报废固定资产的材料价值和变价收入等，扣除处置固定资产的账面价值、清理费用、处置相关税费后的净收益；无形资产出售利得，指企业出售无形资产所取得的价款，扣除出售无形资产的账面价值、出售相关税费后的净收益。
盘盈利得，主要指对于现金等清查盘点中盘盈的现金等，报经批准后计入营业外收入的金额。
罚没利得，指企业取得的各项罚款，在弥补由于对违反合同或协议而造成的经济损失后的罚款净收益。
捐赠利得，指企业接受捐赠产生的利得</td></tr>
</table>

(二)营业外支出

营业外支出内容及会计处理如表 15－7 所示。

表 15－7　营业外支出内容及会计处理

含义	包含的内容	营业外支出科目	会计处理
企业发生的与其日常活动无直接关系的各项损失	非流动资产处置损失、盘亏损失、罚款支出、公益性捐赠支出、非常损失等 注：非流动资产处置损失包括固定资产处置损失和无形资产出售损失。固定资产处置损失，指企业出售固定资产所取得价款或报废固定资产的材料价值和变价收入等，不足以抵补处置固定资产的账面价值、清理费用、处置相关税费所发生的净损失；无形资产出售损失，指企业出售无形资产所取得价款，不足以抵补出售无形资产的账面价值、出售相关税费后所发生的净损失。 盘亏损失，主要指对于固定资产清查盘点中盘亏的固定资产，在查明原因处理时按确定的损失计入营业外支出的金额。 罚款支出，指企业由于违反税收法规、经济合同等而支付的各种滞纳金和罚款。 公益性捐赠支出，指企业对外进行公益性捐赠发生的支出。 非常损失，指企业对于因客观因素（如自然灾害等）造成的损失，在扣除保险公司赔偿后应计入营业外支出的净损失	核算营业外支出的发生及结转情况。该科目借方登记企业发生的各项营业外支出，贷方登记期末结转入本年利润的营业外支出。结转后该科目应无余额。该科目应按照营业外支出的项目进行明细核算	发生营业外支出时，借记“营业外支出”科目，贷记“固定资产清理”“待处理财产损溢”“库存现金”“银行存款”等科目。期末，应将“营业外支出”科目余额转入“本年利润”，借记“本年利润”科目，贷记“营业外支出”科目

【例 15－5】某公司将拥有的一项非专利技术出售，取得价款 900 000 元，应交的营业税为 45 000 元。该非专利技术的账面余额为 1 000 000 元，累计摊销额为 100 000 元，未计提减值准备。会计分录如下：

借：银行存款　　900 000
　　累计摊销　　100 000
　　营业外支出　　45 000
　　贷：无形资产　　1 000 000
　　　　应交税费——应交营业税　　45 000

三、利润的结转与分配

利润结转的科目设置如表 15－8 所示。

表 15－8 利润结转的科目设置

"本年利润"科目设置目的	期末会计核算	年度终了时的会计核算
核算企业本年度内实现的利润总额（或亏损总额）	将各收益类科目的余额转入"本年利润"科目的贷方；将各成本、费用类科目的余额转入"本年利润"科目的借方。转账后，"本年利润"科目如为贷方余额，反映本年度自年初开始累计实现的净利润；如为借方余额，反映本年度自年初开始累计发生的净亏损	将"本年利润"科目的全部累计余额，转入"利润分配"科目，如为净利润，借记"本年利润"科目，贷记"利润分配"科目；如为净亏损，做相反会计分录。年度结账后，"本年利润"科目无余额

【例 15－6】某企业在 2013 年度决算时，各损益账户 12 月 31 日的余额如下：

科目名称	结前余额（元）
主营业务收入	90 000（贷）
营业税金及附加	4 500（借）
主营业务成本	50 000（借）
销售费用	2 000（借）
管理费用	8 500（借）
财务费用	2 000（借）
其他业务收入	9 400（贷）
其他业务成本	7 400（借）
投资收益	1 500（贷）
营业外收入	3 500（贷）
营业外支出	1 800（借）
所得税费用	8 500（借）

根据上述资料，企业做如下会计处理。

(1) 结转主营业务收入：

借：主营业务收入　　90 000

　　贷：本年利润　　90 000

(2) 结转销售税金、成本和期间费用：

借：本年利润　　67 000

　　贷：营业税金及附加　　4 500

　　　　主营业务成本　　50 000

　　　　销售费用　　2 000

　　　　管理费用　　8 500

　　　　财务费用　　2 000

(3) 结转其他业务收支：

借：其他业务收入　　9 400

　　贷：本年利润　　9 400

借：本年利润　　7 400

　　贷：其他业务成本　　7 400

(4) 结转投资净收益：

借：投资收益　　1 500

　　贷：本年利润　　1 500

(5) 结转营业外收支：

借：营业外收入　　3 500

　　贷：本年利润　　3 500

借：本年利润　　1 800

　　贷：营业外支出　　1 800

(6) 结转本年所得税费用：

借：本年利润　　8 500

　　贷：所得税费用　　8 500

(7) 计算并结转本年净利润：

“本年利润”科目借方发生额 = 67 000 + 7 400 + 1 800 + 8 500 = 84 700 (元)；

“本年利润”科目贷方发生额 = 90 000 + 9 400 + 1 500 + 3 500 = 104 400 (元)；

净利润 = 104 400 - 84 700 = 19 700(元)。

借：本年利润　　19 700

　　贷：利润分配——未分配利润　　19 700

四、利润分配的会计核算

利润分配的会计核算如表 15 - 9 所示。

表 15 - 9　利润分配的会计核算

利润分配含义	利润分配的顺序	利润分配科目
企业根据国家有关规定和企业章程、投资者协议等，对企业当年可供分配的利润所进行的分配	提取法定盈余公积；提取任意盈余公积；向投资者分配利润 可供分配的利润 = 当年实现的净利润 + 年初未分配利润(或 - 年初未弥补亏损) + 其他转入	核算企业利润的分配(或亏损的弥补)和历年分配(或弥补)后的未分配利润(或未弥补亏损)。该科目应分别按“提取法定盈余公积”“提取任意盈余公积”“应付现金股利或利润”“盈余公积补亏”“未分配利润”等科目进行明细核算。企业未分配利润通过“利润分配——未分配利润”明细科目进行核算。年度终了，企业应将全年实现的净利润或发生的净亏损，自“本年利润”科目转入“利润分配——未分配利润”科目，并将“利润分配”科目所属其他明细科目的余额，转入“未分配利润”明细科目。结转后，“利润分配——未分配利润”如为贷方余额，表示累积未分配的利润数额；如为借方余额，则表示累积未弥补的亏损数额

【例 15 - 7】兴达股份有限公司年初未分配利润为 0，本年实现净利润 2 000 000 元，本年提取法定盈余公积 200 000 元，宣告发放现金股利 800 000 元。假定不考虑其他因素，兴达股份有限公司会计处理如下。

(1)结转本年利润：

借：本年利润　　2 000 000

　　贷：利润分配——未分配利润　　2 000 000

如企业当年发生亏损，则应借记“利润分配——未分配利润”科目，贷记“本年利润”科目。

(2)提取法定盈余公积、宣告发放现金股利：

借：利润分配——提取法定盈余公积　　200 000
　　　　　　——应付现金股利　　800 000
　　贷：盈余公积　　200 000
　　　　应付股利　　800 000

同时，

借：利润分配——未分配利润　　1 000 000
　　贷：利润分配——提取法定盈余公积　　200 000
　　　　　　　　——应付现金股利　　800 000

结转后，如果"未分配利润"明细科目的余额在贷方，表示累计未分配的利润；如果余额在借方，则表示累积未弥补的亏损。本例中，"利润分配——未分配利润"明细科目的余额在贷方，此贷方余额 100 000 元(本年利润 2 000 000 - 取法定盈余公积 200 000 - 支付现金股利 800 000)即为兴达股份有限公司本年年末的累计未分配利润。

五、盈余公积的会计核算

盈余公积的会计核算如表 15 - 10 所示。

表 15 - 10　盈余公积的会计核算

盈余公积含义	《公司法》对盈余公积的规定	盈余公积的作用	相关内容
企业按规定从净利润中提取的企业积累资金。公司制企业的盈余公积包括法定盈余公积和任意盈余公积	公司制企业应当按照净利润(减弥补以前年度亏损，下同)的 10% 提取法定盈余公积。非公司制企业法定盈余公积的提取比例可超过净利润的 10%。法定盈余公积累计额已达注册资本的 50% 时可以不再提取。注：在计算提取法定盈余公积的基数时，不应包括企业年初未分配利润	经批准可用于弥补亏损、转增资本、发放现金股利或利润等	公司制企业可根据股东大会的决议提取任意盈余公积。非公司制企业经类似权力机构批准，也可提取任意盈余公积。法定盈余公积和任意盈余公积的区别在于其各自计提的依据不同，前者以国家的法律法规为依据；后者由企业的权力机构自行决定

1. 提取盈余公积

企业按规定提取盈余公积时，应通过“利润分配”和“盈余公积”等科目处理。

【例 15－8】 亿银股份有限公司本年实现净利润为 5 000 000 元，年初未分配利润为 0。经股东大会批准，亿银股份有限公司按当年净利润的 10% 提取法定盈余公积。假定不考虑其他因素，亿银股份有限公司的会计分录如下：

借：利润分配——提取法定盈余公积　　500 000

　　贷：盈余公积——法定盈余公积　　500 000

本年提取盈余公积金额＝5 000 000×10%＝500 000(元)。

2. 盈余公积补亏

【例 15－9】 经股东大会批准，富友股份有限公司用以前年度提取的盈余公积弥补当年亏损，当年弥补亏损的数额为 600 000 元。假定不考虑其他因素，富友股份有限公司的会计分录如下：

借：盈余公积　　600 000

　　贷：利润分配——盈余公积补亏　　600 000

3. 盈余公积转增资本

【例 15－10】 因扩大经营规模需要，经股东大会批准，精工股份有限公司将盈余公积 400 000 元转增股本。假定不考虑其他因素，精工股份有限公司的会计分录如下：

借：盈余公积　　400 000

　　贷：股本　　400 000

4. 用盈余公积发放现金股利或利润

【例 15－11】 广通股份有限公司 2012 年 12 月 31 日普通股股本为 50 000 000股，每股面值 1 元，可供投资者分配的利润为 5 000 000 元，盈余公积 20 000 000 元。2013 年 3 月 20 日，股东大会批准了 2012 年度利润分配方案，以2012年12月31日为登记日，按每股0.2元发放现金股利。广通股份有限公司共需要分派10 000 000元现金股利，其中动用可供投资者分配的利润5 000 000元、盈余公积500 000元。假定不考虑其他因素，广通股份有限公司会计处理如下。

(1)宣告分派股利时：

借：利润分配——应付现金股利　　5 000 000
　　盈余公积　　5 000 000
　　贷：应付股利　　10 000 000

(2)支付股利时：

借：应付股利　　10 000 000
　　贷：银行存款　　10 000 000

本例中，广通股份有限公司经股东大会批准，以未分配利润和盈余公积发放现金股利，属于以未分配利润发放现金股利的部分5 000 000元应记入“利润分配——应付现金股利”科目，属于以盈余公积发放现金股利的部分5 000 000元应记入“盈余公积”科目。

第十六章 所得税

本章导读

企业所得税是对我国企业和经营单位的生产经营所得和其他所得征收的一种所得税。企业通过税收筹划可以合理避税，有利于企业经济利益的实现。所得税会计利用应纳税暂时性差异与可抵扣暂时性差异，确认相关的递延所得税负债与递延所得税资产，并在此基础上确定每一期间利润表中的所得税费用。这一做法可以使所得税的计算和缴纳更符合经济实质。《企业会计准则》规定，企业应采用资产负债表债务法核算所得税。在本章我们重点学习以下内容：

☑ 什么是所得税会计，它具有什么特点？

☑ 进行所得税核算时，一般因按照怎样的程序？

☑ 什么是暂时性差异，什么是永久性差异，如何进行计算？

☑ 什么是递延所得税资产，如何进行会计核算？

☑ 什么是递延所得税负债，如何进行会计核算？

第一节　所得税会计概述

一、所得税会计的特点

《企业会计准则》是为了规范企业的财务会计行为，保护投资者和股东的利益，对经营者的经营成果在计算标准、内容、方法上所做的规定；而应纳税所得额的确定是按照税法处理国家和纳税人之间的分配关系，两者的目的不同，因此，两者对于收入、成本、费用、利润、资产、负债、所有者权益等的确认与计量亦不完全相同。

《中华人民共和国企业所得税暂行条例》第九条规定：纳税人在计算应纳税所得额时，其财务、会计处理办法同国家有关税收的规定有抵触的，应当按照国家有关税收的规定计算纳税。这就是说，企业当期应交的所得税与当期按会计利润计算的所得税费用之间存在差异。其中，一部分差异是永久性差异，是由于会计准则和税法在计算收益、费用或损失时的口径不同所引起的，这种差异在本期产生，不能在以后各期转回，即永久存在，但它只影响当期，不影响其它会计期间；另一部分差异是暂时性差异，是由于会计准则与税法对企业资产和负债的计量的规定不同引起的，在以后会计期间，随着资产价值的收回和负债的支付，这部分差异会逐期转回，因此，根据权责发生制原则（某项应税交易或事项在某一会计期间确认，与其相关的所得税影响亦应在该期间确认）和配比原则（同一会计期间的会计利润与所得税费用应相互配比），企业应将这部分差异确认为递延所得税资产和递延所得税负债。

二、所得税会计核算的一般程序

采用资产负债表债务法核算所得税的情况下，企业一般应于每一资产负债表日进行所得税的核算。发生特殊交易或事项时，如企业合并，在确认因交易或事项产生的资产、负债时即应确认相关的所得税影响。企业进行所得税核算一般应遵循以下程序，如图 16－1 所示。

按照相关企业会计准则规定，确定资产负债表中除递延所得税负债和递延所得税资产以外的其他资产和负债项目的账面价值。其中，资产和负债项目的账面价值，是指企业按照相关会计准则的规定进行核算后在资产负债表中列示的金额。例如，企业持有的应收账款在资产负债表中的列示金额为应收账款账面余额减去计提的坏账准备

按照企业会计准则中对于资产和负债计税基础的确定方法，以适用的税收法规为基础，确定资产负债表中有关资产、负债项目的计税基础

比较资产、负债的账面价值与其计税基础，对于两者之间存在差异的，分析其性质，除企业会计准则中规定的特殊情况外，分别按应纳税暂时性差异与可抵扣暂时性差异，确定该资产负债表日与应纳税暂时性差异及可抵扣暂时性差异相关的递延所得税负债和递延所得税资产的应有金额，并将该金额与期初递延所得税负债和递延所得税资产的余额相比，确定当期应予进一步确认的递延所得税负债和递延所得税资产的金额或应予转销的金额，作为构成利润表中所得税费用的递延所得税

确定利润表中的所得税费用。利润表中的所得税费用包括当期所得税和递延所得税两个组成部分，其中，当期所得税是指当期发生的交易或事项按照适用的税法规定计算确定的当期应交所得税；递延所得税是当期确认的递延所得税资产和递延所得税负债金额或予以转销的金额的综合结果

图 16－1　所得税会计核算的一般程序

按照适用的税法规定计算确定当期应纳税所得额，将应纳税所得额与适用的所得税税率计算的结果确认为当期应交所得税（即当期所得税），同时结合当期确认的递延所得税资产和递延所得税负债（即递延所得税），作为利润表中应予确认的所得税费用。

第二节 计税基础和暂时性差异

一、暂时性差异

暂时性差异，是指资产或负债的账面价值与其计税基础之间的差额。其中，账面价值是指按照《企业会计准则》规定确定的有关资产、负债在企业的资产负债表中应列示的金额。由于资产、负债的账面价值与其计税基础不同，产生了在未来收回资产或清偿负债的期间内，应纳税所得额增加或减少并导致未来期间应交所得税增加或减少的情况，在这些暂时性差异发生的当期，应当确认相应的递延所得税负债或递延所得税资产。根据暂时性差异对未来期间应税金额影响的不同，分为应纳税暂时性差异和可抵扣暂时性差异。

某些不符合资产、负债的确认条件，未作为财务会计报告中资产、负债列示的项目，如果按照税法规定可以确定其计税基础，该计税基础与其账面价值之间的差额也属于暂时性差异。

（一）应纳税暂时性差异

应纳税暂时性差异，是指在确定未来收回资产或清偿负债期间的应纳税所得额时，将导致产生应税金额的暂时性差异。该差异在未来期间转回时，会增加转回期间的应纳税所得额，即在未来期间不考虑该事项影响的应纳税所得额的基础上，由于该暂时性差异的转回，会进一步增加转回期间的应纳税所得额和应交所得税金额。在该暂时性差异产生当期，应当确认相关的递延所得税负债。

通常产生应纳税暂时性差异的情况如表 16－1 所示。

表 16－1 产生应纳税暂时性差异的情况

产生差异的情况	具体解释
资产的账面价值大于其计税基础	一项资产的账面价值代表的是企业在持续使用及最终出售该项资产时会取得的经济利益的总额，而计税基础代表的是一项资产在未来期间可予税前扣除的总金额。资产的账面价值大于其计税基础，该项资产未来期间产生的经济利益不能全部税前抵扣，两者之间的差额需要交税，产生应纳税暂时性差异

（续表）

产生差异的情况	具体解释
负债的账面价值小于其计税基础	一项负债的账面价值为企业预计在未来期间清偿该项负债时的经济利益流出，而其计税基础代表的是账面价值在扣除税法规定未来期间允许税前扣除的金额之后的差额。因负债的账面价值与其计税基础不同产生的暂时性差异实质上是税法规定就该项负债在未来期间可以税前扣除的金额。负债的账面价值小于其计税基础，则意味着就该项负债在未来期间可以税前抵扣的金额为负数，即应在未来期间应纳税所得额的基础上调增，增加应纳税所得额和应交所得税金额，产生应纳税暂时性差异

（二）可抵扣暂时性差异

可抵扣暂时性差异，是指在确定未来收回资产或清偿负债期间的应纳税所得额时，将导致产生可抵扣金额的暂时性差异。该差异在未来期间转回时会减少转回期间的应纳税所得额，减少未来期间的应交所得税。在该暂时性差异产生当期，应当确认相关的递延所得税资产。

一般产生可抵扣暂时性差异的情况如表 16－2 所示。

表 16－2　产生可抵扣暂时性差异的情况

产生差异的情况	具体解释
资产的账面价值小于其计税基础	资产在未来期间产生的经济利益少，按照税法规定允许税前扣除的金额多，则企业在未来期间可以减少应纳税所得额并减少应交所得税，形成可抵扣暂时性差异
负债的账面价值大于其计税基础	负债产生的可抵扣暂时性差异实质上是税法规定就该项负债可以在未来期间税前扣除的金额。一项负债的账面价值大于其计税基础，意味着未来期间按照税法规定构成负债的全部或部分金额可以自未来应税经济利益中扣除，减少未来期间的应纳税所得额和应交所得税，产生可抵扣暂时性差异

注：对于按照税法规定可以结转以后年度的未弥补亏损及税款抵减，虽不是因资产、负债的账面价值与计税基础不同产生的，但本质上可抵扣亏损和税款抵减与可抵扣暂时性差异具有同样的作用，均能够减少未来期间的应纳税所得额，进而减少未来期间的应交所得税，在会计处理上，视同可抵扣暂时性差异，符合条件的情况下，应确认与其相关的递延所得税资产。

二、资产的计税基础

资产的计税基础如表 16－3 所示。

表 16－3 资产的计税基础

资产的计税基础含义	一般情况	特殊情况例题说明
企业收回资产账面价值过程中，按照税法规定计算应纳税所得额时可以自应税经济利益中抵扣的金额。即资产的计税基础＝未来可税前列支的金额	资产在取得时其入账价值（账面价值）与其计税基础是相同的。但由于在后续计量过程中因企业会计准则规定与税法规定不同，使得资产的账面价值与计税基础之间产生了暂时性差异	假设某项环保设备的原价为 1 000 万元，使用年限为 10 年，会计处理时按直线法计提折旧，税收处理时按双倍余额递减法计算税前扣除折旧费用，净残值为 0。在使用 2 年后的会计期末，企业对该项设备计提了 80 万元的固定资产减值准备。则在该会计期末，该项设备的账面价值为1 000－100－100－80＝720（万元），计税基础为 1 000－200－160＝640（万元），二者之间的暂时性差异为 80 万元

三、负债的计税基础

负债的计税基础如表 16－4 所示。

表 16－4 负债的计税基础

负债的计税基础含义	一般情况	特殊情况例题说明
负债的账面价值减去未来期间按照税法规定计算应纳税所得额时可予抵扣的金额即：负债的计税基础＝负债的账面价值－未来可税前列支的金额	短期借款、应付票据、应付账款、其他应付款等负债的确认和偿还，不会对当期损益和应纳税所得额产生影响，因此其计税基础即为账面价值	某些情况下，对自费用中提取的负债的确认可能会影响损益，并影响不同期间的应纳税所得额，使其计税基础与账面价值之间产生差额。 例：企业会计准则规定对于预计负债，在满足确认条件时，按照履行现时义务所需支出的最佳估计数确认。假定企业因产品售后服务确认了 100 万元预计负债，计入当期损益。按照税法规定，与预计负债相关的费用，视相关交易事项的具体情况，一般在实际发生时准予税前扣除，因此该项预计负债的计税基础为零。这就是说，在期末资产负债表中，该项预计负债的账面价值为 100 万元，计税基础为零，二者之间的暂时性差异为 100 万元

四、特殊项目产生的暂时性差异

暂时性差异是指资产或负债的账面价值与其计税基础之间的差额。未作为资产和负债确认的项目，按照税法规定可以确定其计税基础的，该计税基础与其账面价值之间的差额也属于暂时性差异。例如，对企业附有销售退回条件的商品销售尚未确认的收入，按税法规定，应当计缴所得税，这就是说，虽然企业没有将应收的款项确认为一项资产，但仍产生了暂时性差异。

按照暂时性差异对未来期间应税金额的影响，可将暂时性差异分为应纳税暂时性差异和可抵扣暂时性差异。

应纳税暂时性差异是指在确定未来收回资产或清偿负债期间的应纳税所得额时，将导致产生应税金额的暂时性差异。例如，交易性金融资产的公允价值变动。按照《企业会计准则》规定，交易性金融资产期末应以公允价值计量，公允价值的变动计入当期损益。而税法规定交易性金融资产在持有期间公允价值变动不计入应纳税所得额，即其计税基础保持不变，这就产生了交易性金融资产的账面价值与计税基础之间的差异。

【例 16-1】 假定某企业持有一项交易性金融资产，成本为 1 000 万元，期末公允价值为 1 500 万元，即期末账面价值为 1 500 万元，而计税基础仍维持 1 000 万元不变。由于该项资产的升值部分 500 万元，在将来收回时将会产生应交所得税，因此该项资产的账面价值 1 500 万元与其计税基础 1 000 万元之间的差额 500 万元属于应纳税暂时性差异。

【例 16-2】 某企业期末持有一批存货，原账面价值(账面成本)为 1 000 万元，估计其可变现净值为 800 万元，按照存货准则规定，计提了存货跌价准备 200 万元。但是税法规定存货跌价损失在发生实质性损失前不允许税前扣除，因此该批存货的计税基础仍为 1 000 万元。由于存货跌价准备在存货处置时可从应纳税所得额中扣除，在期末资产负债表中，该批存货的账面价值 800 万元与其计税基础 1 000 万元之间的差额 200 万元属于可抵扣暂时性差异。

由上可知，资产的账面价值大于其计税基础或者负债的账面价值小于其计税基础的，产生应纳税暂时性差异；资产的账面价值小于其计税基础或者负债的账面价值大于其计税基础的，产生可抵扣暂时性差异。

企业在取得资产、负债时，应当确定其计税基础，并在资产负债表日，根据资产的账面价值和计税基础的变化情况，重新计算资产、负债的账面价值和计税基础的期末数。如果资产、负债的账面价值与其计税基础的期末数存在差异的，应当按准则的规定，分别认定为应纳税暂时性差异和可抵扣暂时性差异。

按照税法规定允许用以后年度的所得弥补的可抵扣亏损及可结转以后年度的税款抵减，按照可抵扣暂时性差异的原则处理。

第三节　递延所得税资产和递延所得税负债

一、递延所得税资产和递延所得税负债的确认和计量

(一)递延所得税资产和递延所得税负债的确认

递延所得税资产和递延所得税负债的确认如图 16－2 所示。

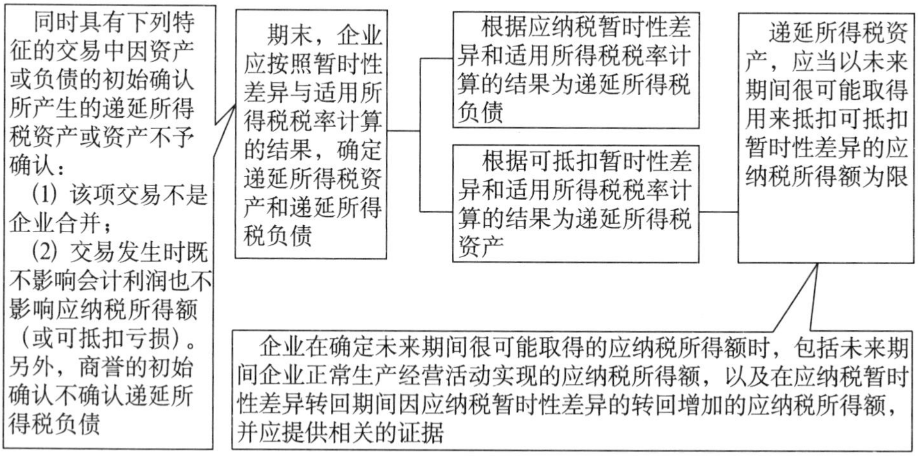

图 16－2　递延所得税资产和负债的确认

与对子公司、联营企业及合营企业投资相关的递延所得税资产或负债的确认如图 16－3 所示。

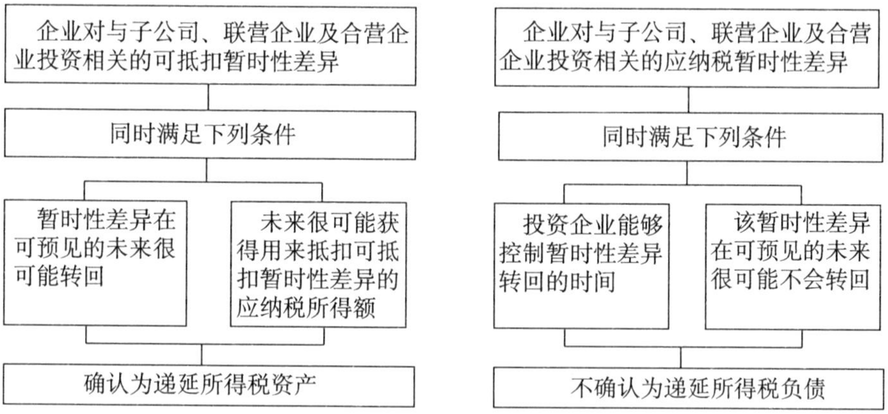

图 16－3　与对子公司、联营企业及合营企业投资相关的递延所得税资产或负债的确认

（二）递延所得税资产和递延所得税负债的计量

资产负债表日，对于递延所得税资产和递延所得税负债，应当根据税法规定，按照预期收回该资产或清偿该负债期间的适用税率计量。

适用税率发生变化的，应对已确认的递延所得税资产和递延所得税负债进行重新计量，除直接在所有者权益中确认的交易或者事项产生的递延所得税资产和递延所得税负债以外，应当将其影响数计入变化当期的所得税费用。

递延所得税资产和递延所得税负债的计量，应当反映资产负债表日企业预期收回资产或清偿负债方式的所得税影响，即在计量递延所得税资产和递延所得税负债时，应当采用与收回资产或清偿债务的预期方式相一致的税率和计税基础。

企业不应当对递延所得税资产和递延所得税负债进行折现。

（三）递延所得税资产和递延所得税负债的转回

递延所得税负债和递延所得税资产确认后，相关的应纳税暂时性差异或可抵扣暂时性差异于以后期间转回的，应当调整原已确认的递延所得税资产和递延所得税负债。即在资产负债表日，企业应当对递延所得税资产的账面价值进行复核。如果未来期间很可能无法获得足够的应纳税所得额用以抵扣递延所得税资产的利益，应当减记递延所得税资产的账面价值。在很可能获得足够的应纳税所得额时，减记的金额应当转回。

需要注意的是，企业应当将当期和以前期间应交未交的所得税确认为所得税负债，将已支付的所得税超过应支付的部分确认为所得税资产。这里的所得税资产与所得税负债不同于递延所得税资产和递延所得税负债。在资产负债表日，对于当期和以前期间形成的当期所得税负债（或资产），应当按照税法规定计算的预期应交纳（或返还）的所得税金额计量。

二、所得税费用的核算

企业某一会计期间的所得税费用（或收益），即当期利润表中的所得税费用（或收益），由按税法规定计算的当期所得税费用（即当期应交所得税）和递延所得税费用（或收益）两部分组成。其中递延所得税费用等于因确认递延所得税负债而产生的所得税费用减去因确认递延所得税资产而产生的所得税费用，差额为负数的，即为递延所得税收益。

显然，所得税费用（或收益）计算的关键在于递延所得税费用（或收益）的计算，而递延所得税费用（或收益）计算的关键在于确定资产、负债的计税基础，资产、负债的计税基础一经确定，即可计算暂时性差异并在此基础上确认、计算递延所得税资产、递延所得税负债以及递延所得税费用。所得税费用核算的科目设置规定如表16－5所示，资产负债表日的账务处理如表16－6所示。

表16－5　所得税费用核算的科目设置

设置的科目	“所得税费用”	“递延所得税资产”	“递延所得税负债”
核算的内容	核算企业根据所得税准则确认的应从当期利润总额中扣除的所得税费用	核算企业根据所得税准则确认的可抵扣暂时性差异产生的所得税资产	核算企业根据所得税准则确认的应纳税暂时性差异产生的所得税负债
明细的设置	按照“当期所得税费用”“递延所得税费用”科目进行明细核算	按照可抵扣暂时性差异的具体项目进行明细核算	按照应纳税暂时性差异的具体项目进行明细核算
期末的核算	期末，应将该科目的余额转入“本年利润”科目，结转后本科目应无余额	期末借方余额反映企业已确认的递延所得税资产的余额。根据税法规定可用以后年度税前利润弥补的亏损及税款抵减产生的所得税资产，也在该科目核算	期末贷方余额反映企业已确认的递延所得税负债的余额

表 16－6　资产负债表日的账务处理

资产负债表日的状况	相应的会计处理
确定当期应交所得税	借记“所得税费用——当期所得税费用”科目，贷记“应交税费——应交所得税”科目
确认递延所得税资产	借记“递延所得税资产”科目，贷记“所得税费用——递延所得税费用”“资本公积——其他资本公积”等科目；本期应确认的递延所得税资产大于其账面余额的，应按其差额确认；本期应确认的递延所得税资产小于其账面余额的差额，做相反的会计分录
非同一控制下企业合并中取得资产、负债的入账价值与其计税基础不同形成可抵扣暂时性差异	购买日根据所得税准则确认递延所得税资产，同时调整商誉，借记“递延所得税资产”科目，贷记“商誉”科目
预计未来期间很可能无法获得足够的应纳税所得额用以抵扣可抵扣暂时性差异	按原已确认的递延所得税资产中应减记的金额，借记“所得税费用——当期所得税费用”“资本公积——其他资本公积”科目，贷记“递延所得税资产”科目
确认递延所得税负债	借记“所得税费用——递延所得税费用”“资本公积——其他资本公积”等科目，贷记“递延所得税负债”科目。本期应予确认的递延所得税负债大于其账面余额的，应按其差额确认；应予确认的递延所得税负债小于其账面余额的，做相反的会计分录
非同一控制下企业合并中取得资产、负债的入账价值与其计税基础不同形成应纳税暂时性差异	购买日据所得税准则确认递延所得税负债，同时调整商誉，借记“商誉”科目，贷记“递延所得税负债”科目
根据税收优惠政策向税务部门申请获得退回的所得税	一律应在实际收到时冲减收到当期的所得税费用，即借记“银行存款”科目，贷记“所得税费用——当期所得税费用”科目
结转所得税费用	借记“本年利润”科目，贷记“所得税费用（当期所得税费用、递延所得税费用）”科目

企业缴纳所得税时，借记“应交税费——应交所得税”科目，贷记“银行存款”科目。

【例16－3】A公司2012年12月31日和2013年12月31日资产负债表中有关项目金额及其计税基础分别如表16－7和表16－8所示。

表16－7　资产负债表中有关项目金额

单位：元

序号	项目	账面价值	计税基础	暂时性差异	
				应纳税暂时性差异	可抵扣暂时性差异
1	存货	20 000 000.00	22 000 000.00	—	2 000 000.00
2	无形资产	600 000.00	—	600 000.00	—
3	预计负债	1 000 000.00	—	—	1 000 000.00
	合计			600 000.00	3 000 000.00

表16－8　资产负债表中有关项目金额

单位：元

序号	项目	账面价值	计税基础	暂时性差异	
				应纳税暂时性差异	可抵扣暂时性差异
1	存货	16 000 000.00	16 000 000.00	—	—
2	无形资产	7 000 000.00	8 000 000.00	—	1 000 000.00
3	预计负债	600 000.00	—	—	600 000.00
4	交易性金融资产	4 000 000.00	2 000 000.00	2 000 000.00	
	合计			2 000 000.00	1 600 000.00

除上述项目外，该公司其他资产、负债的账面价值与其计税基础不存在差异，且递延所得税资产和递延所得税负债2012年不存在期初余额，适用的所得税税率为25%。假定按照税法规定计算确定的2012年应交所得税为600万元，2013年应交所得税为660万元。该公司预计在未来期间能够产生足够的应纳税所得额用来抵扣可抵扣暂时性差异。

2012年12月31日，A公司计算确认的递延所得税负债、递延所得税资产、递延所得税费用以及所得税费用如下：

递延所得税负债＝600 000×25%＝150 000(元)；

递延所得税资产 = 3 000 000 × 25% = 750 000(元);

递延所得税费用 = 150 000 - 750 000 = -600 000(元);

所得税费用 = 6 000 000 - 600 000 = 5 400 000(元)。

所做会计分录如下:

借:所得税费用——当期所得税费用	6 000 000	
贷:应交税费——应交所得税		6 000 000
借:所得税费用——递延所得税费用	150 000	
贷:递延所得税负债		150 000
借:递延所得税资产	750 000	
贷:所得税费用——递延所得税费用		750 000

2013 年 12 月 31 日,A 公司计算确认的递延所得税负债、递延所得税资产、递延所得税费用以及所得税费用如下:

期末递延所得税负债 = 2 000 000 × 25% = 500 000(元)。

减:期初递延所得税负债	150 000 元
则本年递延所得税负债增加	350 000 元

期末所得税资产 = 1 600 000 × 25% = 400 000(元)。

减:期初递延所得税资产	750 000 元
则本年递延所得税资产减少	350 000 元

递延所得税费用 = 350 000 + 350 000 = 700 000(元);

所得税费用 = 6 600 000 + 700 000 = 7 300 000(元)。

所做会计分录如下:

借:所得税费用——当期所得税费用	6 600 000	
贷:应交税费——应交所得税		6 600 000
借:所得税费用——递延所得税费用	350 000	
贷:递延所得税负债		350 000
借:所得税费用——递延所得税费用	350 000	
贷:递延所得税资产		350 000

三、递延所得税的特殊处理

递延所得税的特殊处理如表 16 - 9 所示。

表 16－9　递延所得税的特殊处理

递延所得税的特殊情况	会计处理	举例说明
直接计入所有者权益的交易或事项产生的递延所得税费用（或收益）	按照准则规定确认递延所得税资产或递延所得税负债，并计入资本公积（其他资本公积）	直接计入所有者权益的交易或事项，如可供出售金融资产公允价值的变动，使相关的资产、负债的账面价值与计税基础之间形成暂时性差异
企业合并中产生的递延所得税费用（或收益	在确认递延所得税负债或递延所得税资产的同时，相关的递延所得税费用（或收益），一般应调整在企业合并中应予确认的商誉	因企业会计准则规定与税法规定对企业合并类型的划分标准不同，可能造成合并中取得资产、负债的入账价值与其计税基础的差异

【例 16－4】假定 A 公司发行 6 000 万元的股份购入 B 公司 100% 的净资产，该项合并符合税法规定的免税改组条件，购买日 B 公司各项可辨认资产、负债的公允价值及其计税基础如表 16－10 所示。

表 16－10　资产、负债的公允价值及其计税基础表

单位：万元

	账面价值	计税基础	暂时性差异
固定资产	2 700	1 550	1 150
应收账款	2 100	2 100	—
存货	1 740	1 240	500
其他应付款	－300	—	－300
应付账款	－1 200	－1 200	—
不包括递延所得税的可辨认净资产的公允价值	5 040	3 690	1 350

假定B公司适用的所得税税率为25%，则该项交易中应确认递延所得税负债及商誉金额如下：

可辨认净资产公允价值	50 400 000
减：递延所得税负债(13 500 000×25%)	3 375 000
可辨认净资产的税后公允价值	47 025 000
加：商誉	12 975 000
企业合并成本	60 000 000

四、所得税的信息披露

有关所得税的信息披露要求如图16－4所示。

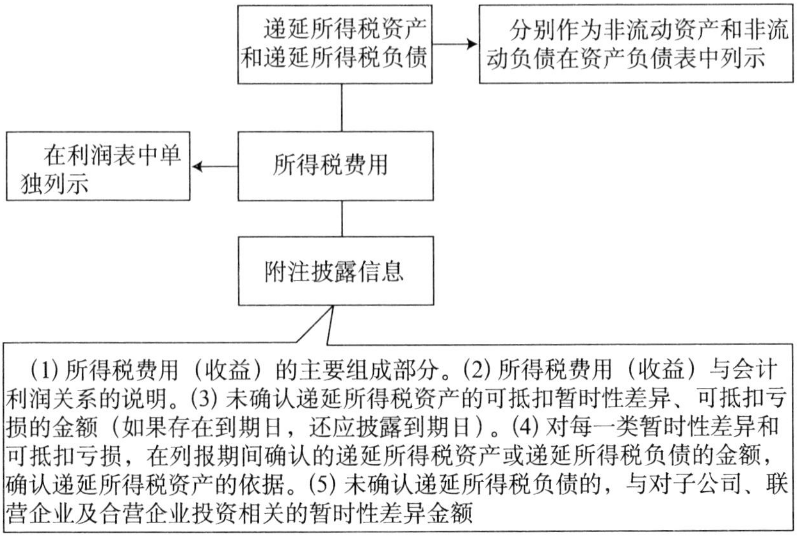

图16－4　有关所得税的信息披露

第十七章
会计报表

本章导读

会计报表是会计部门和会计人员最终的工作成果，它是高度概括地说明企业财务状况、经营成果以及现金流量的文件。会计报表又是企业财务及经营状况的晴雨表，是一个有机的整体，是财务会计报表分析的基础，是纳税评估的重要资料，也是纳税评估的出发点和落脚点。它能向投资者、监管部门及企业管理层提供企业经营发展的较全面信息。因此，这部分内容是会计学习的重中之重。在本章我们重点学习以下内容:

☑ 什么是会计报表？会计报表具有什么作用？会计报表包括哪些类别？

☑ 什么是资产负债表？资产负债表能提供哪些信息？如何编制资产负债表？

☑ 什么是利润表？利润表能提供哪些信息？如何编制利润表？

☑ 什么是现金流量表？现金流量表能提供哪些信息？如何编制现金流量表？

☑ 什么是所有者权益变动表？所有者权益变动表能提供哪些信息？

☑ 报表附注包括哪些内容？

第一节 会计报表概述

一、会计报表

会计报表与财务报告的比较如表 17－1 所示。

表 17－1 会计报表与财务报告的比较

财务报告含义	会计报表含义	两者联系
用于综合反映单位财务状况和经营成果的书面文件，由会计报表和财务情况说明书两大部分构成	以日常核算资料为主要依据编制的，用来集中反映各单位一定时期的财务状况、经营成果以及成本费用情况的一系列表式报告	会计报表是财务报告的主体组成部分；我国当前的法规规定，会计报表是指资产负债表、利润表、现金流量表和会计报表附注以及相关附表

二、会计报表的作用

会计报表就像一面镜子，从中可以看到各单位的财务状况和经营全貌，为实施经营管理和进行相关决策提供丰富的会计信息。

具体说来，会计报表的作用主要体现在以下几个方面，如图 17－1 所示。

会计报表的作用 →

(1) 为各单位的投资者和债权人进行投资决策、了解各单位财务状况，提供必要的信息资料。
(2) 为各单位内部的经营管理者和员工进行日常的经营管理，提供必要的信息资料。
(3) 为财政、工商、税务等行政管理部门提供实施管理和监督的信息资料

图 17－1 会计报表的作用

三、会计报表的分类

一般来说，会计报表可以按照编制单位和时间、服务对象进行分类，如表 17－2 所示。

表 17－2　会计报表的分类

会计报表的分类标准	分类	具体内容	具体要求
按会计报表编制和报送的时间差异	月报	在月份终了时编制的反映月末或当月情况的会计报表	要求简明扼要，以便及时反映各单位的主要情况和主要问题。常用的月报有资产负债表、利润表、应交增值税明细表等
	季报	在季度终了时编制的反映季末或当季情况的会计报表	包括的会计报表一般较少
	年报	在年度终了时编制的反映年末或当年情况的会计报表	要求做到全面完整，能总结全年的经济活动。常见的年报有资产负债表、利润表、现金流量表等
按会计报表的编制单位分类	单位报表	由独立核算的会计主体编制的，用以反映本会计主体的财务状况和经营成果的报表	—
	汇总报表	由上级主管部门将其所属单位报送的会计报表，连同本单位会计报表汇总编制的综合性会计报表	—
按会计报表的服务对象不同	内部报表	适应单位内部经营管理的需要而编制的不对外公开的会计报表，如单位的成本费用明细表、存货明细表等	一般没有规范的格式，不需统一的指标体系，各单位可根据自己的情况和需要自行制定
	外部报表	为满足外部会计信息使用者的需要，按照国家财务、会计制度编制的会计报表，如资产负债表、利润表、现金流量表等	外部报表的种类、格式、内容及编制方法均有统一规定，任何单位不得随意增减变动

四、会计报表的结构

会计报表作为一种商业语言，是通过各个会计要素和项目，用特定的排列顺序和组合，以特有的逻辑关系来披露财务信息。只有熟悉会计报表的基本框架，理解各个会计要素的内在联系，才能顺利地编出或读懂会计报表，掌握会计报表所提供的信息。会计报表的构成如表 17－3 所示。

表 17－3 会计报表的构成

会计报表的构成	表头部分	主体部分	补充资料部分
具体内容	展示报表的名称、编号、编制单位、编制日期、金额计量单位等	报表的核心和主干，会计报表基本是通过这一部分来总括地表述单位的财务状况和经营成果	一般列在报表的下端，所提供的是使用者需要了解但在基本部分内无法反映或难以单独反映的一些资料，如期末库存商品余额、已贴现的商业承兑汇票金额等

为充分表达使用者要了解的信息，以及方便使用者阅读和理解，在每一报表内部，都必须按一定的逻辑关系来设置相应项目。由于会计报表的种类、作用和性质不同，其结构也必然不一样。为便于对比，各种对外报送的主要会计报表，都需按统一的格式和结构来填列。

五、会计报表的编制要求

为了保证会计报表的质量，充分发挥其作用，我国《企业会计准则》规定了编制会计报表的基本要求：“会计报表应按登记完整、核对无误的账簿记录和其他有关资料编制，做到数字真实、计算准确、内容完整、报送及时。”会计报表的编报要求如表 17－4 所示。

表 17－4　会计报表的编报要求

基本要求	数字真实，计算准确	内容完整	报送及时
具体内容	能够真实准确地反映企业的财务状况和经营成果，所以会计报表中各项目的数字必须以核对无误的账簿记录和其他资料填写，不得用预计数字、估计数字代替真实数字，更不得弄虚作假，伪造报表数字，同时还要对会计报表中各项目的金额采用正确计算方法，确保计算结果的准确；为了保证数字真实、准确，在编制会计报表时要根据规定按期结账、认真对账和财产清查，使会计账簿所有记录准确无误	会计信息的内容必须全面、系统地反映出企业经营活动的全部情况，为此要求企业必须按规定的报表种类、格式和内容来编制，不得漏编漏报，对不同会计期间应编报的各种会计报表，都必须填列完整；同时要求企业在每种会计报表中应填写的各项指标，不论是表内项目还是表外补充资料，都必须填列齐全，对某些不便列入报表的重要资料，应在括号内说明或以附注等形式加以说明	如果会计信息的报告期被不适当地拖延，即使是最真实最完整的会计报表也将失去其效用。所以，会计报表必须按照规定的期限和程序，及时编制、及时报送。 根据我国会计制度规定：月份会计报表应于月份终了后 6 天内报出；季度报告应于季度终了后 15 天内报出；中报应于年度中期结束后 60 天内报出；年度会计报表应于年度终了后 4 个月内报出。法律、法规另有规定者，从其规定

六、《企业会计准则》所要求的会计报表的组成

按照《企业会计准则》的要求，一套完整的会计报表至少应当包括资产负债表、利润表、现金流量表、所有者权益变动表（对于股份制公司而言，也称之为股东权益变动表）以及附注。新准则下的会计报表组成内容如表 17－5所示。

表 17－5　新准则下的会计报表组成内容

会计报表的组成	含义	相关内容
资产负债表	反映企业在某一特定日期所拥有的资产、需偿还的债务、以及股东（投资者）拥有的净资产情况	我国企业资产负债表采用账户式结构，左方为资产，右方为负债和所有者权益。在资产负债表中，资产项目按照流动资产和非流动资产分类列示，负债按照流动负债和非流动负债列示，在各类别下再按照性质分项列示。资产负债表各项目主要有按照总账科目余额、按照明细科目余额直接或分析填列、根据总账及相关备抵科目余额分析填列等方法
利润表	反映企业在一定会计期间的经营成果，即利润或亏损的情况，表明企业运用所拥有的资产的获利能力	我国企业利润表采用多步式进行编制。利润表中可反映营业利润、利润总额和净利润金额，利润表项目一般按其发生额填列
现金流量表	反映企业在一定会计期间现金和现金等价物流入和流出的情况	我国企业现金流量表采用报告式，分为经营活动产生的现金流量、投资活动产生的现金流量和筹资活动产生的现金流量三类。企业应当采用直接法编制经营活动产生的现金流量。采用直接法编制经营活动的现金流量时，可以采用工作底稿法或 T 型账户法，也可以根据有关科目记录分析填列
所有者权益变动表	反映构成所有者权益的各组成部分当期的增减变动情况	企业的净利润及其分配情况是所有者权益变动的组成部分，相关信息已经在所有者权益变动表及其附注中反映，企业不需要再单独编制利润分配表
附注	财务报表不可或缺的组成部分	对在资产负债表、利润表、现金流量表和所有者权益变动表等报表中列示项目的文字描述或明细资料，以及对未能在这些报表中列示项目的说明等

第二节　资产负债表

一、资产负债表的概念

资产负债表能从整体上反映一个企业的实力及其财务状况，因而被誉为企业的"第一会计报表"。报表使用者通过阅读和分析资产负债表可获得的财务信息如图 17－2 所示。

报表使用者通过阅读和分析资产负债表可获得的财务信息 →

(1) 某一日期资产的总额，表明企业拥有或控制的经济资源及其分布情况。

(2) 某一日期的负债总额及其结构，表明企业未来需要用多少资产或劳务清偿债务。

(3) 所有者权益的情况，表明投资者在企业资产中所占的份额，了解所有者权益的构成情况。

(4) 资产负债表还能够提供进行财务分析的基本资料，如通过资产负债表可以计算流动比率、速动比率等

图 17－2　报表使用者通过阅读和分析资产负债表可获得的财务信息

二、资产负债表内容

资产负债表主要反映资产、负债和所有者权益三方面的内容，并满足"资产＝负债＋所有者权益"平衡式。资产的含义及分类如表 17－6 所示。

表 17－6　资产的含义及分类

资产的含义	反映由过去的交易、事项形成并由企业在某一特定日期所拥有或控制的、预期会给企业带来经济利益的资源。按照流动资产和非流动资产两大类别在资产负债表中列示	
资产的分类	流动资产	预计在一个正常营业周期中变现、出售或耗用，或者主要为交易目的而持有，或者预计在资产负债表日起一年内(含一年)变现的资产，或者自资产负债表日起一年内交换其他资产或清偿负债的能力不受限制的现金或现金等价物。具体包括：货币资金、交易性金融资产、应收票据、应收账款、预付款项、应收利息、应收股利、其他应收款、存货和一年内到期的非流动资产等
资产的分类	非流动资产	流动资产以外的资产。具体包括：长期股权投资、固定资产、在建工程、工程物资、固定资产清理、无形资产、开发支出、长期待摊费用以及其他非流动资产等

负债的含义及分类如表 17－7 所示。

表 17－7　负债的含义及分类

负债的含义	反映在某一特定日期企业所承担的、预期会导致经济利益流出企业的现时义务。按照流动负债和非流动负债在资产负债表中进行列示	
负债的分类	流动负债	预计在一个正常营业周期中清偿，或者主要为交易目的而持有，或者自资产负债表日起一年内（含一年）到期应予以清偿，或者企业无权自主地将清偿推迟至资产负债表日后一年以上的负债。具体包括：短期借款、应付票据、应付账款、预收款项、应付职工薪酬、应交税费、应付利息、应付股利、其他应付款、一年内到期的非流动负债等
	非流动负债	流动负债以外的负债。具体包括：长期借款、应付债券和其他非流动负债等

所有者权益，是企业资产扣除负债后的剩余权益，反映企业在某一特定日期股东（投资者）拥有的净资产的总额，它一般按照实收资本、资本公积、盈余公积和未分配利润分项列示。

三、资产负债表的填列方法

资产负债表的填列方法如表 17－8 所示。

表 17－8　资产负债表的填列方法

对应项目	填列方法	相关说明
“年初余额”	根据上年末资产负债表“期末余额”栏内所列数字填列	如果本年度资产负债表规定的各个项目的名称和内容同上年度不相一致，应对上年年末资产负债表各项目的名称和数字按本年度的规定进行调整，按调整后的数字填入本表“年初余额”栏内
“期末余额”	直接根据总账科目的余额填列	对于交易性金融资产、固定资产清理、长期待摊费用、递延所得税资产、短期借款、交易性金融负债、应付票据、应付职工薪酬、应交税费、应付利息、应付股利、其他应付款、递延所得税负债、实收资本、资本公积、库存股、盈余公积等项目，应当根据相关总账科目的余额直接填列

（续表）

对应项目	填列方法	相关说明
“期末余额”	根据几个总账科目的余额计算填列	“货币资金”项目，应当根据“库存现金”“银行存款”“其他货币资金”等科目期末余额合计填列
	根据有关明细科目的余额计算填列	“应付账款”项目，应当根据“应付账款”“预收账款”等科目所属明细科目期末贷方余额合计填列
	根据总账科目和明细科目的余额分析计算填列	“长期应收款”项目，应当根据“长期应收款”总账科目余额，减去“未实现融资收益”总账科目余额，再减去所属相关明细科目中将于一年内到期的部分填列；“长期借款”项目，应当根据“长期借款”总账科目余额扣除“长期借款”科目所属明细科目中将于一年内到期的部分填列；“应付债券”项目，应当根据“应付债券”总账科目余额扣除“应付债券”科目所属明细科目中将于一年内到期的部分填列；“长期应付款”项目，应当根据“长期应付款”总账科目余额，减去“未确认融资费用”总账科目余额，再减去所属相关明细科目中将于一年内到期的部分填列
	根据总账科目与其备抵科目抵销后的净额填列	“存货”项目，应当根据“原材料”“库存商品”“发出商品”“周转材料”等科目期末余额，减去“存货跌价准备”科目期末余额后的金额填列；“持有至到期投资”项目，应当根据“持有至到期投资”科目期末余额，减去“持有至到期投资减值准备”科目期末余额后的金额填列；“固定资产”项目，应当根据“固定资产”科目期末余额，减去“累计折旧”“固定资产减值准备”等科目期末余额后的金额填列

四、资产负债表项目的填列说明

资产项目的填列说明、负债项目的填列说明和所有权益项目的填列说明分别如表 17－9、表 17－10 和表 17－11 所示。

表 17－9 资产项目的填列说明

资产项目	反映内容	填列说明
“货币资金”	反映企业库存现金、银行结算户存款、外埠存款、银行汇票存款、银行本票存款、信用卡存款、信用证保证金存款等的合计数	根据“库存现金”“银行存款”“其他货币资金”科目期末余额的合计数填列
“交易性金融资产”	反映企业持有的以公允价值计量且其变动计入当期损益的为交易目的所持有的债券投资、股票投资、基金投资、权证投资等金融资产	根据“交易性金融资产”科目的期末余额填列
“应收票据”	反映企业因销售商品、提供劳务等而收到的商业汇票，包括银行承兑汇票和商业承兑汇票	“应收票据”科目的期末余额，减去“坏账准备”科目中有关应收票据计提的坏账准备期末余额后的金额填列
“应收账款”	反映企业因销售商品、提供劳务等经营活动应收取的款项	根据“应收账款”和“预收账款”科目所属各明细科目的期末借方余额合计数，减去“坏账准备”科目中有关应收账款计提的坏账准备期末余额后的金额填列。如“应收账款”科目所属明细科目期末有贷方余额的，应在本表“预收款项”项目内填列
“预付款项”	反映企业按照购货合同规定预付给供应单位的款项等	根据“预付账款”和“应付账款”科目所属各明细科目的期末借方余额合计数，减去“坏账准备”科目中有关预付款项计提的坏账准备期末余额后的金额填列。如“预付账款”科目所属各明细科目期末有贷方余额的，应在资产负债表“应付账款”项目内填列

（续表）

资产项目	反映内容	填列说明
“应收利息”	反映企业应收取的债券投资等的利息	根据“应收利息”科目的期末余额，减去“坏账准备”科目中有关应收利息计提的坏账准备期末余额后的金额填列
“应收股利”	反映企业应收取的现金股利和应收取其他单位分配的利润	根据“应收股利”科目的期末余额，减去“坏账准备”科目中有关应收股利计提的坏账准备期末余额后的金额填列
“其他应收款”	反映企业除应收票据、应收账款、预付账款、应收股利、应收利息等经营活动外其他各种应收、暂付款项	根据“其他应收款”科目的期末余额，减去“坏账准备”科目中有关其他应收款计提的坏账准备期末余额后的金额填列
“存货”	反映企业期末在库、在途和在加工中的各种存货的可变现净值	根据“材料采购”“原材料”“低值易耗品”“库存商品”“周转材料”“委托加工物资”“委托代销商品”“生产成本”等科目的期末余额合计，减去“受托代销商品款”“存货跌价准备”科目期末余额后的金额填列。材料采用计划成本核算，以及库存商品采用计划成本核算或售价核算的企业，还应按加或减材料成本差异、商品进销差价后的金额填列
“一年内到期的非流动资产”	反映企业将于一年内到期的非流动资产项目金额	根据有关科目的期末余额填列
“长期股权投资”	反映企业持有的对子公司、联营企业和合营企业的长期股权投资	根据“长期股权投资”科目的期末余额，减去“长期股权投资减值准备”科目的期末余额后的金额填列
“固定资产”	反映企业各种固定资产原价减去累计折旧和累计减值准备后的净额	根据“固定资产”科目的期末余额，减去“累计折旧”和“固定资产减值准备”科目期末余额后的金额填列

（续表）

资产项目	反映内容	填列说明
“在建工程”	反映企业期末各项未完工程的实际支出，包括交付安装的设备价值、未完建筑安装工程已经耗用的材料、工资和费用支出、预付出包工程的价款等	根据“在建工程”科目的期末余额，减去“在建工程减值准备”科目期末余额后的金额填列
“工程物资”	反映企业尚未使用的各项工程物资的实际成本	根据“工程物资”科目的期末余额填列
“固定资产清理”	反映企业因出售、毁损、报废等原因转入清理但尚未清理完毕的固定资产的净值，以及固定资产清理过程中所发生的清理费用和变价收入等各项金额的差额	根据“固定资产清理”科目的期末借方余额填列，如“固定资产清理”科目期末为贷方余额，以“－”号填列
“无形资产”	反映企业持有的无形资产，包括专利权、非专利技术、商标权、著作权、土地使用权等	根据“无形资产”的期末余额，减去“累计摊销”和“无形资产减值准备”科目期末余额后的金额填列
“开发支出”	反映企业开发无形资产过程中能够资本化形成无形资产成本的支出部分	根据“研发支出”科目中所属的“资本化支出”明细科目期末余额填列
“长期待摊费用”	反映企业已经发生但应由本期和以后各期负担的分摊期限在一年以上的各项费用。长期待摊费用中在一年内（含一年）摊销的部分，在资产负债表“一年内到期的非流动资产”项目填列	根据“长期待摊费用”科目的期末余额减去将于一年内（含一年）摊销的数额后的金额填列
“其他非流动资产”	反映企业除长期股权投资、固定资产、在建工程、工程物资、无形资产等以外的其他非流动资产	根据有关科目的期末余额填列

表 17－10　负债项目的填列说明

负债项目	反映内容	填列说明
“短期借款”	反映企业向银行或其他金融机构等借入的期限在一年以下（含一年）的各种借款	根据“短期借款”科目的期末余额填列
“应付票据”	反映企业购买材料、商品和接受劳务供应等而开出、承兑的商业汇票，包括银行承兑汇票和商业承兑汇票	根据“应付票据”科目的期末余额填列
“应付账款”	反映企业因购买材料、商品和接受劳务供应等经营活动应支付的款项	根据“应付账款”和“预付账款”科目所属各明细科目的期末贷方余额合计数填列；如“应付账款”科目所属明细科目期末有借方余额的，应在资产负债表“预付款项”项目内填列
“预收款项”	反映企业按照购货合同规定预收购货单位的款项	根据“预收账款”和“应收账款”科目所属各明细科目的期末贷方余额合计数填列。如“预收账款”科目所属各明细科目期末有借方余额，应在资产负债表“应收账款”项目内填列
“应付职工薪酬”	反映企业根据有关规定应付给职工的工资、职工福利、社会保险费、住房公积金、工会经费、职工教育经费、非货币性福利、辞退福利等各种薪酬。外商投资企业按规定从净利润中提取的职工奖励及福利基金，也在本项目列示	—

（续表）

负债项目	反映内容	填列说明
“应交税费”	反映企业按照税法规定计算应交纳的各种税费，包括增值税、消费税、营业税、所得税、资源税、土地增值税、城市维护建设税、房产税、土地使用税、车船使用税、教育费附加、矿产资源补偿费等。企业代扣代交的个人所得税，也通过本项目列示。企业所交纳的税金不需要预计应交数的，如印花税、耕地占用税等，不在本项目列示	根据“应交税费”科目的期末贷方余额填列；如“应交税费”科目期末为借方余额，应以“-”号填列
“应付利息”	反映企业按照规定应当支付的利息，包括分期付息到期还本的长期借款应支付的利息、企业发行的企业债券应支付的利息等	根据“应付利息”科目的期末余额填列
“应付股利”	反映企业分配的现金股利或利润。企业分配的股票股利，不通过本项目列示	根据“应付股利”科目的期末余额填列
“其他应付款”	反映企业除应付票据、应付账款、预收款项、应付职工薪酬、应付股利、应付利息、应交税费等经营活动以外的其他各项应付、暂收的款项	根据“其他应付款”科目的期末余额填列
“一年内到期的非流动负债”	反映非流动负债中将于资产负债表日后一年内到期部分的金额，如将于一年内偿还长期借款	根据有关科目的期末余额填列
“长期借款”	反映企业向银行或其他金融机构借入的期限在一年以上（不含一年）的各项借款	根据“长期借款”科目的期末余额减去将于一年内（含一年）偿还的数额后的金额填列

（续表）

负债项目	反映内容	填列说明
“应付债券”	反映企业为筹集长期资金而发行的债券本金和利息	根据“应付债券”科目的期末余额填列
“其他非流动负债”	反映企业除长期借款、应付债券等项目以外的其他非流动负债	根据有关科目的期末余额填列。其他非流动负债项目应根据有关科目期末余额减去将于一年内（含一年）到期偿还数后的余额填列。非流动负债各项目中将于一年内（含一年）到期的非流动负债，应在“一年内到期的非流动负债”项目内单独反映

表 17－11　所有者权益项目的填列说明

所有者权益项目	反映内容	填列说明
“实收资本（或股本）”	反映企业各投资者实际投入的资本（或股本）总额	根据“实收资本”（或“股本”）科目的期末余额填列
“资本公积”	反映企业资本公积的期末余额	根据“资本公积”科目的期末余额填列
“盈余公积”	反映企业盈余公积的期末余额	根据“盈余公积”科目的期末余额填列
“未分配利润”	反映企业尚未分配的利润	根据“本年利润”科目和“利润分配”科目的余额计算填列。未弥补的亏损在本项目内以“－”号填列

五、资产负债表编制示例

【例 17－1】捷达物流有限公司 2012 年 12 月 31 日的资产负债表（年初余额略）及 2013 年 12 月 31 日的科目余额表分别见表 17－12 和表 17－13。假设捷达物流有限公司 2013 年度除计提固定资产减值准备导致固定资产账面价值与其计税基础存在可抵扣暂时性差异外，其他资产和负债项目的账面价值均等于其计税基础。假定捷达物流有限公司未来很可能获得足够的应纳税所得额用来抵扣可抵扣暂时性差异，适用的所得税税率为25%。

表17－12　资产负债表

编制单位：捷达物流有限公司　　2012年12月31日　　单位：元

资产	期末余额	年初余额	负债和所有者权益（或股东权益）	期末余额	年初余额
流动资产：			流动负债：		
货币资金	1 406 300		短期借款	300 000	
交易性金融资产	15 000		交易性金融负债	0	
应收票据	246 000		应付票据	200 000	
应收账款	299 100		应付账款	953 800	
预付账款	100 000		预收账款	0	
应收利息	0		应付职工薪酬	110 000	
应收股利	0		应交税费	36 600	
其他应收款	5 000		应付利息	1 000	
存货	2 580 000		应付股利	0	
一年内到期的非流动资产	0		其他应付款	50 000	
其他流动资产	100 000		一年内到期的非流动负债	1 000 000	
流动资产合计	4 751 400		其他流动负债	0	
非流动资产：			流动负债合计	2 651 400	
可供出售金融资产	0		非流动负债：		
持有至到期投资	0		长期借款	600 000	
长期应收款	0		应付债券	0	
长期股权投资	250 000		长期应付款	0	

（续表）

资产	期末余额	年初余额	负债和所有者权益（或股东权益）	期末余额	年初余额
投资性房地产	0		专项应付款	0	
固定资产	1 100 000		预计负债	0	
在建工程	1 500 000		递延所得税负债	0	
工程物资	0		其他非流动负债	0	
固定资产清理	0		非流动负债合计	600 000	
生产性生物资产	0		负债合计	3 251 400	
油气资产	0		所有者权益（或股东权益）：		
无形资产	600 000		实收资本（或股本）	5 000 000	
开发支出	0		资本公积	0	
商誉	0		减：库存股	0	
长期待摊费用	0		盈余公积	100 000	
递延所得税资产	0		未分配利润	50 000	
其他非流动资产	200 000		所有者权益（或股东权益）合计	5 150 000	
非流动资产合计	3 650 000				
资产总计	8 401 400		负债和所有者权益（或股东权益）总计	8 401 400	

表 17－13　科目余额表

单位：元

科目名称	借方余额	科目名称	贷方余额
库存现金	2 000	短期借款	50 000
银行存款	805 831	应付票据	100 000
其他货币资金	7 300	应付账款	953 800
交易性金融资产	0	其他应付款	50 000

（续表）

科目名称	借方余额	科目名称	贷方余额
应收票据	66 000	应付职工薪酬	180 000
应收账款	600 000	应交税费	226 731
坏账准备	-1 800	应付利息	0
预付账款	100 000	应付股利	32 215.85
其他应收款	5 000	一年内到期的长期负债	0
材料采购	275 000	长期借款	1 160 000
原材料	45 000	股本	5 000 000
周转材料	38 050	盈余公积	124 770.4
库存商品	2 122 400	利润分配(未分配利润)	218 013.75
材料成本差异	4 250		
其他流动资产	100 000		
长期股权投资	250 000		
固定资产	2 401 000		
累计折旧	-170 000		
固定资产减值准备	-30 000		
工程物资	300 000		
在建工程	428 000		
无形资产	600 000		
累计摊销	-60 000		
递延所得税资产	7 500		
其他长期资产	200 000		
合计	8 095 531	合计	8 095 531

根据上述资料，编制捷达物流有限公司2013年12月31日的资产负债表，如表17－14所示。

表 17-14 资产负债表

编制单位：捷达物流有限公司　　2013 年 12 月 31 日　　单位：元

资　产	期末余额	年初余额	负债和所有者权益（或股东权益）	期末余额	年初余额
流动资产：			流动负债：		
货币资金	815 131	1 406 300	短期借款	50 000	300 000
交易性金融资产	0	15 000	交易性金融负债	0	0
应收票据	66 000	246 000	应付票据	100 000	200 000
应收账款	598 200	299 100	应付账款	953 800	953 800
预付账款	100 000	100 000	预收账款	0	0
应收利息	0	0	应付职工薪酬	180 000	110 000
应收股利	0	0	应交税费	226 731	36 600
其他应收款	5 000	5 000	应付利息	0	1 000
存货	2 484 700	2 580 000	应付股利	32 215. 85	0
一年内到期的非流动资产	0	0	其他应付款	50 000	50 000
其他流动资产	100 000	100 000	一年内到期的非流动负债	0	1 000 000
流动资产合计	4 169 031	4 751 400	其他流动负债	0	0
非流动资产：			流动负债合计	1 592 746. 85	2 651 400
可供出售金融资产	0	0	非流动负债：		
持有至到期投资	0	0	长期借款	1 160 000	600 000
长期应收款	0	0	应付债券	0	0
长期股权投资	250 000	250 000	长期应付款	0	0
投资性房地产	0	0	专项应付款	0	0
固定资产	2 201 000	1 100 000	预计负债	0	0
在建工程	428 000	1 500 000	递延所得税负债	0	0
工程物资	300 000	0	其他非流动负债	0	0
固定资产清理	0	0	非流动负债合计	1 160 000	600 000

（续表）

资　产	期末余额	年初余额	负债和所有者权益（或股东权益）	期末余额	年初余额
生产性生物资产	0	0	负债合计	2 752 746.85	3 251 400
油气资产	0	0	所有者权益（或股东权益）：		
无形资产	540 000	600 000	实收资本（或股本）	5 000 000	5 000 000
开发支出	0	0	资本公积	0	0
商誉	0	0	减：库存股	0	0
长期待摊费用	0	0	盈余公积	124 770.4	100 000
递延所得税资产	7 500	0	未分配利润	218 013.75	50 000
其他非流动资产	200 000	200 000	所有者权益（或股东权益）合计	5 342 784.15	5 150 000
非流动资产合计	3 926 500	3 650 000			
资产总计	8 095 531	8 401 400	负债和所有者权益（或股东权益）总计	8 095 531	8 401 400

第三节　利润表

一、利润表的概念和作用

利润表是指反映企业在一定会计期间的经营成果的报表。通过提供利润表，可以反映企业在一定会计期间收入、费用、利润（或亏损）的数额、构成情况，帮助财务报表使用者全面了解企业的经营成果，分析企业的获利能力及盈利增长趋势，从而为其做出经济决策提供依据。

二、利润表的编制

(一)利润表的编制步骤

利润表的编制步骤如图 17－3 所示。

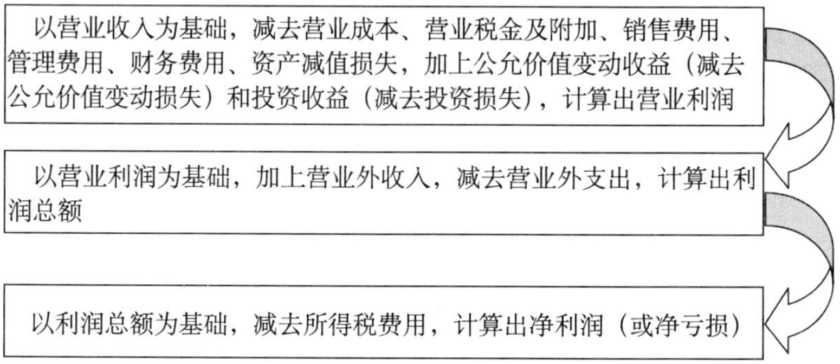

图 17－3　利润表的编制步骤

普通股或潜在普通股已公开交易的企业及正处于公开发行普通股或潜在普通股过程中的企业，还应当在利润表中列示每股收益信息。

(二)利润表项目的填列方法

利润表各项目均需填列“本期金额”和“上期金额”两栏。

在编制中期利润表时，“本期金额”栏应分为“本期金额”和“年初至本期末累计发生额”两栏，分别填列各项目本期(月、季或半年)各项目实际发生额，以及自年初起至本期(月、季或半年)末止的累计实际发生额。“上期金额”栏应分为“上年可比本期金额”和“上年初至可比本期末累计发生额”两栏，应根据上年可比本期利润表“本期金额”下对应的两栏数字分别填列。上年度利润表与本年度利润表的项目名称和内容不一致的，应对上年度利润表项目的名称和数字按本年度的规定进行调整。年终结账时，由于全年的收入和支出已全部转入“本年利润”科目，并且通过收支对比结出本年净利润的数额，因此，应将年度利润表中的“净利润”数字，与“本年利润”科目结转到“利润分配——未分配利润”科目的数字相核对，检查账簿记录和报表编制的正确性。

利润表“本期金额”“上期金额”栏内各项数字，除“每股收益”项目外，应当按照相关科目发生额分析填列。

（三）利润表项目的填列说明

利润表项目的填列说明如表 17－15 所示。

表 17－15　利润表项目的填列说明

利润表项目	反映内容	填列说明
“营业收入”	反映企业经营主要业务和其他业务所确认的收入总额	根据“主营业务收入”和“其他业务收入”科目的发生额分析填列
“营业成本”	反映企业经营主要业务和其他业务所发生的成本总额	根据“主营业务成本”和“其他业务成本”科目的发生额分析填列
“营业税金及附加”	反映企业经营业务应负担的消费税、营业税、城市维护建设税、资源税、土地增值税和教育费附加等	根据“营业税金及附加”科目的发生额分析填列
“销售费用”	反映企业在销售商品过程中发生的包装费、广告费等费用和为销售本企业商品而专设的销售机构的职工薪酬、业务费等经营费用	根据“销售费用”科目的发生额分析填列
“管理费用”	反映企业为组织和管理生产经营发生的管理费用	根据“管理费用”的发生额分析填列
“财务费用”	反映企业筹集生产经营所需资金等而发生的筹资费用	根据“财务费用”科目的发生额分析填列
“资产减值损失”	反映企业各项资产发生的减值损失	根据“资产减值损失”科目的发生额分析填列
“公允价值变动收益”	反映企业应当计入当期损益的资产或负债公允价值变动收益	根据“公允价值变动损益”科目的发生额分析填列，如为净损失，本项目以“－”号填列

（续表）

利润表项目	反映内容	填列说明
“投资收益”	反映企业以各种方式对外投资所取得的收益	根据“投资收益”科目的发生额分析填列。如为投资损失，本项目以“－”号填列
“营业利润”	反映企业实现的营业利润	如为亏损，本项目以“－”号填列
“营业外收入”	反映企业发生的与经营业务无直接关系的各项收入	根据“营业外收入”科目的发生额分析填列
“营业外支出”	反映企业发生的与经营业务无直接关系的各项支出	根据“营业外支出”科目的发生额分析填列
“利润总额”	反映企业实现的利润	如为亏损，本项目以“－”号填列
“所得税费用”	反映企业应从当期利润总额中扣除的所得税费用	根据“所得税费用”科目的发生额分析填列
“净利润”	反映企业实现的净利润	如为亏损，本项目以“－”号填列

三、利润表的编制示例

【例17－2】捷达物流有限公司2013年度有关损益类科目本年累计发生净额如表17－16所示。

表17－16　捷达物流有限公司损益类科目2013年度累计发生净额

单位：元

科目名称	借方发生额	贷方发生额
主营业务收入		1 250 000
主营业务成本	750 000	
营业税金及附加	2 000	

（续表）

科目名称	借方发生额	贷方发生额
销售费用	20 000	
管理费用	157 100	
财务费用	41 500	
资产减值损失	30 900	
投资收益		31 500
营业外收入		50 000
营业外支出	19 700	
所得税费用	85 300	

根据上述资料，编制捷达物流有限公司2013年度利润表，如表17－17所示。

表17－17　利润表

会企02表

编制单位：捷达物流有限公司　　2013年度　　单位：元

项目	本期金额	上期金额（略）
一、营业收入	1 250 000	
减：营业成本	750 000	
营业税金及附加	2 000	
销售费用	20 000	
管理费用	157 100	
财务费用	41 500	
资产减值损失	30 900	
加：公允价值变动收益（损失以“－”号填列）	0	
投资收益（损失以“－”号填列）	31 500	
其中：对联营企业和合营企业的投资收益	0	
二、营业利润（亏损以“－”号填列）	280 000	
加：营业外收入	50 000	
减：营业外支出	19 700	
其中：非流动资产处置损失	（略）	
三、利润总额（亏损总额以“－”号填列）	310 300	

（续表）

项目	本期金额	上期金额（略）
减：所得税费用	85 300	
四、净利润（净亏损以“－”号填列）	225 000	
五、每股收益：	（略）	
（一）基本每股收益		
（二）稀释每股收益		
六、综合收益		
（一）其他综合收益		
（二）综合收益总额		

第四节 现金流量表

一、现金流量表的概念和作用

现金流量表是反映企业在一定会计期间现金和现金等价物流入和流出的报表。

通过现金流量表，可以为报表使用者提供企业一定会计期间内现金和现金等价物流入和流出的信息，便于使用者了解和评价企业获取现金和现金等价物的能力，据以预测企业未来现金流量。

二、现金流量及其分类

现金流量表的相关概念如表 17－18 所示。

表 17－18 现金流量表的相关概念

概念	具体含义	相关说明
现金流量	一定会计期间内企业现金和现金等价物的流入和流出	企业从银行提取现金、用现金购买短期到期的国库券等现金和现金等价物之间的转换不属于现金流量

（续表）

概念	具体含义	相关说明
现金	企业库存现金以及可以随时用于支付的存款，包括库存现金、银行存款和其他货币资金（如外埠存款、银行汇票存款、银行本票存款等）等	不能随时用于支付的存款不属于现金
现金等价物	企业持有的期限短、流动性强、易于转换为已知金额现金、价值变动风险很小的投资。期限短，一般是指从购买日起三个月内到期	通常包括三个月内到期的债券投资等。权益性投资变现的金额通常不确定，因而不属于现金等价物。企业应当根据具体情况，确定现金等价物的范围，一经确定不得随意变更

现金流量的分类如表 17－19 所示。

表 17－19　现金流量的分类

现金流量的分类	相关活动的概念	现金流的产生途径
经营活动产生的现金流量	经营活动：企业投资活动和筹资活动以外的所有交易和事项	销售商品或提供劳务、购买商品、接受劳务、支付工资和交纳税款等流入和流出的现金和现金等价物
投资活动产生的现金流量	投资活动：企业长期资产的购建和不包括在现金等价物范围内的投资及其处置活动	购建固定资产、处置子公司及其他营业单位等流入和流出的现金和现金等价物
筹资活动产生的现金流量	筹资活动：导致企业资本及债务规模和构成发生变化的活动	吸收投资、发行股票、分配利润、发行债券、偿还债务等流入和流出的现金和现金等价物。偿付应付账款、应付票据等商业应付款等属于经营活动，不属于筹资活动

三、现金流量表的编制

企业应当采用直接法列示经营活动产生的现金流量。直接法，是指通过现金收入和现金支出的主要类别列示经营活动的现金流量。采用直接法编制经营活动的现金流量时，一般以利润表中的营业收入为起算点，调整与经营活动有关的项目的增减变动，然后计算出经营活动的现金流量。采用直接法具体编制现金流量表时，可以采用工作底稿法或T型账户法，也可以根据有关科目记录分析填列。经营活动产生的现金流量如表17－20所示，投资活动产生的现金流量如表17－21所示，筹资活动产生的现金流量如表17－22所示。

表17－20　经营活动产生的现金流量

项目	说明
“销售商品、提供劳务收到的现金”	反映企业本年销售商品、提供劳务收到的现金，以及以前年度销售商品、提供劳务本年收到的现金（包括应向购买者收取的增值税销项税额）和本年预收的款项，减去本年销售本年退回商品和以前年度销售本年退回商品支付的现金。企业销售材料和代购代销业务收到的现金，也在本项目反映
“收到的税费返还”	反映企业收到返还的所得税、增值税、营业税、消费税、关税和教育费附加等各种税费返还款
“收到其他与经营活动有关的现金”	反映企业经营租赁收到的租金等其他与经营活动有关的现金流入，金额较大的应当单独列示
“购买商品、接受劳务支付的现金”	反映企业本年购买商品、接受劳务实际支付的现金（包括增值税进项税额），以及本年支付以前年度购买商品、接受劳务的未付款项和本年预付款项，减去本年发生的购货退回收到的现金。企业购买材料和代购代销业务支付的现金，也在本项目反映
“支付给职工以及为职工支付的现金”	反映企业本年实际支付给职工的工资、资金、各种津贴和补贴等职工薪酬（包括代扣代缴的职工个人所得税）
“支付的各项税费”	反映企业本年发生并支付、以前各年发生本年支付以及预交的各项税费，包括所得税、增值税、营业税、消费税、印花税、房产税、土地增值税、车船使用税、教育费附加等
“支付其他与经营活动有关的现金”	反映企业经营租赁支付的租金，支付的差旅费、业务招待费、保险费、罚款支出等其他与经营活动有关的现金流出，金额较大的应当单独列示

表 17－21　投资活动产生的现金流量

项目	说明
“收回投资收到的现金”	反映企业出售、转让或到期收回除现金等价物以外的对其他企业长期股权投资而收到的现金，但处置子公司及其他营业单位应收到的现金净额除外
“取得投资收益收到的现金”	反映企业除现金等价物以外的对其他企业的长期股权投资等分回的现金股利和利息等
“处置固定资产、无形资产和其他长期资产收回的现金净额”	反映企业出售、报废固定资产、无形资产和其他长期资产所取得的现金(包括因资产毁损而收到的保险赔偿收入)，减去为处置这些资产而支付的有关费用后的净额
“处置子公司及其他营业单位应收到的现金净额”	反映企业处置子公司及其他营业单位所取得的现金，减去相关处置费用以及子公司及其他营业单位持有的现金和现金等价物后的净额
“购建固定资产、无形资产和其他长期资产支付的现金”	反映企业购买、建造固定资产，取得无形资产和其他长期资产所支付的现金(含增值税款等)，以及用现金支付的应由在建工程和无形资产负担的职工薪酬
“投资支付的现金”	反映企业取得除现金等价物以外的对其他企业的长期股权投资所支付的现金以及支付的佣金、手续费等附加费用，但取得子公司及其他营业单位支付的现金净额除外
“取得子公司及其他营业单位支付的现金净额”	反映企业购买子公司及其他营业单位购买出价中以现金支付的部分，减去子公司及其他营业单位持有的现金和现金等价物后的净额
“收到其他与投资活动有关的现金”与“支付其他与投资活动有关的现金”	反映企业除上述项目外收到或支付的其他与投资活动有关的现金，金额较大的应当单独列示

表 17－22 筹资活动产生的现金流量

项目	说明
“吸收投资收到的现金”	反映企业以发行股票、债券等方式筹集资金实际收到的款项，减去直接支付的佣金、手续费、宣传费、咨询费、印刷费等发行费用后的净额
“取得借款收到的现金”	反映企业举借各种短期、长期借款而收到的现金
“偿还债务支付的现金”	反映企业为偿还债务本金而支付的现金
“分配股利、利润或偿付利息支付的现金”	反映企业实际支付的现金股利、支付给其他投资单位的利润或用现金支付的借款利息、债券利息
“收到其他与筹资活动有关的现金”与“支付其他与筹资活动有关的现金”	反映企业除上述项目外收到或支付的其他与筹资活动有关的现金，金额较大的应当单独列示

“汇率变动对现金及现金等价物的影响”项目，反映下列项目之间的差额：

（1）企业外币现金流量折算为记账本位币时，采用现金流量发生日的即期汇率近似的汇率折算的金额（编制合并现金流量表时折算境外子公司的现金流量，应当比照处理）。

（2）企业外币现金及现金等价物净增加额按年末汇率折算的金额填列。

四、现金流量表编制示例

【例 17－3】沿用**【例 17－1】**和**【例 17－2】**的资料，捷达物流有限公司其他相关资料如下。

1. 2013 年度利润表有关项目的明细资料如下：

（1）管理费用的组成：职工薪酬 17 100 元，无形资产摊销 60 000 元，折旧费 20 000 元，支付其他费用 60 000 元。

（2）财务费用的组成：计提借款利息 11 500 元，支付应收票据（银行承兑汇票）贴现利息 30 000 元。

（3）资产减值损失的组成：计提坏账准备 900 元，计提固定资产减值准备 30 000 元。上年年末坏账准备余额为 900 元。

(4)投资收益的组成：收到股息收入30 000元，与本金一起收回的交易性股票投资收益500元，自公允价值变动损益结转投资收益1 000元。

(5)营业外收入的组成：处置固定资产净收益50 000元(其所处置固定资产原价为400 000元，累计折旧为150 000元，收到处置收入300 000元)。假定不考虑与固定资产处置有关的税费。

(6)营业外支出的组成：报废固定资产净损失19 700元(其所报废固定资产原价为200 000元，累计折旧为180 000元，支付清理费用500元，收到残值收入800元)。

(7)所得税费用的组成：当期所得税费用92 800元，递延所得税收益7 500元。

除上述项目外，利润表中的销售费用20 000元至期末已经支付。

2. 资产负债表有关项目的明细资料如下：

(1)本期收回交易性股票投资本金15 000元、公允价值变动1 000元，同时实现投资收益500元。

(2)存货中生产成本、制造费用的组成：职工薪酬324 900元，折旧费80 000元。

(3)应交税费的组成：本期增值税进项税额42 466元，增值税销项税额212 500元，已交增值税100 000元；应交所得税期末余额为20 097元，应交所得税期初余额为0；应交税费期末数中应由在建工程负担的部分为100 000元。

(4)应付职工薪酬的期初数无应付在建工程人员的部分，本期支付在建工程人员职工薪酬200 000元。应付职工薪酬的期末数中应付在建工程人员的部分为28 000元。

(5)应付利息均为短期借款利息，其中本期计提利息11 500元，支付利息12 500元。

(6)本期用现金购买固定资产101 000元，购买工程物资300 000元。

(7)本期用现金偿还短期借款250 000元，偿还一年内到期的长期借款1 000 000元；借入长期借款560 000元。

根据以上资料，采用分析填列的方法，编制捷达物流有限公司2013年度的现金流量表。

1. 捷达物流有限公司2013年度现金流量表各项目金额，分析确定如下：

(1)销售商品、提供劳务收到的现金=主营业务收入+应交税费(应交增值税——销项税额)+(应收账款年初余额-应收账款期末余额)+(应收票据年初余额-应收票据期末余额)-当期计提的坏账准备-票据贴现的利息=1 250 000 +212 500+(299 100 -598 200)+(246 000 - 66 000)-900 - 30 000=1 312 500(元)。

(2)购买商品、接受劳务支付的现金=主营业务成本+应交税费(应交增值税——进项税额)-(存货年初余额-存货期末余额)+(应付账款年初余额-应付账款期末余额)+(应付票据年初余额-应付票据期末余额)+(预付账款期末余额-预付账款年初余额)-当期列入生产成本、制造费用的职工薪酬-当期列入生产成本、制造费用的折旧费和固定资产修理费=750 000 +42 466-(2 580 000 -2 484 700)+(953 800-953 800)+(200 000-100 000)+(100 000-100 000)-324 900-80 000=392 266(元)。

(3)支付给职工以及为职工支付的现金=生产成本、制造费用、管理费用中职工薪酬+(应付职工薪酬年初余额-应付职工薪酬期末余额)-[应付职工薪酬(在建工程)年初余额-应付职工薪酬(在建工程)期末余额]=324 900+17 100+(110 000-180 000)-(0-28 000)=300 000(元)。

(4)支付的各项税费=当期所得税费用+营业税金及附加+应交税费(应交增值税——已交税金)-(应交所得税期末余额-应交所得税期初余额)=92 800+2 000+100 000-(20 097-0)=174 703(元)。

(5)支付其他与经营活动有关的现金=其他管理费用+销售费用=60 000+20 000=80 000(元)。

(6)收回投资收到的现金=交易性金融资产贷方发生额+与交易性金融资产一起收回的投资收益=16 000 +500=16 500(元)。

(7)取得投资收益收到的现金=收到的股息收入=30 000(元)。

(8)处置固定资产收回的现金净额=300 000+(800-500)=300 300(元)。

(9)购建固定资产支付的现金=用现金购买的固定资产、工程物资+支付给在建工程人员的薪酬=101 000+300 000+200 000= 601 000(元)。

(10)取得借款收到的现金=560 000(元)。

(11)偿还债务支付的现金 = 250 000 +1 000 000 =1 250 000(元)。

(12)偿付利息支付的现金=12 500(元)。

2. 将净利润调节为经营活动现金流量各项目计算分析如下：

(1)资产减值准备=900 +30 000 =30 900(元)。

(2)固定资产折旧=20 000 +80 000=100 000(元)。

(3)无形资产摊销=60 000(元)。

(4)处置固定资产、无形资产和其他长期资产的损失(减：收益)=-50 000(元)。

(5)固定资产报废损失=19 700(元)。

(6)财务费用=11 500(元)。

(7)投资损失(减：收益)=- 31 500(元)。

(8)递延所得税资产减少=0 -7 500= -7 500(元)。

(9)存货的减少=2 580 000 -2 484 700 =95 300(元)。

(10)经营性应收项目的减少=(246 000 - 66 000) + (299 100 +900 - 598 200 -1 800)=-120 000(元)。

(11)经营性应付项目的增加 = (100 000-200 000) + (953 800-953 800) +[(180 000-28 000)-110 000] +[(226 731-100 000)-36 600] = 32 131(元)。

3. 根据上述数据，编制现金流量表(见表17-23)及其补充资料(见表17-24)。

表17-23　现金流量表

会企03表

编制单位：捷达物流有限公司　　2013年　　单位：元

项目	本期金额	上期金额
一、经营活动产生的现金流量：		略
销售商品、提供劳务收到的现金	1 312 500	
收到的税费返还	0	

（续表）

项目	本期金额	上期金额
收到其他与经营活动有关的现金	0	
经营活动现金流入小计	1 312 500	
购买商品、接受劳务支付的现金	392 266	
支付给职工以及为职工支付的现金	300 000	
支付的各项税费	174 703	
支付其他与经营活动有关的现金	80 000	
经营活动现金流出小计	946 969	
经营活动产生的现金流量净额	365 531	
二、投资活动产生的现金流量：		
收回投资收到的现金	16 500	
取得投资收益收到的现金	30 000	
处置固定资产、无形资产和其他长期资产收回的现金净额	300 300	
处置子公司及其他营业单位收到的现金净额	0	
收到其他与投资活动有关的现金	0	
投资活动现金流入小计	346 800	
购建固定资产、无形资产和其他长期资产支付的现金	601 000	
投资支付的现金	0	
取得子公司及其他营业单位支付的现金净额	0	
支付其他与投资活动有关的现金	0	
投资活动现金流出小计	601 000	
投资活动产生的现金流量净额	-254 200	
三、筹资活动产生的现金流量：		
吸收投资收到的现金	0	
取得借款收到的现金	560 000	

（续表）

项目	本期金额	上期金额
收到其他与筹资活动有关的现金	0	
筹资活动现金流入小计	560 000	
偿还债务支付的现金	1 250 000	
分配股利、利润或偿付利息支付的现金	12 500	
支付其他与筹资活动有关的现金	0	
筹资活动现金流出小计	1 262 500	
筹资活动产生的现金流量净额	－702 500	
四、汇率变动对现金及现金等价物的影响	0	
五、现金及现金等价物净增加额	－591 169	
加：期初现金及现金等价物余额	1 406 300	
六、期末现金及现金等价物余额	815 131	

表7－24　现金流量表补充资料

补充资料	本期金额	上期金额
1. 将净利润调节为经营活动现金流量：		略
净利润	225 000	
加：资产减值准备	30 900	
固定资产折旧、油气资产折耗、生产性生物资产折旧	100 000	
无形资产摊销	60 000	
长期待摊费用摊销	0	
处置固定资产、无形资产和其他长期资产的损失（收益以“－”号填列）	－50 000	
固定资产报废损失（收益以“－”号填列）	19 700	
公允价值变动损失（收益以“－”号填列）	0	
财务费用（收益以“－”号填列）	11 500	
投资损失（收益以“－”号填列）	－31 500	
递延所得税资产减少（增加以“－”号填列）	－7 500	
递延所得税负债增加（减少以“－”号填列）	0	

（续表）

补充资料	本期金额	上期金额
存货的减少（增加以“-”号填列）	95 300	
经营性应收项目的减少（增加以“-”号填列）	-120 000	
经营性应付项目的增加（减少以“-”号填列）	32 131	
其他	0	
经营活动产生的现金流量净额	365 531	
2. 不涉及现金收支的重大投资和筹资活动：		
债务转为资本	0	
一年内到期的可转换公司债券	0	
融资租入固定资产	0	
3. 现金及现金等价物净变动情况：		
现金的期末余额	815 131	
减：现金的期初余额	1 406 300	
加：现金等价物的期末余额	0	
减：现金等价物的期初余额	0	
现金及现金等价物净增加额	-591 169	

第五节　所有者权益变动表

一、所有者权益变动表的内容及结构

所有者权益变动表的内容及结构如表 17-25 所示。

表 17-25　所有者权益变动表的内容及结构

项目	说明
所有者权益变动表	反映构成所有者权益各组成部分当期增减变动情况的报表
结构	当期损益、直接所有者权益的利得和损失，以及与所有者的资本交易导致的所有者权益的变动分别列示

（续表）

项目	说明
单独列示反映的信息项目	净利润；直接所有者权益的利得和损失项目及其总额；会计政策变更和差错更正的累积影响金额；所有者投入资本和向所有者分配利润等；提取的盈余公积；实收资本或股本、资本公积、盈余公积、未分配利润的期初和期末余额及其调节情况

二、所有者权益变动表的填列方法

（1）“上年年末余额”项目，反映企业上年资产负债表中实收资本（或股本）、资本公积、库存股、盈余公积、未分配利润的年末余额。

（2）“会计政策变更”“前期差错更正”项目，分别反映企业采用追溯调整法处理的会计政策变更的累积影响金额和采用追溯重述法处理的会计差错更正的累积影响金额。

（3）“本年增减变动额”项目如表 17－26 所示。

表 17－26　“本年增减变动额”项目

项目	意义	说明
“净利润”	反映企业当年实现的净利润（或净亏损）金额	—
“直接所有者权益的利得和损失”	反映企业当年直接所有者权益的利得和损失金额	“可供出售金融资产公允价值变动净额”：反映企业持有的可供出售金融资产当年公允价值变动的金额
		“权益法下被投资单位其他所有者权益变动的影响”：反映企业对按照权益法核算的长期股权投资，在被投资单位除当年实现的净损益以外其他所有者权益当年变动中应享有的份额
		“与所有者权益项目相关的所得税影响”：反映企业根据《企业会计准则第 18 号——所得税》规定所有者权益项目的当年所得税影响金额

（续表）

项目	意义	说明
“所有者投入和减少资本”	反映企业当年所有者投入的资本和减少的资本	“所有者投入资本”：反映企业接受投资者投入形成的实收资本（或股本）和资本溢价或股本溢价
		“股份支付所有者权益的金额”：反映企业处于等待期中的权益结算的股份支付当年资本公积的金额
“利润分配”	反映企业当年的利润分配金额	“提取盈余公积”：反映企业按照规定提取的盈余公积
		“对所有者（或股东）的分配”：反映对所有者（或股东）分配的利润（或股利）金额
“所有者权益内部结转”	反映企业构成所有者权益的组成部分之间的增减变动情况	“资本公积转增资本（或股本）”：反映企业以资本公积转增资本或股本的金额
		“盈余公积转增资本（或股本）”：反映企业以盈余公积转增资本或股本的金额
		“盈余公积弥补亏损”：反映企业以盈余公积弥补亏损的金额

三、所有者权益变动表编制示例

【例 17－4】沿用**【例 17－1】**、**【例 17－2】**和**【例 17－3】**的资料，捷达物流有限公司其他相关资料为：提取盈余公积 24 770.40 元，向投资者分配现金股利 32 215.85 元。

根据上述资料，编制捷达物流有限公司 2013 年年度的所有者权益变动表。如表 17－27 所示。

表 17－27 所有者权益变动表

会企 04 表

编制单位：捷达物流有限公司　　2013 年度　　单位：元

项　目	本年金额						上年金额					
	实收资本（或股本）	资本公积	减：库存股	盈余公积	未分配利润	所有者权益合计	实收资本（或股本）	资本公积	减：库存股	盈余公积	未分配利润	所有者权益合计
一、上年年末余额	5 000 000	0	0	100 000	50 000	5 150 000						
加：会计政策变更												
前期差错更正												
二、本年年初余额	5 000 000	0	0	100 000	50 000	5 150 000						
三、本年增减变动金额（减少以"－"号填列）												
（一）净利润					225 000	225 000						
（二）直接计入所有者权益的利得和损失												
1. 可供出售金融资产公允价值变动净额												

（续表）

项目	本年金额						上年金额					
	实收资本（或股本）	资本公积	减：库存股	盈余公积	未分配利润	所有者权益合计	实收资本（或股本）	资本公积	减：库存股	盈余公积	未分配利润	所有者权益合计
2. 权益法下被投资单位其他所有者权益变动的影响												
3. 与计入所有者权益项目相关的所得税影响												
4. 其他												
上述(一)和(二)小计					225 000	225 000						
（三）所有者投入和减少资本												
1. 所有者投入资本												
2. 股份支付计入所有者权益的金额												
3. 其他												
（四）利润分配												

（续表）

项目	本年金额						上年金额					
	实收资本（或股本）	资本公积	减：库存股	盈余公积	未分配利润	所有者权益合计	实收资本（或股本）	资本公积	减：库存股	盈余公积	未分配利润	所有者权益合计
1. 提取盈余公积				24 770.4	-24 770.4	0						
2. 对所有者（或股东）的分配					-32 215.85	-32 215.85						
3. 其他												
（五）所有者权益内部结转												
1. 资本公积转增资本（或股本）												
2. 盈余公积转增资本（或股本）												
3. 盈余公积弥补亏损												
4. 其他												
四、本年年末余额	5 000 000	0	0	124 770.4	218 013.75	5 342 784.15						

第六节　报表附注

一、报表附注包含的主要内容

报表附注包含的主要内容如图 17－4 所示 。

报表附注包含的内容：

- 企业的基本情况：
  (1) 企业注册地、组织形式和总部地址；
  (2) 企业的业务性质和主要经营活动；
  (3) 母公司以及集团最终母公司的名称；
  (4) 财务报告的批准报出者和财务报告批准报出日
- 财务报表的编制基础
- 遵循企业会计准则的声明：企业应当声明编制的财务报表符合《企业会计准则》的要求，真实、完整地反映了企业的财务状况、经营成果和现金流量等有关信息
- 重要会计政策和会计估计：企业应当披露采用的重要会计政策和会计估计，在披露重要会计政策和会计估计时，应当披露重要会计政策的确定依据和财务报表项目的计量基础，以及会计估计中所采用的关键假设和不确定因素
- 会计政策和会计估计变更以及差错更正的说明：企业应当按照《企业会计准则第28号——会计政策、会计估计变更和差错更正》及其应用指南的规定，披露会计政策和会计估计变更以及差错更正的有关情况
- 报表重要项目的说明
- 或有事项：按照《企业会计准则第13号——或有事项》第十四条和第十五条的相关规定进行披露
- 资产负债表日后事项：
  (1) 每项重要的资产负债表日后非调整事项的性质、内容，及其对财务状况和经营成果的影响，无法作出估计的，应当说明原因；
  (2) 资产负债表日后，企业利润分配方案中拟分配的以及经审议批准宣告发放的股利或利润
- 关联方关系及其交易

图 17－4　报表附注包含的内容

二、报表重要项目的说明

企业对报表重要项目的说明，应当按照资产负债表、利润表、现金流量表、所有者权益变动表及其项目列示的顺序，采用文字和数字描述相结合的方式进行披露。报表重要项目的明细金额合计，应当与报表项目金额相衔接。

第十八章
债务重组

本章导读

债务重组，是指在债务人发生财务困难的情况下，债权人按照其与债务人达成的协议或者法院的裁定做出让步的事项。债务重组表面看来是一个零和的游戏，但是笔者认为如果将债务重组利用好的话，它实际上是一个双赢的企业行为。为了实现这个目标，就需要我们会计人员在平时加强自身的修炼，在关键时候为企业的老总出谋划策。在本章我们重点学习以下内容:

- ☑ 债务重组及其主要形式。
- ☑ 以资产清偿债务的债务重组模式下的会计核算。
- ☑ 以债务转为资本的债务重组模式下的会计核算。
- ☑ 以修改其他债务条件进行债务重组模式下的会计核算。
- ☑ 以组合方式进行债务重组模式下的会计核算。

第一节 债务重组方式

一、债务重组的概念

债务重组的相关概念如表 18 - 1 所示。

表 18 - 1 债务重组的相关概念

相关概念	具体含义
债务重组	在债务人发生财务困难的情况下，债权人按照其与债务人达成的协议或者法院的裁定做出让步的事项。债务重组的定义表明不论何种债务重组形式，只要修改了原定债务偿还条件的，即债务重组时确定的债务偿还条件不同于原协议的，均为债务重组
债务人发生财务困难	因债务人出现资金周转困难、经营陷入困境或者其他方面的原因，导致其无法或者没有能力按原定条件偿还债务
债权人做出让步	债权人同意发生财务困难的债务人现在或者将来以低于重组债务账面价值的金额或者价值偿还债务。“债权人做出让步”的情形主要包括：债权人减免债务人部分债务本金或者利息、降低债务人应付债务的利率等

二、债务重组的方式

债务重组的几种方式如表 18 - 2 所示。

表 18 - 2 债务重组的几种方式

债务重组的主要方式	具体含义	举例说明
以资产清偿债务，是指债务人转让其资产给债权人以清偿债务	债务人通常用于偿债的资产主要有：现金、债券投资、股权投资、存货、固定资产、无形资产等。这里所指的现金，包括库存现金、银行存款和其他货币资金。在债务重组的情况下，以现金清偿债务，是指以低于债务的账面价值的现金清偿债务	如果以等量的现金偿还所欠债务，则不属于本章所指的债务重组

（续表）

债务重组的主要方式	具体含义	举例说明
将债务转为资本	债务人将债务转为资本，同时债权人将债权转为股权的债务重组方式。但债务人根据转换协议，将应付可转换公司债券转为资本的，属于正常情况下的债务转资本，不作为债务重组处理	对于股份制企业在法律上有一定的限制。例如，按照我国《公司法》规定，公司发行新股必须具备一定的条件，只有在满足《公司法》规定的条件后才能发行新股。企业应在满足国家规定条件的情况下，才能采用将债务转为资本的方式进行债务重组
修改其他债务条件	修改不包括上述第一、第二种情形在内的债务条件进行债务重组的方式	如减少债务本金、降低利率、免去应付未付的利息、延长偿还期限等
以上三种方式的组合	采用以上三种方式共同清偿债务的债务重组形式	以转让资产清偿某项债务的一部分，另一部分债务通过修改其他债务条件进行债务重组

第二节　以资产清偿债务

一、以现金清偿债务

以现金清偿债务的会计处理如表 18－3 所示。

表 18－3　以现金清偿债务的会计处理

以现金清偿债务的情况	会计处理	会计核算
债务人	重组债务的账面价值与实际支付的现金之间的差额，确认为债务重组利得计入营业外收入	借记“应付账款”等科目，按实际支付的金额，贷记“银行存款”等科目，按其差额，贷记“营业外收入——债务重组利得”科目
债权人	重组债权的账面余额与收到的现金之间的差额，确认为债务重组损失计入营业外支出。债权人已对债权计提减值准备的，应当先将该差额冲减减值准备，减值准备不足以冲减的部分，计入营业外支出；多计提的减值准备，冲减资产减值损失	按实际收到的金额，借记“银行存款”等科目，按应收债权已计提的坏账准备，借记“坏账准备”科目，按应收债权的账面余额，贷记“应收账款”等科目，按其差额，借记“营业外支出——债务重组损失”科目；在债权人已对重组债权计提了坏账准备的情况下，如果实际收到的现金金额大于重组债权的账面价值，债权人应按实际收到的现金，借记“银行存款”等科目，按重组债权已计提的坏账准备，借记“坏账准备”科目，按该项重组债权的账面余额，贷记“应收账款”等科目，按其差额，贷记“资产减值损失”科目

以现金清偿的债务的“账面价值”如有利息的，还应加上应计未付利息，如长期借款；有溢（折）价的，还应加上尚未摊销的溢价或减去尚未摊销的折价，如应付债券（下同）。

【例 18－1】A 企业于 2013 年 1 月 20 日销售一批材料给 B 企业，不含税价格为 200 000 元，增值税率为 17%，按合同规定，B 企业应于 2013 年 4 月 1 日前偿付货款。由于 B 企业发生财务困难，无法按合同规定的期限偿还债务，经双方协商于 7 月 1 日进行债务重组。债务重组协议规定，A 企业同意减免 B 企业 30 000 元债务，余额用现金立即偿清。A 企业已于 7 月 10 日收到 B 企业通过转账偿还的剩余款项。A 企业已为该项应收债权计提了 20 000 元的坏账准备。

(1)B 企业的账务处理。

①计算债务重组利得:

应付账款账面余额	234 000	
减：支付的现金	204 000	
债务重组利得	30 000	

②会计分录:

借：应付账款	234 000	
贷：银行存款		204 000
营业外收入——债务重组利得		30 000

(2)A 企业的账务处理。

①计算债务重组损失:

应收账款账面余额	234 000	
减：收到的现金	204 000	
差额	30 000	
减：已计提坏账准备	20 000	
债务重组损失	10 000	

②会计分录:

借：银行存款	204 000	
营业外支出——债务重组损失	10 000	
坏账准备	20 000	
贷：应收账款		234 000

二、以非现金资产清偿债务

以非现金资产清偿债务的，债务人应将重组债务的账面价值与转让的非现金资产公允价值之间的差额，确认为债务重组利得计入营业外收入。转让的非现金资产公允价值与其账面价值的差额，应当依据不同情况进行处理。

(一)以库存材料、商品产品抵偿债务

债务人以库存材料、商品产品抵偿债务，应视同销售进行核算。企业可将该项业务分为两部分：一是将库存材料、商品产品出售给债权人，取得货款。出售库存材料、商品产品业务与企业正常的销售业务处理相同，其发生

的损益计入当期损益；二是以取得的货币清偿债务。但在这项业务中并没有实际的货币流入与流出。

【例 18－2】A 公司欠 B 公司购货款 350 000 元。由于 A 公司财务发生困难，短期内不能支付已于 2013 年 5 月 1 日到期的货款。2013 年 7 月 10 日，经双方协商，B 公司同意 A 公司以其生产的产品偿还债务。该产品的公允价值为 200 000 元，实际成本为 120 000 元。A 公司为增值税一般纳税人，适用的增值税税率为 17%。B 公司于 2013 年 8 月 10 日收到 A 公司抵债的产品，并作为产成品入库；B 公司对该项应收账款计提了 50 000 元的坏账准备。

(1)A 公司的账务处理。

①计算债务重组利得：

应付账款的账面余额	350 000	
减：所转让产品的公允价值	200 000	
增值税销项税额(200 000×17%)	34 000	
债务重组利得	116 000	

②会计分录：

借：应付账款	350 000	
贷：主营业务收入		200 000
应交税费——应交增值税(销项税额)		34 000
营业外收入——债务重组利得		116 000
借：主营业务成本	120 000	
贷：库存商品		120 000

在本例中，销售产品取得的利润体现在主营业务利润中，债务重组利得作为营业外收入处理。如果债务人以库存材料清偿债务，则视同销售取得的收入作其他业务收入，发出材料的成本作其他业务成本处理。

(2)B 公司的账务处理。

①计算债务重组损失：

应收账款的账面余额	350 000
减：受让资产的公允价值	234 000
差额	116 000
减：已计提坏账准备	50 000
债务重组损失	66 000

②会计分录：

借：库存商品	200 000	
应交税费——应交增值税(进项税额)	34 000	
坏账准备	50 000	
营业外支出——债务重组损失	66 000	
贷：应收账款		350 000

(二)以固定资产抵偿债务

债务人以固定资产抵偿债务，应将固定资产的公允价值与该项固定资产账面价值和清理费用的差额作为转让固定资产的损益处理。将固定资产的公允价值与重组债务的账面价值的差额，作为债务重组利得。债权人收到的固定资产按公允价值计量。

【例18-3】A公司于2012年1月1日销售给B公司一批村料，价值400 000元(包括应收取的增值税税额)，按购销合同约定，B公司应于2012年10月31日前支付货款。2013年1月31日B公司尚未支付货款。由于B公司发生财务困难，已知近期内不能支付货款。2013年2月3日，经过协商，A公司同意B公司以一台设备偿还债务。该项设备的账面原值为350 000元，已提折旧50 000元，设备的公允价值为360 000元(假设企业转让该项设备不需要交纳增值税)。A公司对该项应收账款提取坏账准备20 000元。设备已于2013年3月10日运到A公司。假定不考虑与该项债务重组相关的税费。

(1)B公司的账务处理。

①计算固定资产清理损益：

固定资产公允价值	360 000
减：固定资产净值	300 000
处理固定资产净收益	60 000

②计算债务重组利得：

应付账款的账面余额	400 000
减：固定资产公允价值	360 000
债务重组利得	40 000

③会计分录：

首先，将固定资产净值转入固定资产清理：

借：固定资产清理	300 000	
累计折旧	50 000	
贷：固定资产		350 000

其次，结转债务重组利得：

借：应付账款	400 000	
贷：固定资产清理		360 000
营业外收入——债务重组利得		40 000

最后，结转转让固定资产的利得：

借：固定资产清理	60 000	
贷：营业外收入——处置固定资产利得		60 000

(2)A公司的账务处理。

①计算债务重组损失：

应收账款账面余额	400 000
减：受让资产的公允价值	360 000
差额	40 000
减：坏账准备	20 000
债务重组损失	20 000

②会计分录：

借：固定资产	360 000	
坏账准备	20 000	
营业外支出——债务重组损失	20 000	
贷：应收账款		400 000

三、以股票、债券等金融资产抵偿债务

债务人以股票、债券等金融资产抵偿债务，应按相关金融资产的公允价值与其账面价值的差额，作为转让金融资产的利得或损失处理；相关金融资产的公允价值与重组债务的账面价值的差额，作为债务重组利得。债权人收到的相关金融资产按公允价值计量。

【例18－4】A公司于2012年7月1日销售给B公司一批产品，价值450 000元(包括应收取的增值税税额)，B公司于当日开出六个月承兑的商业汇票。B公司于2012年12月31日尚未支付货款。由于B公司发生财务困难，短期内不能支付货款。经与A公司协商，A公司同意B公司以其所拥有并作为以公允价值计量且其变动计入当期损益的某公司股票抵偿债务。该股票的账面价值400 000元(为取得时的成本)，公允价值380 000元，B公司将该股票作为可供出售的金融资产。假定A公司为该项应收账款提取了坏账准备40 000元。用于抵债的股票已于2013年1月22日办理了相关转让手续；A公司将取得的该公司股票作为以公允价值计量且其变动计入当期损益的金融资产。A公司已将该项应收票据转入应收账款；B公司已将应付票据转入应付账款。

(1)B公司的账务处理。

①计算债务重组利得：

应付账款的账面余额	450 000
减：股票的公允价值	380 000
债务重组利得	70 000

②计算转让股票收益：

股票的公允价值	380 000
减：股票的账面价值	400 000
转让股票损益	－20 000

③ 会计分录：

借：应付账款	450 000	
投资收益	20 000	
贷：交易性金融资产		400 000
营业外收入——债务重组利得		70 000

(2)A公司的账务处理。

①计算债务重组损失：

应收账款账面余额	450 000
减：受让资产的公允价值	380 000
差额	70 000
减：坏账准备	40 000
债务重组损失	30 000

②会计分录：

借：交易性金融资产　380 000
　　营业外支出——债务重组损失　30 000
　　坏账准备　40 000
　　贷：应收账款　450 000

第三节　将债务转为资本

将债务转为资本的会计处理如表 18－4 所示。

表 18－4　将债务转为资本的会计处理

将债务转为资本清偿债务	会计处理	会计核算
债务人	将重组债务的账面价值与债权人放弃债权而享有股份的公允价值总额之间的差额，确认为债务重组利得计入营业外收入，将股份的面值总额确认为股本（或者实收资本），股份的公允价值总额与股本（或者实收资本）之间的差额确认为资本公积	按应付债务的账面余额，借记“应付账款”等科目，按债务的账面余额与债权人因放弃债权而享有股份的公允价值之间的差额，贷记“营业外收入——债务重组利得”科目，按债权人因放弃债权而享有的股份面值，贷记“实收资本”或“股本”科目，按应支付的相关税费，贷记“银行存款”“应交税费”科目，按其差额，贷记“资本公积——资本溢价（或股本溢价）”科目
债权人	将享有股份的公允价值确认为对债务人的投资，重组债权的账面余额与股份的公允价值和应支付的相关税费之间的差额，比照以非现金资产清偿债务的债务重组会计处理规定进行处理	按应享有股份的公允价值，借记“长期股权投资”科目，按该项重组债权已计提的坏账准备，借记“坏账准备”科目，按重组债权的账面余额，贷记“应收账款”等科目，按应支付的相关税费，贷记“银行存款”“应交税费”科目，按其差额，借记“营业外支出”科目或贷记“资产减值损失”科目

【例 18－5】2013 年 7 月 1 日，A 公司应收 B 公司账款的账面余额为 60 000 元，由于 B 公司发生财务困难，无法偿付该应付账款。经双方协商同意，B 公司以其普通股偿还债务。假定普通股的面值为 1 元，B 公司以 20 000 股抵偿该项债务，股票每股市价为 2.5 元。A 公司对该项应收账款计提了坏账准备 2 000 元，股票登记手续已于 2013 年 8 月 9 日办理完毕，A 公司将其作为长期股权投资核算。

(1)B 公司的账务处理。

①计算应计入资本公积的金额：

股票的公允价值	50 000
减：股票的面值总额	20 000
应计入资本公积	30 000

②计算债务重组利得：

债务账面价值	60 000
减：股票的公允价值	50 000
债务重组利得	10 000

③会计分录：

借：应付账款	60 000	
贷：股本		20 000
资本公积——股本溢价		30 000
营业外收入——债务重组利得		10 000

(2)A 公司的账务处理。

①计算债务重组损失：

应收账款账面余额	60 000
减：所转股权的公允价值	50 000
差额	10 000
减：已计提坏账准备	2 000
债务重组损失	8 000

②会计分录：

借：长期股权投资	50 000	
营业外支出——债务重组损失	8 000	
坏账准备	2 000	
贷：应收账款		60 000

第四节　以修改其他债务条件的方式进行债务重组

“修改其他债务条件”通常指延长债务偿还期限、延长债务偿还期限并减少债务本金或债务利息等。其中，延长债务偿还期限并减少债务本金或债务利息，既包括在重组日债权人豁免债务人的债务本金或债务利息，也包括重组日之后债权人豁免债务人的债务本金或债务利息。修改其他债务条件债务人的会计处理如表 18 －5 所示。

表 18 －5　修改其他债务条件债务人的会计处理

以修改其他债务条件方式进行债务重组	会计处理	修改后的债务条款如涉及或有应付金额	会计分录
债务人方面	将修改其他债务条件后债务的公允价值作为重组后债务的入账价值。重组债务的账面价值与重组后债务的入账价值之间的差额，确认为债务重组利得计入营业外收入	该或有应付金额同时符合《企业会计准则第 13 号——或有事项》中有关预计负债确认条件的，债务人应将该或有应付金额确认为“预计负债”。重组债务的账面价值与重组后债务的入账价值和预计负债金额之和的差额，确认为债务重组利得或损失，计入营业外收入或支出	按应付债务的账面余额，借记“应付账款”等科目，按修改其他债务条件后债务的公允价值，贷记“应付账款”等科目，按确认的或有应付金额，贷记“预计负债”科目，按其差额，贷记“营业外收入——债务重组利得”科目或借记“营业外支出——债务重组损失”科目

或有应付金额，是指需要根据未来某种事项出现而发生的应付金额，而且该未来事项的出现具有不确定性。比如，债务重组协议规定，债务人在债务重组后一定期间内，其业绩改善到一定程度或者符合一定要求（如扭亏为盈、摆脱财务困境等），则应向债权人额外支付一定金额。当债务人承担的或有应付金额符合预计负债确认条件时，应当将该或有应付金额确认为预计负

债。或有应付金额在后期没有发生的，企业应当冲销前期已确认的预计负债，同时确认营业外收入(债务重组利得)。以修改其他债务条件方式进行债务重组的债权人的会计处理如表 18－6 所示。

表 18－6　以修改其他债务条件方式进行债务重组的债权人的会计处理

以修改其他债务条件方式进行债务重组	会计处理	修改后的债务条款如涉及或有应收金额	会计分录
债权人方面	将修改其他债务条件后的债权的公允价值作为重组后债权的账面价值，重组债权的账面余额与重组后债权的账面价值之间的差额，比照以非现金资产清偿债务的债务重组方式处理	不应当确认或有应收金额，不得将其计入重组后债权的账面价值(注：或有应收金额，是指需要根据未来某种事项出现而发生的应收金额，而且该未来事项的出现具有不确定性)	按修改其他债务条件后的债权的公允价值，借记“应收账款”等科目，按重组债权已计提的坏账准备，借记“坏账准备”科目，按重组债权的账面余额，贷记“应收账款”等科目，按其差额，借记“营业外支出”科目或贷记“资产减值损失”科目

【例 18－6】 A 公司 2011 年 12 月 31 日应收 B 公司票据的账面余额为 65 400 元，其中，5 400 元为累计应收的利息，票面年利率 4%。由于 B 公司连年亏损，资金周转困难，不能偿付应于 2011 年 12 月 31 日前支付的应付票据。经双方协商，于 2012 年 1 月 5 日进行债务重组。A 公司同意将债务本金减至 50 000 元；免去债务人所欠的全部利息；将利率从 4% 降低到 2%(等于实际利率)，并将债务到期日延至 2013 年 12 月 31 日，利息按年支付。该项债务重组协议从协议签订日起开始实施。A、B 公司已将应收、应付票据转入应收、应付账款。A 公司已为该项应收款项计提了 5 000 元坏账准备。

(1)B 公司的账务处理。

①计算债务重组利得：

应付账款的账面余额	65 400
减：重组后债务公允价值	50 000
债务重组利得	15 400

②会计分录：

2012 年 1 月 5 日债务重组时：

借：应付账款	65 400	
贷：应付账款——债务重组		50 000
营业外收入——债务重组利得		15 400

2012 年 12 月 31 日支付利息：

借：财务费用	1 000	
贷：银行存款(50 000×2%)		1 000

2013 年 12 月 31 日偿还本金和最后一年利息：

借：财务费用	1 000	
应付账款——债务重组	50 000	
贷：银行存款		51 000

(2)A 公司的账务处理。

①计算债务重组损失：

应收账款账面余额	65 400
减：重组后债权公允价值	50 000
差额	15 400
减：已计提坏账准备	5 000
债务重组损失	10 400

②会计分录：

2012 年 1 月 5 日债务重组时：

借：应收账款——债务重组	50 000	
营业外支出——债务重组损失	10 400	
坏账准备	5 000	
贷：应收账款		65 400

2012 年 12 月 31 日收到利息：

借：银行存款	1 000	
贷：财务费用(50 000×2%)		1 000

2013 年 12 月 31 日收到本金和最后一年利息：

借：银行存款	51 000	
贷：财务费用		1 000
应收账款——债务重组		50 000

第五节 以组合方式进行债务重组

以组合方式进行债务重组的会计处理如表 18 - 7 所示。

表 18 - 7 以组合方式进行债务重组的会计处理

组合方式	以现金清偿债务、以非现金清偿债务、债务转为资本、修改其他债务条件等方式的组合
债务人的处理	依次以支付的现金、转让的非现金资产公允价值、债权人享有股份的公允价值冲减重组债务的账面价值，再按修改其他债务条件方式的规定处理
债权人的处理	依次以收到的现金、接受的非现金资产公允价值、债权人享有股份的公允价值冲减重组债权的账面余额，再按修改其他债务条件方式的规定处理

【例 18 - 7】A 企业和 B 企业均为增值税一般纳税人。A 企业于 2012 年 6 月 30 日向 B 企业出售产品一批，产品销售价款 1 000 000 元，应收增值税税额 170 000 元；B 企业于同年 6 月 30 日开出期限为 6 个月、票面年利率为 4% 的商业承兑汇票，抵充购买该产品价款。在该票据到期日，B 企业未按期兑付，A 企业将该应收票据按其到期价值转入应收账款，不再计算利息。至 2013 年 12 月 31 日，A 企业对该应收账款提取的坏账准备为 5 000 元。B 企业由于发生财务困难，短期内资金紧张，于 2013 年 12 月 31 日经与 A 企业协商，达成债务重组协议如下：

(1) B 企业以产品一批偿还部分债务。该批产品的账面价值为 20 000 元，公允价值为 30 000 元，应交增值税税额为 5 100 元。B 企业开出增值税专用发票，A 企业将该产品作为商品验收入库。

(2) A 企业同意减免 B 企业所负全部债务扣除实物抵债后剩余债务的 40%，其余债务的偿还期延至 2014 年 12 月 31 日。

(1) B 企业的账务处理。

①计算债务重组时应付账款的账面余额 = (1 000 000 + 170 000) × (1 + 4% ÷ 2) = 1 193 400(元)。

②计算债务重组后债务的公允价值 =（1 193 400 – 35 100）× 60% = 694 980（元）。

③计算债务重组利得：

应付账款账面余额	1 193 400
减：所转让资产的公允价值	35 100
重组后债务公允价值	694 980
债务重组利得	463 320

④会计分录：

借：应付账款	1 193 400	
贷：主营业务收入		30 000
应交税费——应交增值税（销项税额）		5 100
应付账款——债务重组		694 980
营业外收入——债务重组利得		463 320
借：主营业务成本	20 000	
贷：库存商品		20 000

（2）A企业的账务处理。

①计算债务重组损失：

应收账款账面余额	1 193 400
减：受让资产的公允价值	35 100
重组后债权公允价值	694 980
坏账准备	5 000
债务重组损失	458 320

②会计分录：

借：库存商品	30 000	
应收账款——债务重组	694 980	
应交税费——应交增值税（进项税额）	5 100	
坏账准备	5 000	
营业外支出——债务重组损失	458 320	
贷：应收账款		1 193 400